U0135221

海外中国思想史研究前沿译丛

主　编

彭国翔

编委会

毕游赛（Sébastien Billioud, East Asian Studies Department，University Paris Diderot, Sorbonne Paris Cité）

钱德樑（Erica Brindley, Department of History, Pennsylvania State University）

陈玮芬（Institute of Chinese Literature and Philosophy, Academia Sinica）

陈熙远（Institute of History and Philology, Academia Sinica）

齐思敏（Mark A. Csikszentmihalyi, Department of East Asian Languages and Cultures, University of California, Berkeley）

傅　熊（Bernhard Fuehrer，Department of the Languages and Cultures of China and Inner Asia, University of London）

葛浩南（Romain Graziani, Department of Chinese Studies, Ecole Normale Supérieure de Lyon）

许齐雄（Khee Heong Koh, Department of Chinese Studies, National University of Singapore）

吕妙芬（Institute of Modern History, Academia Sinica）

王昌伟（Chang Woei Ong, Department of Chinese Studies, National University of Singapore）

普　鸣（Michael Peutt, Department of East Asian Languages and Civilizations, Harvard University）

施耐德（Axel Schneider, East Asian Studies Department, Georg-August-Universität Göttingen）

苏费翔（Christian Soffel, Institute of Sinology, Universität Trier）

冯　凯（Kai Volgsang, Asien-Afrika-Institut, Universität Hamburg）

杨贞德（Institute of Chinese Literature and Philosophy, Academia Sinica）

胡司德（Roel Sterckx，Department of East Asian Studies, University of Cambridge）

魏希德（Hilde De Weerdt, Leiden Institute for Area Studies, SAS China, Universiteit Leiden）

任博克（Brook Ziporyn, Divinity School, University of Chicago）

启真馆 出品

一与异的反讽

早期中国思想中的"连贯成形"观念

［美］任博克（Brook Ziporyn）著／校　彭荣译

Ironies of Oneness and Difference

Coherence in Early Chinese Thought;
Prolegomena to the Study of Li

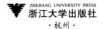
ZHEJIANG UNIVERSITY PRESS
浙江大学出版社
· 杭州 ·

图书在版编目（CIP）数据

　　一与异的反讽：早期中国思想中的"连贯成形"观念 /（美）任博克（Brook Ziporyn）著、校；彭荣译. —杭州：浙江大学出版社，2023.10
　　（海外中国思想史研究前沿译丛）
　　书名原文：Ironies of Oneness and Difference：Coherence in Early Chinese Thought;Prolegomena to the Study of Li
　　ISBN 978–7–308–24039–0

　　Ⅰ.①一⋯　Ⅱ.①任⋯ ②彭⋯　Ⅲ.①哲学思想—研究—中国　Ⅳ.①B2

　　中国国家版本馆CIP数据核字（2023）第154078号

一与异的反讽：早期中国思想中的"连贯成形"观念

［美］任博克（Brook Ziporyn）著、校　彭　荣 译

责任编辑	凌金良
责任校对	黄梦瑶
装帧设计	罗　洪
出版发行	浙江大学出版社
	（杭州天目山路148号　邮政编码310007）
	（网址：http:// www.zjupress.com）
排　　版	北京楠竹文化发展有限公司
印　　刷	北京中科印刷有限公司
开　　本	635mm×965mm　1/16
印　　张	23
字　　数	331千
版 印 次	2023年10月第1版 2023年10月第1次印刷
书　　号	ISBN 978–7–308–24039–0
定　　价	98.00元

总序

"思想"与"历史"之间的"中国思想史"

彭国翔

2012 年夏天，我应邀在位于德国哥廷根的马克斯·普朗克宗教与民族多样性研究所（Max Planck Institute for the Study of Religious and Ethnic Diversity）从事研究工作时，有一天突然收到浙江大学出版社北京启真馆公司负责人王志毅先生的邮件，表示希望由我出面组织一套"海外中国思想史研究前沿译丛"。如今，这套书就要正式出版了，出版社要我写个总序。在此，就让我谈谈对于"思想史"和"中国思想史"的一些看法，希望可以为如何在一个国际学术界的整体中研究"中国思想史"这一问题，提供一些可供进一步思考的助力。

"思想史"（intellectual history）、"哲学史"（history of philosophy）、"观念史"（history of ideas）等都是现代西方学术分类下的不同专业领域，既然我们现代的学术分类已经基本接受了西方的学术分类体系，那么，讨论"思想史"的相关问题，首先就要明确在西方专业学术分类中"思想史"的所指。虽然我们在中文世界中对"思想史"这一观念的理解可以赋予中国语境中的特殊内涵，但毕竟不能与西方学术分类中"思想史"的意义毫无关涉。比如说，"中国哲学"中的"哲学"虽然并不对应西方近代以来居于主流的理性主义传统尤其是分析哲学所理解的"philosophy"，却也并非与西方哲学的任何传统毫无可比性与类似之处，像皮埃尔·阿多（Pierre Hadot）和玛莎·努斯鲍姆（Martha C. Nussbaum）所理解的作为一种"生活方式"（way of life）、"精神践履"（spiritual exercise）以及"欲望治疗"（therapy of desire）

的"philosophy",尤其是"古希腊罗马哲学",就和"中国哲学"包括儒、释、道三家的基本精神方向颇为一致。再比如,儒学固然不是那种基于亚伯拉罕传统(Abrahamic tradition)或者说西亚一神教(monotheism)模式的"宗教",但各种不同的宗教传统,包括西亚的基督教、犹太教和伊斯兰教,南亚的印度教、佛教以及东亚的儒学和道教,尽管组织形式不同,但同样都对一些人类的基本问题,比如生死、鬼神、修炼等,提供了自己的回答。事实上,不独历史及其各种分支,对于"哲学""宗教""伦理"等学科,这一点同样适用。

那么,在西方的学术分类体系中,"思想史"是怎样一个研究领域呢?"思想史"诚然一度是"一个人文研究中特别模糊不清的领域",但是,就目前来说,"思想史"所要研究的对象相对还是比较清楚的。换言之,对于"思想史"所要处理的特定课题,目前虽不能说众口一词,却也并非毫无共识。正如史华慈(Benjamin I. Schwartz)所言,"思想史"所要处理的课题,是人们对于其处境(situation)的自觉回应(conscious responses)。这里,处境是指一个人身处其中的社会文化脉络(social and cultural context)。这当然是历史决定的,或者说根本就是一种历史境遇(historical situation)。而人们的"自觉回应",就是指人们的"思想"。进一步说,"思想史"既不是单纯研究人们所在的外部历史境遇,也不是仅仅着眼于人们的思想本身,而是在兼顾历史境遇和主体自觉的同时,更多地着眼于两者之间的互动关系,即"思想"与"历史"的互动。并且,这里的"人们",也不是泛指群体的大众意识,而往往是那些具备高度自觉和深度思考的思想家。

其他一些专业领域,比如"社会史""文化史",与"思想史"既有紧密的联系,也有相对比较明确的区分。比如,按照目前基本一致的理解,较之"思想史"通常指重要的思想家们对于社会历史的各自反思,"文化史"往往关注较为一般和普遍的社会历史现象,以及作为群体的社会大众而非社会精英在一个长程的社会变动中扮演的角色。从作为"文化史"这一学科奠基人的雅各布·布克哈特关于意大利文艺复兴的研究,以及彼得·伯克(Peter Burke)、菲利普·普瓦里耶（Philippe Poirrier）等人对于"文化史"的直接界定，即可了解"文化史"这一领域的特点。因此，"文化史"不但常常整合"人类学"的方法和成果，就连晚近尤尔根·哈贝马斯（Jürgen Habermas）关于"公共领域"（public sphere）的论述和克利福德·格尔茨（Clifford Geertz）关于"深度描述"（thick description）的观念，由于同样注重人类社会的整体与共同经验，也成为支持"文化史"的理论援军。至于"社会史"，则可以说是史学与社会科学更进一步的结合，甚至不再被视为人文学科（humanities）的一种，而是一种从社会发展的角度去看待历史现象的社会科学（social science）。像经济史、法律史以及对社会其他方面的研究，都可以包括在"社会史"这一范畴之下。最能代表"社会史"研究取径的似乎是法国年鉴学派（French Annales School）了，不过，在史学史的发展中，社会史可以被视为发生在史学家之中的一个范围更广的运动。无论如何，和"文化史"类似，"社会史"最大的特点也许在于其关注的对象不是精英的思想家，而是社会大众。正是在这个意义上，"社会史"通常也被称为"来自下层的历史"（history from below）或者"草根的历史"（grass-roots history）。

其实，在我看来，至少在中文世界的学术研究领域，"思想史"是介于"哲学史""观念史"与"文化史""社会史"之间的一种学术形态。以往我们的"中国哲学史"研究，基本上是相当于"观念史"的形态。"观念史"的取径重在探究文本中观念之间的逻辑关联，比如一个观念自身在思想内涵上的演变以及这一观念与其他观念之间的逻辑关系，等等。站在"哲学史"或"观念史"之外，从"思想史"的立场出发，当然可以说这种取径不免忽视了观念与其所在的社会环境之间的互动；从"文化史""社会史"的立场出发，当然可以说这种取径甚至无视其所探讨的观念之外的文化活动的丰富多彩，无视观念所在的社会的复杂与多变。但是，话又说回来，"哲学史"或"观念史"的基本着眼点或者说重点如果转向观念与其所处环境之间的互动，转向关注文化的多样与社会的复杂多变，那么，"哲学史"和"观念史"也就失去了自身的"身份"（identity）而不再成为"哲学史"和"观念史"了。

事实上，学术的分门别类、多途并进发展到今天，仍然为"哲学史"或"观念史"、"思想史"、"文化史"以及"社会史"保留了各自的地盘，并未在"物竞天择，适者生存"的法则下造成相互淘汰的局面，就说明这些不同的取径其实各有其存在的价值，彼此之间虽然不是泾渭分明，没有交集，但确实各有其相对独立的疆域。站在任何一个角度试图取消另一种研究范式（paradigm）的存在，比如说，站在"中国思想史"的角度批评"中国哲学史"存在的合理性，恰恰是"思想"不够清楚的结果。"思想史""哲学史""文化史""社会史"等，其实是研究不同对象所不得不采取的不同方法，彼此之间本来谈不上孰高孰低、孰优孰劣。恰如解决不同问题的不同工具，各有所用，不能相互替代，更不能抽象、一般地说哪一个更好。打个比方，需要用扳手的时候当然螺丝刀没有用武之地，但若由此便质疑后者存在的合理与必要，岂不可笑？因为很简单，扳手并不能"放之四海而皆准"，需要用螺丝刀的时候，扳手一样似乎无用了。这个道理其实很简单，我经常讲，各个学科，包括"思想史""哲学史""文化史""社会史"等，分别来看都是一个个的手电筒，打开照物的时候，所"见"和所"蔽"不免一根而发。对此，设想一下手电筒光束的光亮在照亮一部分空间的同时，也使得该空间之外的广大部分愈发黑暗。通过这个比喻，进一步来看，对于这些不同学科之间的关系，我们也应当有比较合理的理解。显然，为了照亮更大范围的空间，我们不能用一个手电筒替换另一个手电筒。再大的手电筒，毕竟只有一束光柱。而我们如果能将不同的手电筒汇聚起来，"阴影"和"黑暗"的部分就会大大减少。医院的无影灯，正是这一原理的运用。事实上，不同的学科不过是观察事物的不同视角而已。而这里"无影灯"比喻的意思很清楚，"思想史""哲学史""社会史"等，甚至人文学科和社会科学之间、文理科之间，各个不同学科应当是"相济"而不是"相非"的关系。否则的话，一方面，仅仅狭隘地从自己学术训练的背景出发，以己之所能傲人所不能，正应了《庄子》中所谓"以天下之美为尽在己"的话。另一方面，却也恰恰是"以己之所仅能而掩饰己之所诸多不能"的缺乏自信的反映。

一个学者有时可以一身兼通两种甚至多种不同的学术取径。比如说，可以兼治哲学与史学，同时在两个不同的领域都有很好的建树。不过，哲学与史学的建树集于一身，却并不意味着哲学和史学的彼此分界便会因此而不存在。打个比方，一个人可以"十八般武艺，样样精通"，但是很显然，这个人只有在练习每一种武艺时严格遵守该武艺的练习方法，才能最后做到"样样精通"，假如这个人以刀法去练剑法，以枪法去练棍法，最后不仅不能样样精通，反倒会一样都不通，充其量不过每样浅尝辄止而已。这里的关键在于，一个人"十八般武艺，样样精通"，绝不意味着十八般武艺各自的"练法"因为被一个人掌握而"泯然无迹"，尽管这个人在融会贯通之后很可能对每一种武艺的练法有所发展或创造出第十九种、二十种武艺。落实到具体的学科来说，在经过"哲学史""观念史""思想史""社会史""文化史"其中任何一种学术方法的严格训练之前，就大谈什么打破学科界限，无异痴人说梦，在学术上不可能取得大的成就，这是不言而喻的。很多年前就有一个讲法叫"科际整合"，即加强不同学科之间的互动与互渗，这当然是很有意义而值得提倡的。但"科际整合"的前提恰恰是学科之间的多元分化，只有在某一学科里面真正深造有得之后，才有本钱去与别的学科进行整合。

本来，"思想史"并不是一个很容易从事的领域，好的思想史研究是既有"思想"也有"史"，而坏的思想史则是既无"思想"也无"史"。比如说，对于一个具体的思想史研究成果，如果治哲学的学者认为其中很有"思想"，而治历史的学者认为其中很有"史"，那么，这一成果就是一个好的思想史研究。反之，假如哲学学者看了觉得其中思想贫乏，观念不清，而历史学者看了觉得其中史料薄弱，立论无据，那么，很显然，这就是一个并不成功的思想史研究。因此，"思想史"这一领域应该成为"哲学"和"历史"这两门学科甚至更多学科交集的风云际会之所，而不是沦为那些缺乏专长而又总想"不平则鸣"的"自以为无所不知者"（其实是"学术无家可归者"）假以托庇其下的收容站。

徐复观曾经说："对于中国文化的研究，主要应当归结到思想史的研究。"对于这句话，在明了各种不同研究取径及其彼此关系的基础上，我深表同意。因为较之"哲学史"，"思想史"在"思想""观念"之外，同时可以容纳一个"历史"的向度，换言之，"中国思想史"可以做到既有"思想"也有"史"。而这一点，刚好符合传统中国思想各家各派的一个共同特点，即一般都不抽象地脱离其发生发展的历史脉络而立言。因此，我很希望越来越多的学者加入"中国思想史"的研究团队之中，只要充分意识到我们前面讨论的问题，不把"思想史"视为一个可以无视专业学术训练的托词，而是一个和"哲学史""观念史""文化史""社会史"等既有联系甚至"重叠共识"，同时又是具有自身明确研究对象和领域而"自成一格"的学科视角，那么，广泛吸收各种不同学科训练的长处，宗教的、伦理的、哲学的，都可以成为丰富"思想史"研究的助力和资源。

西方尤其美国关于中国思想史的研究，以狄培理（William T. de Bary）、史华慈、列文森（Joseph R. Levenson）等人为代表，在 20 世纪 70 年代一度达到巅峰，但随后风光不再，继之而起的便是前文提到的"文化史"、"社会史"以及"地方史"这一类的取径。这一趋势与动向，令中文世界不少学者"闻风而起"。无论是可以直接阅读西文的，还是必须依靠翻译或者借助那些可以直接阅读西文文献的学者的著作的，都在不同程度上受到这一风气的影响。但是，如果我前文所述不错，各种取径不过是"横看成岭侧成峰，远近高低各不同"的不同视角，彼此之间非但毫无高下之别，反而正需相互配合，才能尽可能呈现历史世界与意义世界的整全，那么，"思想史"的研究就永远只会被补充，却不会被替代。如果不顾研究对象的性质，一味赶潮流、趋时势，则终不免邯郸学步，难以做出真正富有原创性的研究成果。事实上，西方从"思想史"的角度研究中国，迄今也不断有新的成果出现。而且，如前所述，"思想史"和"哲学史"、"观念史"、"文化史"、"社会史"之间，也是既互有交涉，又不失其相对的独立性，越来越呈现出五光十色的局面。因此，真正了解西方中国研究

（Chinese studies）的来龙去脉及其整体图像，尤其是西方学术思想传统自身的发展变化对西方中国研究所起的制约甚至支配作用，而不是一知半解地"从人脚跟"转，对于中文世界人文学术研究如何一方面避免坐井观天和夜郎自大，另一方面在充分国际化（"无门户"）的同时又不失中国人文研究的"主体性"（"有宗主"），就是极为有益的。

中国思想史是我多年来的研究领域之一，而我在研究中所遵从的方法论原则，正是上述的这种自觉和思考。也正是出于这一自觉和思考，我当初才感到义不容辞，接受了启真馆的邀请。我的想法很简单，就是希望这套丛书的出版，能够为推动国内学界对于"中国思想史"的研究提供些许的助力或至少是刺激。这套丛书首批的几本著作，作者大都是目前活跃在西方学界的青壮年辈中的一时之选。从这些著作之中，我们大致可以了解西方中国思想史研究的一些最新动态。当然，这里所谓的"思想史"，已经是取其最为广泛的含义，而与"文化史""社会史"等不再泾渭分明了。这一点，本身就是西方"中国思想史"研究最新动态的一个反映。至于其间的种种得失利弊，以及在中文世界的相关研究中如何合理借鉴，就有赖于读者的慧眼了。

是为序。

2015 年 8 月 18 日
于武林紫金港

目　录

引 言

子曰:"君子和而不同,小人同而不和。"

——《论语·子路第十三》

自其异者视之,肝胆楚越也。自其同者视之,万物皆一也。

——《庄子·德充符第五》

当知一切由心分别诸法,何曾自谓同异?

——荆溪湛然《止观义例》

让我们设想一下,"对人类的各种假设进行质疑"是一件值得去做的事情:因为它能使我们不被偏见禁锢,因为它能增强思想与行动的力量,因为它能创造新的可能性,因为这一行为几乎便是学习与思考本身的定义,因为它(作为上述一切的结果,或者同义词)本身即是有趣的。毫无疑问,要对各种假设进行质疑,其中一条进路就应当是严肃且同情地审视那些在**其他**类型的假设下发展起来的不同的信念系统,它们带有不同程度的自我反思意识,与我们已经习惯了的生活方式截然不同。照此说来,古代中国思想在西方世界受到欢迎,是一件理所应当的事。不同的信念系统,对"世界是如何产生""人类是如何形成"之类的"何以如此"问题,做出了不同的解释。而相比起这类解释,这些信念系统对"**构成这一信仰的是什么**"(或者是我们在说**任何一种事物**是"这样子"时的真正意图,甚或是我们在各种不同信念中构造出一个选择时无意间假定的前提条件)的其他可能性所做的思考,可能更加令人不安,也更具有潜在的价值。显然,对何物存在、何物不存在之类的问题抱有某种确定的见解,并不会导致意义的迷失;而若要对某"物"是什么,它对其他事物的存在有何意义(又或者存在与非存在之间具有何种联系,"成为某物"与"成为他物"之间具有何种联系)之类的问题所可能存在的不同假设加以考察,却会有迷失方向的危险。由此而言,一个表面看来相当抽象、冷僻的问题,就显得极为重要而且紧迫了:**同与异意味着什么**?稍加思考便会发现,人类社会的每一种判断与活动,每一种欲望与价值,每一条哲学结论和逻辑原则,每一个文化机构和政府部门,都必然要以某些前反思的(prereflective)预设作为自身的规定性前提,而这些前反思的预设实际上是关于何者"相同"、何者"不同"的,换句话说,同与异是人类一切事务得以展开的前提。

这种考量直接将我们引向关于中国传统思想家的最令人费解又最为有趣的问题:他们是如何对"同"与"异"的观念进行处理的?这首先体现在一些简单透彻、宣言式的句子——某物"**是什么**"——的最基本意涵中;同时也在中国形而上学的一些最令人费解的特征——中国古代思想家对实际存在着的"相同"与"相异"的诸条目形成了一些牢固稳定的观念,而现代的阐释者们似乎总能在这些观念中,找到与现有的分析相悖的材料——中体现出来。我们总会不断以各种方式遭遇相似的阐释困境:是一是多?是内是外?是同是异?甚至是有是无?这种两可性不断重现,对这种两可性的解决方法也通常不那么令人满意。这说明在处理中国思想时,这种非此即彼的处理或许并不是最有效的提问。

对同与异的再思考

为了澄清本书所要讨论的主题,我们首先要明白这样一点:任何可说的事,可感的事,可知、可欲、可想的事,预先都假定了一些意义,即它是"相同于"或"相异于"某些事物的。如果以上所列的经验的类型是详尽的,那么所有的经验都牵涉一个名为"**甄定**"(identifying)的奇异的前意识过程:确定某物的同一性(identity)。如果我们将经验中隐形或未分化的方面视为我们所知所感的一部分,那

么它可能不是一个可以穷尽的列表；也许这一列表只适用于我们所能 3
清楚分明地知道和感觉到的事物，它是从一堆更为原初的待定的感觉
里浮现而出的，这些感觉是形成我们清楚分明的概念的一个背景。以
上声明并不是无理而不重要的。但即便如此，一旦我们期望任何事物
都能被清楚分明地甄定，我们事实上就在将其从原初背景中区分出
来，而原初背景自身则具有"原初、待定的"性质，是"我们的同一
性之所从来"。一个清楚的区分项是，凡是它所把握到的其他一切事
物，都会陷入"其他一切事物"的界别里。我们不得不为将要计入我
们经验的任何要素规定出一些同一性，无论这样做是对是错，无论这
同一性是否"真在那儿"，无论"规定出"意味着"使其如此"还是
"指出其已经如此者"。感觉到或意识到某物，意味着要去知晓"它是
什么"：它是这件东西（一台电脑，而非一个纸箱），它是这种感觉
（光滑的，而非粗糙的），它是这种颜色（白色，而非黑色），它是这
种情绪（枯燥的，而非兴奋的）。这意味着视它为"这个"而非"那
个"，将之从"其他"事物中辨别出来，并且以某些方式将此物与其
他事物之间的关系进行排序，在它自身与时变迁的过去与当下中，建
立起它的同一性，由此进一步分类，将其归在"相同类型"的某类事
物中，而这类事物本身不同于其他所有"不同类型"的事物。

　　但是从历史上看，人类认知事物时是如何做的，以及当他们认知
事物时对其所做的事是如何想的，其变化范围比我们所设想的要广泛
得多。其中一种途径根植于早期希腊思想中，它倾向于依赖诸如"普
遍的"以及"特殊的"等分类来认知事物，要求对不变的（相同的）
形式或原则有多重（不同的）实例化（许多只猫体现了相同的"猫
相"本质，或者在另一层意义上，许多偶性事件遵从同样的自然法）；
实例化的对象也可以是众多的实体，它们在各种"不同的"关系及属
性之外依然能保持"同一"（猫或睡或醒，或坐或跑，但依然是同一
只猫）。[1] 自我同一的某物（如猫相）存在于某些独立、不同的个体

---

[1] "猫相"之"相"采用的是对柏拉图理念论的传统译法，指的是形而上的 idea。"猫相"
　　具有本体论的意义，与佛教传统的"相"的用法有实质的不同，后者只是对流变的现象世
　　界的某种瞬态所施加的名相。当站在西方哲学的角度进行论述时，本书中的"某相"都是
　　指某种形而上的理念。——译者注

（猫们）中。它不同于它们，但从某种角度看又存在于它们里边，甚至构成了它们的同一性。同时，这个自我同一物（猫相）又不同于其他的自我同一物（狗相、红相等）。进一步说，这一自我同一的个体（这只猫）即刻例示了多种自我同一物（皮毛相、傲慢相、挑剔相、猫相、肉食相等）。在上述诸多意涵之下，一与多的关系问题，便因这些概念而产生。这些概念所造成的一个重要后果是，它们赋予"相同性"（sameness）与"相异性"（difference）这对观念以本体论意义上的终极性，虽然这在我看来是无意间造成的，甚至可以称得上是反讽的，但经由这种本体论上的终极性，这些概念本身就能被认为是完全"不同"于对方了。按照这种观点来看，关于何者为同，何者为异，应当有一个**真相**（fact）。然而，我们稍加留意就会发现，在我们以往的所有经验中，没有任何一条经验从一开始便是其所是，并与其他的可知事物截然不同。那么我们就有必要提出这样几个问题：这条经验是从什么时候开始不同于其他经验的？又是以怎样的方式与其他经验形成区别，从而将相同与相异的分离程度推向更高的抽象水平？由此，又是如何推出一个真正的相同性与相异性不相混杂地得到运用的可知王国，从而否定任何相同与相异混杂而相互矛盾的事物的实在性的？在同样的时间、同一个层面，一个事物不能有两个相反的谓词。某物的任何部分或任何方面若是相同的，就不是相异的；而若是相异的，就不是相同的。"同"与"异"迅速转变成"内在"与"外在"：被当成相同的是所有"包含于"此物本性之内的东西，而相异的则是所有"排除于"此物本性之外的东西。想要知道一物是什么，就是要知道它的边界在哪里，并且这些边界在本体论意义上是无法逾越的。

我们都知道，柏拉图是希腊人，而非中国人。约略来说，我们也知道柏拉图主义没有构造过中国古代思维，没有一位中国古代思想家是柏拉图主义者。倘若更进一步，我们也许会承认，在没有柏拉图的情况下，中国的思想不能被严格地描述为反柏拉图式的思想。它并不拒绝柏拉图主义，因为它没有可拒绝的途径。但是，没有柏拉图主义全方位参与的哲学会是什么样的呢？这种哲学真的可能吗？如果可能，又是如何运作的？

　　回答这些问题并不像人们所以为的那样容易，因为柏拉图主义及其影子——反柏拉图主义已经根深蒂固。有时候，中国思想不需要游荡于一些深奥的问题之中就能进展得很好，这些深奥的问题是由希腊思维的特殊性所强加给西方思想的，如本质（Essences）、形式（Forms）、理念（Ideas）、共相（Universals）、殊相（Particulars）、实体（Substances）、属性（Attributes）诸问题，上帝与造物、不朽与时间、相对与绝对、真理与意见诸问题。事实上，没有这些问题，中国思想也进展得很好，甚至比这更好。但它不仅仅是其所缺乏的柏拉图主义与反柏拉图主义的粗糙形态，毋宁说，这种缺乏成全了它的最令人惊叹与诧异的发展。为什么这样说呢？因为，即使没有柏拉图，也需要考虑与柏拉图所要解决的相类似的问题：所有经验事物之本质同一性的两可性。这是一只狗——但它也是白的，而且跑着，是饿的，以及其他种种。这是一个三角形——但它也是白垩粉。这是一个活体——但它在"另一个"时间里也是尸体。这是一个好人——但是当他看起来对我很好时，他对你却很坏。柏拉图希望清除这种两可性，找到某种方法，在某个地方，从某种意义上一劳永逸地使事物的同一性及其定义固定下来。这需要从经验世界迈出一步，到达形式世界，在那里每一个实体都恰好是它所是，而不再是任何别的东西。柏拉图式问题就是关于所有经验中的本质同一性的两可性——两通的解释性（parsability）与可辨识性（identifiability）——的问题。即便没有他的解答，我们也得面对这种两可性。而如果我们发现，某些地方（譬如中国？）并不是将之视为同样的问题，即柏拉图式问题，那么我们不得不问一句为什么。由于缺少柏拉图，缺少我们用来表意的所有柏拉图词汇，缺少对柏拉图的反对，我们需要从上至下以及从下至上地彻底重构"同""异"概念的意义。当"同""异"概念被重新思考时，所有事物也必须重新加以思考了。

　　本书接下来会通过一些中国古典思想家及他们相当巨大的成就，来探寻解决事物定性问题（也即相同性与相异性）的其他方法。不同于本质、共相、殊相、实体和属性，我们即将在中国主流传统里发现的，并不是简单的整体与部分的观念，而是各种"连贯成形"

（coherence）的观念，在处理"同者"（相同性）、"异者"（相异性）问题时，连贯成形的观念与前述思路无关。我并不是说某些相当于"同""异"和"内在""外在"的概念在中国思想里不存在，这当然是无法想象的。早期的中国传统似乎是在尝试发展出不模糊的相同、相异概念，在墨家传统里尤其如此。但是这些尝试乍然间就搁浅了，或者说，在其文化生态系统中很快就为相抵触的连贯成形的模式所战胜、取代、吸纳了，而这正是我在此想要阐明的。它们没有发展出本质与共相这一系统，而这一系统在西方刚好被用来解决肇源于同／异二分法的各类问题。一旦被吸纳进连贯成形模式，涉及相同与相异的概念就不再是互不兼容的终极实在了。在终极意义及本体论意义上，相同性与相异性是可商榷的，其可商榷性不只体现在我们对二者的设想和分类上，也存在于二者最基本的秉性之中。与柏拉图式问题、柏拉图式解法以及所有反柏拉图式解法相比，经验实存所具有的两可性在这里有了相当不同的意义。被用于叙说这些经验实存的"同者"与"异者"，在任何给定语境下都是多方面的，经常是可逆的，而且形成一个我们称之为"连贯成形"的派生物。

我所谓"连贯成形"，指的是一种捆绑结合的方式。这听起来很奇怪。也许有人会说，连贯成形（或者"连贯"）不能作为一个可以导出其他概念的"终极"分类，因为我们习惯于假定，无论因连贯而成形的是何物，无论做捆绑结合的是哪些具体条目，连贯成形本身就是其他东西的派生物。连贯在一起的这些条目，必然有一个优先性的定位（identity），"相同与相异"标准的制约使得它们成其为自身，而不会成为其他条目。但这是一个显而易见的真理吗？还是说这仅仅是柏拉图主义的残迹？在本书中，我会以中国思想史里的一些特定发展为例，试图表明后一种质疑是有道理的。

"一种捆绑结合的方式"几乎可以指涉任何事。但是在最广泛的外延上，它一方面是指将可辨别的（不同于本体论层面的真正意义上的辨别）各要素包含"进"一个假定的条目时所采用的聚合模式；另一方面是指将嵌在环境中的整个条目鉴别出来的方法。如果它指的是这些因素，而不是与某物不同于某物——比如决定"某物是什么"、"某物如何运作"、"它属于哪类群体"以及"对于它能够期望些什么"——有关的本体论意义上的真实，那么它的意义在哪里？这听起来奇怪而神秘，或者说琐屑而老套。但我想说的是，事情并非如此。在开篇那句《庄子》引文中，我们看到与连贯成形有关的一种典型观点："自其异者视之，肝胆楚越也。自其同者视之，万物皆一也。"这是否意味着，当我们以两种不同视角来看事物时，它们**只是表面上**相同或相异？还是说，当我们这样去看待事物时，它们**真的是**相同的或相异的？前一种看法显得微不足道，后一种看法显得稀奇古怪。而我想要表明的是，这两种看法皆有偏差。后文中我所要表达的是，构成先秦古典思维里某物是什么的理解的关键性的思考，不是上述两种看法中的任何一种，这种基础性的思考在汉代和六朝思想中进一步发展，并且在中国佛教的理论形式中成为决定性的主题；这一连续性常常隐而不彰，由是之故，当我们面对这些时代的思想时，它常常会被忽略。

"同"与"异"的问题也即是"一"与"多"的问题。这些问题最终会将我们推回到"本质"问题上来。我坚持认为，中国本土思想中绝对没有源自柏拉图或亚里士多德的那种典型的本质学说，即试图确定使得某一事物成其为这一事物的原因，用亚氏的话说就是 *ti ên einai*。无论是由于超越还是内在的因素，柏拉图与亚里士多德对这一问题的取径都是，以数学命题的方式，试图寻找每一件事物的确定的同一性、一个在所有可能的处境下都有效的定义。无论这个本质是贯穿于时间当中的物质，还是由一个共相显化于众多物质中而得名，我们在这里都有一个"相同性"的观念，它要么渗透于时间内的诸多不同片段（就单个的物质而言），要么渗透于分散在时空中的诸多不同物质（就一个共相本质而言）。在这个意义上，即便是一个单独的本质，也依然是"普遍的"本质中的一种，始终贯穿于那个物质实体的各种"偶然"变化所造成的明显的差异之中，永远不发生改变。尽管孟子等人对"人性"的探讨很显然接近于此处所谓"本质"，但在古代中国，真正得到发展的是这样一个论断：在任何情况下都不存在相当于普遍本质的东西。我将会为这一论断而展开辩护。不过，在为中国思想缺乏本质学说展开辩护之前，我首先需要加以澄清的是，有人认为西方的"唯名论"模式（这一学说认为事物的普遍本质仅仅是人类强加的，事物自身实际上没有本质）同样取消了本质。我们毋宁说，在缺乏本质概念的情况下，无论唯名论还是实在论都不为真。简单说来，唯名论假定外在事物有一个明确的结构，在此基础上人们设定事物的本质——就是说，它们的确**缺少**一个本质，归于它们的任何本质都"仅仅是"一个名称。而在缺乏任何本质概念的情况下，外部事物永远都不可能具有"缺乏本质"的本质；而在唯名论或其他特殊的语境下，将一个名称或同一性强加给事物，并不会妨碍它具有"没有普遍的本质"这一本质。在合适的时间里我会对此进行解释和探索。我想说的是，在早期的中国思想里，我们有一个无本质的哲学世界，它与其他两大否认普遍本质的系统——西方唯名论（以及它的极端的后现代化身）和印度佛教——有着显著的差异。与唯名论不同，早期中国思想并不将施加给事物的名称或同一性排除在其本质之外，因为根本就没有本质。而印度佛教虽然**否定**本质，但并不是从一开始就完全没有本质。与印度佛教不同，早期中国思想没有发展出"双重真理"（二谛）的系统，这一系统将由短暂的本质所形成的**单一而前后相续**的集合看成"俗谛"，它被第二层的"真谛"囊括，而真谛是超越于这些本质的。就早期中国思想缺乏本质所导致的后果而言，并不是说每个假定的自性（identity）也必须被否定，[1] 而是说每一个自性在结构上都是**模糊的**。在印度大乘佛教里，每个自性都既是**它**所是（世俗层面），同时也是**空**（终极层面）。而在中国的连贯成形学说里，每一个自性同时也是**好几个**自性。

　　常识，至少是流行于世界上某时某地的常识，看来对抛弃单一、

8　客观的"事物存在的方式"，或者世界上存在独立事物的任何假设，都是不认可的。所以当有人怀疑这些常识是人们日常生活中的理所当然的假设时，似乎就需要提出一些在常识看来花哨而颓废的理论。这些挑战本体实在论的"花哨"理论又变得稀奇古怪：主观主义转向哲

---

[1] 在这个意义上，佛教所谓的"自性"也就是西方传统哲学中所说的同一性（identity），故而此处将 identity 译作"自性"。——译者注

学唯心主义、后现代主义，以及最糟糕的道德相对主义。但是，无论是极端相信也好，极端怀疑也好，都是由同一组假设所引发的。这些“常识”的假设也许不适用于早期中国的语言和思想，这从两个简单而无争议的因素就可以得到说明。首先，中国语言里没有单数与复数的区分。我们很难据此推论说，一种文化在其语言和观念系统里没有**基本的**单复数区分，即单复数的区分在其语言资源的基本构建中不占地位的情况下，就不能如一个文化应有的那样安置一多问题，也即同异问题。第二个因素是紧接着第一个因素的，但它不仅是从语言的角度，而且是从社会与伦理的角度来获得证明：它缺少面向**单一**观察者的任何知识理论，也就是说，它缺少一个在数学上单一的**视点**。这不只是缘于单复数之间的模糊界限，而且也由于，人类的知识**总是**在先前的家族性和社会性的环境中出现的，在这种情况下，所谓的主体性，首先便是先验的主体间性，并且它总是最重要的主体性：一个人若要变成一个完整的知识主体，首先总得是父母的一个孩子，学习来自特定的过去的语言，与先验存在的一个或多个主体的视角发生关联，从而认识世界，而与之相关联的这一个或多个视角，是从他得到照料、信任和保护的现成关系里获得的。孤寂单独的**主体**在一个未命名的世界中睁开他的双眼，这在字面上就不能成立，是自相矛盾的。一个主体已经是某人的一个孩子了。孩子的初生特性延续了他祖宗的天生特性，这种关系严格说来，既不是一个排他的同者，也不是一个排他的异者，而是某种连贯成形，这个论断应该是不太违反直觉的。现在设想一种文化，它视单数和复数为非本质的分类，或本体论上居于第二位的分类，并且从不设定一些绝不与其他观点**相伴**出现的观点，将之作为其结构的一部分。这种文化里的常识，也许既不会将世界与命名世界的方式看作相同的，也不会看作不相同的。世界的客观真相，将不是由“如此”或者“不如此”、“真”或者“假”之类两两相对而互相排斥的范畴所构成。世界也不是绝对精神在孤寂中创造出来的理想作品，由绝对精神在自主的或无限制的状态下所设计，可以在任何时间，造成它想要的任何样子。这是一个连贯成形的世界。我们在古代中国发现的就是这样一个世界，我将试着在本书中描绘它。

9 **连贯成形与理：本书和它的续作的计划与方法**

没有互相排斥的相同性与相异性的观念，没有形式、理念、共相、殊相、属性，没有上帝与造物、不朽与时间、相对与绝对、真理与意见的二分法，中国传统照样有延续下去的能力，而其最独特的标志之一，就是"理"这个字。它将成为本书中一个隐藏的焦点，以及下本书的中心。[1] 虽说它在本书中作为一个哲学范畴相对较晚，但在下本书中则是一个明确的主题。蜂集在这个字周围的意义、基底、变化，为我们提供了一把万能钥匙，凭借它，我们就能解开中国思想史上最令人生畏的一些谜团，同时阐明一种前结构，为正式讨论它铺平道路。"理"是划时代的概念之一，像这种概念只要一出现，就能马上显示出它自己的史前史。它出现了不止一次，是以多种方式，而且从未止步不前。而追索它那逐渐地出现与离奇地发展的线索，为我们提供了一种理解没有柏拉图与反柏拉图的中国思想世界的全部含义的方法。

这个汉字的英文翻译是一个非常棘手的问题，曾引起过很大的争议，在下本书中我们会看到其细节。[2] 主要的备选词是"principle""order""truth""reason""Logos""pattern""structure""coherence"等。我

---

[1] 下本书书名为 *Beyond Oneness and Difference: Li 理 and Coherence in Pre-Neoconfucian Chinese Thought*，即将由纽约州立大学出版社出版。（现已出版。——译者注）

[2] 包弼德在其里程碑式的著作《历史上的理学》（*Neo-Confucianism in History*）中，将宋明理学中的"理"翻译成"coherence"，这在文献领域引起了新一轮的激烈争论。艾文荷（Philip J. Ivanhoe）最近在《道：比较哲学杂志》（*Dao: A Journal of Comparative Philosophy*）上发表了一篇评论，他对这一用法表达了强烈反对，而他对这一选择的极端厌恶构成了这篇评论的重点争论的着力点 [*Dao* 9 (2010): 471-475]。艾文荷对这个术语的反对大概是基于如下观点：显而易见，coherence 这一概念不能指明"连贯起来的是什么"，以及为何连贯成形会发生。而对艾文荷来说，这种对于连贯的要求与重视，体现了某种意义强烈的价值标准，这一标准理当是绝大多数理学家所说的"理"的核心与灵魂。理学家们所说的"理"的确是连贯为一的，并且是宇宙间所有事物得以连贯而成可知之形的源头。但是对艾文荷而言，说所有的"理"自身即是连贯成形，等于说"理"成了由它们（众理）所创造的事物之一，成了"理"本身所具有的性质之一。出于这些原因，艾文荷强烈支持传统译法"principle"（原则），同时也承认这个术语有其问题（不过要少得多）。

们将采用最后一个命名词：coherence。[1] 这个词首先被裴德生（Willard Peterson）作为理学中"理"的用法而提出，在许多最令人困惑且独特的语境中，这个词是"理"字的语义领域的一个强大的近似标记。请让我们在一开始就清楚地指出：这并不意味着"理""总是具有同一个意思"。它甚至也不意味着，纯粹作为一个翻译问题，"coherence"在所有（起码也是在大多数的）语境下是最好的翻译。（实际上，我认为，在大多数情况下，用这些词／词组来翻译可能还少一些尴尬，诸如"guideline""constructive pattern""the way things fit together""the sense made by things""the how and why of things""crucial information""structure"，或者只用"principle"，甚至还可以是"truth"——为什么不可以呢？）它仅仅意味着，在确定"理"的意义，以及在每个特定语境下"理"字如何被最好地翻译时，密切而全面地考虑 coherence 这个单词，对我们来说是无比重要的。[2]

---

[1] 艾文荷认为，"理"更接近我们所谓的"道德原则"（moral principles），而非如"coherence"这样的怪异而"单薄"的术语。他说，倘若一定要用这个术语来翻译"理"，那么我们必须赋予它特别的新意涵，而在这种情况下，我们就要承认我们在创造一个新单词，而非使用现有的英文单词"coherence"。尽管要到下本书对"理"（尽管主要不是作为理学中使用的术语）展开明确的讨论时，我才能对这些担忧进行全面回应，但在这里有必要指出，在相当广泛的意义上，我其实是赞同艾文荷的批评的，在绝大多数语境中，不适合将"理"直译为 coherence。然而，我的质疑集中在这样两个问题上：（1）比起"连贯而成可知之形"（cohering）来，"可供连贯而成可知之形者"（what coheres）是否具有逻辑上的优先性；而且，这两者之间根本性的、形上学意义上的不同一性，究竟是一个无法逃避的形而上学事实，还是仅仅出于对特定文化传统的保守继承？（2）来自西方的形而上学传统，它的基础，是一个远离短暂而相对的经验世界的固定的、精确的、可知性的王国，也可以是一个由不变的、绝对的真理所构成的数学模型；可以是由矫正（也许是拒斥）单独的可知王国的观念而产生出的一种客观主义，也可以是一个对服从特定的行为规则或信仰进行奖赏，而对违背者实施惩戒的超越的上帝。然而，离开了这个形而上学传统，"道德原则"是否本身就是一个连贯而成形的观念？

[2] 我们之所以对"coherence"这样的备选译文感兴趣，原因之一在于，倘若将"principle"与它所处的形而上学传统，以及这一传统所具有的那些基础性前提断开联系时，它的意义就有可能变得晦涩含混。在这种情况下，"coherence"就可以被视为解决这一问题的尝试。艾文荷并不否认"principles"与连贯成形（coherence）、道德、智识的某种形式的创造活动或实例化活动有关。无论如何，一个"principle"应该是某种单一的东西，它能应用于大量的个体性事物，或者解释这些事物，实例化为这些事物，控制这些事物；它也应当是讨论这些事物如何，以及为何与其他事物连贯起来的一种方式。进一步说，在道德层面，道德主体及施于他身上的道德要求之间那不可分的纽带，必然关涉"principle"，同时，对于道德主体与他自身的关系、他与自己的各种能力或方面的关系，或者他与他之外的事物——无论是世界，或真理，还是道德要求的源头——之间的关系，（转下页脚注）

对这里所说的 coherence 的各种精确意义及其定义、条件、标准、应用范围的描绘，可能会是本书及其续作的主要贡献。照我的设想，一旦我们弄清楚各种元素在这个意义上的"连贯"所意味着的许多东西，以及在这种"连贯"之下这些要素是怎样被构思的，我们就会发现，在理解这一术语以及整个的中国思想时，至今仍缠绕不清的许多最棘手的难题会大大减少。

解决这一问题需要各方面的因素，这些因素的复杂性，使得一种不同寻常的诠释途径成为必要。本书及其续作的架构有点像是某些大部头的 19 世纪欧洲小说。我们会挨个单独地介绍好几个角色，并且详细阐述他们的生活世界、背景、个人问题以及愿望，揭示他们各自角色的复杂性。这些主角最初是不相关的，但他们注定相会。我们会在叙事里感受到，这相会的一刻一定会落在他们身上。作家所展示给我们的这两个未来的恋人的方方面面，已经预先聚焦而暗合于彼此

"principle"也必然有其作用。这些实例化的活动，以及上述各种关系，即是"coherences"，但这里的问题是，与这些"coherences"相关的"principles"，其意涵是否比这些"coherences"更为丰富，因而既是它们的原因，又在本体论层面独立于它们。至少，"coherence"是对上述这些维度的"principle"提供一些实际内容的一个尝试，而且这个尝试是有效果的。因为对很多有识之士而言，后一个术语理解起来，充其量像一个不再可知的死掉的隐喻，或一个面目已经磨损殆尽的铸币，更有甚者，像是一个有问题的形而上学的实体化的残迹。说"因为某物有一个原则（principle）"，所以某物是这样子的，并且理应是这样，不过是一句无意义的冗言；借用尼采用过的一个例子，这就好比莫里哀的医生解释，为什么某一特定物质能引起睡眠："因为它含有某种性能，这一性能的特征就是能引起睡眠。"因为有一个原则"只告诉我们"出于一些缘故"，没有告诉我们这缘故是什么。然而，很明显，当理学家们说是"理"使得某物如此，"理"也告诉我们某物应当如何时，他们的意思要更为丰富，而在这种地方，"coherence"这样的术语就开始显得极为有用了。这是因为，作为一个英语单词，"coherence"确实能用来解释为何某物是那个样子的（可以是由于它与其他事物结合、互动的方式，或者是由于，当且仅当其他一些事物以一定的方式汇聚在一起时，出现了一种全新的认识），能要求某物按照某一方式而为（coherence 要求某物以这种方式而不以那种方式而为，如果它不能按照这种方式而为，那么它也就无法完成这种方式之下才有的联结、互动、运行），而且，确实能赋予价值，使某物成其为某物（在最简单的意义上，价值是欲望与可欲之物之间的关系，这一关系必须按照既定的方法才能相互一致、相互作用，通常我们说，欲望被可欲之物"实现"或"满足"）。当用于追索某些关键的中国术语时，"coherence"这个单词的评价标准常常是可以向上调节的，正如艾文荷所坚持的那样，这一点至关重要；在后面的篇幅里，我们将会重点讨论这个单词如何调适上遂，以一种内在固有的方式，从更加直接的"粘连在一起""可认知性"等意涵得出一种特殊的价值观来，甚至还会谈到，就"内在"（immanent）与"超越"（transcendent）这两种功能而言，这一术语在某些场合是如何更接近于"超越"功能的（按照将"超越"与"内在"视为相互排斥的对立面的那个传统的看法）。

了，即便他们孤身一人的时候，也在隐微地反映着彼此。于是，我们有了他们那命定的相会，以及随之而来的复杂的误会，对先前纠葛的痛苦的摆脱和最后他们的拥抱与结合。当我说"理"是连贯成形时，也会有类似的情形发生。本书在一开始就有两条互相独立的"发展线"。首先，我们将会讨论可以称之为"反讽"的连贯成形观念在古典哲学家那里的发展，这些哲学家是中国思想史的核心（例如孔子、墨子、孟子、荀子、老子、庄子）。在这部分的讨论里，我们首先集中于《论语》和《孟子》中的"非反讽"的连贯成形观念，这一观念模拟的是社会互动和评价活动的某些特征；同时讨论它对事物集合成连贯的群组的方式、层级关系的影响，以及对特有的"遍在"观念的出现所产生的影响（某种程度上，"遍在"是"非反讽"观念发展中的副产品）。我们会指出，达成连贯成形的特殊途径何以无涉于相同性、相异性之间的本体论的二分法，故而在哲学意义上既非唯名论也非实在论，在伦理意义上既非内在主义也非外在主义。从一开始，这一二分法与"理"这个字就没有这些关系，而"理"在上述文本的大多数地方，也没有特殊的重要性。

然后，我们将花一些时间在这一思维模式的"反目"的对立面上：在《老子》传统和《庄子》内篇中获得发展的"反讽"的连贯成形观念。这里的"反讽"意味着，在某种意义上，连贯成形同时就必然是"非连贯成形"（noncoherence，或可译为"不连贯成形"）：事物之间的整体性，被"遍在"观念推到极致，结果毁掉了事物的"可知性"而不是建立它们。而恰恰是非连贯成形，使得事物真正连贯起来，真正让事物成为其所是，而这本来是"非反讽"的连贯成形的主张。"非反讽"的连贯成形传统认为，连贯成形制造价值。反之，"反讽"的连贯成形传统认为，不成形才连贯，不被视为价值的东西才是价值。我必须再次强调，我们没有同与异、唯名论与实在论的二分法。"理"在这里也没有扮演那么重要的角色。 11

当这一切在继续的时候，我们的另一个故事在慢慢形成："理"字的史前史。它开始时是一个朴素的动词——以某种方式来区分事物。接着，它时不时被用来当作某些很难用其他方式表达的事物的有效的标记。本书的续作则会追索这一术语的发展：从最早的语源学和非哲学的用法，到慢慢成为一个技术性的哲学词语。随着反讽和非反讽的传统开始相遇、吸收和互相转化，这变得越来越明显了。"理"是这场对话中的重要筹码之一。我们看到它渐渐在反讽集团中占据优势，并回应非反讽的诸理念。反讽与非反讽的传统造就了各式各样的妥协，随着"理"在这些妥协中不断被构想，它开始指代连贯成形本身。我们小说的两位主人公相会了，并且坠入爱河。他们遭遇了所有的麻烦和误会，并且试图克服它们。这就是两本书里所要讲述的。

然后，本书将从经典文本（《论语》《孟子》《老子》《庄子》《荀子》，《礼记》中的《大学》和《中庸》，以及关于阴阳系统的《易传》和扬雄的《太玄经》）出发，追踪三种类型的连贯成形（非反讽、反讽的连贯成形，以及将反讽的连贯成形据为己有的非反讽连贯成形）的发展。

在本书的续作里，在对"理"的含义的现代诠释加以介绍之后，我将研究始于《诗经》的"理"字用法的发展，不过它渐渐得势是在后来的一些经典文本里（尤其是《庄子》的后半部分以及《荀子》中），而其作为一个明确定义的哲学理念获得充分展开则是在韩非子注释《老子》的文本里，其集大成则是在玄学家王弼和郭象的作品中。"理"在佛教中的各种应用，标志着反讽与非反讽的连贯成形及价值以各种各样的方式互相联系，它将被追溯为继郭象的调度之后这一术语的进一步扩展。

在行文之前，需要考虑方法论问题。我必须重申，我并不是要暗示，"理"这个术语在佛教和理学中保持了同样的意涵，这一意涵在更早期的古代文献中要少得多。我甚至不会认为，"理"这个术语在不同文本中的各种用法和微妙意涵，**必然**具有某种关联，或者与更早时期指涉同样问题的术语存在必然联系。于是，某个方法论问题出现了：理学家的"理"的观念（例如我将在下文详细列举和考虑的），为何就应该与我们读到的佛教或前佛教的文本有关呢？难道我是在假设，这些写于相当不同的历史条件下的，分属于几千年内各学派的，有着极大差异的文本之间，贯穿着某些具有固定本质的语义内核吗？显然，这个问题本身就关系到我们对"同与异"的含义的理解，涉及我们在共相、范畴、类等问题上所采取的立场，以及我们是否相信，"同样的"事物在另一时间、地点能够"重新出现"。如果按照中国思维在处理相同性与相异性问题时所发展起来的更典型的中国观念来发问，则问题就应该是，我们应该在连贯性、连续性的问题上采取什么样的立场？严格说来，以中国式观念发问，不同的实例之间就既不是纯粹相同的，也不是纯粹相异的，这样，我们就能说：是的，这些不同用法的"理"之间虽然不具有同一性，却有一个连贯成形。而如果关于"理"这个术语的问题，只是因相同性与相异性而引起的话，我的答案就是：不，我并不认为"理"总是表达同一个意思，因为这无异于否认几千年的中国思想的发展历程。我遵循尼采的意见，一个字就像是一个口袋，里边有在各种时期装入的各种东西。另外，通过对这些术语和概念在不同哲学语境下的用法进行密切而详细的分析，我将试着表明，如果我们抽象得足够彻底——将摄像头拉得足够远——我们就能发现这些用法存在某种连续性，这种连续性或许让这个装载了不同理念的特殊"口袋"具有了吸引力。这取决于我们将要了解的各种"连续"所具有的高度抽象的本性——比如通过共同指涉可知性、价值、快乐等而互相连接起来。在上述那些文本里，构成"可知性"或"价值"的东西本质上是不相同的，这将影响什么东西被确认为"理"，以及它如何被理解，如何被构建，如何在每个哲学家的著作中与其他各个术语相关联。故而我不能说，我对各个时段的"理"的用法之间存在联系的断言，具有任何形式的先验有效性，也不能暗示说事实就是这个样子的。相反，我将试着表明的是，在几乎所有情况下，"理"都与价值存在一种关系——在每种情况下都有其独特的构想——与我们将要检验的其他绝大多数用法发生可以被感知的共鸣。原则上，人们总是可以给予一个字新的含义，假装它是这个字先前的用法，并以某些方式调整它们，最终使得其之前的含义消失。这样做时，我们就已经假设了某种连续性。实际上，我处理"理"这一术语的发展时的一个核心题目，就是探究"理"的反讽用法完全逆转

"理"字本身意涵的方式——但是在某种程度上，需要在每一步都预
13 先假设它先前的用法。若不这样做，它就会因连贯不起来而显得毫无
力量。所以我的确会对某些术语的"道家用法"或"儒家用法"做概
括和超历史的总结性陈述。至于说认为《老子》和《庄子》是道家著
作而引用它们，却放任《管子》中的某些篇章不管，是否妥当，这对
我而言只是小问题。这一问题的答案取决于另一问题的答案：目的是
什么？适用于**哪里**？我用这样简略的表达方式来提及一批思想家，唯
一的目的是让我的"连贯成形"的指称为读者所知。正文中，我煞费
苦心所要澄清的，是我将尝试以之描述这些断言的特定范围内的文本
的上下文语境，以及在每种情况下它们所适用的范围。我希望下文的
分析将使得这些要点更加具体明确。

在谈到"中国传统"时，同样的考虑适用于"本质主义"问题。
历史主义者对本质主义的攻击可以说是我们今天的知识史的基本信
条，在我看来，它的意图是好的，但方向是错的。当我们不再像前几
代厚脸皮的东方主义者[1]所倾向的那样，说"中国人这样思维"，而是
换了一种说法，"在中唐时期的浙江地区这个学派的成员这样思维"，
或者更为妥当的说法，"这个人，在这时候，在这里，在这个文本中
是这个意思"，我们看起来像是进步了。但是——这又牵涉我们的核
心问题——除非我们手头上有某种方法，能把截然分明的**实体**的连贯
成形，理解为不依赖"本质"范畴的更大的独特整体，否则我们就只
是在用一个稍小的"本质"替代一个更大的"本质"而已。在多次事
件中辨认出一个共享的特性，或者在多种方法、多个时刻中辨认出同
一个"自我表现"的特征，到底意味着什么？在两个截然不同的时刻
之间甄定出一种连续性，意味着什么？一种自性，是如何在多个时刻
中得到存续的，而且无论其表象如何变化，它都能保持不变的？彻底
通晓某件事物的真相，又意味着什么呢？即便我们限制自己对单一个
体、单一文本下断语的欲望，我们依然在运用某种共相，而我们也许

---

[1] 东方主义者指的是那些把东方设想为充满异国风味，将东方人变成幻想所投射的对象的
学者。——译者注

恰如被批评的那样，是在创造陈词滥调。难道朱熹生活中的每一刻，以及他说的每句话，都弥漫着"朱熹性"的深奥品质吗？难道文本 X 的每一行，都浸透了文本 X 或"X 性"的意涵吗？如果是这样的话，那么我也可以宣称，每一种"中国思想"的特殊实例，都弥漫着"中国性"。故而，无论是本质主义的处理方法还是那种表面看来更为谨慎的方法，都并不可取，至多是既有可取之处又有不可取之处。当我们将更大的本质多样化为或碎片化为更小的本质时，它可能是克服较大本质的一个步骤，但同时它又进一步强化了本质主义的习惯。我的观点是，我们要想削弱这种习惯，不能采用一种自相矛盾的非本质论的方式，而应该采取多本质主义的方式。也就是说，对中国思想的某 14 一本质论的解读的霸权，只能以提供对它的不一样的本质论解读来克服。不同的解读越多，我们所持的任何既有的本质主义对我们的影响力就越小。

　　这将我们带入一个更宽泛的问题域。像这样的一种诠释性分析，应该做些什么呢？而且，按照我们强大的思维惯性所提出的问题，我如何能认为，只凭借出现在 21 世纪早期的我的美式英语的学术散文中的分析与归纳这等工具，就能够搜寻出思想的另一套前提机制呢？传统中国的奇怪的"类"观念（conceptions），特别是"理"的理念（idea），一直是将中国的思辨传统与欧洲传统相结合的所有野心勃勃的尝试的少数节点之一。在《词与物》（Les Mots et les Choses）中，福柯用一个令人印象深刻的开放式比喻来描述他对博尔赫斯所构想的中国式百科全书的**反应**。在这个比喻里，"理"甚至发现它自己也是更普遍的哲学兴趣之下的一个后现代题材。但是我们这里所面对的方法论问题则告诉我们，博尔赫斯的另一个比喻可能更贴切。在"阿威罗伊的寻找"中，博尔赫斯讲述了这位神学家努力为亚里士多德诗学中的"drama"和"comedy"寻找对应的阿拉伯词语的故事，当时伊斯兰文化里没有出现戏剧。在辛辣地描述了阿威罗伊为了一个同义词而做的摸索之后，博尔赫斯做了一个典型的自我反思式举动：我构想和描绘这位神学家努力映射一个异质希腊概念的**阿根廷式尝试**，比起这位神学家的努力来，其盲目、摸索和厄运的程度，真的会更少吗？这也许更接近我们这里所面对的问题：我们怎样才能为"类"这个类分类？我们怎样才能复制出"复制"？"普遍性"的普遍性意涵是什么？"原则"可以用什么样的原则来取代？

我同意一个相当实用的看法：对这个传统所进行的诠释性解读，例如我在这里试图去做的，其实只是一种工具，是一部像索引或词源字典那样的辅助文本。它是我们手头上各种不同工具中的一种，而每一种工具都适用于不同的目的；我们在任何给定的实例中伸手去拿哪种工具，取决于在那个时候我们想要的是什么。在我们面前有一定的文本，我们能以多种方式去阅读。在阅读的过程中，我们面临一定的困难、认知上的不一致、困惑、兴奋和疑问。当我们以这种或那种方式处理文本，并带着各种外在的考量时——历史的、哲学的、个人的，无论是什么——我们注意到，它的可知程度和轮廓也在相应地改变。我们可能永远不会觉得，一个给定的文本可以被我们的解读穷尽，也不会认为它的经线和纬线中的每一个微粒都确定无疑地变得清晰起来。但是通过应用一种工具，接着再用另一种——或许是轻轻地改变其隐喻，再给一个透镜，再给另一个——我们发现不同的格式塔、[1] 不同的面向、不同的连贯成形品系出现了。当这些不同的解读挨个排开时，也许会（也许不会）叠加为一个单一的图景，适用于所有可能的透镜和目的。我倾向于认为不会。但是，这样一个假设似乎是没有争议的：我们手头上拥有的透镜越多，我们对这个文本知道得也就越多。对文本知道得越多，对它能对我们呈现出来的方式知道得就越多，对它能形成某一暂时连贯的图景的方法之种类就知道得越多。本书及其续作就是一个透镜，通过它们去阅读聚集在"理"字周围的连贯成形、价值和遍在问题的中国式解法。它们的目的是帮助那些在处理和玩味这些中国文本时，与我这几十年来一样，面临相同困惑的读者。它们的价值在于它们对于读者的有用程度；在于当这些读者面

---

[1] 格式塔是德文"Gestalt"的音译，意为"形式""形状"，是西方心理学中一个主要流派。在心理学中用这个词表示的是任何一种被分离的整体。格式塔也被译为完形心理学。格式塔派认为，人的心理意识活动都是先验的"完形"，即"具有内在规律的完整的历程"，是先于人的经验而存在的，是人的经验的先决条件。——译者注

临一些障碍时，它们可以作为一部索引或字典而供人参考。对于那些与我们目前的取向密切相关的维度，我们不得不进行择优挑选，但我们之所以这样做，是希望对这些维度的概述，可以让同样浸淫于这些文本的人，从他们可能会关注的各式各样的维度里，看到那同一个维度。这就像是看着月亮说：“看，这儿有一只兔子；靠近顶部边缘的那个尖尖的东西就是耳朵。”指望着我们那个已经看了月亮一千次，但从未看到那儿有一只兔子的同伴最后会说，“噢！我也看见了”。我们的工具的确相当于一种言说方式：“我看成是耳朵的就是那个尖尖的部分。”这并不意味着月球表面的每一块岩石和每一个火山口都对应兔子的某部分，也不是说另一种看到月亮里有一个人的视角忽然就行不通了。之前的图景中的有些部分会被保留下来，另一个图景将被建立起来，甚至那些保留下来的部分也会被包括进去。但有时候，这种组织材料的方式将有助于消除我们的同伴所遇到的问题，而不用剥夺他同时看到月亮里有个人的能力——当那符合他的目的时。有时候，他所面临的问题是我们这里的工具所不能帮忙解决的。在那种情况下，工具箱中的另外的工具将会被启用。

不言而喻，工具能够“消除”的问题，取决于读者想要从这些文本中获得什么，而读者在不同的时间想要的东西也许并不相同。这将意味着，不同的工具适用于不同的时间。同样清楚的是，这样的努力是一种无可救药的“现在本位主义”：我们正在寻找增进我们阅读经验的东西，正如我们此时此地正在做的那样，并以我们当前的目的和兴趣来评判何者算是一个问题，何者算是一个答案。我们就是从我们自己当前的兴趣、概念架构、语言以及我们自己的偏见里边开始的。事实上，我们在哪里，就从哪里开始。我们不得不在我们的第一个立场上遭遇第二个立场：我们不能平白捏造第三个立场。当然，我们的初始立场包括一种在历史因果性、前后序列、影响向量里经过长期发展后的兴趣，以及当我们正在阅读的文本，在已经被我们设定了特殊的时间和历史背景的情况下，其历史语境依然模糊时，我们心中产生出来的一种不确定感和继续探究的欲望。正因为如此，我们也会发现，在考虑这些文本时，我们不得不在史学和哲学上尽量“严谨”。

16

事实上，即便我们委身于怀特海那被滥用但无法抗拒的箴言，"命题有趣比命题为真更重要"（如果不为真的话，至少它应该是有趣的），这种严谨依然是弥足珍贵的：因为一个严谨的历史方法保障了文本的陌生性，而且有助于让我们避免按照我们惯常假定的样子去阅读，迫使我们在试图理解它时延伸我们的概念化能力和想象力。文本在它的固定的历史脉络里的顽抗、我们忠实地面对一个相异观点的承诺、我们对真实的承诺，都使得它更有趣。（再次应和了怀特海，他在他那被滥用的评论后面又加了几句："真理的重要性在于，它增加了有趣性……当然一个真的命题比起一个假命题来更容易有趣。"）[1]不过，我依然不认为有必要像遥远的过去那样，真的将这种冲动看成是在寻找一种一劳永逸的方法。毋宁说，我们所希望的是，在相遇的过程中，根植于此处的本性是探索彼方，我们最初的语言将渐渐增加它可言说的项目，其牵连之范围将汇聚为新的基底，揭示关于我们第一个立场的新信息，切实让它演变成一个"立场一在与立场二相遇后"的综合体。这是立场一达致立场三的唯一办法。

　　这就是为何我将试着解读每一位我这里所讨论的思想家，就好像他在任何事上都绝对正确一样。我不会指出其谬误和前后矛盾之处。这个方案本来就要求从每一个立场的内部进行阐述，要求阐述者把自己看成是每一个矛盾立场的代言人。我理应把每个可能的立场视为在某一意义上的"前后一贯"——无非是在其背景中结合一些必要的前提，以使它的"连贯成形"（一致性）出现于读者眼中。在这里我再次相信，克服真理宣言的霸权的唯一办法，就是制造有说服力的多种相冲突的真理宣言。因为批判一个哲学立场，其实只会强化那个由之而展开批判的幕后立场：这是一个人在展开批判时所使用的未经过置疑的论辩前提或规则。对霸权的批判，只能建基于批判所具有的霸权。更大胆地说，我认为基于任何已有哲学立场的批判其实是勇气与想象力的失败，是他变更自己隐藏在观念系统里的合法

---

[1] Alfred North Whitehead, *Process and Reality: An Essay in Cosmology*, New York: Cambridge University Press, 1929, p.259.

性标准的失败（而为使异己观点显得合理，合法性标准的变更是必需的）。[1]

　　二十年前，我在台北搭乘一辆公交车时，很快发现我没有带够车费。令我相当惊讶的是，当司机看到我不停翻找口袋时，说了类似于"没关系"的话，并招招手让我上车坐好。那是这项工作的缘起。我把这本书献给那位不知姓名的公交车司机。

---

[1] 为更全面地展示这一不受欢迎的认识论立场背后的诸前提，请看拙著 *Being and Ambiguity: Philosophical Experiments with Tiantai Buddhism,* Chicago: Open Court, 2004。

第一章

本质、共相和遍在

——绝对的相同与相异

我们以"这个是那个"的句式翻译中国思想家所做的论断，比如"这是一匹马""人性是善的""无名是天地之始"。而当他们做出这些论断时，他们的意思是什么呢？如果运用我们所熟悉的特殊实体的模型——实体无可怀疑地具有某些特性而非其他特性，我们会假设这些论断的意思是"关于这一事物的实在而终极的真相是，它是一匹马，不是一匹非马"，或者说"就世上的人性这一条目而言，实在而确切的真相是，它是善的，不是不善的"，或者说"那个是无名的实体，是天和地的开始，而不是天地非开始"。如果我们将这些陈述视为关于本质，或者对于"这一事物是什么"的确切不变的论断，并且推定其在所有语境中都有效，那么我们就会马上陷入困境。但同样明显的是，这些断言并不意味着，"我是在不确定的空白上随心所欲地投射马相（horseness）、善相（goodness）、始相（beginningness）"，也不是说，"马相、善相、始相都纯粹是心灵的构想"，或"纯粹是人类社会的构想"。那么他们的意思是什么呢？

针对这个困难，一个相对简单的方法是考察语言的地位，也就是考察每一个可能的命题。世界的终极真相在由文字组成的句子里被充分定义了吗？如果不是，我们就不能把"X 是 Y"这类陈述句的意涵看作在断言"X 是 Y 真且唯一，句号"。我们就不能把口头陈述的目的看成是在说"事物真正意义上是怎样的"，而应该将之视为其他意思。[1] 而且实际上，也有人提出，在中国的思辨工作中，定义是以非常不同的方式进行的。比如说，文字只是**技能—实践**这种可为典范的模型的一部分，旨在以这种方式指导行为，以改变人们感知和评价事物的方式，而非用来描述"真正如此的是什么"，或"真正善的是什么"。[2]

以奥卡姆的剃刀来看，这也许是理解发生于中国思想史上的一些奇怪事物的最好方式。毕竟，这不仅仅是因为中国没有柏拉图。中国也没有巴门尼德，没有巴门尼德的论断："存在"（being）与思想（thought）必须一致，可思议的东西（the thinkable）与真实世界（the real world）必须是同一个。这可以说是整个西方哲学传统最基本的假设，是这一传统一直试图把握的观点；而其局限性也一直被西方哲学传统后续发展的每一个阶段试图加以克服。这一论断的首要任务，当然是要在最普遍的意义上承认整个的柏拉图事业。

关于中国思想中语言的地位和角色的这一点体会是重要的，但它并不能真正地解决我们的全部问题。一来否认语言有最终的定义、叙述上的充分性，的确会导致某些不可避免的问题与矛盾。这也是西方世界坚持语言学上的充分性假设的一条主要理由，因为这样可以规避这些矛盾。二来我们不得不问：如果语言不能告诉我们事物的真相，那么它所要做的工作到底是什么？某些据称确实如此的东西，总得有一个充分的指涉，如果排除了语言的指涉功能，语言还能将它的其他工作继续下去吗？我们必须假设，这个问题可以有很多种解答方式，而且语言也有许多种用法。因为，即便是在"非终极的实在"（the non-ultimate-reality）的范限之内，中国哲学的语言表达形式，也不是对"文字并不表达客观实在"这一主张的简单重复。他们做出了很多

---

[1] 例如，李晨阳就已经令人信服地辨明，儒家的语言理论假定了一个实用主义的取向，它建基于内涵与惯例上的考量，而非明确的语义真理。见 *Language: Pragmatic versus Semantic, The Tao Encounters the West: Explorations in Comparative Philosophy*, Albany: State University of New York Press, 1999, pp.63-87。

[2] 罗伯特·伊诺（Robert Eno）对这一点的阐述涉及庄子，在我看来是目前可见到的对这一问题最有效而且最有力的解释。参见 Robert Eno, "Cook Ding's Dao and the Limits of Philosophy," *Essays on Skepticism, Relativism, and Ethics in the Zhuangzi*, Albany: State University of New York Press, 1996, pp.127-151。粗体是作者自加。

在语言形式上大不相同的断言和反断言，这在有记载以来的人类思想中是特有的，它不仅仅等于否认语言的终极性。我们也许可以说，即便被当成是对日常行为所作的随缘指示甚或权宜之计，这些断言一样涉及缔造其有效性的认知承诺（cognitive commitments），[1] 也许因此也制造了很多他们所着力避免的关于语言与实在之关系的困境。而那些尽力强调不能认为中国思想家对真理有所断言的人，当然也是承认这一点的。例如，郝大维（David L. Hall）和安乐哲（Roger T. Ames）就承认，严格意义上说，对真理问题的宣言式论断的漠不关心，并不意味着这些陈述与"真实性"无关。与西方观念不同，这种真实性并没有嵌入一个因果性框架（此框架的一个必然意涵是，凡结论皆由逻辑前提而来），这种真实性并不涉及对"终极原则"和"原子式事实"的考量。[2] 我对此相当赞同。现在的问题是，我们如何理解这种"真实性"。

21   处理中国思想中这一面向的另一个简单方法是，注意到它倾向于假设"过程导向"而非"实体导向"。也就是说，终极真相被看成是动态的过程，而非静态的实体。这使得它与那种将事物固定下来，忽视它们向对立特征转化的陈述句不相匹配。这也可以被描述为一种关于实在的辩证观点。这样，从这个意义上说，庄子"至人无己"的陈述句就可以仅通过增加一个含蓄的"fixed"而得到最好的解释："至人没有固定的（fixed）自己。"这里否认的是固定性（fixity），而不是一个在更广泛意义上的"自己"的出现或存在。这也立即使得在传统文本中发现的令人困惑的陈述变得明晰起来。

---

[1] 认知承诺是认知语言学的基本概念之一。认知承诺认为，语言和语言组织应反映普遍的而非仅适用于语言的认知原则，从而使语言机制与其他关于人脑、思维的认知机制联合起来。参见《认知语言学的两个承诺及其发展趋势》，《外语学刊》2012 年第 3 期。——译者注

[2] David L. Hall and Roger T. Ames, *Thinking from the Han: Self, Truth, and Transcendence in Chinese and Western Culture*, Albany: State University of New York Press, 1998, pp.132-135. 陈汉生广泛地、明智地，而且在我看来令人信服地发展了反"真理与信仰"的立场，也乐于承认，"可言说性（assertability）并不独立于世界的实存之外"（Chad Hansen, *A Daoist Theory of Chinese Thought: A Philosophical Interpretation*, New York: Oxford University Press, 1992, p.392）。换言之，这些断言对"这个世界的实存"的依赖就是可以理解的。而问题的关键在于，这种依赖是如何发生的。

但是，也有许多新问题出现。文字和术语是否也是过程（process）？或者说，它们是否不属于对过程的一般性的本体论断言？难道文字本身竟然不是过程，竟然不属于"所有事物都是以过程的方式存在"这一假设吗？如果是这样，文字与过程之间似乎就没有完全契合的必要。那文字又是从何处将稳定性或恒常性赋予事物的呢？恒常性真的被过程导向排除出去了吗，还是说它被另行构想出来了？而且，诸如"过程"这样的术语，是否真的将自身从所有其他实体的"过程"本性里剥离出来，以至于我们陷入这个术语的自证问题中去？"事物真的是过程"，这命题难道"总是为真"吗？在中国传统里，针对过程观念，《周易》及其注释（《易传》等）作了最明确的表达，我们从中发现了一种至少上溯至郑玄的看法，他说易有三义：简易、变易、**不易**。如果我们像许多现代中国的诠释者们做的那样，想要将"不易"诠释为不变的变化"原则"（principles）或"法则"（laws），或所有事物总在变化这一事实本身是一条不变的原则或法则，我们似乎就处于不变的诸法则（或者至少是一条"法则"：变化）和它们变化着的实例这一双层形而上学的边缘了，而它可以轻易地与我们已然熟悉的西方哲学传统联结起来。尽管如此，很显然，我们不能低估"不易"在这个传统中所扮演角色的**某些**意义。而鉴于"不易"是作为"易"这个字的义项之一而呈现的，这里的"不易"难道果真意味着什么吗？"不易"的义项使得"易"这个术语的意涵无法在每时每刻都一样：它在变化，如"易"的字面意思所示；"易"的观念本身则恰恰**不是不易**的。哪种"易"，同时意味着"不易"（即其对立面，它自己的"易"）？哪种"不易"，同时意味着"易"？

我认为，中国传统对**语言**能否终极而充分地表达**实存**的本性，有着普泛的**不信任**；而比起实体本体论及其相关语汇来，过程导向更接 22 近于中国思想家的思想倾向。实际上，这样的结论已经不足以引起争议了。这些要点可以在一个更大规模的本体论比较中被整合起来，其中，李晨阳做得最明晰。他在讨论亚里士多德的本体论立场时注意到，对任何实际存在的实体而言，一个单一而基本的存有（being）或

25

实体（substance）的假设，在相当大程度上是西方哲学传统对待这一问题的潜在方式。这一说法有其道理。尽管任何实体似乎都能以多种方式来描述，以符合各种关系或谓词，但关于实体的真理却是对实体的单一、清晰、可定义的本质的理解，对它的基本的存有的理解。对其他所有谓词而言，这一理解具有特殊而原初的意义。李晨阳又将亚里士多德与庄子作了对比，庄子无法在关联或描述某物——例如一头牛——的许多备选方法中挑出任何一种，作为主要的、基础的或者最真实的方案，李晨阳借此指出中国的本体论假设的特点。[1] 尽管我认为，李晨阳选择亚里士多德与庄子这一最明显的对比，使事情有些太过简单，但他的办法的确是单刀直入，直接切入问题的核心。虽然从这一对比可以很快推导出语言的流动性或语用学，[2] 但更重要的是**本体论上的两可性**问题。这里，我认为李晨阳的洞见更贴近真正的疑难，这也是我的工作所要达致的。现在需要考察的是这样一个假设：就某物最终是什么而言，必定有唯一的一个真相。由这里迈出一小步可以追问，**是存在的**（existing）是否就意味着**是**（being）终极而明确地相同或不同于某物。关键在于那个**可指明的同一性所具有的确定性**本身。

但是在我看来，当面对中国思想里最令人着迷，最值得我们玩味的问题时，简单地断言或接受李氏的这些限定性条文未免太简要了些。我们可能需要钻研得更深一点，而不是从一开始就视这个"简单出路"为正确。现在，本书及下一本书将试着采用"最难出路"，将我们的注意力集中于一个术语：在其他事物中恰意味着"可认知性"（intelligibility）的"理"。因为"理"在大多数情况下正是指**可以被认知的东西**，以及**能够被辨别**的东西。如果有一个术语能够指涉这个世界中可知的一面，或人类认识能与现实事物完全一致的一面，恐怕此术语就是"理"。的确，如果我们要在传统的中文词汇中寻找一个候选者，来表达在完全放开了的哲学意义上的"真理"（truth）的

---

[1] Chenyang Li, *The Tao Encounters the West: Explorations in Comparative Philosophy*, Albany: State University of New York Press, 1999, pp.11-33.

[2] 语用学，研究语言符号及其与使用者关系的一种理论，符号学的一部分。——译者注

意思，那么它可能就是"理"。[1] 而恰因如此，对这一术语的领会能帮助我们理解，在传统西方哲学意义上，涉及"前提—结论"的必然性、原则以及原子式事实的终极基础的"真理"观念，何以与中国思想有着如此少的关联。对这一术语的发展及其用法的变迁兴衰作一检查，有助于我们更彻底地理解中国思想中人类知识与现实世界的　23关系。

　　在本书中，我们首先研究"理"的"史前史"，**连贯成形**观念在孔子和孟子那里得到了一方面的发展，在集中体现于《老子》和《庄子》内篇里的理念中则得到了另一方面的发展，在这两种观点于战国后期文本中所达成的某种妥协里，也同样有所发展。这个故事的主线有赖于这两个截然分明的"连贯成形"观念的出现，有赖于二者之间的关系，这一关系在后续的大部分中国思想中，有可能被描述为占支配地位的主题。对"连贯成形"的关注可以被简单地转译成我们方才讨论过的限制性条文里的说法。与陈汉生等人一样，我认为，用来判断中国古代文本所有陈述的有效性的标准，不在于是"真的"（true），而在于是"可以的"（acceptable），这种实用主义的标准在社会层面和伦理层面上才具有意义。这也解释了，为何在同一个主题之下，语义上完全对立的两个陈述都是**可以的**。换言之，在某些特定的主体间性的背景下做某些事时，它们都是有用的。既然站在它们自己的立场上，这两个陈述在伦理层面上可能都是重要的，那么可以说，关于"此物为何"的两个对立的陈述，可能都是"可以的"。说此物既是 X又是"非 X"，可能不是"真的"，但说它是 X 或非 X 则是"可以的"。对于这一图景，我想通过引入"连贯成形"这个更大的问题来继续说明，"是可以这样说的"本身就是其背景、伦理目标及行为之间的一种连贯形式；这种实用主义开启了一种谈论事物"是"（are）什么的特殊方式，不过它掺入了文字、本质同一性和行为者之间的连贯成形这一实用关系。但是，为什么这是有趣的呢？为什么我们要在阅读早

---

[1] 为了避免误会，我需要进一步说明，本研究的一项结果是支持这样一个论点：理——以及其他能等同于"truth"的选项，诸如"道"——归根到底与西方任何关于"truth"的观念有着重大不同。

期中国文本时可能提出的所有问题中，恰恰选择在这个问题上集中我们的注意力呢？要明白这一点，我们必须来看看一个由西方哲学传统的独特传承所默认的假设，它可以说内置于我们对于相同与相异、一与多的常识性假设之中。

本质、共相、范畴、理念：主流西方哲学里同与异的简单定位及其分离

古希腊—欧洲哲学传统所默认的处理相同与相异问题的模式，似乎不可避免地带出了本质问题或共相问题之类的变数。需要注意的是，在当下的语境里，"个体本质"与"普遍本质"之间的差别无关紧要。在某种程度上，某个个体本质——例如，"这个杯子是什么"，而不是"通常意义上的**一个杯子**是什么"——被假设为持续存在了许多个片刻，在这期间，这个特别的杯子可能存在，而且，由于它作为"这个杯子"的各个方面，我们的确有了一个"共相"，并且在一定范围内有所应用。如果我们认真对待时间问题，这一刻与下一刻之间是不同的，那么个体本质与共相之间就仅仅是程度上的区别：个体本质不过是相对有限范围内的共相。与此类似，柏拉图与亚里士多德对于本质的理解之间的差别也变得无关紧要起来（而且，就我们当前的目的而言，观念论与实在论之间的差别也无关紧要）。无论是叔本华所倾向的真正的形而上的柏拉图理念（以及通常所说的实在论）所谓的"先名后物"（*unitas ante rem*），还是由智识所派生的观念（以及唯名论）意义上的"先物后名"（*unitas post rem*），我们都有办法在多样性中发现"相同性"（sameness），但同时也会在概念上将这个"相同性"从多样性中分离出来。一个"相同性"会以这样或那样的方式渗透于许多不同的实例。这里，一开始就需要指出的是，这一传统在其原初的希腊形式里，思考方式绝不会是试图使简单而教条的相同性与相异性（difference）完美分开；相反，它强调的恰恰是，相同性与相异性之间的关系，以及它们之间的互相混杂有多么复杂。在古希腊

最早的关于知识的观念中，我们也需要考虑数学所扮演的角色，因为在这个问题上，数学恰恰体现了一种直觉的知识。数学模型首先由毕达哥拉斯突出强调，它为柏拉图在认识论上的革命提供了最直接的模板。清楚明白的知识无论何时何地总是为真，这是对数学知识的模仿，由此导出柏拉图关于形式（forms）的观点，亚里士多德对于本质（essences）的探究，最终导致相同性与相异性大规模地分离成截然不同的范畴。但正是这个数学推力，对于相同、相异之间的静态观念也有一种潜在的破坏力。例如，考虑一个简单的（虽然声名狼藉）算术：5+7=12。这个等号意味着什么呢？等号两边的不可能是同一个东西，否则它什么也没有说，也就没有任何意义。显然，"5+7"与"12"有着很大的不同。毕竟4+8也等于12，而4不是5，8也不是7。但是这个等号却宣称，尽管它们是不同的，但在某种意义上也是相同的。更确切地说，相同与不同并不适用于这种关系。"等于"意味着对相同、相异范畴的扬弃：它告诉我们，没有终极的、绝对的本体范畴，即便有那些范畴，它们也并不能告诉我们事物究竟是什么。比值之间的等价更有力地说明了这一点。然而，"等于"也可以被解释为断言了终极的真正的相同性。关于这个问题，数学的基础本身就有一种滑移（slippage）或含混。[1]显然，我不是任意选择这个等式：它直指康德的分析判断和综合判断。这两种判断之间的去取显然完全建基于对相同与不同之间关系的一种假设：谓词真的说了某些与主词所能蕴含的性质"不同的"东西吗？或者说，它仅仅是重复了"相同的"东西？相同性与相异性问题在欧洲本体论与认识论的基本前提中，获得了一种独特的解答，而这种解答也许附带产生了一组观念工具，以强化那种把相同性与相异性当作清楚分明的终极真相的世界观。遍及各个特殊实例的共相理念的发明，既是对将这个世界整齐地分为相同者与相异者的各种尝试所遇到的问题的承认，也是容纳并消解伴随这种切割而来的各种潜在问题的一个方案。多种不同的特性或同一性被

---

[1] 的确，我们甚至可以据此设想希腊思想中这一观点的历史，目前与之有关的作品，名为 *Ironies of Universality in Greek Thought*。

看成是一，或者在同一处。每个自我同一的事物中蕴含的不同特性之间是互相贯通的，而同一个（或同样的）共相则可以包含许多不同的事物。为了让上述要点主题化，就要让相同与相异之间的互相渗透主题化。然而，这种相互贯通从属于一个更基本的形而上的承诺：保持相同性与相异性的绝对分别。为了让大家对我们是如何思考这一问题有所感觉，下面简单勾勒一下它是如何发生的。

共相与殊相之间的关系问题可以有好几种形式，说其中一种在古典西方哲学的剧情中是主角，似乎并不夸张。这一幕戏剧从苏格拉底对于定义的兴趣开始，到柏拉图的形式说，亚里士多德关于本质和自然物的观念，再到中世纪唯名论者与实在论者的争论，休谟对于归纳法的批评，康德的回应，等等。但是，共相究竟是什么？为何它如此重要？而且，这一问题在中国古典哲学传统中怎么会这样无足轻重呢？

当然，在理解相同性与相异性的**学说**——集合论（set theory）、分体论（mereology)或者关于共相的理论——发明之前，人们已经将后来称为共相，或者温和地说是"概括"的东西，应用于他们的日常生活实践当中去了。实际上，按照桑塔亚那（George Santayana）的说法，具有可重复性、可持续性、可预言性及其他特性的"动物信仰"（animal faith）就是以最简单初步的感觉行为来编码。巴甫洛夫的应激反应涉及一个直觉性的、不加质疑的判断：在动物的实际需要中，什么能被看成"相同的"，什么能被看成"不同的"。在学习确认危险符号或进食许可时，动物会将其加以分类。当然，这些分类是不可靠的；闻起来香喷喷的东西——大致类似于先前的食物案例——在这种情况下，可能结果却是有毒的。从这种渐渐频繁的不确定性经验中，也许不难推导出关于共相的哲学问题。不确定性经验也许伴随着逐渐增长的环境的复杂性与变化性，而这环境——无论是其中的物质材料，还是社会符号或者语言符号——正是人类生存所必需的。但是，需要澄清的是，在任何情况下，当我们谈及共相问题的重要性时，绝不意味着没有这些完备的理论，这些关联或分类就不会发生。相反，它们的实际应用总是超前于对这个问题做出明确的哲学反思；而后者实际上是依赖于这个分类过程的，甚至据此对这个过程提出问题。但是，这并不会减少不同文明在构想这一过程时所采用的各种方法的重要性，而在构想这一过程时，这些文明已然参与其中了。作为一种原始而粗糙的事实，草率的**分类**能以各种方式来理解，整合成相当不同的世界观，转而影响到这个分类过程本身的应用：当新的情况出现时，不可避免的不确定性经验也随之而来，而超验的沉思，就从经验中提炼出确定性与（对自然的）惊诧。形而上学既因试图理解这一活动而成长，又进而影响到这一活动的最终展开。

至少从吕西安·列维·布留尔（Lucien Lévy-Bruhl）试图通过挑出"集体表征"这一有实效的类型，将"原始心态"从理性思维中区分出来开始，上述问题就已经被纳入理论领域了。列维·布留尔将他所认为与西方思维有所差异的所有思维形式都凑在一块，认为它们与现代西方的"**逻辑的**"思维有着质的不同，其中也包括中国思维。他称它们是"**前逻辑的**"，并且假定，这些与他所设想的逻辑思维不同的思维形式，有着一套多少与之类似的运作过程。实际上，两类范畴的划分让我们得以意识到现代**西方**思想的某些特征；而列维·布留尔所描述的非西方思维，则以否定的视角，向我们揭示了他所构想的逻辑思维所无法触及之处，因为逻辑思维的前提已经杜绝了这些可能。依据列维·布留尔的说法，前逻辑思维的确做了分类、概括、抽象，但是所做的这些概括或者抽象，全都与逻辑的"概念"不相似。的确，当他提起这些时，首要的一件事，也是最引人注目的难题，便是"一与多、同与异的对立，并不会让这个人认为，彼术语被否定一定意味着此术语应该被肯定，反之亦然"。[1] 倒不如说，这些前逻辑思维遵循着他所谓的"参与原则"，即"使它自己与集体表征交织起来，给予一个社群以印象，社群成员将以他们神奇的气质，持续地活动并彼此回应，相互参与或相互拒绝"。一组明显不相干的客体被关联并且组织在一起，以神奇的亲和力作为基础，而这亲和力可以让他们对于彼此有特殊的效力，这个组群的名字就被用来命名所有关联在一起的条目。组群成员由在现实存在之间实际存在但肉眼看不见的相互作用连

[1] Lucien Lévy-Bruhl, *How Natives Think*. Trans. Lilian A. Clare. London: Allen and Unwin, 1926, p.77.

接起来：在最具体的意义上，他们彼此之间都有关系。他们积极地**关涉**彼此。与逻辑概念不同，这种分类只是这个由互相关联的存在者组成的组群的名称。它"不能变成一个紧凑的，比起它所包含的客体来更广泛的概念"。[1] 这些客体通过彼此之间的行为而简单拼凑在一起，而且，凑在一起并互相反应的这整个的客体集群，是由概括化而得名的。特别是，作为整体的这个集群所得的名号，也被用来当成其最杰出成员的名号，换句话说，是特别频繁地出现的那个人物，或者被塑造成具有异常强大的影响力的人物的名号。

相形之下，"逻辑思维以构成其概念的运作手段本身来做分类。这些手段包括分析与综合，它们将种和属建立起来，并依据在种属关系中观察到的逐渐增长的普遍性特征，来为实体排序"。[2] 列维·布留尔宣称，具有普遍性的逻辑概念有两个本质特征：（1）它们在构造上就能如实反映心灵的抽象运作，它们也是由这一运作所主观派生的；（2）它们超越了它们所得以实例化的对象列表（the list of objects）。第一点意味着我们能依据分组与抽象过程，运用能辨识出某一给定种类中的各成员的标准，从观念上抵达这一类别。而那条**标准本身**，就变成这个实例化了的本质存在的名称。

假设我有两种透明液体，一种是硫酸，另一种是水。我以这种标准来辨别它们：所有含有化学成分 H_2O 并且能为人解渴的液体就是"水"，所有含化学成分 H_2SO_4 并能灼伤人体的是"硫酸"。这一标准本身就指定了两种物质的本质：水是能解渴的澄清液体，其成分为 H_2O；硫酸是能灼伤身体的澄清液体，其成分为 H_2SO_4。"这个事物是什么"与"是什么将它从其他事物里区别出来"具有相同意义。当我命名那个事物时，它不是由于整个事物的性质而得名，而只是依据它不同于其他事物的那些方面而得名。在这个意义上，事物之间共有的任何性质都不会被提及，它被搁置在更高的层次上，或者作为更基础的层次：它具有逻辑优先性，并且还带有因果性的背景所施加的影

---

[1] Lucien Lévy-Bruhl, *How Natives Think*. Trans. Lilian A. Clare. London: Allen and Unwin, 1926, p.128
[2] Ibid., p.127.

响，同时还具有无可置疑的必然性和单方面的（超越的）依赖性——对这个属中的任何一个种为真的，也必然对其中某个种的所有成员为真，但反之则不然。[1]

如果有一物由 X 属性与 Y 属性构成，其中 X 是与他物共享的，而 Y 则不是，那么，此物之**名**将是 Y 而非 XY。X 对于 Y 有逻辑上的优先性。我们会倾向于认为 Y 依赖于 X，而 X 则不依赖于 Y。"X 相"只有在 X 属性与 Z 属性的混合物中，才能由更高层面的 X 与 Z 的关系而获得甄定。其中 Z 是混合物与其他事物所共享的，而 X 是这个混合物所独有的，Z 对于 X 有逻辑上的优先性。"属"包含了许多"种"，种甄定了为诸多实体所共享的那个东西。实际上，属指涉了一个重新定向的区别：这一相同性是如何区别于其他相同性的，"属"代表的是从这些次级的"种"的种差中所剩下的东西。水与硫酸这两种物质属于同一个"属"——澄清液体——因为我用来甄定它们的标准，是它们在室温下的透明度和流动性，等等。这些共有的特质也是两种物质的**本质**的一部分，是它们的"相同性"之所在，我们正是通过这些共有的特质才得以判断出它们"同属一个类"，"是一个整体的部分"。但是这些特质，作为识别标志，也只是由将它们与其他特质（不透明性、固体性等）区别开来的东西所构成。而同样的过程势必继续下去，总是将**相同性**推至一个较之**相异性**，具有更高的包容性和逻辑优先性的秩序，在这一秩序里，相异性独自规定其实际内容，以及假定的本质同一性。

因此，如果列维·布留尔是对的，各种本质之间的关系，以及包含于属内的种，与它们自身的分类程序有着同样的结构，那么即便是在假定的相同性（putative sameness）的鉴别过程中，我们也可以看到，相同性与相异性之间存在一种至关重要的**不对称**，**相同性与相异性具有层级不通约的确然性**，这一特质是结构性的，因为相同性与相异性的辨别依靠的是**判断行为**，判断即意味着**制造分别**。这能被同等地视为相异性的一个特权（独自规定内容），或者从结构方面看

---

[1] 原文中 species 和 genus 相互颠倒，今与作者商议后改正。——译者注

来必然如此的，相异性对于相同性的从属关系（相同性因而在这种不对称的倾斜中，在更高一级的范畴的远距离视野下被确认；相同性只有**从下往上**方能看到）。倘若不能将相同性关联到一个更高的、更包容的层次（或者一个更低的、更基础的层次，这两者是一回事）——逻辑优先的层次，我根本就没有办法来确定它。这里的关键点是，相同性与相异性总是必然、结构性地被交付给不同的本体层级。哺乳动物指的是生下幼仔并以母乳喂养它们的动物。故而，所有使动物成其为动物的特质都可以作为哺乳动物的特质。但是，反之则不然。哺乳类作为一个特定的动物种类，胎生（是种差）和有氧呼吸（是所有动物都共有的一个特质）这两个特质是即刻同时显现的，对于具体实存而言都是必不可少的。但在一种象征性的、观念化的系统——它以与为存在分类的程序（理性思维）同构的方法，将存在（being）归给事物——中，"动物性"**无法**在同样的本体层面上与"哺乳性"相称。呼吸能力不能如胎生能力那样居于同一个本体层次；呼吸具有优先性，并且更为基本；所有的胎生者都要呼吸，但并不是所有呼吸者都是胎生。这让我们得以明白无疑地推断，胎生者皆要呼吸。在这种情况下，这无疑映射了本体从属关系的标准：只有能够呼吸，某物才算从胎胞生出。如果呼吸被取消掉，那么胎生就不再继续成立。这是具体而且经验地为真的："由胎胞而生"的功能事实上依赖于呼吸功能，但反之则不然（例如某个已经出生的动物）。

然而，再考察水与硫酸的案例。依据同样的逻辑，我们应当把"在室温下透明而流动"当成与"呼吸"的作用一样，而"有化学成分 H_2SO_4"则与"由胎胞而生"的作用一样。所有的 H_2SO_4 在室温下都是透明且流动的，但并不是说，在室温下透明且流动的所有东西都是 H_2SO_4。我们能得出结论说，所有 H_2SO_4 在室温下都将会是流动的。但是，从经验事实看，**是否**为 H_2SO_4，在本体论上并不依赖于**是否**在室温下透明且流动；从属关系恰恰是以相反的方式进行的。现在，"透明度"等和"化学成分 H_2SO_4"的共同呈现、互相渗透，就与"呼吸和胎生"一样，处于一种相互反对的因果关系中了；在这种单方面的关系中，逻辑优先性被给予透明性，而不给予 H_2SO_4，其推演过程则是从后者开始。然而事实上，属总是包含种的。

当然，逻辑思维已经发展出了几种方法，以便处理因果关系的复杂性，以及因果与严格的逻辑优先性之间的复杂关系，也形成了各种各样的途径，以便整理这在经验事实与逻辑之间时时显得笨拙的关系。注意，即便我考虑的只是单个物体，完全相同的结构也依然适用。这里，单个事物作为一个整体，假设了"相同的"共相（"这支粉笔"）的逻辑优先性，而它的各种特殊属性则假设了被包含于共相之内的差异性（"它的光滑性、白色等"）。光滑与白色所共享的特质是，它们都"属于"这支粉笔，因而即便这支粉笔既是光滑的，又是 30 白色的，它依然可以假设自己具有逻辑优先的地位。这里的关键点是，即便这两种属性在经验事实上是共同呈现并且互相渗透的，我们的分类体系的系统性的不对称方式也必然会导致超验的逻辑优先性观念的产生。一物之为一物，它得以变得可确定而且可定义，我们得以将它与其他具有"相同的"本质的事物归为一类，都是因为它不同于其他事物。当我们命名某物为何物时，我们所命名的是它的不同之处。但是请注意，"相同性"必须被推至更高、更包容的一般性层面。"澄清液体"不得不变成一个比"硫酸"和"水"更高级别的范畴；而透明液体这一"相同性"，是由更高层次运作而来的种差而得甄定，而不是从最低的第一层。这比我们通常所知的要奇怪些。假设世界里只有硫酸和水这两种透明液体。这瓶水是透明液体，其化学成分是 H_2O。这两者互不从属，平等地交互渗透在整个液体中。但是，同与异的分类系统必然要视"透明液体"为更一般的"属"；它将"H_2O"这个"种"包含在内；任何同级别的本质同一性都全然退出这一"属"系统，只有与其他实体——硫酸——所共享的相同性，才被看作这些液体所共享的唯一的本质同一性。这一同／异标准体现了一种分类行为：通过种差构建一个单向不可逆的、只有一种明确含义的层层包容的系统。

这里所暗含的本体论，根植于对事物进行分类的判断行为。这种判断不仅仅是行动者的实践导向内在的需要——行动者必须运用二分的"非此即彼"规划他们的行为（我是吃这个还是吃那个？这是不是毒药？），没有中间选项。而且这种分类模式会导致判断过程中实用性的非此即彼的选择方式——更重要的是，判断过程中的特殊视角，及这一视角所带有的可欲之物的**唯一**集合——对象化或本体化，蜕变成一种无法变通的本体论的实在性。辨别事物性质的认知行为，是对事物进行甄定（identifying）的基础，而这一甄定行为直接被当成是"同一性"（identity）的本体论事实，因而也是泾渭分明的实例间能够归纳出相同性的基础。我们已经能够在一个本质同一性与甄定本质同一性的行为被认为是同构的系统中，看到进一步的结论：思维（thought）与存在（being）的**统一体**之所以内置于这个系统之中，恰恰是因为，这个种差系统已经预先将此统一体装进"某物是什么"的定义当中去了。存在的东西就是我能加以甄定的东西，我能加以甄定的东西就是我能区分的东西。认知活动的实际效用，形成了对"真实而客观的本体"的认知，而既然本体是由认知活动的实效而得到的，那么实效与本体就是同构的。可以说，由于实效被折合进了本体，实效反而由此被抹消掉；又由于实效与本体是精确匹配的，认知活动的实效便不会与本体发生偏离。思维与存在是一，因为存在的标准，正是思维的标准。足够讽刺的是，正是实际的认知与本体之间的精妙同构，将实际的认知活动遮蔽进了本体；正是经由认知与本体被甄定为一的过程，才会造成认知与本体的分离：由于通过种差来组织世界的逻辑思维，是作为构造本体论系统的基础而存在的，这就使得这种逻辑思维本身的人类实效性的需求，以及认知习惯，都因为逻辑思维与本体论系统的完全同构而变得不可见了。也就是说，认知结构与本体结构的同构性，恰恰抹杀了实际认知过程与本体之间的关系。而当下的特殊的认知活动，在遭遇到这样一个预先构造好的世界的时候（这种构造来源于认知活动的结构本身），客观性与结构性就变得仿佛与个体当下的认知毫无关系。个体的当下觉知与真实性是截然分离的，因为他所遭遇到的真实性已经完全折合到他认知活动的结构当中去了，剩下的唯有觉知活动本身而已，以至于认知活动反而无法再对真实性有任何的增加或减少。换句话说，主体性里任何可以与预先构造好的真实性相通约的部分，全都已经分解到这真实性当中去了，只剩下被经验为主体的主体性本身留存下来，无法与此结构严密的客观世界匹配或关联。于是，只有本体才被看成是真实而客观的，留给认知活动的就只剩下主观而不那么真实的觉知体验了，这就导致，在本体论的意义上，主体性与客体性是无法通约的。

我们现在可以考察列维·布留尔的逻辑思维的两种特征之间的内在联系。他所提出的第二个特征意味着，本质立足于体现此本质的事物之上。"有 H_2O 的化学结构"这一本质，不只是所有具有这一构造的事物（作为一个总集）的名称。标准本身以及被施用此标准的事物之间的区别，转变为苏格拉底对此事物的定义，柏拉图所说的此事物的形式，亚里士多德对"是 X 的事物"以及"此事物是 X"的区分、实存者与本质的区分。本质**超越**它的诸多实例，能被应用于无限多的实例之中。无论其实例的集群有多大，它都保持**不变**。当具有特权的**相异性**作为分类标准的时候，它同时也造就了**相同性**这一副产品。

倘若将列维·布留尔的原始的参与式集体的见解，视为更能揭示在逻辑思维的自我定义的理想类型下的"他者"理念的结构，而不是用来解释任何非欧洲文化的精神生活，我们或许就能以这些尝试来构想"理性"的底色，以作为理性本身所面临的僵局的一种说明。在列维·布留尔的理解中，原始的参与式集群是特定的成套条目的名称，被行动与反应之间异常强大的纽带联结。这套条目不被命名它的抽象的名称遮蔽。同时，它是作为具有各种部分的一个整体而被构造，而不是作为可以产生分组的分析过程与综合过程之关系而被构造。

假设所有澄清液体都与一条特定的山脉有特殊关系，而这条山脉也与一只特殊的鸟有神秘的联系，那么，与这些成员中的一个保持友好关系，就能让这个联盟的其他成员也对之友好。融入这一群体的标准，是对群体内成员之间的这种互惠互利的承认。这并不是在辨识群体内每个成员所同样具有的某一特征，以与其他群体中所辨识到的特征相对照。X 之所以是这个组群的成员，是因为它具备这样的特征：有与 Y 互相承认的亲密关系。Y 是这个群组的成员，因为它具备一个**不同的**特征：有与 X 互相承认的亲密关系。更进一步说，如果这个组

32 群只由 X 和 Y 两个成员组成，那么就没有更深的本质了，就没有转
换——可以不加区别地应用到新发现的成员 Z 的转换了。Z 成为这个
群体之成员的标准，不同于 X 和 Y 成为成员的标准。更确切地说，它
需要的是一个新标准：与 X 和 Y 有一种特殊关系。这与 X、Y 成为成
员的标准不同（X 与"Y、Z"，Y 与"X、Z"之间，各有一特殊关系）。
这里我们可以看到，超验的、自我同一的本质，无法应用于这一组群
的所有成员。由诸多相同性与相异性所构造的一个不变、抽象的系
统，在这里没有立足之处。与逻辑分类法相比，这种标准让此类组群
显得像是"临时安排的"。

如果我决定以这个群组的成员之一来命名它——将这个包含山
脉、两种澄清液体、啄木鸟的整体称作"啄木鸟"，我就是在选择以
部分来代表整体。这一部分之所以被选择，可能是由于它在影响其他
成员方面具有相当强大的功效，可能是因为它与其他所有成员都有直
接关系（它在它们之间居于中央枢纽的地位），或者可能是因为它与
我的部落有历史上的渊源或时间上的优先性。某些情况下，这个整体
的成员会共享一个特征，要么是结构性的，要么是功能性的，是在外
观、活动或者栖息地上的相似性。但是要注意，它只是用以指示整体
中的各个成员的诸多特征中的一种，可以很轻易地与其他标志性特征
相结合。这一相似性不是成为成员的**标准**，毋宁说，它是这些成员之
间关系的一种表达。它更不是经由定义而获得的本质——这种本质是
所有成员之**所同然**，使它们成其为自身，构成了它们在这个世界中的
存在和参与。列维·布留尔似乎碰触到了一种迷人的可能性：这是一
种**全然**不受制于同 / 异范畴的分组方法。但是，由于缺少对这种情况
进行表述的积极观念，他无法根据同 / 异范畴来寻找其中的组织原则，
而只好将之解释为纯粹偶然的临时关系。到底是怎样一种"关系"，
才能外在于同 / 异理念的范限，并不是列维·布留尔所能提出的问题：
对于与同 / 异逻辑"不同"的事物来说，"参与"依然是一个过于宽
泛的范畴，但他对这一参与实际可能是什么样子进行了探究，似乎也
并没有离题太远。

列维·布留尔所注意到的这种区别，与逻辑学家所说的分类逻辑与分体论之间的差异大体一致。[1] 分类逻辑讨论的是集群与其成员之间的关系，适用于属性（如红色）及其实例（红色的物体）；分体论讨论的则是整体与部分之间的关系。斯蒂芬·科勒（Stephan Korner）指出，这两种分类的关键差异有如下两条："第一，分类逻辑在一个类以及将这个类作为其唯一成员的类之间进行区分；但一个整体却不需要与将这个整体作为其唯一部分的整体进行区分。前者呈现给我们两种类，而后者所呈现的只是一个整体。第二，从逻辑上说，内在不一致的属性是不可能实例化的，如此一来，空类就是自然会有的假设，然而空的整体的概念，却至少不会自然形成。"[2]

我们能看到这与列维·布留尔的逻辑思维的两种特质的论述是一一相应的。这些显然很微妙的区别有着巨大的影响。一个类可能只有一个成员，甚而完全没有成员，它在所有情况下都是一样的，即便它的实例化情形发生改变，也不会影响类概念本身。它是一种抽象的形式，一个判断标准，被应用于任何可能出现的情况，在没有情况出现时就不被应用。它构成了一个自给的关系世界，这种纯粹的相同性与相异性关系，与它那现实中可能互相关联的实例，有着深刻的不同。我的观点是：它是**相同性与相异性**的母体，而非**连贯成形**的母体。在面对其他种族的文化时，列维·布留尔无疑是天真的，欧洲中心主义的，因而也是不可信的，但如果我们逆向地来读他，就能在面对无法理解的似乎毫无逻辑的观念系统——事实上它们可能很详尽，并且具有严密的体系——中的陌生组织模式时，获得一条线索，知道我们运用自己的观念工具时会产生什么样的问题：我们可能需要从分体论入手来思考，而不是以分类逻辑来思考。这恰是陈汉生在他赖以成名

---

[1] 分体论（mereology）是谓词逻辑的一种应用，同时也是形式本体论的一个分支。它研究整体与部分之间的关系，是指一套与组成部分及其相应整体有关的公理化一阶理论。与类成员不同，"整体""部分"关系的特点具有传递性，如"水"为所有水的名称，那么太平洋只是水的一部分。——译者注

[2] Stephan Korner, *Metaphysics: Its Structure and Function*, New York: Cambridge University Press, 1984. Print., pp.7-8.

的上古汉语语义学的物—名假说中主张的，[1] 我正是从这里获得灵感的，这将在下文提到。不过，在分类逻辑不占主要地位的文化里（例如古典中国文化）发展出来的分体论，与在分类逻辑的发展过程中旁逸斜出而得以发展的分体论，显然有着深刻的不同。我们从后者那里得到西方特有的"共相"理念。我们的问题将是，我们从前者得到的又是什么？特别是，我们应当如何考虑分体论者所扮演的角色：他们在没有分类逻辑的情况下甄定了整体与部分，以将他自己与群体勾连起来。

西方思想中的共相问题影响到伦理学、认识论和形而上学，对共相的肯定或否定，是我们进入这些领域必不可少的方式。怀特海对西方形而上学史有过著名的论述，他认为全部西方哲学可以被理解为柏拉图的一系列注脚，我完全同意他的说法。自康德开始，人们一直宣称某些超验的基础（不源于经验的理念、范畴、律令）是使得真正的知识完全可能的必要条件——这里真正的知识被定义为绝对知识，既必然又普遍的知识，因而被认为是理想的科学知识。对知识的这一观念，其源头当然与数学知识直接相关，后者是非经验的，而且是超越的，因而是必然而普遍的。[2] 怀特海指出了后启蒙思维的核心教义，他称之为"简单定位的学说"，即"在不需要涉及其他时空领域的任何解释的情况下，在非常明确的意义上，物质材料能被说成是在*此*空间、*此*时间，或者在*此*时空"。[3] 但是他说，这一学说使得归纳法，以及随之而来的普遍化和对事物的预测，都变得完全不可能了，休谟已经证明了这一点。怀特海提出的解决方法是降低归纳的要求——它不需要暗含普遍的有效性，只需要在一个特定的场合、特定的宇宙时空中有效即可——同时承认这预设了一个形上学的承诺，他在后来的工

[1] Chad Hansen, *A Daoist Theory of Chinese Thought: A Philosophical Interpretation*, New York: Oxford University Press, 1992, pp.30-54. 本书的中译本为《中国思想的道家之论》，以上观点在这本书里比比皆是。

[2] Alfred North Whitehead, *Science and the Modern World: Lowell Lectures*, New York: Macmillan, 1925, pp.19-38. 本书的中译本为《科学与现代世界》。怀特海在这本书里就数学对于西方思想的重要性做了很好的概述。

[3] Ibid., p.62.

作中对这个形而上学的承诺作了进一步的阐释。[1] 但即便这些更为温和的归纳，似乎也会在运用过程中丧失其绝对性。我们如何才能真正知道，是什么构成了对每个归纳案例的相关场合的限制？在追踪归纳问题时，我们发现自己陷入了无穷倒退。

在这一图景中，我们也许应该认为，超验的共相（或者超验的范畴）这一说法，与物质单元的简单定位学说存在必然联系。共相是一处客栈，将已经彼此切割开来的物质单元重新结合起来。简单定位使得空间与时间（后两者意味着连续性和随时变化）中的任何联系都不可知、不可信了。在这个意义上，共相和超验的范畴就可以说是一种权宜之计，是纵向联系的，为那些已经被简单定位切割掉的关联性重新提供一种人为的"自上而下的"关联。

怀特海将简单定位视为 20 世纪之前的科学和哲学的一个特色，假定它自启蒙运动以来居于统治地位，而它的根则追溯至早期希腊思想。他将这一思维模式所带来的核心困境描述成是由三个前提所派生的：

> （i）接受"实体—属性"概念，作为对终极的本体论原则的表达。（ii）接受亚里士多德对第一实体的定义，它永远是主词，而不能作谓词。（iii）设定经验主体是一种第一实体。第一个前提是说，最终的形上学事实总是被表述为内在于一个实体的性质。第二个前提把性质和第一实体分为两个互相排斥的类。这两个前提合在一起，就是传统上对共相和殊相的区分的基础……"共 35 相"这个术语是不成功的，因为它似乎在否定（实际上也有意要否定）实存的实体也在相对性原则的范围之内（也就是说，否定它真的能进入其他特殊的实存实体的结构之中去）……［这一观点］导致笛卡尔的众多实体瓦解为斯宾诺莎的一个实体，导致莱布尼茨的先定和谐的、没有窗户的单子，导致休谟哲学的怀疑论

---

[1] 特别是，他认为，直接经验的特点就是"因果效力"（Causal Efficacy），因果效力先在于他所谓的"表象直接"（Presentational Immediacy），而所谓表象直接，指的是按照简单定位的方式，对各个部分所做的绝对分割。

对所有超验概念的消解……问题在于，当前对共相与殊相的看法，会不可避免地导致笛卡尔曾叙述过的认识论立场……［在这种立场里］我们假设……自我（the Ego）……是一个殊相，只由共相来刻画。因此，他的各种印象—用休谟的话说—是由共相来加以描绘的。因此，我们是无法觉知任何个别的实存实体的。我们以"判断能力"达到对实存实体的确信。但是照这么说，我们就绝不能有任何类比，不能根据类比来发现任何相关的推论，哪怕这些推论只具有最小的或然性……［由此导致绝对的怀疑论和"当下的唯我论"。］[1]

这里指出的问题是，随着主词—谓词式的信条扩展为内在于实体与性质之间的绝对二分法，它会将诸多第一实体割裂开来，只有通过真实、抽象的共相学说，才能将联系重新建立起来。个别实体缺乏关系，缺乏性质，只有在考虑到共相时，关系与性质才能被再次引入。由于感知主体也被视为一种第一实体，这就使得推理是不可知的，从而让所有知识都不可知了，最终将主体经验从外部世界中彻底割裂出来，导致怀疑论和唯我论。

我们也许还会说，主词—谓词的信条引领我们直面本质学说，无论是作为真正的种类，作为真正地而且明确地应用于这个世界的范畴，以便缔造一个前后一贯的系统，还是作为共相、形式或理念。一旦我们将这些类型中的**任何**本质与相应的那些事物作一对比，就会看到有某种真相—表象结构的本体论，其中，前者是静态的，后者是变化的。一只狗始终都会是同一只狗，无论它是站是坐还是走，也无论

---

[1] Alfred North Whitehead, *Process and Reality: An Essay in Cosmology*, New York: Cambridge University Press, 1929, pp.76-77. 怀特海的合作者伯特兰·罗素（Bertrand Russell）做了一个相似的评论，特意将中国视为另一种方案："我相信，语言对哲学的影响已经相当深远，而几乎未受过重视。如果我们希望自己不被这种影响误导，就必须足够重视它，并且审慎地问自己，这种影响力在多大程度上是合法的。主词—谓词的逻辑，以及实体—属性的形而上学，就是很好的例子。而在不说雅利安语言的人群中，这两者中的任何一种能否被创造出来，都是很可疑的；显然，它们在中国并未被提出过，与佛教相关的时候除外，而佛教是杂入了印度哲学的。" Bertrand Russell, *Logic and Knowledge: Essays, 1901-1950*, London: Allen and Unwin, 1956, p.330。

它是小狗还是老狗。无论它经历了怎样的改变，它的"同一性"始终不变。的确，"狗相"始终不变，无论它指的是这只狗还是那只狗，无论是现在还是一千年以前。虽然每只狗都是特殊的，一只狗的每一个姿势或行为都特殊，并且无时无刻不在发生变化，但狗相则没有变化。狗相不会为感官所看到或者经验到。狗的某些经验性特征——例如，有四只脚或一个特殊的解剖学结构，或是关系到一个特定的繁殖 36 谱系——被挑选出来，作为它的本质。那么，论断就是，只要这些特殊的特质不变，无论其他方面发生了怎样的变化，它都是同一只狗。但是，即便这些特殊的经验性记号被确认为本质，经验性与非经验性（前者是短暂的，后者是永恒的）之间的裂缝仍然突出。因为这些特征并不总是那么明显——你也许不能总看到狗的四条腿，当然更不能看到它的解剖结构或血统了。这些特征必须被假设成是的的确确持续存在着的，即便有时候人们无法经验到它们。

除非我们有一些本质学说，以及一个依靠无论多么稀薄的形式而构造出来的非经验的真实世界，否则，持久稳固的同一性是不可想象的。因为我们似乎有一种心理法则：经验的任何部分都不可能排除变化，完全静止。全部经验都以当下发生的形式来表现它自身，依赖于意识与非意识之间的对照；甚至关于"永恒"的念头，作为一个念头，人首先也是没有的，然后才知晓这样一个念头。甚至我上面刚写下的两句话，若没有本质学说的帮助，也是无法照着字面意思而被理解的——因为我说的是"全部的"经验是如何如何，又说有一个心理学的"法则"。这里存在着诸多的"法则"或"原则"，它们是不明显的、潜藏的，但又是可信的。不过，它们藏在哪里呢？一旦我以任何方式假设了简单定位（即便是为了让每个本质在其所在之处并是其所是，而对"诸本质同一性"或"观念性的空间"中的诸本质所做的简单定位），我就会需要某种非经验的世界来支持这些本质，需要有一些不变的共相在那里弥合个别事物之间的间隙，确保它们的"相同性"。

根据怀特海的批评，既然经验中的个别片段或者各种事实是绝对分立的，并且需要外来的某种额外联结，我们就能明显感受到这些经验片段或事实的连贯是成问题的，然而更进一步地，怀特海一针见血地指出，即使这种感觉本身，也是同一个成问题的假设的产物。似乎现代人一旦注意到相同性（和连续性）与成问题的超验共相（或本质）学说之间的联结方式，他们就会做出经验事物绝对分立的假设。人们认为，既然共相不存在，那么实际存在的就是简单定位的个别的实体，在时间、空间、同一性上，彼此之间是绝对分立的。但是，简单定位与超验的本质是如影随形的。至于纯粹的相异性的理念，则与纯粹的相同性如出一辙。现在，摆在我们面前的真正的问题，**不是**在任何可知的共相王国或真正的自然类取消之后，实质上相互分离的实体如何才能被连接起来，**而是**有没有其他假设来替代已知的这两种假设，即，假设个别实体的真正分立，以及假设它们通过普遍性的谓词而真正地重新连接。[1]

37

形式与质料的同与异

如果我们不得不找出在早期希腊思想中共相与殊相、形式与质料（matter）、潜能与现实理论的发展中居于主导地位的隐喻，首先需要考虑的也许就是为柏拉图所继承的，毕达哥拉斯对于数字和比率的强

---

[1] 当然，怀特海自己致力于提供另一种假设。然而，值得注意的是，即便是他，也必须设置一类他称之为"永恒客体"的实体，这类实体是具有普遍性的，可以"进入"任何具体的场景（尽管需要获得一些重要的资质，需要各种程度的强度或者强调才能被具体场景摄入，甚至否定性地被摄入，这是因为它们并不具有与现实场景的关联性）。故而，即便是在怀特海这里，我们依然有一套互相联系的，但真正意义上多元的实体，它们是实在性（actuality）的各个部分的必要条件，这在某种程度上是对康德的超验范畴的回想。怀特海也有他自己独特的普遍共相的版本，他称之为创造性，有时候也称之为爱欲（Eros）等，他明确将之与斯宾诺莎的绝对实体相比较。有理由认为，怀特海思想中的这些方面表明了希腊思想的持续性影响。当然，怀特海在知识的数学标准方面的持续兴趣，在这种联系中也很重要，他做这些明显的让步，似乎是有意为数学真理的特殊地位留下一块地盘。但是这引发了进一步的问题：是否存在一种与假定了简单定位原则和共相学说的世界观不一样的世界观，这种与古希腊思想毫无关系的世界观是什么样子的？

调，[1] 以及**模仿**而来的形象，即**将形式印在被动而不确定的质料上，依据蓝图建造某物**——这在亚里士多德的形上学里会更加清楚。正如在《理想国》里得以展开的柏拉图理念论所说，我们通过**复制**的方式来理解普遍理念如何参与特殊的事物。与亚里士多德一样，我们发现自己不断面对这样一些事例：用青铜做出雕塑，将印章戒指按在蜡块上，制造一所房子，诸如此类。在这些方面，"相同"与"相异"是如何展开的？ 在所有这些事例中，我们都将"相同的事物"（可被复制的原型，可被雕刻的人物形象，图印，房型）施加在缺乏形式的质料上。它可以被无限次重

---

[1] 柏拉图和亚里士多德对数学真理所赋予的极高价值，显然关涉到有限定者对于无限定者的本体论的优先性，这使得某种版本的简单定位学说几乎无法避免。亚里士多德意义上的"形式"，被明确构想成是对无穷的、无限定的质料或者无定形的、含混的潜能的一种限定。限定就相当于本质，是使得存在者成其为存在的那个东西。因此，简单定位式的分离在某种意义上就是所有存在者最基本的本体论事实。

　　鉴于这一前提，亚里士多德对于共相问题的解决方法相当机灵：诸多的共相都是"形式"，形式也是最精粹的动力，是"现实性"（actuality）本身。形式本身是自我限定的，它制造关系，连接各种有限性，是目的论范畴下的多样性里制造统一体的中介，就是说，各种部门（器官）从属于一个整体（有机体），或者说多样性从属于一个单向的目的。它在现实（the actual）里，在使得事物之间的联系得以展开的活动（the acting）里，而不在潜能（the potential）里，不在推动事物活动的看不见的力量里。对亚里士多德而言，在这样的联系之下，自成目的的整体所具有的特定形式，无一例外地属于现实。活动的形式就是自为目的的运动，在这里，"正在做某事"和"已经做完某事"是可以同时发生的。因此，对于亚里士多德来说，"建造一所房子"和"看一个物体"并非一种活动形式，因为一所房子不能既在建造，同时又已经建成，而看到一个给定的物体以及已经看到它，则是同时发生的（已经看到一个物体，并不意味着之前不能看到它）。这一关于"现实"的目的论观念，暗含着过去与现在的相互贯通，以及对目的与手段之间分裂的克服。然而，关系问题随之在第二层级上——就是说，本质与本质之间，实体与实体之间，自然类与自然类之间，形式与形式之间——再次出现，循环往复，严重困扰了亚里士多德的自然图景。我们看到，这一目的论理念在黑格尔那里，以"自我运动的形式"（self-moving form）的观念再次出现了，而他在处理这些问题时做了补充，通过在本质与本质之间建立关系，来对第二层级的关系问题进行补救（正如怀特海为"永恒客体"所做的工作一样）。黑格尔从康德那里继承了这个问题，而他的解答可以被视为对康德所采用的途径的延伸和修正，我们在后文会详细讨论他的解答。康德的超验式解答，则把感官摹写的离散单元的统一体，归给超验的统觉所具有的先验职能，以及它所派生的十二范畴的应用。

　　在尼采看来，任何试图对这个问题进行解答的行为都是失败的。他对这类解答的嘲讽，也许会让我们感到心有戚戚。他认为这相当于说，当我们问，绝对离散的事物为何能被有意义地统合起来时，回答却是，因为设置了一个机能或统一体。就好像（再次引用这个有力的反驳）有人问为什么一种药品能引起昏睡，回答却是，它之所以能引起昏睡是因为它有致人昏睡的特性。不过这对康德来说也许不甚公平；他显然并不试图提供因果关系何以可能的"原因"，相反，鉴于我们已经彻底"构想"（conceiving）了任何事物，他提供的是其他任何构想的不可能性。然而，这里明显涉及更普遍的本性，因为只有在预设了统一性的或普遍性的先验行为时，康德的说法才会形成，这依然是一个棘手的问题，一个令人苦恼的循环。

复应用，而永远保持同一。不断地重复，或者在不同环境中发生，或者被印在不同的质料里，都不会对它或它的本质造成任何改变。

但是，倘若直接假设形式、理念、公式代表纯粹的相同性，质料代表相异性，又是不正确的。事实上，是形式对事物进行区分，是各类形式将事物从无形的质料的连续性中限定（limit）出来。严格来说，这种无限定的质料本身既不是一也不是多，既不是同也不是异；它"事实上"完全不是任何事物，只是纯粹的潜能。一个形式既能将一类实例统合为一个由它们的同一性的本质所定义的组群，又能将这一类事例从其他各类事例中分离出来。所有的狗都是狗这一物种的成员，因为它们分享了同一个本质：狗相的形式。狗相的形式不同于猫相的形式。赫尔墨斯的所有雕像都被赋予了同样的赫尔墨斯外形，这使它们成为"赫尔墨斯雕像组"中的一个，而不是其他的雕像组。这就是管理和组织相同性与相异性关系的方式。猫相和狗相的"同"在于，它们都被归在"动物"这一更大的属之下，分享着同一个动物性本质。它们的"异"在于，除了它们共有的动物性本质之外，猫相不是狗

38　相，狗相也不是猫相。对于任何两种可能的条目而言，什么是同，什么是异，都只有唯一的答案；它们被组织为一个系统，以唯一的说法来描述它们真正意义上同在哪里，异在哪里。形式就是用来规定相同性与相异性的，它以这种方式让相同性和相异性绝对区别开，而且正如我们上文所见，这也保证了它们那不可或缺的不对称性，以便相异性完全"从属于"（从更低的一级上）相同性。

但是，这种解决问题的方式把我们直接带入"共相的共相"问题，这一问题甚至与康德关于有条件者和无条件者之关系的问题也有所呼应，二者在表面轮廓上是相似的。不同的形式、本质、共相等，通常组成一个种与属的分类法，就像一株本末倒置的树，分枝是向下的，各种更小的范畴被包括在更大的范畴里。猫相和狗相都被包括在动物性之内，这可以理解为，是第二层级的相同性——它们同等地共享动物性本质——将它们组合在一起。这种分类只朝一个方向起作用。把这个系统一路推到顶部，我们就达到最高的范畴，它囊括了所有其他范畴，它指明所有本质作为本质所分享的那个东西，是所有形

式的形式。

但是，如果共相是统合那些特殊的、独立的、确定性的实体的东西，能让它们具备同一个名称和同样的必要属性，那么又是什么统合了"共相"集群，让我们得以用同样的名称称呼这些共相呢？换句话说，让它们有资格被称为"共相"的是什么？我们在这里似乎进入了无限倒退。我们在将世界分成一群各不相同的类型或本质之后，便又对它们的互相作用和互相影响产生疑问。纯粹的无条件性（在每时每地，无一例外地应用于所有条件中）的共相的共相，以及互为条件的各个特定共相之间的关系，是这里的关键；特定共相之间的互为条件真的一直是无条件的吗？殊相与殊相之间的联系，是根据共相学说而在每个类型**之内**建立的，但这肯定在共相与共相（这些本质化了的"理念"）之间的关系上造成了同样的问题。这种担忧引发了被视为"共相的共相"的柏拉图的"善"观念、新柏拉图主义的三位一体说、康德的超验统觉、怀特海的创造力和神等。所有这些都是用来维护既确定又无条件的众多真正的共相的假说。同时，我们还有无形式的质料这一剩余下来的棘手的范畴，即纯粹的潜能。严格说来，它与其他任何东西都既不相同也不相异，也就是说，它实际上不是任何东西。这样，我们就需面对"遍在"（the Omnipresent）这一问题。

遍在的两个对立的派生物

在排除了所有明显的差异之后，"相同性"的最大范例就是在所 39 有地方都无一例外地相同的东西：遍在。一旦我们恰如其分地获得了简单定位及共相的世界观，两种对立的思维方式就会直接导致预设一些遍在观念——无一例外地呈现于现实中的所有实例中的一些遍在的实体或者特征。

第一个版本也许可以称之为"唯心主义的"产物：鉴于个别性的共相可以遍及某些特定的实存，我们可以获得"相同性遍及不同的事物"这一观念，只不过这种遍及只能扩展到全体实存的某一部分，而不能扩展到全部实体中。例如，"红"总是不变地遍及所有不同的红色事物，但不是所有事物。红相是"相同之处"，它的实例都是"不同的"。与此类似，作为"共相"阶层的成员，并且具有让共相成其为共相的性质，所有共相都应该有进一步的共相存在于它们之中；换句话说，所有集合的集合，所有共相的共相。这一"共相的共相"遍及所有次一级的共相，其形式类似于每个共相遍及它们的实例。这就是真正的"遍在"。柏拉图的至善（the Good）理念是最早也是最明显的例子。

第二个派生物，我们可以称之为"唯物主义的"，它也是因为共相观念而直接出现的。由于所有共相显然都是对更为具体的某些事物的抽象：当我说这是红色的，以某种方式分有红这一共相时，我其实是将其红相从呈现出来的其他所有特性中挑了出来。而且，如上所述，每一个共相都覆盖部分而不是全部的实存整体。按照这一说法，一个共相实际上是将很多东西排除在定义之外而后获得的概念，它是片面的。这样一来，"遍在"是共相所排除出去的任何东西，是思维中的定性的范畴所溢出的任何东西。它是脱离于每个共相之范限的东西，是所有共相之外的东西，是"截取共相之地"被取走共相后留下来的东西；在这一图景下，共相天然不能与"遍在"会通，因为共相的本质都是排他的。"遍在"是共相所难以企及的，阿那克西美尼（Anaximenes）的"无定"（Limitless）或许可以作为一个例子。

值得重视的是，这两种明显对立的理念似乎都钟情于不可分辨性，两者所假设的"遍在"都不可避免地转入不可知性。更有甚者，两者都出于这一原因而受到批评。诸如黑格尔这样的重要唯心论者能相当合理地对"唯物主义的遍在"说，"物质"或"存在"自身就是共相，是最普遍的共相，最终极的抽象物；"物质"或"存在"原本是想避免所有抽象物而制造出来的观念，但结果却成为最抽象的抽象物。而在另一方面，一个唯物主义者或者唯名论者却可以对"唯心主义的遍在"宣称，全部的共相都仅仅是具体实在的近似抽象物而已，一个共相的本质，实际上只是通过定义的办法将事物排除出去而后得到的一个抽象物，是不能包含"遍在"的。此外，他能相当简单地指出，共相的共相这一观念是发生在特定时空的特定个人脑海中的特殊事件，而不是其他情况。但是，这两种立场都依赖于经验性存在的简单定位假设和与之配套的假设，即必须假定某些具有普遍性的事物（无论其普遍性是真实的还是假想的），以便这些各自独立的真实存在能够关联起来，而这些具有普遍性的事物，就是共相。两种版本的共相中，已然存在于其中的是差异，正存在于其中的是相同性。这里我们再一次发现，即使是宣称要最大限度地将相同性与相异性融合起来，宣称它们的范围完全一样（如此一来，所有相异的事物同时也是相同的事物，反之亦然），"相同性与相异性之间存在着差异"这一先验的形而上学承诺，也让我们再次回到这一问题的无尽循环。没有这些传统的共相，遍在观念又如何产生呢——假如有，它能以另外的方式被构造，避免受到这两种对立的批评的影响吗？[1]

---

[1] 在这里，我并不是说，所有那些假设了某种"遍在"观念的学说，都一定是从某些共相观念或自然类的先验设定中得出的。就历史事实而言，我们很难做这样的论断。如果我们简略地梳理一下关于遍在的观念史，我们将不得不从前苏格拉底时代关于唯一元素的诸多理念开始，这一元素被认为是太初（the arche），或者万物的起点、规则，万物因它们——水、火或者大气——而诞生，最终又复归于它们，在这个意义上，它们就是遍在的。此时，明确的共相观念尚未出场。实际上，当阿那克西曼德指出，太初不是任何特定的元素，而是"无定"的时候，他得到的是一个真正抽象的范畴，它与即将展开的共相传统有着相反的方向，我们甚至有可能由此发展出"古希腊道家"。然而，这种可能性随着毕达哥拉斯的出现而消失了：我们被告知数字、比率、有限性是所有存在物的普遍原则，由此我们开始了上文所呈现的传统路线。由此前进一步就是阿那克萨戈拉，他认为心灵（nous）是全部实物的真正原因，在《斐多篇》中，苏格拉底说这一观点让他离开自然哲学，转而追问各种定义，以及那些不变的共相。此前不久，巴门尼德已经给"遍在"下了可能最抽象的定义——being（存在），并且推论说，这暗示着它的反面——nonbeing（非存在）是不存在的。being 无处不在，除了 being，一无所有。无论你看向何处，你所看到的都是 being，而且只能是 being；但奇怪的是，同时还有一个不要看向某些地方的警告——例如，有 nonbeing 的地方。表面上看，后一种行为是不可能做到的，但这警告并不是在禁止做某事，而是在针对一种被动的现实。据此，我们被迫得出一种幻想与真实二分的理论：nonbeing 似乎是可以讨论的，但 nonbeing 仅仅是一个错觉，必须排除掉。这样，本体论的论断就被转变成认识论的要求，甚至成为一个伦理要求。随之而来的论断是，所有的运动和变化都是虚假的。我认为，从这里开始，遍在概念就顺着正文所述的两个方向而一分为二。对于柏拉图来说，遍在可能是"至善"的形式，但是在另一方面，正如《蒂迈欧篇》所示，物质——缺乏形式、混乱无序，且缺乏价值，终归是邪恶的物质——也同样遍在，这可以说是一种对立。亚里士多德的形式与物质也同样如此；两者的确都在经验世界中无处不在，但意义完全相反。我们可以说，世界是两种遍在的结合体，但这两种遍在又是互相分离的，在永恒的二分法之下，成为两个互相对立的极端。在西方哲学的冗长记载里，为处理这一问题而做的每一个新尝试中，这一问题都以某种形式而反复出现，我们难道能对此视而不见吗？

这一着眼点，可能无法让我们解答因预设了共相的存在而出现的那些仿佛无解的哲学问题，无法让我们在维持原有的知识、伦理、存在等观念的情况下，摆脱现在的困境。但是在将上述论题推论到绝对地步时，它足以简要地说明有关自然类理论的一些明确后果。它们不仅能将组织、分离存在要素的其他方式排除在外，还能设定并且遵循某些关于相同性的可重复印象，由此而获得一定的永恒性和不变性，这会贬低实证经验的瞬态过程，或者使之变得可疑。随着某种"观念的"简单定位，以及共相与殊相被视为确定的实体，这种后果就会出现。在观念空间的可知性王国里，每一个观念都只是它自己，只在它所在的地方。红相（Redness）就不是椅子相（Chairness），正如这块石头不是那棵树一样。

斯宾诺莎也许是第一个突破这一观念死结，引入"普遍观念"（common notions）以对抗"共相"的人。普遍观念是"在整体及部分上相同"的某物，因而不再是简单定位下的主语（subject）（*Ethics*, II, p40s1-s2）。我认为，在斯宾诺莎的想法中有一些东西，诸如基于几何原则的模型而构思的自然律，以及与空间本身同广延并且完全遍及所有部分的样式。能够符合这一描述的东西，唯有"永恒的样式"，它缔造了自然律；比如说，牛顿第二定律 F=MA 就是一个永恒样式，又比如"两点之间直线最短"这一原则也是。从整体上看，这是真实而且有效的，无论哪个部分，都是欧几里得空间，实际上都能从空间之为空间的性质里分析推导出来。但是，斯宾诺莎在这里却坚持，这些直接导源于实体属性的绝对可信而且普遍存在的面向，与只应用于某些场合、时间、地点中，舍此即无法应用的具体而有限的"共相"，存在着根本上的差异。后者——诸如"马"或"人"、"法国人"、"俄罗斯"、"资本主义"之类的普遍本质——并不是真正普遍的（除非它们能直接从广延或思维的属性中推导而出，并且具有牢不可破的演绎链条，三角形的特性就是按照这一方式从广延［空间］的属性中推导出来的，斯宾诺莎除了借助于组成《伦理学》［*Ethics*］的、一般意义上的对身体、界限和因果性的基本观念外，不依赖其他任何东西来获得它们），它们仅适用于某一空间区域、某一样式集合，而其他地方则不适用；于是，斯宾诺莎将它们**贬斥**为仅仅是由于我们想象力的虚弱而产生的**臆构**。

斯宾诺莎本人也意识到，随着"普遍观念"的提出，他引入的是一个完全崭新的逻辑范畴，完全不符合传统所设想的共相与殊相。"事实上，这些可变的特殊事物是如此密切（笼统说来）而本质地依赖于那些固定事物，以至于离开固定事物，它们就既不能存在也不能被构想。因此，尽管这些固定而永恒的事物是**单数**，但由于它们的无所不在以及广大能力，它们**对我们来说**就和共相一样，即特殊的、易变的事物的'属'，以及所有事物的直接原因。"[1]

我们这里出现了一个**中间物**（tertium quid），它并不是通常意义上的共相与殊相，但它是准确的推理的唯一来源。也许这一解决方案的根本性质在后来的科学与哲学中并未得到欣赏，这两个领域继续把科学规律当成是老式的共相，同样地，它们也把共相当成是经由科学发现所验证的。（如果一个人具有社会学倾向，他在这里就能提出一个有趣的论点：通过分析法而在几何学和笛卡尔物理学中发现不少规律和事实，使得人们以同样的方式看待特定的人群或特殊的历史时期，仿佛它们真的由科学决定似的。而鉴于这一情形，上文提到的老式共相与科学之间这个看起来细小而微妙的逻辑错误，就是导致"科学的种族主义"必然成长的元凶，此是一方面；在另一方面，它也是 19 世纪及接下来的世纪中的"历史决定论"的罪魁。）

黑格尔围绕这一问题尝试了另一种办法，即强调共相的"神奇"性质——它们并不全是简单定位的东西，不是在这里了就不能在那里。相反，共相的全部意义在于，它们同时在这里和在那里，均衡 42 而完全地体现于极为不同的个别中。黑格尔指出，当央求人给我买"水果"时，他买来的是香蕉、梨子、苹果，我却抱怨我要的是"水果"，而不是香蕉、梨子、苹果，因为它们毕竟是完全不同的"定性"（determination），此种抱怨，何其谬也。在他看来，共相具有一种机

---

[1] Baruch Spinoza, "Treatise on the Emendation of the Intellect," *The Essential Spinoza: Ethics and Related Writings*, ed. Michael L. Morgan, trans. Samuel Shirley, Indianapolis: Hackett, 2006, p.187.

制，使得性质上各不相同的"定性"可以在同一时间、同一地点共存。由于上文曾提到的集合论的内在结构，此处用到的分体论，通常被认为是以整体与部分的关系为依据——子集在一个更大的集合之内。但是，正如黑格尔所指出的，通过完全了解共相之为共相而显现出来的"定性"的神奇样态，却并不能在共相的老式理解里体现出来。

黑格尔的观点当然是言之有理的，其背后的洞见对于我所考察的这些问题的严肃性来说是相当关键的。然而，必须指出的是，即使黑格尔意义上的诸共相的定性（determination of universals）被认可，各种殊相在价值上的贬值似乎也是不可避免的——例如，这在黑格尔本人的思想里就很显著。的确，我们也许能简单地认为，黑格尔事实上试图使每个单独有效的共相（马、人、法国人、罗马帝国、奴隶制度、资本主义）成为斯宾诺莎所谓的"普遍观念"，虽然它们在斯宾诺莎那里只是虚弱的人类想象力的副产物。这意味着，某些东西可以通过完整的推演链条，直接从绝对精神（the Absolute）中推导出来。在某种意义上，这是黑格尔整个体系的核心思想。当然，从斯宾诺莎朝着黑格尔的转变，其影响是巨大的。此外，如果有人想要为 20 世纪的所有灾难找一个"罪魁"，那么这不失为一个好对象。但是在任何情况下都不难看到的情况是，比如说，我关于"一个女人"的观念通常能干扰我与任何个别的女人的关系；没有一个女人能将我预想的女性本质完全实现出来，所有女人都存在缺陷。可以说，没有作为水果的水果。实际上，尽管"共相的定性"有这种怪异的非简单定位形式，但任何殊相都无法会通于共相的问题是依然存在的，而这恰恰让黑格尔去解决关于本质之间关系的亚里士多德式问题：在各种本质实现各自的"观念"（德语作 Begriffen）时，它们失败了，并且彼此混淆——这意味着，最终它们在哪怕仅仅与自身相符这一点上也彻底失败了，它们在终极意义上是自我矛盾的。

这是有创见的，也为抽象与具体之间的不协调提供了一种解法：不是诸多殊相不充分，而是观念本身不够"具体"。但是这使得"无条件者"（the unconditioned）再次成为问题，它是共相的共相，是黑格尔所谓的绝对理念（the Absolute Idea），它将不充分性狠狠抛给经验世界，即便它声称实在即合理（the Real is the Rational）。我们通常所经验的东西，只有很小的一部分，至少在我们经验它的时候，变成 43 黑格尔意义上的"实在"（real）。这是一个很高的代价，好像共相除了将不充分性的阴影抛给所有实际经验之外，就没有其他办法了。也有人会认为黑格尔的这种做法是一件好事，但是我们或许会希望它与它的对立面——比如道家 / 尼采式的考虑——之间保持平衡，而这一对立面会认为，每一个共相或理念，对于当下的特殊实在（在这种观点看来，这是唯一的实在）来说都是一个祸根。

在本书中，我将用"实在论"（realism）这一术语描述所有认为真实的共相存在于客观世界之中的学说，不管它被思维成柏拉图式的超越本质，还是只存在于经验世界当中的自然类。重点在于，各种独一无二的方式是否客观存在，能让世界中的各种事物组织起来，能按优先级对世界进行划分，按自然世界本身的"关节"来分类，这有可能提供关于这些事物的活动的真正知识，而不仅仅是被人类观察者设计出来的知识。"唯名论"（nominalism）则可以用来称呼否认这种论断的所有学说。其范围可以从绝对的怀疑论一直扩展到强烈的保守主义。怀疑论主张，从一个事实到另一个事实，并不能归纳出任何类概念；保守主义主张，各种共相和类概念仅仅是依据心理和社会因素得出的不牢靠的概括，是由人类设计出来的，没有反映客观现实，客观现实被限定在单个事物和事件的范围内。简而言之：**实在论视相同性的某些形式存在于事物之中，并且是事物的终极实在，而相异性在某种意义上则是次一级的、派生的、虚幻的。唯名论视各种相异性为原初而终极的实在，相同性则是次一级的、派生的、虚幻的。**

固然，这两种取向之间的紧张关系，要上溯到亚里士多德对柏拉图的回应，但在由此衍生的各种版本里，这种紧张却涉及西方思想的每一个新阶段的所谓核心问题。这里，我们可以认为，这一话题不仅是经院哲学的争论，也是与后康德唯心主义者以及与之相对照的康德和经验主义者之间的争论。此外，在后现代的背景下，它是符号与社会系统和被认为在此系统之外的天生的现实之间关系的争论，易言之，这里的问题是，看起来似乎自然的事实，是否仅仅是社会性的建构。我的观点是，中国人对此类问题的处理，既不是唯名论，也不是实在论。相反，我们会发现连贯成形的观念，在后世的传统中它关涉到一系列关于"理"的观念，在处理上文所述之问题时提供的是另一种机制，是关于客体性、主体性、主体间性之间关系的另一种视野，与之相伴的是相当不同的时间观念和遍在观念。

44　　作为主体间的困境，一个同类型的问题产生了：我现在所经验到的东西能够被其他主体在其他时间，甚至是同样的时间里始终一致地经验吗？我们对它的命名和态度是如何关联起来以汇聚成一个独立的客体，让我们得以可靠地沟通，切实地应对这个客体？但是完全的确证迟迟未来——因为总是有延伸的他者、额外的主体没有被遇到，他们也应当分享这一经验，这样主体间的协定才是完整的。基本上，这一确证始终未到，一直存疑。现象与实在的二分与对立，归根到底还是时间性和主体间性的问题，记住这一点，在我们考虑中国的情况时会非常有用，因为即使没有现象与实在的二分法，中国思想依然可以取得进展。简而言之，中国思想中连贯成形观念的发展，会承担起这项任务，而不必乞援于时间或主体性的"简单定位"观念，这带来的是一套截然不同的关于**预测的准确性**的标准。

　　从逻辑的角度来说，对实在论和唯名论危害最大的，可能就是所谓的"无条件的定性"的悖论了，在我看来，这一发现算得上是对传统哲学的后现代批评。大概说来就是：**事物如何能既是定性的**（determinate）**又是无条件的**（unconditioned）？这一问题在斯宾诺莎顺带给出的论断中就已经进入思想史的视野，他在书信（*Epistle*，p50）中提到："定性就是否定。"如果"定性就是否定"对于有限制的他者而言是一种关系，那么定性和无条件性之间就是互相矛盾而且无法兼容的。如果"知识"说的是无可怀疑的（无条件的）知识，那么定性的知识就变得不可能了。似乎"没有共相"和"固定而明确的真共相"都不能解决问题，因为无可怀疑的知识总是必需的。但是这里其他的选择是怎样的呢？显然，在近年来西方思想界为这一需求寻找其他方案或者满足这一需求的其他策略的各种尝试中，他们已经开始感受到这一问题的严重性。

跳出实在论／唯名论的二分法并且仍然保留有意义的知识的一条可行之路，是晚近出现的由查尔斯·桑德斯·皮尔士（Charles Sanders Pierce）、威廉·詹姆士（William James）和约翰·杜威（John Dewey），以及更近的希拉里·普特南（Hilary Putnam）和理查德·罗蒂（Richard Rorty）所发展起来的实用主义传统。也许在实用（实效）主义的奠基时期——从皮尔士（自称是"经院实在论者"）到詹姆士和杜威（二者都是唯名论者）[1]——关于这一问题的经典冲突就在暗示我们，实用主义的方法本身在规避二分法，因此不关心任何一种承诺，也许可以完全不涉及这个问题。但皮尔士和詹姆士本人似乎不是这么想的：他们似乎相信，实用主义本身如果离开了实在论的承诺（皮尔士）或唯名论的承诺（詹姆士）之后，就不具备可知性了。这说明实用主义方法论本身不能超越唯名论与实在论的二分法所带来的问题，甚至连缓解它也做不到；这个问题依然存在。45

在科学哲学中，建构主义（constructivism，也译作结构主义）在二分法之外提供了另一种可能性。[至少在对荀子思想进行的讨论中，柯蒂斯·哈根（Kurtis Hagen）已经将这一框架进行了有益的运用，我们在下文将会看到。]建构主义主张，世界上**有**真正的区别，而且有结构性的组织方式，但是没有一种命名、确定或描述它们的独特方式。世界的真正结构会限制命名世界的方式，但不会决定它们。它排除了一些错误的可能性，但并没有规定一种唯一正确的定性；在描述实在时，它允许有一系列可能的、具有同等效力的方式，而且跨度相当大，这些方式既不是完全独断和预定的（它们有外部约束），也不

---

[1] 希拉里·普特南（Hilary Putnam）是这样说的："皮尔士的观点更接近于形而上的实在论的传统（或者就像皮尔士自称的那样……'经院派的实在论'），而不是詹姆士或杜威的实用主义。对詹姆士和杜威来说，没有'自然本身的语言'这回事；我们制造语言，由我们的兴趣、理念所引导，被我们发现的我们所处的那些'问题域'（按照杜威的话来说）所引领……［没］有人认为因探询而获得的东西是独立于我们之外的……对于詹姆士和杜威来说，不存在发现'自然自身的范畴'这回事。对皮尔士来说，自然有一套'节点'，它们可以被一组寻根究底的探询所发现，只要人们将这种探询坚持得足够久……"参见 Charles S. Peirce, *Reasoning and the Logic of Things: The Cambridge Conferences Lectures of 1898*, ed. Kenneth Laine Ketner and Hillary Putnam, Cambridge: Harvard University Press, 1992, p.73. 普特南本人和罗蒂一样，似乎完全站在詹姆士-杜威传统的唯名论阵营中。

是由抽取出人类目的后的自在世界所严格决定的（可能的正确答案有很多）。这一渠道为主客关系、唯名唯实问题、一多问题指出了一条出路，那既不是严格的唯名论也不是严格的实在论，毋宁说，它与我们在现代理论中也能找到的一些中国式假设最为接近——在应用于以《荀子》为代表的晚期"非反讽"（non-ironic）例子时（正如哈根所做的那样），尤其如此。然而，即使是在建构主义背景中的詹姆士式的实用主义立场之下，我们依然不清楚我们能知道并辨别的未经建构的自然结构的各种约束是怎样的，甚至不清楚我们能否有意义地谈论这些约束的存在——这样一来，我们就又回到老版的康德物自体（thing-in-itself）问题了。显然，至少我们不能思考"世界的真正结构"，无论这一实体可以容许多少种合法的命名方式，我们都不能以任何一种我们所熟知的**定性**去思考它——而且，我们也难以想象，非定性的东西可以是一种约束，除非我们对"定性"和"约束"进行彻底的改写。

在存在一系列可能正确的答案的前提下，我们来简单设想这种关系。这就好比我们说我们知道关于《伊利亚特》作者的一些信息一样，因为我们知道他或她或他们并不是一个身患糖尿病的拉斯塔法里教徒，[1] 但是我们并不知道作者是一个还是多个，男人还是女人，希腊人还是野蛮人：历史约束我们将迄今还不存在的拉斯塔法里主义者从这部作品的创造者的可能群体中排除出去。倘若这个迄今未被建构的世界在这种意义上是"受约束的"，那么我们真的还未超越形而上的实在论。换句话说，如果两可性纯粹只是认识论上的（我们只是到目前为止不知道它到底是什么而已），我们就仍然在实在论的领域里。

46　两可性必须在**本体论**的层面（事实上也是逻辑必然性的层面）成立，才能让我们真的超越实在论或唯名论。

但就其本身而言，当面对自然科学中的归纳问题时，对于本体论

---

[1] 拉斯塔法里（Rastafari）运动是 20 世纪 20 年代在加勒比牙买加岛兴起的黑人运动，他们将黑人数百年来的经历投射到《圣经》所记犹太人流落他乡的苦难经历上，相信埃塞俄比亚皇帝塞拉西是神，他们并没有系统的宗教理论和组织，成员往往留着一头蓬松并结成许多小辫子的长发。——译者注

层面的两可性是怎么回事，对于具有预判能力的"结构性的定性"的出现，我们完全不清楚建构主义目前的形式对此能否有一个连贯的叙述，除非它选择一个康德式转向，即否定"真实而自由结构的世界"这一条件。或许可以理解为，黑格尔对斯宾诺莎"定性的否定"问题提供了一种尝试性的解答，从康德的文本发展出经过修正的真正的定性观念，"无条件性"和"定性"不再是互相排斥的:否定是自我否定，因此定性是自我规定，涉及通过一种**认定形式**将自我否定本身纳入进来而达到的对差异性和局限性的主动克服。如果这种尝试是成功的，那么这的确为保留可靠的归纳与定性的知识指明了一条出路，而且还能赋予人类认识者以核心建构者的角色。它是否真的成功，这问题太大，这里无法讨论，但是我们起码能注意到，它的代价相当大，可以说马上就需要一个可以改写逻辑基础的泛逻辑主义，以及一个根植于目的论形上学、非机械论的因果性承诺，这一承诺预设了实体的"主体性"。黑格尔为这一转变进行了有力的论证，恰恰重写了"主体"、"逻辑"和"终极目的"，以逃避那随着这些形而上学原则的创建而来的传统问题。但是即便如此，我们仍然想弄清楚，所有这一切是何时被说和被做的，他的劳动的最终结果，是否并没有直截返归于实在论阵营的改良形式，而是归宿于客观主义实在论的一个危险的极端版本，这恰不能让我们超越实在论者与唯名论者的二分法。

　　还有一种出路——最终也不是那么与黑格尔不同的——是怀特海的解答，如上文所提示的，这一解答干脆牺牲了归纳的普遍性，将其限定在众多特殊的场合集群中，认为归纳是基于特殊的场合集群中的具体关系而做出的。怀特海的体系也巧妙地消除了共相与殊相之间的单向包容关系，而代之以具体的理解;对于主观与客观之间的本体论的裂缝，则赋予每一个现实场合（actual occasion）一个客观极点和一个主观极点。然而归根到底，怀特海也是一个实在论者，他恢复了柏拉图的"形式"，在"永恒客体"的名义下接纳并改造了它。即便是拒斥怀特海的永恒客体观念的学者哈茨霍恩（Hartshorne），在"定性的"与"可定性的"互相渗透又互相区别的基础上（他只承认后者），也以宣布自己是实在论者而告终，尽管他是一个"温和的"实

47 在论者。哈茨霍恩承认一部分共相的永恒的客观实在性（尤其是**数**，以及神性的某些方面），同时视其他共相为局部的和有条件的。过程思想与大部分中国思想之间有着明显而真实的亲和力（不仅是在主客不分、不会沦落为实在论的泛经验主义、一般意义上的过程导向等方面是如此，而且在对"定性"观念的反思上尤其如此），这在解释"理"这样的术语时——至少在解释其在宋明理学中的强而有力的用法时——也许可以充任理解它的引子，因为我们在理解"理"这样的中国思想时，总要填充某些东西进来，如果不是柏拉图意义上的形式，那么至少也是怀特海的"永恒客体"。在此期间，我希望展示另一种可能的选择。

正是出于对上述僵局的尊重，我认为中国思想能给我们带来有趣的思想资源和可能性，我们可以考察，在中国传统中这个问题是如何被处理的——或者如何**不被**处理的。本书的论点是，为列维·布留尔所摒弃的"关联性思维"是由误解而产生的，因为它往往只被看作对逻辑思维中的同异范式的衬托；从中国本土思想里产生出来的连贯成形观念（而非以逻辑范式填充出来的），在缺乏苏格拉底／柏拉图／亚里士多德式的对定义和本质的执着的传统中，并不是简简单单的"原始的"观念。而后者的执着所造就的是绝对的相同性与相异性观念，它们体现在共相与殊相的观念中。相反，放任前者不断发展，这些"原始的"观念沿着它们自己的轨道成长与发展，获得了它们自己的老辣、精练而复杂的类型，足以与希腊—欧洲传统相匹敌，却是从完全不同的前提入手的，而且导致了相当不同的结论。我们现在转入对这些发展的讨论。

第二章

什么是连贯成形？

——以中国为典范

在上一章中，我们试着透过关于共相与殊相学说的某些版本，或者与这一学说有关或由之而派生的，具有特定的本质和属性的个别实体的某些版本，广泛描述了希腊—欧洲传统对于相同性与相异性问题的处理方法。我们现在要试着建立起一个框架，以对我称之为"连贯成形"的中国经典观念进行考量，"连贯成形"分成两组类型——反讽的和非反讽的，它是处理某些相类似的问题时，一条与希腊哲学传统有着鲜明对比的路径。

对于相同性与相异性问题，中国传统上将之称为"一多问题"。世界在多大程度上是相同的，缔结为"一"；又在多大程度上是相异的，散殊为"多"？"此物"与"别物"之间的边界在哪里，这一边界是什么，又是什么担保我们将之视为两个不同的事物而非同一物？一个事物在具有许多不同方面或者许多不同部分的情况下，一个事物何以始终是这个事物？一种性质是如何显化于许多不同的时间与地点的？是一是多，究竟意味着什么？一与多又是如何联系在一起的？以前有学者讲到，在中国传统思想里，这些问题被处理或者不被处理的方式，相比于西方来说至少也是怪异的。无怪乎唐君毅这样的一位20世纪思想家将整个的中国传统定义为"一多不分观"，视之为中国思想的一个与众不同的特征，而他对于单个中国思想家的研究，更是有效地证实了一与多、同与异之间这种互相影响、不可分离的关系，与西方思想在处理类似问题时的一般性的分析方法相颉颃。但是我们也50许想知道，唐君毅所做的解释是否彻底到能够真正解决这里的混乱，他的解释是否因为太依赖于当代西方思想所发展起来的分析工具（它们扎根在关于此类一多问题的另一套假设里）而不能澄清这一混乱。

在我看来，由于陈汉生那引起争议的对于中国古代逻辑悖论的研究，一个更为基础的解释路径被开启了，对于共相问题在中国何以没有发展出一条完全匹敌于西方的路，他给出了一个原因。与上一章我们简单讲到的分体论与分类逻辑的对立相一致，陈汉生认为，中国古典的名词更像是不可数名词而非可数名词。不可数名词（比如，water）指涉一个无处不在的无定形的实体，它蔓延于各种地方，能以各种方法分开，而可数名词（比如，dog）则伴随着预先决定好了的可以计数的许多单元。我可以说"one dog, two dogs, three dogs"，但是只能说"one cup, one quart, two pools" of water。这种说法引起了一些人的惊愕，因为它更符合现代中文的语法（现代中文的名词的确是以前置一个特定的量词来指明被指名词的数量）而非古典的文言语法，因为实际上，这些个别的实体在文言语法里并不需要量词就可以被指明。不过，无论是古代还是现代的中文，都缺少指明单数和复数的特定形式，这在本文里仍然具有重要意义。重点是，如果一个名词从根本上就指明这个物质在全世界所有地方的全部内容，那么，如何将个别成员与其所属的种类相关联的问题，将不再成为一个问题。如果每一只狗都只不过是从遍布世界各地的"狗体"中舀出来的具有狗的形状的那么一团，就不需要将个体的狗和一个普遍的犬类本质统一起来。这意味着，我们不再需要将许多个体装配起来并且比对它们的相似性，以求导出一个"合成类"；相反，我们是在整体中"分裂"并且挑选出小的分子，以便进行进一步的考量。这里不需要双层本体论——其中的抽象本质、共相或形式可以被智识理解，但不能为感官所感知，也不能"参与进"并且统合具体的殊相；毋宁说，这一物质以及它的每一团，对于感官来说都同样具体而有效。[1] 中国思想没有一个一／多本体，因此也就没有一个一／多问题；陈汉生说，这里有

---

[1] Chad Hansen, *Language and Logic in Ancient China*, Ann Arbor: University of Michigan Press, 1983, pp.30-54; Chad Hansen, *A Daoist Theory of Chinese Thought: A Philosophical Interpretation*, New York: Oxford University Press, 1992, pp.30-54.

的是一个整体 / 部分本体，以及与它相伴而生的一系列问题。

陈汉生的洞见对于目前这项工作的议程而言尤其重要。他着重指出，在研究中国古代思想时既要规避柏拉图的理念，又要绕开心灵主义者的观念。心灵并不是一种表象能力，能够容纳或者感知那些可知王国里的理念。这里没有共相，只有一些作为材料的类（stuff-kinds）。心灵是积极**辨别**这些真正的类的一种能力。而这些"材料"的名称，51则是通过将它们从众多材料中挑选出来，制造此材料与其他所有材料之分别的活动而得到的。正确的知识是在大量感官资料中**制造分别**，并且合理命名的一种**技巧**，而不是感官资料和呈现这些感官资料的心灵理念之间的契合，也不是感官资料和参与进这些感官资料的普遍形式之间的契合。认识论只作用在材料和命名的基础上，而其他实体，诸如性能、属性、本质、理念、共相或殊相，则是不必要的。

有些学者放弃了陈汉生的假说，这很大程度上是由于事实上的不便利，因为古代中国的语法实际上用的是可数名词，正如上文所指出的那样。另外一些学者，例如我本人，则承认他的确言中了某些问题，但是他还需要进一步提炼和建构他最初的假说。[1] 实际上，如果单纯从语言学的角度去分析，韩晓强（音译）最近发表的一篇文章《也许中文里没有主谓语句》（"Maybe There Are No Subject-Predicate Sentences in Chinese"）比起陈汉生之前的假说要更为贴切。[2] 这里韩晓强追随的是彼得·F. 斯特劳森（P. F. Strawson）的分析，后者将英语（可以扩展到印欧语系的大部分语种）句子中的谓词在语义学上的"不完满性"关联到共相学说的起源，相反，主词则具有语义学上的"完满性"。谓词之所以"不完满"，在于它们无法单独成立，需要引入特定的变形以表达时态、人称或数量；它们需要与其他事物发生联系或连接。谓词的这种不完满性，为一个命题所必需的连接提供了可能；如果没有体现于谓词的变形中的这种主词与谓词的不相称性，共

---

[1] 参见最近关于"理"的汉学著作：*Beyond Oneness and Difference: Li* 理 *and Coherence in Pre-Neoconfucian Chinese Thought*，这是本书的姊妹篇。

[2] Han Xiaoqiang, "Maybe There Are No Subject-Predicate Sentences in Chinese," *Dao: A Journal of Comparative Philosophy 8* (2009), pp.277-287.

相与殊相之间就不可能以命题连接。而没有了这种连接的可能性，就不会有共相与殊相这类东西；没有了这一用以实例化的关系，就不会有实例化者和被实例化者。如果斯特劳森的分析是对的，那么，这种词态学的变形在中文句子中的全然缺乏，比起不可数或可数名词用法的假说，对于共相／殊相学说所面临的问题更有意义。韩晓强认为，在没有这些词态学特征的情况下，中文句子真的无法在主词／谓词的结构形式下被分析，因此也不能通过将共相依附在殊相上来运作。同时，他认为，比起"主词／谓词"句来，在理解中文语法时，斯特劳森所谓的"特征／定位"句恐怕是更为有用的模型。他举例说，"这儿正在下雪"，按照斯特劳森的分析就仅仅是将特征"下雪"定位在指明的地点"这儿"。韩认为，中文句子似乎把一个"性能"归给某物——例如，张三有钱——就与这种句型很相似（英文则作: Zhang San is rich. ）。虽然韩谨慎地避免太过肯定地下这个断言，但我们依然

52 能清楚地感知到，他与陈汉生对于中文语法的材料／分体论式理解相当一致。不同于主词／谓词关系，我们顺着陈汉生在讨论墨家逻辑（坚白论）时描述的"不可数者"的路线，应当获得一个两种材料部分重叠的关系。这仍然不是某一共相和某一殊相之间的关系，而是两个存在部分交集的具体的整体之间的关系。

陈汉生在中国思想中找到的这个整体／部分问题（而不是一／多问题），以及从一个更大的整体分裂出一分子（而不是从个别的实例建构起一个组群）的知识的观点，在我看来都是对的，而且这会引起巨大的后果。我认为我们可以对这些后果加以重要的提炼，而主词／谓词和殊相／共相结构的抹消，也意味着这些可疑的整体不能被解释为确定无疑、没有两可性的本质同一性，从而让相同性和相异性以任何绝对方式附属于这些本质同一性。我想以"连贯成形"来修正汉生的观点，这样即可消解早期中国思想中自然类的存在所带来的属性，因为材料之间是可以直接彼此相同或相异的；同时我也想修正我们对语义学上的主词的理解方式，将这个制造分别的活动列入这些不可数整体的系统中来。将制造分别的活动（即进行命名和认知的人类活动），折合进这个如此分裂的整体，对于我们如何理解最终的形而上

的趋势具有重要意义。

葛瑞汉（A. C. Graham）轻微地修正了陈汉生的观点：

> 我们也许可以说，当英文翻译使用可数名词来表示个体或种类时，中文则在那些将会出现主要分别的地方使用带有命令性质的不可数名词。也有一些字（气、道、理）在哲学上很重要，但并不带有这种命令，以便在区分阴阳"二气"，或者分出"五气"，即五种状态、五种气象影响时，无论对实然物质（mass）做出何种区分，都不会造成矛盾。按照这种思路，一个"类"，例如"人"或"马"等，是可以像牛一样彻底分成相似的多个部分的实然物质（就像希腊文 genos 在原初意义上是指可以灭绝的一个物种，而非可以变成空集的类概念），因此，我们所称的"具体而个别"的"实"（物体），是从一个物质中分离出来的一小块，但并不比这一物质少多少具体性。这当然并不改变这样一个事实：与语言无关的，不连续、恒常的东西，较之于随我们的意愿所作的分别，具有更高的优先性。即便一个"实"是从一个物质中取出的一团，最便捷的例子依然会是个体……在墨家对命名的解释中……提到的不是一池或者一滴水，而是一匹马。但是正如陈汉生所注意到的，物体实际上被构想成分割物，这一点可以确信，但我们所谓的类与成员，或整体与部分，在墨家的逻辑学里只用一对概念表达——体与兼，且墨家将"体"定义为"体分于兼也"。[1]

53

葛瑞汉承认，中国思想倾向于从整体做分解，不过他补充说，这些整体里常常内置了应该在哪里做"切割"或分解的**内在指令**，并且

---

[1] A. C. Graham, "Relating Categories to Question Forms in Pre-Han Chinese Thought," *Studies in Chinese Philosophy and Philosophical Literature*, Singapore: Institute of East Asian Philosophies, 1986, pp.382-383. 在这里，以墨家为例显得相当切题，这样一来我们就从传统里得到了最贴切的例子，可以对谓词是怎样与各种实例相连缀的问题（相当于共相问题），进行抽象而全面的"逻辑的"处理。葛瑞汉对墨家所做的分析在当前的语境下非常中肯，我完全同意他的观点。

在某些重要场合可以有不止一种合法的分割方式。这种"切割事物的内在指令"的观念,在我们考虑哪些方式可以被用来理解连贯成形时,是一条相当有用的线索,尤为有用的观念是:另外一些不兼容的指令也属于这个集合,它们可能不仅是可行的,而且是内置的,并且具有全部的客观效力。

对于这种关系,葛瑞汉进一步做了重要论述。在他对中国思想对于"实然/应然"问题的独特解法[孟旦(Donald Munro)称之为中国思想中的"事实—价值融合"]的一般讨论中,葛瑞汉指出其中存在"主观化倾向"。他说,中国思想中这种主观化的假设是:"对于一个'理'(就是说,在葛瑞汉的解释里,一个'理'是一种有机的自然模式;我的下一本书会将这个字译为 coherence'连贯成形')的理解(是)与'理'所引起的反应不相分离的。"[1] 葛瑞汉视连贯成形为一种有机模式,是事物之间的一种联系网络;**但是这些"事物"将人类的反应也包含在内**。有机模式不仅是一种需要从外部观察与学习的客观网络,我们自己的反应也是这一联系网络的组成部分。心灵不是整体之外的一个单独的本体论范畴,而是整体的一分子。

从另一个角度,根据郝大维和安乐哲对于整个的"汉文化"的主流思维形式的独特特征的推测,可以进一步对这些观点进行提炼。郝大维与安乐哲认为,中国思想具有葛瑞汉所谓的"相关、类似、隐喻性的"分类形式,而不是"分析性、因果性、转喻性的(metonymic)"形式。相互关联的组群具有广泛的、隐喻性的、临时性的特征,它们可以制造一种意象集群的观念,这些"意象集群可以用复杂的语义学联想反映彼此,以便提供丰富的、无限'模糊'的意义。因而,单义性是不可能的。审美性的关联居于主流"。[2] 他们进一步规定说,这是过程性的语言,是"唯一让我们接近'万物皆迁流'的瞬态感触的语言……相互关联性的语言是结果,是符号,是流逝的

---

[1] A. C. Graham, "Relating Categories to Question Forms in Pre-Han Chinese Thought," *Studies in Chinese Philosophy and Philosophical Literature*, Singapore: Institute of East Asian Philosophies, 1986, p.431.

[2] Ibid., p.136.

环境的迁流感的馈赠"。[1] 某物在某状况里造成一种联系，在另一状况里造成另一种联系。这些联系并不需要互相一致；它们是瞬态的，囿于经验中的特定时刻下的状况——这些相互关系本身的"流动"。在这种形式下造就的相互关系"并不是基础性的，它们仅仅是经验与习惯性的解释之类的事"。[2] 它们是唯名论的、实用主义的、历史主义的，因而必然总是两可的、可商榷的。

郝大维和安乐哲在"阴与阳之间仿佛无所不在的分别"中，看到了这种相互关系最重要的例证，而阴阳之分"不过是一种便捷方式，或'诸此'与'诸彼'的一种组织形式。这明显是中国的智识文化中的唯名论特性所带来的一个结果"。[3] 与此相对照的，是因果性、分析性的制造关联的形式，后者也许能被关联到语言的转喻功能而非隐喻功能（尽管郝大维和安乐哲马上就强调，这种强力而迅速的分别，本身就是以因果性、分析性的途径强调转喻而非隐喻所具有的功能之一）。两位作者认为，正如保罗·费耶阿本德所说，这可能与早期希腊思想中的分类与抽象定义之间的区别有关。柏拉图传统把对事物的定义视为"量度而非分类"，如怀特海所指出的，这种对定义的探求再次与对数学上的精确性和普适性的真理相关联（的确，怀特海视这种倾向为量度，而不仅仅是分类，即便是亚里士多德也倾向于此，这是世界上所有精确知识得以发展的根据）。这也可以说是对这些非瞬态、非经验、非历史性的真理所居的超世俗王国予以安顿，而关联性思维则主要拘囿于感官，与当下的审美或诗意的感受、觉知、想象的具体而可经验的条目相关，通常不会追溯到超世俗王国。[4] 关联性思维允许各条目有自由形式的关联，这些条目可能与一个给定的类别相"连贯"。需要再次指出的是，这些条目里也包含了对人们经验到的事物的主体性的，或者文化性的、价值论式的反应。

---

[1] A. C. Graham, "Relating Categories to Question Forms in Pre-Han Chinese Thought," *Studies in Chinese Philosophy and Philosophical Literature*, Singapore: Institute of East Asian Philosophies, 1986, p.138.

[2] Ibid., pp.140-141.

[3] Ibid., p.140.

[4] David L. Hall and Roger T. Ames, *Thinking from the Han: Self, Truth, and Transcendence in Chinese and Western Culture*, Albany: State University of New York Press, 1998, p.124.

郝大维和安乐哲总结了他们的观点，将中国思想中的"秩序"（order）解释为一种新范例："集点与区域"模式（Focus and Field）。区域意味着"影响范围"，它被视为一个具有必然模糊而不完全边界的地域，"一位中间人在这一区域所受到的影响可以被清晰地经验到或者感知到"。[1] 集点则意味着一个"汇聚或分散之处"。

55　　　他们接着说：

　　　各种层次的汇聚与分散都集中于此集点，又出乎于此集点地不断运动着，而这些汇聚与分散都来自区域，并复归于此区域地不断进行着，[在]任何给定的时刻下，相互关联的系统里的条目都是可塑的……有必要重申，各种区域和集点在终极意义上都不是固定或确定的。这些区域在以某些含混的方式出入于各类瞬态的集点时，是无限的、脉动的。这一区域模式很容易就能和一/多模式、部分/整体模式形成对照。例如，人类与其社群之间的关系，并不是通过"本质"或"自然类"的假设而在一系列的类别中界定出从属关系而建构出来的，也不是通过语境规定的分体论集合（其中，部分以累加或总和的方式构成整体）而建构出来的。这里既没有"一"（在本质上的统一体的意义上），也没有"多"（在某一个本质类的诸多实例的意义上）。这里也没有叠加成整体而且小于整体的"部分"。相反，这里有的是一个含混的、无边界的区域，既构成它那可辨别的集点，又为可辨别的集点所构成。又或者说，这里有的是多种多样不断迁流着的集点，作用于其上以及出乎于其中的各种影响，尽皆复归于一个含混而无边界的区域。因而，我们这里的模式既不是一/多模式，也不是唯名论意义上的部分/整体模式。集点/区域视角采用了一种"此/彼"模式……集点/区域模式必须在通常意义的背景化技巧（ars contextualis）下理解。这种"背景化技巧"是中国人的智识

---

[1] David L. Hall and Roger T. Ames, *Thinking from the Han: Self, Truth, and Transcendence in Chinese and Western Culture*, Albany: State University of New York Press, 1998, p.273.

活动里最有特色的一面……作为一种实际活动，背景化技巧是这样一种独特的情境化的方法（art of contextualization）：它允许作为集点的个体寻求可行的背景，这些集点帮助建构了这一背景，反过来又部分地为这些背景所建构。[1]

我们将在下文讨论这些特别的观点。最重要的是，我们发现这里的分类模式不只是避开了（1）一／多问题，如陈汉生所述，甚而还避开了（2）进行区分的、定义性的整体／部分模式，以及（3）将永恒不变的本质归给部分或本体，归给集点或区域的那种假设。我将会对陈汉生、葛瑞汉、郝大维和安乐哲的这些洞见提出一些异议，这在很大程度上是通过扩大他们的前提而完成的。其中一个需要进行再思考的问题，是关于陈汉生、郝大维、安乐哲所运用的"唯名论"与"实在论"这对范畴的。它们本来是来自欧洲智识传统的哲学术语，56用以表示相同性与相异性问题的两种对立且互相排斥的路径。唯名论者的典型主张是，实际存在的都是具体的特殊事物（如这只猫，对于那个人的爱的感觉），而一般性的概念以及共相（如"猫""爱"）则仅仅是人类用来便捷地组织这些事物的名称，没有本体论层面的终极实在性。而柏拉图这样的最著名的实在论者则主张，一般概念表示的是某些实际为真的东西，比起那些不完美地呈现它们的特殊事物，常常具有更大的实在性。陈汉生等人都认为，中国传统思想的倾向乃是深刻而压倒性的唯名论。不过，在陈汉生看来，这并不意味着否定了材料是真实的类这一断言，在这一断言里，材料之间的**差异**是终极的自然事实。他指出，唯名论者以"一个类"（a class）这样的观点来规避实在主义的认识论所青睐的抽象实体。但是他补充说，罗素和莱斯尼斯基（Lesniewski）分体论意义上的类别观念除外，这些类别本身就是抽象实体。他认为，一个类别对于整体／部分的材料本体论而言并

---

[1] David L. Hall and Roger T. Ames, *Thinking from the Han: Self, Truth, and Transcendence in Chinese and Western Culture*, Albany: State University of New York Press, 1998, pp.273-274.

不是必需的。[1] 但是，至少从陈汉生的观点来看，这些材料类是存在于自然中的真实的类，独立于人类活跃的心灵的辨识功能之外，因而既可以被恰当地分开，又能被不恰当地分开。当然，陈汉生清楚地意识到了后期道家对这种观点的批评，这一批评也许可以被视为真正的唯名论（尽管我们将在下文提出质疑）。但是，按照这种观点，可以断言，这些材料实际上不过是彼此分离的实体，这至少可以将陈汉生的这种观点带入微弱的实在论中去。在我看来，这就会与陈汉生的唯名论主张相冲突。

此外，郝大维和安乐哲确实对中国处理相同性与相异性的方式做了彻底的唯名论述评，相同性与相异性，以及各种组群，总是依赖环境。它们不仅不是终极的本体论实体，而且**不是固定的**，它们因应着环境与处境的变化而变化。事物的**本质同一性**以及甄定它们的方式，在不同的环境下是各不相同的。这是一个关键性的洞见。但同时，郝大维和安乐哲夸大了中国传统中的唯名论因素，在这一方面，我将试着表明，中国思想家实际采取的措施既不是西方意义上的严格唯名论，也不是严格的实在论。对这一观点的最简单表达，就是葛瑞汉所提到的，对于事物是否相同或相异的判断行为，以及人类对这种判断的命名行为，必须被纳入中国式的"何为真实"的理解里。唯名论者主张，具有普遍性的名称，以及由它们所赋予的本质同一性，并不是"实在"（reality）的一部分，相反这**只是**为了人们的便利。而在中国思想里，这是一个无意义的区分：人类的便利，以及受此影响的所有人类行为（例如设定特别的名称），本来就是"实在"的一部分，在某种意义上它们是"实在"的最关键、最敞亮的那一部分。因而，事物所获得的名称，在一定意义上**确实就是**对事物的终极真相的敞露。对于一个实在论者而言，名称是由最具智慧的人给予事物的，本身具有真理：由于事物的本质存在于可知领域，因而是可以通过辨析而明了的，而名称就来源于辨明这些事物的本质时所持的理由。绝大多数

---

[1] David L. Hall and Roger T. Ames, *Thinking from the Han: Self, Truth, and Transcendence in Chinese and Western Culture*, Albany: State University of New York Press, 1998, p.112.

中国思想家也同样可以说，名称是由最贤明的人给定的，其中蕴含了真理。但是对于实在论者来说，这一真理是独立于最具智慧的人主动**命名**事物的行为的。中国思想家却倾向于将人类命名行为所包含的真理，视为关于人类的真理，**因而**也是关于宇宙的深远而终极的真理。名称的可变性也同样揭示了事物和宇宙的真理，例如，它揭示出，最贤明的人是根据环境来改变他们命名事物的方式的。

这的的确确改变了唯名论与实在论的图景，我们需要从一个新角度来重新考虑上一章所提出的问题。这里，我们注意到，列维·布留尔在研究原始思维，包括被他视为低西方一等的中国的关联性系统时，曾对"理性的"思维程序和"参与逻辑"做过区分。他对原始思维所做的一般化概括，以及以中国为对象加以运用时所流露出的种族优越感的偏见，当然是激起了许多人的反抗。对于葛兰言（Marcel Granet）这样的汉学家，以及后来的郝大维和安乐哲来说，虽然不必就此拒绝"参与逻辑"这个一般化的观点，但他们都认为，这一基础性假设在中国发展到相当熟练与复杂的程度，其所达致的有效的思维模式，至少可以与西方主流的理性思维传统相媲美。另外一些汉学家，比如葛瑞汉，则将关联性思维和分析性思维都视为普遍性的人类能力，既存在于"原始人"中，也存在于"现代人"中，只不过具有不同程度的侧重点。

但是在人类学理论的范围内，克劳德·列维-斯特劳斯（Claude Levi-Strauss）后来拒绝了列维·布留尔那无可救药的种族中心主义的全部框架（早期的），转而坚持认为，"未开化的"思维以及中国的关联性思维所建立的非分析性的分类框架，代表了一种"具体的科学"。它并不是如列维·布留尔所认为的那样是缺乏思考的，而是运用了另一种"同等水平"的思维形式。它以经验事实为基础，并且与科学思维具有同等的效力。它受限于自身的观察方式——因为它获得经验资料的渠道是有限的——而非受限于思维模式的贫瘠。

郝大维与安乐哲和他们的前辈葛兰言一样，认为关联性思维是中国传统思想的一个整体特征。虽然他们谨慎地补充说，这并不意味着分析性思维完全被排除，然而在他们看来，分析性思维仅仅是居于主

流地位的关联性思维这个大前提里的一个"小前提"。列维-斯特劳斯
58 试图以罗曼·雅各布逊（Roman Jakobson）[1]关于转喻与隐喻的理论，
来澄清葛兰言对关联性思维所做的概括。列维-斯特劳斯的工作绝非
是简单化的，他并没有将任何系统化约为简单的转喻性思维或隐喻性
思维，而是在仔细地追溯转喻与隐喻思维的互动、互补以及互相转
化。但是，我想，郝大维和安乐哲将这一澄清问题的努力视为一种退
步无疑是正确的，因为转喻与隐喻之间的这种区别对于中国思想来说
其实是不相干的；一个重要的事实是，中国思想家在进行分类与连接
时，可以在我们称之为隐喻与转喻的二元形式中自由地跳跃；在各种
语境里，二者都具有同样充分的效力，都有助于达致"连贯成形"。

　　尽管如此，迈克尔·普鸣（Michael Puett）回到列维-斯特劳斯为
阐明这一问题所做的解读上来，点明他对中国传统所做的"文化本质
主义"的解读，存在重大缺陷。普鸣周密地考量了列维-斯特劳斯的
提法，并确信这里的真正问题在于**连续性**与**非连续性**之间的冲突。**图
腾崇拜**的系统，例如我们在原始的分类系统里所看到的，承认自然界
各物种之间存在着真正的非连续性，并且在这些物种之间制造各种各
样的隐喻式或类比式的联系。这一系统在普鸣看来是"多成因的"，
它假设了真正分明而不连续的各种组群，以及存在于自然世界中的真
正分明的、终极的源头——这在列维-斯特劳斯看来就是以经验事实
为依据。相对地，**祭祀**系统并不认为存在着彻底的非连续性，而是引
入一个不在自然世界之中的、无根据的"纵向的"因素——祖先、神
灵、亡者的国度——而且预设这些国度之间存在着基本的连续性。这
就是普鸣所谓的"单成因的"系统。以上两种系统是相互平行的，其
中一种不会从另一种系统中生发出来。普鸣断言，列维-斯特劳斯不
应该将中国的关联性思维看成是具体的多成因图腾科学的分支，而应
该视其为与单成因的祭祀系统一样，"缺乏良好的感知力"。

　　然而，普鸣本人并不认为我们能够一概而论，不是将一个文化的

---

[1] 罗曼·雅各布逊，俄国犹太裔语言学家，1896 年生于莫斯科，1920 年离开俄国到布拉格，
　　1982 年卒于美国波士顿，是结构主义文学理论布拉格学派（功能语言学派）的代表人物之
　　一，被誉为结构主义大师。——译者注

整体特征视为单成因系统，就是视为多成因系统。相应地，普鸣提供了一种具有说服力的历史性解释，认为单成因理论在中国的发展是以论辩的姿态展开的，目的是要建立一个以彻底的连续性为特征的单成因世界观，这一解释与之前多成因的非连续性的假设适成对照。这种朝向连续性的建构活动，其潜在目标是为某些精英建立起"自我神化"（self-divination）的可能性，这些精英由此可以绕开传统的祭祀系统的权威，将他们自己的权威施加在属民身上。因而，我们在中国文化里发现的不是一个单一系统，而是好些个竞争性的断言。葛兰言认为，中国上古历史中的图腾崇拜，在后来圣王建立起"连续性"的祭祀系统之后就被克服了。但是正如普鸣所指出的，按照葛兰言自己的话说，"中国的关联性思维的源头，并不是建基于使人间世界变得 59 与自然秩序相一致的企图"。也就是说，他们并不假设自然世界与人类之间存在着给定的客观连续性。毋宁说，圣王**建立起**自然事物的各种象（emblems），将它们安排在它们应该放置的地方。恰如葛兰言所说，"正当地赋予事物名称"是统治者的首要职责。[1]

这种对于人类在**创造**这些连续性时的代理和参与作用的强调，使我们回到本书的主题。普鸣说，无论是连续性也好，非连续性也好，对于所有中国思想家来说，都不是可以被普遍接受的假设。我认为他的论断是正确的。不过，他对于缔造关联性关系的过程中人类代理者的终极地位的强调，为我们点明了被建构起来的**这种特殊的连续性类型**的独特性。这种点拨是通过假说，通过战国后期以及汉代某些特定的精英群体的论战而得以完成的。正如普鸣本人在其他地方强调的，这些争论预设了一系列能够让其可能的、有说服力的假定。用普鸣自己的话说，这里真正的问题在于"自我神化"这一主题的成功，作为一种转义，它在中国文化里大行其道，经久不衰。假设其他文化里也有某些相似的努力，那么，何以在中国文化的语境里，这种主题变得如此诱人而且切实可行？的确，从某种程度上，我们可以在后来中国

---

[1] Michael J. Puett, *To Become a God: Cosmology, Sacrifice, and Self-Divinization in Early China*, Cambridge: Harvard University Press, 2004, pp.150-160.

所有的流派里看到这种转义的表现形式，无论是儒家所理解的圣人，还是道家所理解的真人，以及中国佛教所理解的顿悟与佛性，都假定一个活生生的人可以成为神一样的存在，具有神一样的能力与权威，可以实现、呈现（甚至在某种意义上还能决定）宇宙的终极本性。

　　我想要论证的是，通过人类的行为与认知以**建立**真正的连续性，这种可能性所预设的是，中国文化的框架里，**纯粹的**连续性或**纯粹的**非连续性都不是有效的。万物既不相同也不相异；它们可以被视为真正一体，尽其所能地相同，亦可以尽其所能地相异，这都要依赖于它们与另一种真实事物在特殊处境下的关联：这种真实事物，就是为满足人类之目的而设计出的人类的行为。这既不属于祭祀系统所假定的连续性——它是预先存在的，而不是由人类参与连续性的活动所创造的；也不属于图腾崇拜或现代科学所假定的非连续性——它预设了一个客观存在的，不可能由人类活动弥合的裂隙。人类并不处于一个独立于人类活动的，具有连续性特征的连续框架中，当然也不会在这一框架内与万物发生联系。万物既不是同，也不是异。我们在万物中发现的各种性质，既不是确切地呈现于万物之中的，也不是确切地不存在于万物之中的，既不仅仅是唯名的，也不仅仅是实在的。或许可60 以按照葛瑞汉的话说，在人类的需要、欲求、行动、语言之下所预设的连续性，是"包含于"这一人类系统之内的。但是，这种连续性不是具有某种确定特征的永远不变的事实；毋宁说，由于连续性本身的特质，以及出于主动制定特殊的连续性形式的需要，它对于极端的性质变化十分敏感。能使这种"连续性的非连续性"（Ur-continuity-discontinuity）变得连续的各种方式，本身就是非连续的。或者简单说，任意两个具有连续性关系的条目（就后续时间或方位而言，它们在其他时间、地点和行为活动中也具有连续性）也可以是非连续的，反之亦然。这使得我们可以在中国思想家发展出来的各种立场上，看到连续性与非连续性的多样性，并能理解使这些多样性得以成立的预设。事实上，我们在这里需要不断强调的是，对早期中国传统里的"非反讽的"思想家和"反讽的"思想家来说，连续性／非连续性这一对对比鲜明的概念，一直都是有效的。我们认为，这种理解将会更进一步地为郝大维和安乐哲的观点增添神韵，使他们关于中国传统里的关联性思维的论断，与普鸣所发现的中国传统中鲜明的"非连续性"，能够更进一步地兼容。

同时，我们也会发现，郝大维和安乐哲对于"超越"的拒斥，本身就是以"超越"定义的一个超越性的例外为前提的：它假定，严格意义上的超越（他们将之规定为，任何条目只要声称是绝对独立的，就可以说它是超越的）和互相依赖之间，是决然分离的。但我们却发现，在互相依赖性和独立性之间，存在第二序列的互相依赖。作为一种副产物，"互相依赖"的定义本身便设定了，能够互相依赖的各个种类具有必要的独立性。万物被规范和组织的各种方式的永久"可行性"（negotiability），的确是中国传统的显著特征，而且，他们将追求知识和正确行为的特质表述为"背景化技巧"，也确实在很大程度上促进了我们的理解。但是，正如郝大维和安乐哲所指出的那样，当他们论及这允许"个体寻求**他们所帮助构造**的有效背景，而此背景反过来又部分地构造他们"时，伴随着这种技巧而来的是，可应用于任意情况的合法背景的范围不可以受到限制，任何限制这一范围的企图都应当被克服。一个人不仅仅依赖于他的背景，他还可以决定哪些背景可以充任符合其个性（identity）的背景，并付诸实施。我们绝不能设想这里存在一种固定的对比，哪怕有一整套固定关系的集合，相对于这些固定关系而言，这个整体集合本身是独立的，集合之内的各种关系则依赖于这个整体性的集合，以其为基体，我们也依然不能认为这里的对比是固定的。郝大维和安乐哲试图强调，这些关系的基体并没有超越其成员，基体是由成员构成的。但是这就意味着，基体不仅不能脱离其成员而**存在**，不仅不能超过或越过成员的交互作用而存在，而且，基体的**特性**并不被预先固定为一个决定这些关系之特性的框架。换句话说，"独立的"并不仅仅意味着是分离的，还意味着将"其他"条目明明白白地包含在它自身中，其中，它是决定者而非被决定者。根据定义，整体不依赖于任何外在于它的事物，尽管在另一种意义上，它依赖于它的部分。正如这个整体是独立的，内在于整体中的任何成员，只要没有超出这些关系，在这个意义上就都是独立 61

的：**他没有超出他自己**。在这一关系之下的成员之间的全盘依赖，不仅需要取消在一套**固定的背景和关系**之下的所谓的独立个性，而且需要具备一种能够决定整体的特性，决定整体的相关关系的特性的能力。我将表明，这种对"整体"的矛盾特性的考虑，以及对每个部分的矛盾个性的反思，恰恰是郝大维和安乐哲所描述的关系网络（这一关系网络排斥了任何独立性，只有当每一种可能的背景都被纳入它的相互关联的用法这一"传统"中时，它才能全面展开）的持久的、仿佛不可避免的结果。全部的连贯成形的互相依赖，并不能排除这些连贯成形的独立与超越。相反，"绝对"与"超越"的特质变得无所不在，可以应用于每一个可能的连贯成形。换句话说，正因为相关得如此彻底，每一个连贯成形在另一种意义上也是绝对的。它不只是被自身的各种背景决定，也决定它的各种背景。

这是很重要的，否则，如果我们只是试着建立一幅相对主义、互相依赖和唯名论的图景，那么真正彻底的互相依赖就会搁浅：我们正在不经意间设定一个例外，另一个绝对，一个超越这一具有互相依赖关系的独立实体——在这一独立实体的框架或领域之内，这些互相依赖的连贯成形如其所是地被构想。这是一种总体性的视野，将互相依赖性之间的关联包含在内，并如其所是地理解它们，这一视野本身不在互相依赖之中。这里仿佛仅有两种选择。其中一种是试图普遍化的互相依赖，它无意间设定了一个意料之外的绝对视域，再次将我们带入具有两种不可通约而又截然分离的本体秩序、领域和内容的双层形而上学。另一种是一个更彻底消化后的互相依赖，它重建起超越，此时超越不再被当成一个附加性的外在参考框架，而是作为可以应用到每一个相对应的实例本身的不可避免的范畴，这样，所有实体都在同一条船上，所有的连贯成形都必然具有双重身份。超越、独立这样的范畴，因而就不能轻易地被抹消掉。这并不是说，这里真的有某个特定的超越性的本体（reality），也不是说，存在物在没有参照此本体的情况下是不可知的，或者说此本体内置于我们的认知结构（cognitive apparatus）。毋宁说，恰恰由于此本体的不可知性、不连贯性，它为所有的连贯成形试验缔造了一个必然的、限制性的条件（case）。这让我们得以理解在郭象和中国佛教那里发展得最为明显（但是在其他学说里明显被遮蔽了）的论断，即，超越的绝对，与互相依赖的连贯成形本身，最终是同义词——这很矛盾，但事实如此；当我们说其中一个时，我们也在说另一个。

在这种情况之下，全体、遍在问题尤其会获得一种崭新的意涵，从而削弱对人类知识与实在世界之关系的实在论以及唯名论式理解，洞察到这一传统中各种各样的**否定词**所具有的重要而持久的价值——"无"（nothingness）、"无为"（non-doing）、"无名"（namelessness）、"无欲"（desirelessness）、"无己"（identitylessness）等。总之，此一独立之超越会重新设置相同性与相异性之间的关系，随之而来的，是连贯性（coherence）与不连贯性（incoherence）之间的关系，是某物能被甄定为某物与不能被甄定为某物之间的关系。实际上，它是"连贯成形"，而不是由它所派生出来的"整体"与"部分"的概念，后文将会证明，它是我们这里的核心观念。

在对这些事项进行详细阐释之前，有必要对本书所谓"coherence"的确切意义做一初步论述。确实，这个英文单词除了"事物结合在一起的方式"之外，还有另一种含义。裴德生建议将这个词作为宋明理学中"理"的某种用法的翻译，郝大维和安乐哲修正了他的建议，在对这个词做注释的时候，巧妙地添加了**可知性**（intelligibility）这个术语，作为"coherence"的另一层意思。在本书的续作里，这层意思将会被"连篇累牍"地讨论到。当我们说某物是"连贯的"时，也意味着我们说它是可知的，即它能被理解成具有某种性质上统一的、前后一贯的本质。当某人批评某种哲学立场或艺术工作不连贯，乃至于一个政治纲领或一个人的性格是不连贯的时，它同时也被当成价值语汇来使用。这类批评是说，被批评对象与自身相矛盾或发生冲突，不能被"解读"为单一而持续的实体，反而可能处在自我毁灭的过程里。这些用法与人类的主体性、评价、反应存在某种含蓄的关联，这种联系本身可以被视为第二序列的连贯成形，也就是说，这整个的本质与人类欲望的连贯（满足）程度。与此类似，可知性本身已经将一致性带入我们的认知结构里，带入我们将整体解读为部分之和的能力里，使我们能够将部分的组合视为"单一事物"或"单一本质"。

　　但是，单一本质是什么？整体是什么？可解读性（readability）是
63　什么？最后这个术语尤其引人深思，它向我们同时呈现出唯名论的面向和实在论的面向。连贯成形是用来解读的，但只有去解读时它们才与我们是连贯的。本章中，我将试着至少澄清，可知性、可解读性作为一个整体，在早期中国传统中意味着什么——尤其是，众所周知，存在于我们自身的价值以及我们在世界中发现的诸要素的多样性之间的那个整全的可解读性。我们将会在这里发现一条介于唯名论和实在论之间的路线，即"第三条路"，它塑造了整个的中国传统，以一种截然不同的关系使主体性和客体性彼此安顿下来，使主体间性安顿下来，由此而对普遍性问题做了另一种处理，随之而来的是另一种遍在观念。

与法则、规则、原则、式样相反对的连贯成形：
"和"与"可重复性"

　　使得条目之间的特殊组合连贯起来的是什么呢？人们往往会认为，一组条目之所以是连贯的，是因为它们是按照某一特定的法则（law）或规则（rule）组织成的。但遵从法则并不意味着它们就是连贯的。也就是说，连贯成形所具有的秩序类型，并不是"依照法则而被组织"或"具有在每个实例中例示同样的法则或规则的性质"之类的秩序。[1] 它甚至不意味着同一种关系在每个部分中的重复运用。连贯成形不等于"合法"（lawfulness），因为合法是在暗示有来自外部的

---

[1] 郝大维和安乐哲对于审美的秩序和理性的秩序做了相当著名的区分，与此处的讨论极为吻合。此处的连贯成形概念，可以被视为是对他们所谓审美秩序的一种扩展和修正，试图深化和扩大其含义和具体应用。参见 David L. Hall, *Eros and Irony: A Prelude to Philosophical Anarchism*, Albany: State University of New York Press, 1982; David L. Hall and Roger T. Ames, *Thinking Through Confucius,* Albany: State University of New York Press,1987。

命令的强制——无论是超然的立法者威胁要降下惩罚，还是社会法典这种模式，或者人的某**部分**（例如他的真实本性）具有"自主的"道德律，又或者某个时刻从外部为其他时刻立法，都属于这种外在性的强制。

连贯成形与原则（principle）或式样（pattern）也不一样，因为这些词暗示着重复性、反复性，暗示着"相同性"在不同实例中的不断再现；意味着同样的比率、形式和关系。这种相同的东西是特有的、确定的、可重复的。一般而言，当我们说"我掌握了这一原则或式样"时，意思是："我能将我应用在之前案例中的步骤，同样地应用到迄今未曾遇到的新案例中去。"相同的事物（相同性）在不同的事物（相异性）里获得了呈现。这显然以相同事物重复出现的可能性为前提，而这已经预设了某种共相的存在。因为，如果没有一个共相、本质，或者某种形式，任何自我同一的"简单定位的"事物都不可能同时出现在两个场合。如果某人给我一个式样，例如"2、4、8、16……"，我能通过"掌握原则"而填上这个空。我就将相同性应用到相异性里去了。我预判每个例子都有相同的运算："两倍于前一个数字"是一个原则。这是相同的步骤，而且是完全确定的共相、本质或 64 形式。事实上，从一道数学题得出上述这种完全的相同性来，恐怕不是个例。

但是倘若我们考虑的是连贯成形，那么情况就会有细微而关键的差别。若要在不同条目中找到一个连贯成形，所需的条件并非在每一个阶段都定然一样，**任何能与现状或之前的阶段相连贯**——将不同部分结合起来，使之可以被视为单一且确定的东西，从而变得可解读——的条件都可以。**这里需要的是与之前情况相"和"的东西，而不是可以重复之前情况的东西**。这里所谓的标准，并不需要被预先建构起来，它不是独立的、无条件的、明白确定的，并不凌驾在它们的实例之上。这就要回到我在本书开篇所引的孔子的话："君子和而不同，小人同而不和。"（《论语·子路第十三》第二十三章）当我们试着去理解连贯成形，以及它何以不同于"原则"或"式样"的时候，这句话可以作为我们的座右铭。问题的关键是和，而不是同。然而，一

提到"和",我们就会有比较朦胧的印象,更不要说还有一些喜欢讲
"中国人生观"(这个流派常用这类标题)之类的话的作家,热衷于将
上述观点作为他们朦胧而无伤大雅的心灵鸡汤。但我们要寻根究底地
问一句:"和"是什么?

在最近的一系列文章中,[1] 李晨阳从早期文本中用来表达和谐的
各种语汇出发,对这个观念进行了更为严格的分析,主要集中在汉
字"和"及其衍生字上。他推论道,这类词汇都起源于对混合各种声
音或滋味的器具的描写(即乐器或用来混合水与酒的酒器);在这个
字的早期解释里,声音或滋味的调配这一初始隐喻一直是其本义。陈
金梁(Alan Chan)认为,这个字的两种来源带来截然不同的含义,使
"和"成为贯穿中国传统的具有强大竞争力的隐喻。[2] 陈金梁将音乐的
隐喻解释为层级和服从的倾向性,以便与一个主旋律或基调相和;而
食物的隐喻则提供了一种更加多元的含义,各种元素平等地对一个总
体滋味起作用,每种滋味都能保持它自身的特性,任何一种都不必引
领或控制其他滋味。在对后来儒家众多思想家所表现出的"和"的内
在张力进行解释时,陈金梁提出了许多重要而有洞见的观点。然而,
65 我们在李晨阳所引用的早于儒家的文献中就发现,这两种隐喻明确地
被用来互相说明。《左传》昭公二十年,晏婴(? —公元前 500 年)将
"和"比作配料的混合——水、火、醯、醢、盐、梅加在鱼和肉里调
成羹汤,"济其不及,以泄其过"。他进而将之扩展到一段音乐中声音
相济的情况,说:"声亦如味。"这里的关键是,配料或音调必须"相
济"与"相成"。晏婴继续明确地将这种关系与君主和宰辅联系在一
起:"和"并不意味着总是同意,并不见得要"同于"君,在他说是的
时候就说是,说否的时候也跟着说否。换句话说,"同"的这种明确

[1] 参见 Chenyang Li, "The Confucian Ideal of Harmony," *Philosophy East and West* 56, no. 4 (October 2006) , pp.583-603; Li Chenyang, "The Ideal of Harmony in Ancient Chinese and Greek Philosophy," *Dao: A Journal of Comparative Philosophy* (2008), pp.81-98; Li Chenyang, "The Concept of Harmony in Classical Confucian Philosophy," *Philosophy Compass* 3, no. 3 (2008), pp.423-435。

[2] Alan K. L. Chan, "Harmony as a Contested Metaphor and Conceptions of Rightness (yi) in Early Confucian Ethics," *How Should One Live? Comparing Ethics in Ancient China and Greco-Roman Antiquity*, ed. R. A. H. King and Dennis Schilling, Berlin/Boston: Gruyter, 2011, pp.37-62.

的模仿与服从，在一个模式或规则及其推行上的全然的照搬与同意，与"和"形成了鲜明的对照。所有服从意义上的**跟随**都被贬为"同"，不足以称为"和"，因此是要被排除掉的。值得强调的是，李晨阳在这里提出了一个非常深刻的见解，"和"也许不该被译为"harmony"，而应当被译为"harmonization"，指寻求实现和谐之方法的持续过程，而非与一个预先存在的式样相一致，因为任何意义上的服从，因其为服从，实际上都会被贬到"同"的层面。在这种情形下，李晨阳引用了早期尝试给"和"一个确定性表述的生动例子，即《国语·周语下》所说的"声应相保（promote）曰和"。这里吸引人的地方在于，是相互"促进"（promotion）还是相关条目的**保存**——事实上，李晨阳认为这里的关键词"保"有如下几种含义："守护、养育、依靠和确保。"为了了解其中的意思，我们必须转入另一段这种场合一再被引用的文字，即早于儒家的一位史官（史伯）在《国语·郑语》里对和与同（相同性、同意、同调）的议论：

> 今王（周幽王）弃高明昭显，而好谗慝暗昧；恶角犀丰盈，而近顽童穷固。去和而取同。夫和实生物，同则不继。以他平他谓之和，故能丰长而物归之；若以同裨同，尽乃弃矣。故先王以土与金木水火杂，以成百物。是以和五味以调口，刚四支以卫体，和六律以聪耳，正七体以役心，平八索以成人，建九纪以立纯德，合十数以训百体……于是乎先王聘后于异姓，求财于有方，择臣取谏工而讲以多物，务和同也。声一无听，物一无文，味一无果，物一不讲。王将弃是类也而与剸同。天夺之明，欲无弊，得乎？[1]

66

这里，和与同之间的对比以最广泛的条目表达了出来："和"被规定为两个互相成就对方的"他"之间的平衡，但是它们依然构成一个统一体，就是说，这两个性质不同的实体之间达成了一种**平衡**，它们可以

---

[1]《国语》，上海：上海古籍出版社，1978，第515—516页。

连贯成**能被愉悦地经验到**的一种新的连贯成形。这种和谐的统一体，与由相同性构成的统一体中那千篇一律的声调和滋味，以及（《左传》里提到的）宰臣对于君主的逢迎与无异议，形成了鲜明的对照。真正的价值在于和，关于这一点，《易大传》讲得最清楚：和不只限于自身内在的审美愉悦，而且能导致连续性（continuance），以及**繁衍**。人们认为，持续的存在与繁殖有赖于一个平衡的组群，这个组群同样是和谐的，平衡会进一步地导致以平衡为中心的组群的产生，以至无穷。而另一方面，相同性就既是令人不快的（由于与我们真正的愿望不合，因而与我们的真实愿望并不连贯），又是自我毁灭的。"和"意味着这些互不相同的事物以某种可以促成更进一步的和谐的方式聚合在一起，从而让这一可知性得到存续。由此可以说，连贯成形是指在过去（或者在给定的当下）找到的，因为极具和谐性而被选中的那些可解读的组群。我们在这里也可以看到树立"模范官员"的重要性，他们身居高位而又显示出规范性的标准，这在《孟子》里论述得更为清楚：这是缔造一个和谐的社会整体所需要的。由于"和"能保证持久的生活，它对人们很有吸引力：人们聚集在它周围，并连贯起来。[1] 作为"一"，作为"一个整体"，意味着它是一个社会性的和谐，是由连贯在一起的他者组合而成，是一个社会性的群体，即一个由高尚的中心和为中心所吸引，并包围中心的外围所构成的连贯性的整体。[2]

67

---

[1] 实际上，"和"常常作为"德"的注解，意味着在对"道"的实践中所获得的一以贯之的修养，开始具有让他人自发地仿效自己的影响力。《德充符第五》有云："德者成和之修。"（《庄子引得》，上海：上海古籍出版社，1986，第14页）这句话原本的意思是说："德行只是一种外在装饰，为内在的和谐提供一个确定的形式。"但是对它的解读常常超出文意，将之视为正面的定义，认为这是在说"德是完成和谐的修养"。不论是哪种情况，德行与和谐之间的紧密联系都是自明的。《庄子》外篇更是直截了当地说："夫德，和也。"接下来一句对我们这里的论题而言不是那么无关紧要："道，理也。"（《缮性第十六》）德也常常被认为是阴阳之气的和谐的结合。

[2] 有必要说明的是，此处以及后文所谓的"连续性"十分重要。这是因为，"连续性"暗示了"预先存在"（preexistence）；已经存在于此的事物是连续的，会一直存在到将来。钱穆在一篇引人深思的随笔中指出，传统的中国思想通常更强调"养育"（raising and nourishing）而非"创造"（creativity）。后者意味着从无中生出有，而前者则说的是发展和壮大某些已经存在的事物。至于已经存在的事物是从哪里来的，并不是问题的关键。正如普鸣最近详细论述过的，早期中国文献对"创造"的态度过于简单化。钱穆的说法或许不那么严谨，但至少对居于主流地位的儒家传统来说，还是指出了它在数百年（接下页脚注）

任何曾试着在摇滚乐队里唱和声的人，都会赞同这个观点里所提到的规范性（normativity）和自由的微妙交织。创造一个与事先存在的旋律同步的和弦，既不是凭空地创造一个新旋律，又不是盲目服从

的诞生期中的一些重要特征的。更重要的是，即便早期文献里的"创造"指的是文化创新，也不应该与从虚无中造物（creation ex nihilo，或可译为"无中造有"）这种极端的创造观念相混淆，后者是确指从一无所有中制造某些东西。这种观念也同样不见于古希腊思想家。实际上，即便是坚决地恪守《圣经》的神学家，想要搞清楚这个观念也不容易。《老子》通行本第四十章似乎对于全新事物的创造有一段强有力的论述："反者道之动，弱者道之用，天下万物生于有（Being），有生于无（Non-being）。"郭店简里的《老子》残篇也有这段文字，微有异。但是，这两个本子的语境，以及作为一个整体来理解的早期中国思想，始终会阻止我们将其解读为在强烈的本体论义上的从"一无所有"中创造——哪怕是生出。事实上，郭店简本缺少第二个"有"，写成"天下万物生于有，生于无"。"有"和"无"的这种配比，与整个文本反对无中造有的思路就更能保持一致了。即便是在通行本《老子》里，"无"在整个语境中，也明显与"无名"是同义词，而正如我们后文对《老子》所展开的充分讨论那样，"名"在这样的语境下具有特别的意义：它直接针对人类的各种价值。"反""弱"与"生于无"的陈述之间的关联进一步表明，"有生于无"的这种生成方式是相互对立的两端（实际上是价值的对立）的反转，这种反转在《老子》文本里是频繁出现的，"有生于无"不过是其中的一种罢了。其实，在《老子》第二章里（郭店简本也有此章），"有"和"无"在"相生"的一对对互相对立的价值中被罗列出来。需要注意的是，无论是在哪种意义上对"无"的讨论，在后来的儒家看来都是不可取的；北宋的张载就指出，《大易》不言有无，在他看来，讨论"有"和"无"是道家典型的错误。

《老子》第二十五章也在郭店简本中有所表现，某些解读者也许会嗅到一种"创造"的气味，认为这是对真正先在的形而上的绝对者于无中造有的正面论述。但是仔细推敲，这里的语境阻碍了这种解读。本章的"先天地生"所主张的先在性，是随着"独立而不改，周行而不殆"而出现的，而这两句话恰恰是典型的反讽式的对子：这里的结构和《老子》传统中的其他双头悖论是一样的，例如"为无为""事无事""不言之教"等等。"先天地生"这样一种预先存在，实际上是悖论的一半。"立"与"行"为对，"独"与"周"为对，同时，这两句韵文所谓的"不改"与"不殆"，在意思上又是一致的。"混成"（confused completeness）之物先于天地的观点，在这两个互相对照的短句中被扩大了：这一先在的混成——无论这在清楚的辨别活动之前的东西是什么——既站在那里，又继续前进，既被遮蔽，又无处不在，正是这两组悖论保证了它的恒常性与无危殆性。这里，尽管我们可以获得一个形而上意味十足的"先在"观念，这形而上的先在性所需要的真正意义上的超越，却只在这个双头悖论中占据一半的位置：正因为它是持续不断地离开任何地方的，所以它才是先在的；正因为它不断在各处发现自己的踪迹，所以它才是独自挺立的。真正意义上说，一个超越的先在观念恰恰是这里所要否定的。"道"只能因其非先在而在先：它以不引导来引导。我们将在后文对《老子》的讨论里，对其修辞和思想上的一般结构进行详细分析。

根据后文将讨论的"道"与"理"的关系，我们可以说，"理"在某种意义上是先在的，但在同样的意义上，它也需要是持续的，就如上文所讨论的"道"一样，它们（众理）具有的是一种悖论、反讽式的先在性，只有在向后反观时，这种先在性才能成立。我们将会看到，无论是反讽传统还是非反讽传统里，"超越性的实在"都具有这种结构，它既规避了纯粹的实在论（需要为各个共相或标准设定一种强势的、实实在在的先在性），也规避了纯粹的唯名论（将这些先在性看成是人类在虚无中创造的）。

于那事先存在的乐谱。一个人的选择诚然是无限多的，只受限于他自己的嗓音及可闻音（audible notes）的范围。他可以总是选择或高八度或低八度的唱腔，并保持在这个范围内，而这最终无疑会改变"和谐"的特性。进一步说，任何人只要关注过麦卡特尼（McCartney）为早期披头士列侬（Lennon）的旋律唱的和音，就会知道，和音的确会改变旋律本身的意义，使它事实上变成另外一种旋律，尽管每一个音符都是一样的。一个人不能自由地唱所有音符，但是在选择唱哪个音符方面，则只受限于他的音域。你可以唱错一个音符，但这并不是因为你唱错了唯一正确的调子，而是因为没有唯一正确的音调供你唱，甚至可以说，没有一组预先决定好的、**有限的**正确音符，除非这组有限的可闻音是**无限的**。无论可闻音的范围扩展到哪里，正确的音符的范围都会随之而扩展到那里。我们不必钻研康托尔式（Cantoriam）数学的奥秘就能知道这两种无穷类的有效性。[1] 全部的整数是无穷多的，而奇数的数目也是无穷多的，即便后者只是前者的一半。同样，达致和谐的正确方式是无穷多的，即便这一无穷集总是小于能唱出的音调的集合，以至于总有大量潜在的不能达致和谐的错误方式。

我们倾向于把和谐理解为，对第二序列的一致性需求的含蓄呼唤：你可以唱任何一种例示了**和谐之规则**的音符，这两者是同构的。这实际上是以相同性来控制和谐的一种理解。我认为，这里所理解的第二序列的、以相同性为导向的法则或规则，在中国关于"和"的绝大多数观念里恰恰是看不到的。毋宁说，这种关系是颠倒的：和谐的事物不是相同性的一个子集或一个特别案例（即对一条规则的精确实例化）；相反，那些显而易见的相同性，是对"和"的更广泛的需求的一个子集，是"和"的一个特别案例。这个观点可以帮我们把握到这一全方位概括之外的一些明显的例外情况，譬如，在后期墨家认识论、法家关于"法"的观念、董仲舒对"名"的有神论和实在论的学

---

[1] 格奥尔格·康托尔（Georg Ferdinand Ludwig Philipp Cantor，1845—1918）是德国数学家，集合论的创始人。——译者注

说中，[1] 都存在与"相同性导向"同构的思想。脱离它们的文化和历史背景，单纯考虑这些特例，也许可以说它们是在朝着西方式的"相同性"概念进行摸索。实际上，在《孟子·告子上》中关键性的论辩里，孟子将他的"人性"概念与其他范畴进行了对比，并用了关于"白"（whiteness）的平常的例子来表明，有些东西在他的各式各样的实例化中是**真正**相同的，但道德意义上的"性"则不然，他是以我们称之为连贯成形的方式对"性"进行解释的。因而，我显然不能宣称，在这些思想家那里，**不能**在真正意义上获得某种相同性观念或不变的共相，也不能说这超出了他们的语言或观念系统的范限。但我确实想指出，这些相同性的观念是在更为广阔的连贯成形理解里出现的，是作为连贯性的一个特例而存在的——而这也许有助于说明，为什么在这一传统后来的发展中，相同性议题相对处于次要地位。至少我可以说，相同性观念在《墨经》里就是连贯性的一个特例；而在墨子政治思想里扮演了关键角色的"相同性"也同样如此，这在《墨子》的"尚同"章（可以理解为"尊重相同性"或"同于上级"）里表现得很清楚。实际上，墨家教义对四种相同性做了严格的界定：谓语"同"被用在（1）当同一个"实"具有两个"名"时（"二名一实，重同也"）；（2）当两个部分都属于一个单一整体时（"不外于兼，体同也"）；（3）当两个实体都包含于同一个空间时（"俱处于室，合同也"）；（4）当两个事物具有使它们相同的某些东西时（"有以同，类同也"）。最后一种被命名为"类同也"，[2] 这里的"类同"与相同性是同义词。我们可以将之视为对前三"类"相同性中任意一个的解释。在这种情况下，类同恰恰与第二类相同性相反，因为"体同"属

---

[1] 关于董仲舒的实在论，参见 John Makeham, "Names, Actualities, and The Emergence of Essentialist Theories of Naming in Classical Chinese Thought," *Philosophy East and West* 41, no. 3 (July 1991), pp.341-363。梅约翰认为，董仲舒提倡对"名"做本质主义的（即实在论的）理解，我同意他的这种解读，在我看来，这是因为董仲舒的"天"是有意志的，能够预先为事物提供单一的意涵。但是，我不认同梅约翰对《管子》四篇的解读，我会在后文中尝试说明，《管子》四篇既不是本质主义的，也不是唯名主义的。

[2] 《墨子逐字索引》，先秦两汉古籍逐字索引丛刊，香港中文大学中国文化研究所（香港：商务印书馆，1994），10.3.83/84/6-7。参见 A. C. Graham, *Later Mohist Logic, Ethics, and Science*, Hong Kong: Chinese University Press, 2003, pp.334-336。

于同一个整体的两个部分。类同是说某种相同性是为两个整体所有的，其相同性要么是指具有同一个部分（所"拥有"的某个部分是相同的），要么具有前三类相同性意义中的一类以作为它们的部分。所以，如果两个连贯的整体拥有一个相交部分，或者包含属于另一个整体的几种元素，或者包含在空间上相接续的部分，这两个整体就可以说是"同"一类。而在儒家传统里，我们可以看到另一种"类"观
69　念，它是以感受和反应观念为基础的，而且明显根植于"和"观念。但即便是上述引文中，我们也必须注意，对相同性的这种定义起到巩固作用的整体／部分的本体论，与形式或共相的真实再现这样的观念依然相去甚远。[1] 即便我们会将后期墨家对相同性的定义解释得更接近于柏拉图（例如，如果"类同也"不被解作之前三类相同性定义的同义词，而是脱离语境，就可以将"具有使它们相同的某些东西"解释为"具有普遍的形式"），也不能以此为据，说当时或之后的文本的文化常识里有这一思想，其来源在于墨家。它们不是被忽视了，就是被吸收进更广博的"和"的典范了。这里，我们必须再次按照李晨阳的观点，不要将和／同关系视为非此即彼的二分法，而是应该视为各种程度的强弱比例的恒常共存，或者进一步说，是在各种各样的传统和思想家中以一方吸收另一方而有的各式各样的关系的恒常共存。当儒家学者强调"和"的时候，他们并不是要排除任何可能的相同性形式（这毫无意义），而是要排除过量出现的（over-presence）的"相同性"。在这个意义上，我们就能同意陈金梁的观察，认为在这些术语的用法中，这几种互相冲突的含义是并存的，但是我们应该知道，这种情况是由不同的典范的各种合成方式所造成的，而这些合成方式可以具有怎样的含义则取决于这些典范谁统摄谁。

　　显而易见，只要愿意，我们就**能够**将"和"表达为一种相同性，将之作为所有和谐元素所分享的和谐特性的命名方式，或者所有元素的某种"相同的"普遍性特征的实例化。简而言之，我们总是能说：

---

[1] 这里我再次从总体上对李晨阳表示认可，他认为墨家并没有完全背离"和"的模式，而只是对其中的"相同性"因素更加强调而已。参见 Li Chenyang, "The Ideal of Harmony in Ancient Chinese and Greek Philosophy," *Dao: A Journal of Comparative Philosophy* (2008), p.90。

"所有的和谐元素，在这里都具有成为这组和谐元素集合体的成员的特征。"也许我可以这样问："下列四项中哪三项应该被组合起来：一支过滤嘴朝下的香烟、一个圆形的烟灰缸、一枚结婚戒指、一盒火柴？"明显属于"相同性"的回答，会将这三个条目组织起来，体现出"圆形"的共相：香烟、烟灰缸和戒指。而"和"的回答则会围绕吸烟这一人类活动来组织：香烟、烟灰缸和火柴。后者是和谐的一个很好的说明，它将不相干的要素围绕同一个目标结合起来。当然，我们总是可以说，这三项都分享"可以被用来吸烟"这个共相，但重点是，这种描述并不是唯一可行的。我们还可以将这些要素所分享的特征理解为，是对以吸烟的欲望为基础的抽烟行为中的这些因素的连贯方式所进行的迂回表达（这一方式能否进一步算作是后来称之为"理"的连贯成形，则要看吸烟这个活动本身是否与其他人类价值相 70连贯，比如健康、存续性、平衡等）。只要我们愿意，我们或许也可以将这里所说"和"的意思规定为一种相同性，它总是牵扯到这样一种关系：共同具有"以一种特定的人类功能结合在一起"的特征。它们必须围绕着人类抽烟、享受抽烟、想要抽烟这一未经陈述的形象，才能连贯起来。但是，这种煞费苦心将和谐同化成一个合格的相同性的做法似乎过于迂回了，在处理这类情况时大可不必如此。

　　也许有人会说，维特根斯坦的家族相似性并不强调集合里的成员必然具有任何单一的共同特征，恰好可以解释这里的情况，因为我们这里所讨论的是"和"的组群而非"相同性"的组群。但是实情并非如此。维特根斯坦的论述具有强烈的唯名论倾向，它将命名行为从互相交织的一群事物中——这些事物在一个合成的"类名"（class name）里——排除出去。可以说，家族相似性是一个平心静气地品味旧照片的人从外面描述出来的。相反，我们这里所讨论的"和"，其"家族相似性"是从家族内部，在家族团聚的时候观察到的，可以这样说：它们是这个形式化的（formative）组群自身成员用以寒暄和相认的情感纽带，这些情感纽带汇聚为一个连贯成形。实际上，这个"作为家族组群的和谐的连贯成形"模式，或许更接近《教父》里科莱昂家族的结构，它是以忠诚、阶级、非血缘的道义成员等内在因素为纽带的，是在同一个计划的压力下成立的，他们聚集在一起是为了同样的目标和价值：家族本身的存续与繁荣。这里需要注意到的关键点是，它可以将收养的成员也包含在内，例如**军师**汤姆·哈根与先前的家族成员之间，就没有任何生理或基因上的相似性。这与例示"同一个"共相的一组殊相，或被动组织起来而被客观观察到的一组特殊事物是极为不同的，在这一组群里发现的是一种特别的相似性，一种动态的链接。

因此，我们不会将"和"描述为相同性的一个子集，不会将它看成是相同性的一种实例化，以免冲淡"和"本身的意涵。相反，我们可以将相同性表述为"和"的一个子集，例如，将其作为形容一个社会群落的互动行为的速记方法。**这里的问题只在于，谁是谁的子集。**我会认为，中国传统倾向于视相同性为一个更大的和谐里的特殊情况，即便是遵守规则、服从、重复等条目，它们唯一的价值也源于它们与"某些事物"的连贯的和谐。[1] 因此，我不会限制自己使用"相同"和"相异"这样的说法（事实上也限制不住），在我做一些特别的解释性建议时也会用到它们的别称。不过，在这样做的时候，我是将相同性作为和谐的连贯成形的一个派生物，而不是上文所说的另一种处理办法。

71　　故而，连贯成形至少要有两个条目，因为没有他者就没有和谐，而他者至少要有二元性（duality），进而，"和"所指涉的那种平衡则提醒我们，这些他者要具有对立和平行的结构，这使我们再次回想起阴阳的对立统一体（dyad）。在大多数中国思想家那里，阴阳这一和谐的连贯成形被认为是一种均衡，它是生命的可持续，具有创造性，而且被视为对构成主要社会关系的对立统一体的模仿。正如孟子所指出的："用下敬上，谓之贵贵；用上敬下，谓之尊贤。贵贵尊贤，其义一也。"（《万章下》）换句话说，这不只是两个不同角色的连贯成形（"和"），而且是由相反的两个方向运作而来的相反对的、规范性的标

---

[1] 有趣的是，欧洲思想中占统治地位的传统紧密追随共相问题，甚至将规则的破坏、创造、革新、和谐都视为"重复性"的各个案例，或者视为某一共相的实例化，某项规则、法规、原则或式样的反复出现。

准所造成的连贯成形。上级合理地对待他的下级，与下级合理地对待他的上级，既相互对立，又相互同一。对立两极的层级性，与从正反两个方向展开的互惠关系有关，也可以说，当每一方都将对方纳入自身的关系时，处于这种关系之下的相互对立的两个半边的意涵是一样的（"一也"）。这里，连贯成形暗示着对立的两个结构、互惠的两个关系具有同时性。这种同时性包括：要理解这一方就需要理解另一方，一方的行为同时也是另一方行为的自发反应。这里的"一也"不只是指"连贯成形及其所围绕的中心"所构成的那个整体，而且指每一个外围要素的向心关系。不但各个部分互不相同而又和谐地保持连贯，而且各部分与中心点之间的关系也各不相同而又和谐地连贯，这两种连贯方式也是连贯的。这些关系并不是同**一个**关系，就好比一个圆的半径那样，它们更像是一对关系之间的对立统一，和谐并立。由此，我们必须仿照这一社会范式，来讨论由诸多连贯成形所构成的第二序列的连贯成形。我们在中国早期的哲学文献里，还会发现其他很多种对这一连贯成形观念的探索。

白马是马吗？

为了进一步澄清这个紧要问题的性质，也许需要简要考虑一下《白马论》里那个永远迷人而令人费解的悖论。《白马论》出自公孙龙，是陈汉生关于早期中国哲学典范的一个关键试验场，对我们这里的理论而言也是很好的试金石。这里的问题是，需要怎样的常识性的本体论或假定的语言学理论，才能让"白马非马"这个论题立即（1）在一套可以接受的说法下变得有趣而引人深思，而不是立即被驳倒，而且（2）让早期中国的哲学家们吃惊而不敢相信。我们或许可以将 72 这个悖论当作是中国传统的爆发期所产生的本体论假设或语言学假设中一个与众不同的断层线，是整体性的、系统性的困境中不见于别处的一种小范围出现的陈述。它将传统哲学最终应采用何种发展方向提上了议程，作为这一问题的标志，同时向我们提示了为何中国哲学在这个十字路口上，会远离相同性／相异性模式，而转向连贯成形的模式（需要再次强调，即便是这个非常恰当的事例也和其他事例一样，都表明，相同性／相异性模式成立的可能性并不充分）。20 世纪初，冯友兰就对公孙龙的悖论提供了一种解释，这一解释来源于对柏拉图的形式之为纯本质的空前发现，他将纯本质称为"指"，这也是来自公孙龙的《指物论》。[1] 那么这一看法就很简单了，"白马"的观念自然是不能与"马"的观念相同一的，这虽然细琐，却是真的，只不过在没有清楚的抽象指代词的情况下，会让人惊讶和费解。这种"柏拉图式的"解读，将公孙龙之说不被人理解或重视的原因，归结为中国缺乏柏拉图传统。雅努什·赫米耶莱夫斯基（Janusz Chmielewski）建议将这段对话按照集合论（尽管白马的集合是白物和马的子集，但它既不是白物的集合，也不是马的集合；这两个集合的交集并不与此二者相同）来解读。陈汉生将《白马论》解读为物质之和（mass sum，就是说，两个被命名事物——白和马——的总和，这仿照的是墨家的牛—马，其包含全部的牛和全部的马），而非物质之积（mass product，就像墨家的坚—白，只是坚物与白物的交集，而且彼此遍及所有相交到的部分），这样，就**可以允许**（但不为真）说白马不是马（照陈汉生的说法，这是"可说的"），因为这个混合物的**一部分**是白而不是马。关键的是，它能承认，白马是马也是可以说的。经过限定后，这个悖论（表明白马不是马也是可说的，而不是表明它是唯一可说的）的目的就更符合一种实用主义的语言观：它有时候允许将兼具白性和马性的全部物质称为"马"，有时候又可以称为"非马"。陈汉生这部分的解答我是相当赞同的。汉生的解答在恢复公孙龙这个"离坚白者"的名誉上也具有优势，因为他对对话的动机和牵强之处都有合理的说明。

73　　葛瑞汉对陈汉生的物—名假说进行了修改，对这段对话做了刀片、刀把和刀这样的类比，使问题集中到整体与部分的关系上，这是

---

[1] Fung Yu-Lan, *Selected Philosophical Writings of Fung Yu-lan*, Foreign Languages Press, 1998, p.291.（作者误将"指物论"写作"物指论"，今改正，下同，不一一说明。——译者注）

很有道理的。葛瑞汉以公孙龙的其他篇目作为论据，例如《指物论》就被他译为《将物指出》，《通变论》被他重新命名为《左与右的对话》。但是他恰恰拒绝对这一悖论的目的做实用主义式解读；葛瑞汉似乎仍然认为这段文字**只有**"白马**不是**马"这层意思。[1] 此外，牟博近来对《白马论》做的"双重指涉"的评述，恰恰认为"是马"和"非马"都是这段谈话所要表达的要点。牟博辨别了"语义学的指涉"与"实用主义的指涉"之间的差异，视其为造成悖论的原因，这恰恰意味着，我们应该将这两者都予以承认，因为"语义指涉无实用指涉则盲，实用指涉无语义指涉则空"。[2] 这是围绕实用的（伦理的）正当和语言的（认识论的）正当而做的非难。

最近，满羽（Im Manyul）认为，《白马论》是刻意对当时存在的语言理论所做的**归谬**，旨在对这些不能有效禁止或立即清楚恰当地驳斥此类诡辩的学说提出抗议。[3] 我这里不想尝试对《白马论》做出解释，也不想试着解开这一文本的许多问题，这是后文要做的事。但是现在，我要指出，尽管我衷心支持汉生的"可言说性"的修正，将他的"物质之和"视为对破天荒的柏拉图式诠释的极大超越，但对我来说，柏拉图主义者和提供了让我信服的论述的"后汉生主义者"，都没有提供对这个问题的关键性论证，因为这一论证的关键点是要将柏拉图式解读排除出去。"白马"在语义学上不同于"马"的观点是以各种方式反复申明的，可以被简单理解为：一个混合物（无论是物质的混合还是观念的混合），和将这个混合物的各部分分开考量，这两者不是同一个。进一步说，《白马论》里也提到，混合起来的各要素，**当它们混合起来后就不再是同样的要素了**。文献依据是："以'白者不定所白'，忘之而可也。白马者，言白定所白也，定所白者非白也。"

我将这句话译为："'白'没有指定何物为白色，所以在考虑'白'

---

[1] A. C. Graham, "Kung-sun Lung's Discourse Re-read as Argument About Whole and Part," *Studies in Chinese Philosophy and Philosophical Literature*, pp.193-215.

[2] Bo Mou, "A Double-Reference Account: Gongsun Long's 'White-Horse-Not-Horse' Thesis," *Journal of Chinese Philosophy* 34, no. 4 (2007), pp. 493-513.

[3] Im Manyul, "Horse-parts, White-horse, and Naming: Semantics, Ontology, and Compound Terms in the White Horse Dialogue", *Dao* 6 (2007), pp.167-185.

是什么时，'何物为白'是可以不被考虑的。但是在'白马'里面的'白'**的确**指定了何物为白色。这样，就不能说指定了何物为白的那个白，与单纯的'白'是相同的。"[1]

74　冯友兰以这句话来说明共相的"白"和实例化的殊相的"白"之间的区别，指出这二者不是同一的。但是我和冯耀明一样，都相信这句话恰恰将柏拉图意义上的"共相的白"**排除**在"白"的观念之外。以冯友兰的观点来看，当白个别地修饰某物时，它就不再是**纯粹的**白了。但是按照共相理论的要求，修饰一匹白马的"白"和孤立构想成的共相的"白"恰恰应该**是**同一个东西。注意，这句话也排斥一种简单的唯名论解释。这里的关键点是，当白进入到与马的关系时，它就不再是未进入关系之前的白，或者说**纯粹的**白。这一关系极为重要。"白不指定"恰不是"白指定"；但我可以说，"白不指定"是在另一种连贯成形的母体上构想出来的白，而不是说它不连贯。无论修不修饰具体事物，白都是不能自我成立的：以不同方式看它，它就是不同的白，比如说，与不修饰具体事物的颜色相关联而看它，或与一匹马关联而看它，情况就会不一样。因此，即便冯耀明试着复活冯友兰对这个悖论的解释，他也必须做出重大调整，提出一种"新的实在论解释"。为此，他对公孙龙以及柏拉图传统所使用的抽象的普遍性的术语做了相当多的区分：

> 公孙龙的"指"与柏拉图的"理念"相似，但并不完全一样。一般而言，二者都不存在于现象世界，而且都不具有现象中

---

[1] 陈汉生将之译为："'白'不确定任何东西为白；这样就可以排除在讨论之外。'白马'是说'白'确定了某物为白，确定某物为白的那个东西不是白。"(*Language and Logic in Ancient China*, p.165) 我相信这里的"排除在讨论之外"有一个小小的误会：可以被"忘之"的是"所白"，而不是指忘却"白"。意思是，"白"的定义本身就不会对任何白色的事物做出规定，恰恰由于它是一个不能被规定下来的概念，所以"白"与规定白马之白的那个东西不是一回事。牟博渲染道："当'白'不能固定在任何（具体的）白色事物上时，我们就完全有理由忽视它。"(Bo Mou, "A Double-Reference Account: Gongsun Long's 'White-Horse-Not-Horse' Thesis," *Journal of Chinese Philosophy* 34, no. 4〔2007〕, p.497) 然而，这与下一句话相矛盾，因为下句并未"忽视"这种不定之白，而是对它做了一个判断，认为确定了所白之物的白的那个具有规定性的白，与这个不定之白是不同的。

的物理特征所规定的具体性，在这个意义上，指（比如马）对于公孙龙而言就像柏拉图的共相（比如马相）；但是，公孙龙的"指"可以通过与其他的"指"相"兼"（混合或联合），或"定"（指定或确定）在具体事物中而出现在现象物里，而柏拉图的共相可以例示在每一个实例中而不需要任何"出现"，在这个意义上，他们又是互不相同的。按照柏拉图的说法，他的理念是绝对超越而不变的，是可以被实例化的本体论基础，不能在宇宙论意义上参与现象世界中去；在另一层面，公孙龙的"指"则能出现在现象世界，尽管在进入之前它作为单体（a separate simple）是超越而不变的。正如道家的形而上的道那样，公孙龙的"指"也具有本体论基础和宇宙论起源这双重身份；这就与柏拉图和其他西方哲学家的形而上学中，那些分别代表了本体论实体和宇宙论 75
实体的关键术语有着相当大的不同。[1]

但是，一个共相如果在它的实例里各不相同，或者单纯的共相与进入实例后的共相各不相同，那么它根本就**不是一个共相**。冯耀明将白相视为具有双重身份（即同时具有本体论和宇宙论）的不可见的力量，并与《老子》的道相比较，这里他也将道简单地解释为具有本体论和宇宙论双重身份，二者互相渗透并且通过实际活动而证成一众个别事物（殊相）的本体上的存在。这种"不完全同一的共相"贯穿于明显分立的殊相，而又没有因这种互相渗透而得出单一的不变实体。本书要提供的另一种解释方案则认为，既然在实例化的个别事物中得不出一个不变实体来，那么正可以说，这种互相渗透的创造性作用并不需要设定一个预先存在的道或预先存在的不同一的共相（"不能自我同一的共相"只是一种矛盾的说法）。《白马论》可以被解读为连贯成形，实际上，公孙龙的所有讨论都能以这种方式来解读。不仅"白马"不同于"马"，"白马"里的"白"和"马"在离开了这一混合物后也不"同"。白马是一个整体，一个完整的格式塔。它不是

---

[1] Yiu-Ming Fung, "A Logical Perspective on 'Discourse on White-Horse,' " *Journal of Chinese Philosophy* 34, no. 4 (2007), pp.515-536.

由预先存在的两种性质的叠加所造成的。在它自己的立场上，这个有理有据而且难以反驳的悖论背后的假设，是这个传统所共享的**整体论**（holism），此整体论在本体层面上是先于固定的相同性或相异性的，就后者而言，任何一个条目之所以能进入（或被看成进入）要素集合中，都是因为其唯一的本质同一性。从真正的意义上讲，一个整体与另一个整体当然是不同的，甚至更严格地说，"在一种意义上"像一种要素，"在另一种意义上"却不是同一种要素。这里，我们将葛瑞汉和牟博的诠释角度结合起来：《白马论》讨论的是部分与整体的关系，意在表明白马里的白性（whiteness），既是又不是其他地方的白性。公孙龙的这一辩题正是要凸显这种相同性与相异性的共同呈现，凸显**双重意涵**的必然性。我们必须说，这是白和马的连贯成形，当它出现的时候，会创造一个新的"白性"和新的"马性"。这里所假定的东西，既不是自我同一的共相，也不是自我同一的物质材料，反而与这两者有着本质的区别。可以说，我们所假定的是可以多样化规定的连续体（multiply determinable continuities），它既可以在某种语境下被如此解读，也可以在另一种语境中以另一种方式解读。这里我们或许接近于成中英的立场，他近来对其早期观点进行了一定的修正。早年他所持的观点近似于冯友兰，将"指"视为"远离世界的具体经验"的抽象性质。与冯耀明类似，成氏也修改了他早年的实在论式解读，但在方向上与我们当前的讨论更为一致："规定（即'指'）是随着我们的观念（它作为**一个整体，完整地**契合于经验）自然而生的，是可以在认识论上得到辨识的，这一重要意义是我现在所要强调的。在这个意义上，我希望采取具体的实在论立场：**我们的经验与认知是构成事物的自然性质的因素……"**成中英进一步指出，事物的性质兼具唯名论、观念论、[1] 实在论的特征，并在不同语境下各有侧重，而这一实在论方案则为诠释事物性质开辟了一条新途径。[2] 成氏所谓的因与整体性的经验相连贯而产生的事物性质，以及他对这种性质的集合

[1] 观念论（conceptualism）主张共相存在，但共相是由心灵造成的。——译者注

[2] Chung-ying Cheng, "Reinterpreting Gongsun Longzi and Critical Comments on Other Interpretations," *Journal of Chinese Philosophy* 34, no. 4 (2007), pp.537-560.

的强调，避免了唯名论和实在论的二分，与我们将要在这本书里讨论的方案很好地联系了起来。

庄子后来不以为意地将这个悖论背后的方法描述为："以马喻马之非马。"这句话意思是说：说话人在用一匹（白）马来表明（与白相连贯以便构成白马的）马性不同于（外在于连贯而可知的白马混合物的）马性。庄子可以同意这个结论，但不能同意其方法：的确——**有时候，在某一意义上**——允许说白马不是马，但庄子宁可选择说"以非马（not-horse）喻马之非马（not-horseness）也"。这是在呼吁另一种连贯成形，一种介于所有连贯成形和其否定形式之间的、反讽的连贯成形——后续章节对《庄子》的讨论中会谈到这一点。而荀子则会精心设计一种语言学理论，以将这种"可说性"从人类欲望、满足、公共力量的连贯成形中排除出去，这就需要他澄清这类断言的"可说性"的合适的定义——虽然其不是真理，但**也同样是连贯成形**。荀子不会，也不可能驳斥以任何终极的相同性或相异性为基础而做出的错误的断言，毋宁说他质疑的是命名方法的恰当性，正如他会反对对于市场上称重和衡量的名数的模糊使用。我认为，在语言学的层面，"马"既不诉说一个共相，也不是对马的单一的、自我同一的、预先存在的全部物质材料的命名。毋宁说，此"马"之所以称为"马"，是因为称之为马就使之与其他称之为马的东西连贯起来，而成就"马"这一可知之形，反之，也使其他称之为马的东西反过来与此马连贯起来，成就"马"之形。这匹"马"的"马性"与其他"马"的"马性"并不是同一个。这匹马和其他马也都不是预先存在的"马物"的"部分"。毋宁说，这匹马之所以被称为马，是因为称它为马能让其在与其他马匹相连贯时连贯于"马"，同时能让其他马匹在与这匹马相连贯时连贯于"马"。从排除某些更加极端的相同性形式的意义上讲，所有马的马性不是同一个马性，也不是本体论上不相同的马性。当一个名被用于两个不同的场合时，被命名者是可见的，既不是相同的，也不是相异的，而是**连贯着的**，是**连贯而成形的**。

这里，就可以与我们在列维·布留尔的"理性思维"模型里发现的本体上的层级不对称进行对比。按照这种层级不对称性，马相将不得不单向地包含白色的马相（white-horseness），正如动物相包含哺乳动物相，正如澄清液体包含水和硫酸。"呼吸的事物"和"泌乳的事物"存在于明确不同的本体论层级上，尽管在现实的具体动物中这种本体论的区别极不明显。而照着公孙龙的表述，"白""马""白马"就全都存在于同一个本体论层级；白马**并非**确定无疑地或者单向性地从属于马。一匹马并不比一匹白马更加基础或更加具有包容性。某些白、某些马、白马，它们仅仅是在对这一事物进行解读时，所采用的其他的连贯的解读方式。在连贯而成形的意义上，"白"与各种和谐化的白性及其伴随物（concomitants）相连续，"马"与各种和谐化的马及其伴随物相连续，"白马"则与"白"和"马"，以及其他白马及其伴随物相连续。"张三是富人"意思是"张三被找到的地方钱也会被找到"；"马是白色的"意思是"马被发现的地方白性也会被发现"。但是也可以说白被发现的地方有马被发现，也可以说白性和马被发现的地方有白马性被发现。当一个发现者发现他自己与相关的背景具有连贯的连续性时，上述每一种解释都可以被发现；这个与发现者相关联的背景，可以将当前这一事物与发现者的经验中凸显出的其他任何一组事物连接起来，可以是连贯性的白，连贯性的马，或者连贯性的白马。白性、马性、白马性在"马"这里全都是平等的。这恰恰也是"非马"（not-horseness，亦可译为"非马性"）在这里出现的原因：白性和马性都在这里，都是可断言的，都是可经验的，而它们都不是白马性。

钱穆的钟摆

如果我们想要找到能够把握"和"与连贯成形这样特别的观念的模型，或许可以求助于了不起的钱穆。在《湖上闲思录》的《善与恶》篇中，他对中国传统哲学的主流思维特征做了极为朴素而又生动的论述：

天地间只是"一动"，此动无终无始，不已不息。试问何以能然？而且此一动既是无终无始，不已不息，在如此长时期里，一往直前，日新又新，他将何所成就，叫人又如何去认识他？在中国传统思想里，似认为此动并非一往直前，而系"循环往复"。惟其是循环往复，故得不息不已，又得有所成就。而并可为人所认识与了解。

姑举一例言，如生必有死，便是一循环，一往复。若使一往不复，只有生，没有死。你试设想在如此无穷尽的长时间中，生命一往直前，永是趋向日新，而更不回头，这岂不生也有涯而知也无涯，转成为生也无涯而知也有涯了吗？这将如何使我们能认识此生命究是什么一回事呢？不仅不可认识，也将无所成就。并且我们也不能想象他如何地能如此不已不息。现在生命走的是一条循环往复的路，生了一定的时限便有死，死了另有新的再生，如是般一而再，再而三，而至于无穷。无穷地往复，无穷地循环，在此无穷尽的不可想象的长时间里，因为有了循环，遂可把来分成一段段相当短的时间而重复表演。数十年的生命，便可表演出几百京兆亿垓年的生命过程之大概。这才使人可认识，这才使生命有成就。而在此无穷无尽的往复循环中，才得不息不已。因为虽说是无穷无尽、无始无终的长时期，其实还是往复循环在短的路程上兜圈子。

再以天象言，天运循环，虽似神化而有节序。如寒往暑来，如朔望盈虚，昼夜长短，一切可以历数纪之。因此，在变动中乃有所谓恒常与静定。譬如一个钟摆，摆东摆西，他虽永远在摆动，但你也可看他永远是静止，因他老在此一摆幅中，尽是移动，并不能脱出此摆幅，而尽向一边无尽地摆去。又譬如一个圆圈或一个螺旋，他虽永远地向前，其实并不永远向前，他在绕圈打转弯，一度一度走回头，因此循着圆周线的动，也可说是静，他老在此圆线上，并未越出此圆周之外去。

凡属圆周的，或是摆幅的，必有一个所谓"中"（center）。这一个"中"，不在两边，不在四外，而在（本书作者注：钟摆所

摆动的范围）内里。一个摆动，或一个圆周的进行，并没有停止
在那中之上，但那中则老是存在，而且老是停停当当地是个中。
好像那个中在主宰着那个动。那个无终无始不息不已的"动"，
好像永远在那中的控制下，全部受此中之支配。所以说"至动即
是至静，至变即是至常"……儒家则要在此不息不已无终无始的
一动中指出其循环往复之定性的"中"来，说此中始是性。宋明
儒喜欢说未发之中，说知止，说静，说主宰，说恒，都为此。宋
儒又说"性即理"（coherence），不肯说性即气（vital energy），因
气只是动，理则是那动之中。若果纯气无理，则将如脱缰之马，
不知他将跑到哪里去。天地将不成为天地，人物也不成为人物，
一切样子，千异万变，全没交代。现在所以有此天地并此人物，
则只是气中有理之故。气中有理，因有恒常，由内言之则说性，
由外言之则说命。由主动言则说性，由被动言则说命。其实此一
"动"即主即被，即内即外，无可分别，因此性命只是一源。都
只是这一动，不过所指言之有异。

于是我们称此变异中之恒常，在此不息不已的变动中之
"中"，这一个较可把握较易认识的性向而谓之曰"善"。善只是
这个动势中一种恒常的倾向……离他远远的便认为只是恶。"善"
是此一动之"中"，"恶"只是"过之"与"不及"。

……人事界虽亦千变万化，不居故常，但亦有个恒态，有个
中。若要脱离此恒态与中而直向前，到底不可能。举一例言之，
和平与斗争，是人事中更互迭起的两形态。常常循环往复，从
和平转入斗争，又从斗争回归和平。这里面便有一个中势与恒
态。斗争须能觅取和平，和平须能抵挡斗争（即不怕斗争）。所
以接近斗争的和平，与接近和平的斗争，都是可继续的，都可称
为善。若远离了和平的斗争，和远离了斗争的和平，则距中势皆
远，皆将不可成为一种恒态而取得其继续性。如是则过犹不及，
皆得称为恶，恶只是不可常的。健康和疾病亦然。普通看健康人
像无疾病，其实若无疾病，何来新陈代谢。代谢作用，便是离健
康不远的疾病（本书作者注：因此是善）。工作休息也是一样。休

息过分不能工作，是恶不是善；工作过分不能休息，同样是恶不是善。但人类思想普通总认生是正面，死是反面；和平是正面，斗争是反面；健康工作是正面，疾病休息是反面。便不免要认正面的是善，反面的是恶。但依上述理论，恶的只接近善的，也便不恶。善的若太远离了恶的，也便不善了。[1]

我之所以详细地引用这几段话，是因为下文有很多场合会提到。我并不认为钟摆模型可以适用于所有的中国思想家，[2] 而是说，我希望在考虑每一个中国思想家的时候，我们最好都能找到与这个模型相类似及相异之所在，而不再假定它依循的是共相/殊相模式，使用的是这一模式所隐含的纳相同性于相异性的独特的处理办法。这个聪明的隐喻是一把钥匙，通过它可以解开我们所要面对的许多问题，以与昭示希腊思维的拟态隐喻，或将形式施加在质料上的隐喻相对照。首先必须注意的是，这里所指出的"理"（连贯成形）必然包括可持续性和价值，可持续性与价值被看成相同的，并且与可知性（即与钟摆本身的运动相对的，寂然不动的、虚拟的中心的可把握性）和向心性紧密联系在一起，是与对立统一的两个极端相联系的中性立场。对于为何将这些观念称为"理"（连贯成形），而不是简单将之看作是"和"的某些形式，引文也给出了有力的解释。因为这里最关键的是，各部 80 分需要结合在一起，它们彼此之间的组合是一个条件，在此基础上它们才能是它们自身。如果有的部分太过脱离中心，太过脱离它的对立面，它自身的可持续性就无法得到保障（就是说，离疾病太远的健康就不成其为健康）。**各部分之得以为此事物，以及各部分所造成的整体之得以为整体，各部分之得以为整体中之部分，都是由此连贯成形而得以成立。与整体，以及与中心的连贯成形（理），只不过是标志**

---

[1] 钱穆：《湖上闲思录》，台北：东大图书公司，1988，第43—46页。（原文只引用了后半部分，前半部分引文是按作者要求增加的。——译者注）

[2] 钱穆这里的思路明显反映出程朱理学对他的影响，因袭的是《易经》阴阳思维所体现的连贯成形思路（我们在下文会处理）。这更接近于我们这里所说的非反讽意义上的连贯成形，或者说是非反讽与反讽相结合的连贯成形。

此部分与其他各部分之关系的一种简明方法，更具体地说，是标志它与其对立部分的简明方法。"中"被单独摘出而具有优先性，是因为它可以在另一种意义上单独提供全部的"理"（连贯成形）：可知性。整体只有通过中心，才可以被甄定、被把握、被预知。**对于观察者而言，两端的循环只能"显现"为中**。

我们也可能注意到这个中心**相当于**所有相关运动的总和：它是决定性的，可以用来分辨出哪些距离"太过分"，会导致部分的终结。但这并不是说，它必须确定每个运动的具体轨迹，因为它们在任何情况下或多或少都会有所偏差，在任何时候都会有不规律的轻微摇摆，只要不超过一定的范围就好。换句话说，在钟摆模型里，"中"对于运动的"掌控"，是可以允许一定的随机性的。不可以将这里的掌控设想为，发出的命令必须被精确地遵守，或者铺设好轨道而引导活动的每一个细节。也不可以说，这种向心性的方式既是**内在**的又是**超越**的：向心性是两极的功能，并非真的预先存在于它们当中，它只是一个虚拟的存在，但同时它又是它们的"主宰者"，因为它们所有的行为和确定性的本质同一性都来源于它们与虚拟中心之间的关系。虚拟之"中"并不属于独立的本体王国，其本身仅仅是关于两极的既定事实，就是说，它是描述两极彼此间关系的一种方式。

古希腊思想家思考事物的统一体时，会认为是形式施印于无形式的质料，这种思考方式背后的隐喻，我们在前一章就谈论过。形式的观念既体现了相同性，又体现了相异性，同时又保证二者截然分离，且保证了组群成员是由共同具有的、唯一的、自我同一的本质所决定的。这些组群成员由于其本质的独立性而与其他各种本质相分离，但如果这些本质能在更高的层面吸纳其他本质，那么这一组群便不至于与它们分离，这里就涉及一个唯一且永恒的层级分类法，它可以被设想为一棵向下分叉的树。因此，"狗"和"马"由于分享了"动物界、脊椎动物、哺乳动物"等自我同一的本质，就是"相同的"，但又由于彼此的差异性特征的改造，而分别具有一个特定的本质，因此又是不同的。在对这一混乱进行调停时，"实在论的"解释会强调它们所共享的相同性的本质的真实性，而"唯名论的"解释则会强调物种与物种之间，或者物种内部的个体之间的差异才是真正真实的。但是，无论哪一种情况，何者相同、何者相异都是从属于现存事物的，而且在所有语境下，这种从属关系都是以一种永恒的方式展开的。 81

以此为对照，便于我们对钟摆模型所体现的相同和相异进行思考。需要再次强调，尽管这里也可用到相同性（两个极端同时具有"不过于远离中心"的特征）这样的西方术语来描述，但这种表述显然不如强调相同与相异的混合来得管用。我们这里有另一种组织相同性与相异性的办法。正是对立两端之间的连续性，构筑了两端与中心的观念，同时也构成这两个极端的差异性；而正是对立两端的差异性所具有的不排他性（nonexclusion），建构了两端自身的本质同一性，也建构起它们之间的连续性。将对立两端结合为这一连贯成形中的一分子的，不是某一共同具有的特征，而恰恰是它们彼此之间差异性的和谐的连贯成形。使得健康成其为健康的是什么？是疾病的不排他性。使得疾病成其为疾病的是什么（不是死亡，死亡会终止疾病）？是健康的不排他性。使得健康和疾病属于同一个连贯成形的是什么？不是它们共享的某一本质，而是由于它们的互补性。在这种模型中，健康和疾病是彼此不同的吗？显然不是，因为一个消除了所有疾病的健康也不能再作为健康而存在下去，反之亦然。那二者是相同的吗？也不尽然，如果两边相同，也就不会有摆动，也就不会有中心，自然也就没有两边。它们是相异于中心的吗？也不尽然，每一边的可知性都仅仅是中心之可知性的一个方面：我们所见的只是这一事物，它由可知的中心而得甄定；其余之处则是一片不可知的空白。那么它们相同于中心吗？中心仅仅是一个虚拟的、近似的点，由摇摆的两端所确定，因此如果摆锤静止在中心处就不会再具有中心的功能了。如果"一切都是中心"，那么就"没有中心"。由这一具体图景可知，这些问题在这里是多么的不合适。为说明这一相同性与相异性观念在上述一狗和一马的关系中是如何展开的，需要有一个具体的例子来进行解释，读者可以参考本书第六章对《说卦》传的讨论。

这样说或许更彻底一些：如果密切考察可知性问题，我们会看到这一观念是如何不可避免地趋于一种嵌套的（nested）本质同一性理念，这就会牵扯到我们下文所说的反讽形式的连贯成形。按照钱穆的观点，这个具有本质同一性的东西就是中。倘若不能转向，不能返回到限定的范围，一直持续前进而永不止息地运动，则既不能被确认，也不能被知晓。我们所知的只是摆环，只有将这些周行的摆环视为一个个近似的中心，它们才是可知的。但这意味着，当我们说"健康"和"疾病"的时候，作为摆环的两端，二者可能是由"物质生命"这样可知的中心而获得甄定的，而任意一端在其自身的角度看来都是一个中（因为它们已被确定了本质同一性，而确定本质同一性的只能是各种中）。因此，在一个大的"物质生命"的旋涡中，有"健康"和"疾病"这两个更小的旋涡。只要有需要甄定的要素，这种嵌套就会无限循环下去。为了让这一观点更加形象化，我们可以参照卢瑟福的原子结构，将钟摆模型扩展为三维模型（不用这个模型也行，我只是将其作为启发性的策略；我绝不是说早期中国预言了任何关于原子结构的知识，恰相反，我认为没有）。高速振动的电子云只有在被理解为一个单元的时候才是可知的，而这个单元被确定为核心也即原子核。但是，如果我们试着进一步确定其要素，比如一个电子，在这一模型下，我们就需要找到另外一处围绕着一个虚拟中心的振动，由此，这一团电子云才能被甄定下来。继续向外推展，我们会发现这整个的"原子"是更大的"原子"中的一个电子——在这个意义上，它就是钟摆之摆动中的两个极端之一。每个元素都是一个旋涡。它的中心就是旋涡之顶点，凭此它就可以被掌握、被知晓。在后文所讲的非反讽观念的连贯成形中，这种相互包含性会得到体现，例如，《周易》的六十四卦次序图可以分解出六条阴、阳爻的成分，作为一种单向包含的模型，它表面上类似于我们在共相／殊相模型中发现的种属分类法。但事实上，六十四卦图的每一层，都是由对立面之间相互限定的旋涡所构成，这些对立面本身又是由一些两两相反的对应面组合（pairs）构成，阴阳爻两两相错，分别居于前一层阴爻或阳爻之上，每一层都以低一层的对子为基础，最上层的交错最繁复。在一个充分展开的反讽版本里，这种关系会被用来消解任何固定的可知性（它牵涉事物的任何成分的终极同一性）。而即便是在非反讽的版本里，事物各部分之间的相同性和相异性的观念也存在许多有趣的混乱，下文会挨个详细检验。

在这个意义上，向心性本身即是价值，即是各式各样而且互相对立的部分之间的关联，即是可知性，此即是我们所掌握的三种连贯成形。正如钱穆的分析所显示的，中能统合其余，中是可识别的，中是价值（可持续性）。[1]

在这个意义上，这里所说的连贯成形就不仅仅是一个整体的诸要素间的一致性，即它们可以在互不干涉各自之存在的情况下共存下去，互相兼容而不相矛盾。这也不仅仅是从逻辑意义上说的连贯成形关系，即若干要素互相支持或互相需要。在可接触到的观念建构里，我们这里的连贯成形观念最接近于格式塔（完形）概念了，格式塔是多个要素的结合物，这些要素构成一组关系，使得一个单一的可读形象、一个可知整体得以产生，也使得某些价值与其相连属（"一个强大的完形"）。格式塔也有一种重要的含混性特征，可以用众所周知的花瓶／侧脸或维特根斯坦的鸭子／兔子图案来说明，这可以为我们指出反讽意义上的连贯成形的发展。一个强大的格式塔所具有的价值意涵，可能包含持续性，但并不是必然包含。但是中国的连贯成形观念则暗示了统一的对立面（钟摆对立的两极）之间定量的平衡，以及一种时间上的周期性，而这周期性并不见得是一个格式塔的基本观念所具有的。钟摆范式帮我们了解到，对立统一的要素的耦合与平衡的方式，其实也总确凿无疑地是一种定量关系，一种合适的比例。当钟摆在量上走得"太远"时，无论过量的是哪一方，都会破坏整个的平衡，丧失其与中，以及与另一极的联系。维持这一比例，以及维持住返归对立面的能力，恰恰就能让两方都适时前行，而这就构成了价值。令人玩味的是，尽管数（number）和度（degree）在早期文献里通常与"理"连接在一起，实际上不时被用作与理相类的同义词，但我们并没有发现这里有对具体数学测量的任何兴趣，这与希腊思想

---

[1] 天台宗对"理"和"中"所做的辨识，可以帮助我们理解为何宋明理学家会用"理"表达这种向心性。我们会在下一本书中回到这一问题的讨论上来，并且在其结语部分简要讨论理在宋明理学中的地位。

中数学测量的盛行大不一样。无可否认，平衡是定量的［暗示"过"（too much）、"不及"（too little）这两种成分都没有，见《论语·先进第十一》第十五章］，但是我们从未发现早期中国思想试着量化过它。毋宁说，我们发现的是一种美学意蕴，"凭感觉"改变数量上的比例而炮制出性质的改变，就如切割玉石使其成为可销售的产品，或按一种食谱对食材的混合进行调配，或者调整音律使其进入一种老练的和谐。特别需要注意的是，正如这里显示的那样，这一平衡通常是依据对立统一体中两个对立性质之间的配比而被构想出来的。格式塔观念和中国的连贯成形理念的另一个重要差异在于，前者并不轻易地将自身提供给观察者的包含观念，从而围绕原初格式塔形成一些更加包容的格式塔，实现倍增。一个格式塔通常更多被理解为从外部观察到的某种东西，是一种客观呈现。中国的连贯成形理念更像是这样一种格式塔：它不仅可以包含纸上的线条——这些线条可以形成三角形图像，而且包含眼睛、神经系统、经验这个三角形的生命存在的当前欲念。一个连贯成形可以说是一个格式塔，但它具有对立统一的周期性，具有进一步创造格式塔，以原初的那个为基础而构造更大格式塔的能力，具有观察者的包容能力，以及被突出和发展得更大了的价值性要素。依据这些调整，我们也许可以将连贯成形视为格式塔观念的一种修改版：它是一种定量但不量化的、对立统一结构的格式塔，在它的配置里还包含了观察者。

84

反讽和非反讽的连贯成形

我们注意到，在上述反思中，连贯成形观念暗含一种紧张状态，可以进一步推动其发展。不过，连贯成形的标准到底是什么？它不仅仅指一组事物结合在一起。在早期中国思想中，能够构成连贯的组群的一组事物，往往也伴随着人类欲望。从上文对滋味和音律取悦人的味觉、音律和谐的描述，我们可以很清楚地看到这一点，而且从孟子到荀子到老子再到庄子，这种描述在早期中国哲学家中经久不息地出现。我们可以为连贯成形提供一组初步的标准：如果一个组群能创造愉悦，比如一种味道或协调的旋律带来的和谐的享受，它就可以算是连贯成形。这一愉悦可以被看成进一步的连贯成形，一种后连贯成形，就是说，这组和谐的要素与某种人类欲望之间的连贯。与之发生联系的通常是：（a）稳定性、平衡或均衡（与威胁到有机体的健康和稳定的东西相结合，会被视为一种不愉悦的经验），通常被视为，在**粗略定量但不严格量化**的意义上两种对立性质的平衡，以及（b）繁衍、生长、连续性。其实，意味着生命、存续和生长的这种连贯成形，在孟子对"性"（human nature）的反思中比比皆是，此外，也进入到理学家对"理"所作的注释中来，这一注释源自《易大传》，将理看成是无休无止的生生（production and reproduction）。连贯成形是对立面之间的一种平衡，对立面必须相互保持在一定距离内，才能维持和扩展它们的存在，这就是说，对立面之间必须能够互相转化，能自由地从一方迁移到另一方。这使得连贯成形因具有某些特殊的同一性而变得可知，这也是它的价值的来源，而其价值在于它能够维持和发展它自己。

但是这一模式也给连贯成形带来一个根本性的逆流，当我们这样去思考连贯成形时，这一逆流便内在于其中并会产生大量后果。可以说，连续性观念和无休止的前进也有其反面——因为这也可以被视为一种无休止的倒退。这对连贯成形的可知性会造成许多影响，因为可知性既需要整体与部分之间有一种特殊的断裂，以及二者之间性质上 85 的对比，而且同时也需要两者之间有一种密不可分的结合。当整个的连贯成形被完成——整体的这种整全性囊括一切而没有任何遗漏，另一个意义上的连贯成形——可知性——必然会消失：整体是不可知的，可以没有名称，没有任何外在于它的东西与之作对比，可以没有定性的、可知的特征。倘若以连贯成形的可解读性为依据：当一个可解读的特征变得完全可知时，我们就会轻易掠过，它便不会再被注意到。若以连贯成形的组群性为依据：当诸部分完全连贯时，它们是一个整体，且成为更大整体的一部分，它还要求一个更大的背景，如此追溯下去，直到那个最大的，必然不连贯、不可知的整体。各个部分的完美整合与和谐，推进为一个更大的整体，这个整体必须是无定性的（indeterminate）。以连贯成形的愉悦性为依据：当一种欲求被满足时，它就消灭了。故而，一种人类欲望以及某些客体之间至为和谐的连贯成形，会消除它们之间的全部关系。正如《庄子·达生》篇所说："忘足，履之适也；忘要（腰），带之适（fitness/comfort）也……始乎适而未尝不适者，忘适之适也。"[1] 一旦所有的部分都连贯为单一的某物，被视为一体，就意味着它也被吸收为某物之中的一个单元。换句话说，对更多的连贯成形的不断追求，是与生俱来的，因此也是无止无休的。每一个连贯成形都渴望着更大一层的背景。各部分只有在其整体与更大一层的背景相连贯的情况下，才能相连贯，因而这一背景也就包含了先前的整体，从而变成一个新的、内部一致的连贯成形，并且寻求它所属的更大一轮的背景。我们认为某物是连贯的，只是由于它能与外界连贯（在第一个例子中，是与我们的某些欲望）——但这一命题自身会导致无穷倒退，因为一旦一个新的连贯成形被发现，它同时就成为"内"，并寻求一个新的"外"。这完全是因为对于连贯成形可以达致多高或多低没有一个限制；我们要无限地维持分解和集合。这一反面特质意味着，任何一个有限定的本质同一性，其终极的可知性都是可疑的，因为各个部分的本质同一性最初都被设想成是依赖于它们与整体的关系的，如果整体是不可知的，那么各部分的可知性也就受到了威胁。我称这为"反讽"是因为，这意味着本质同一性的任何属性都只能是临时、无常、短暂的，对字面上的说法不能完全信以为真：一个可以被命名的名不能是一个恒常的名（"名可名，非常名"）。任何连贯而可知的名称都是被命名的，因此，必然会有某些字面之外的意思——我称之为**反讽性**的意蕴，而且会有一个反讽的连贯成形。

---

[1] 参见 Li Chenyang, "The Ideal of Harmony in Ancient Chinese and Greek Philosophy," *Dao: A Journal of Comparative Philosophy* (2008), pp.92-94。这篇文章对毕达哥拉斯关于和谐的数学观念进行了比较。这一早期分歧对于随后的中西传统的重要性，在李晨阳那里得到了很好的论证，他提到了柏拉图："但是，先秦儒家的'和'与先秦道家一样，都是没有先定秩序的'深度和谐'，而柏拉图的和谐，则需要符合一种从外面施加给世界的稳固的、预设的、理性的秩序……即便柏拉图与毕达哥拉斯的和谐在很多方面是不同的，但在这一方面，二者有着重要的相似性。两者都是循规蹈矩式的和谐，将和谐视为对预先给予的、完美的世界秩序的遵循。"这确实是问题的关键，是本书及其续作所要努力阐明的要点。

其实，连贯成形本身只能被反讽地归给某物，因为"真正彻底"连贯 86
的东西是不成形：如果进行彻底的思考，每一个"成形"（即本质同
一性）都会显示，它是对其原初设定的"成形"的抹杀。换个说法，
这里的重点是"否定"在这种思维方式中所起到的作用，连贯成形的
钟摆模型也有助于我们理解这一点。"连贯成形"意味着"可知性"
和"价值"，这一断言可能会让人觉得，但凡可知的东西就是有价值
的，因而甚至不可能指明或意识到不可知的（或具有负面价值）的事
物，即使这些东西可以被否定或拒斥。但是，这个钟摆总是试图以稍
微过分的好来反对稍微过分的坏，同时以一个大写的"至好"指明好
与坏之间可持续的关系。不可知性以两种方式出现在可知的连贯成形
系统里：作为否定性的价值，它是这对立的两个基本要素之一；作为
一种威胁，它是这一对体现出来的要素的消解。健康／疾病的平衡被
打破，也意味着健康被打破而完全屈从于疾病。只有这对要素同时存
在，才能维持住可欲的那一半，这对要素中的任何一个形单影只，都
"表示"这对要素消亡了。我们能在连贯成形系统（此一系统总是由
其与一组欲望的关联而得成立）的非连贯成形（incoherence）的形式
中，"知道"哪一半是不可欲的。这种奇异的不对称性是导致从非反
讽观念的连贯成形迁移成反讽观念的连贯成形的直接原因。只有与我
们的欲望相连贯的东西才是可知的，但是与我们欲望相抵触的也同样
是可知的，因为这些东西也必然与人类欲望相连贯：这是维持欲望之
平衡的必要部分。因而，对于我们所欲求得的结果之连贯成形而言，
几乎所有有可能与我们的欲望相抵触的存在物，都是此类连贯成形的
必要成分；但是，这种由连贯于我们的欲望和不连贯于我们的欲望的
存在物所构成的连贯成形，本身是允许非连贯性威胁连贯性的，亦允
许我们提及、抗拒、驳斥、杜绝这一非连贯性，如果非连贯成形在连
贯成形和可知性的系统里没有一个成形的化身，这种情形严格说来就
不可能发生。非连贯成形在连贯成形系统里的化身的成形，也就是非
连贯成形本身的连贯的呈现，是我们称之为反讽的连贯成形的东西
的标志：连贯成形（整体性）只有在不连贯而成形的（不可解读的）
时候才是连贯而成形的（可解读的），它是消失（absence）之呈现

（presence），是非有（non-being）之有（being），是非道之道，是无我之我。我们会在道家的作品中看到对连贯成形的这种反讽式处理办法，并依然作为核心命题而出现在魏晋玄学和中国佛教的作品里。但是儒家文本诸如《大学》和《中庸》，以及《易传》中整个的阴阳系统，对同样的困境给予的是非反讽的解决方案，我们在后文会看到。

由此，我可以讨论连贯成形的"反讽"和"非反讽"观念了。为让后续章节易于理解，有必要在一开始便对这些术语进行详细地界定。

87　　1."非反讽"观念的连贯成形可以在《论语》和《孟子》中找到，也可以在前反讽时代的典型的道家文本《管子》中找到。这个意义上的"连贯成形"意味着将各条目结合在组群里，同时也有可知性（可见性和可解读性）意义上的连贯成形，以及作为价值的连贯成形。这种连贯成形有一个前提和一个结果，而每一种前提或结果都是"连贯成形"更进一步的实例。这里的前提是指，这些特别的、成形的组群，是与人类的欲望和认知能力"连贯"的。换句话说，人类对世界的反应被可知地包含在必须连贯的那些条目中。如我们上文所示，这涉及愉悦和连续性，这两者以平衡和比例关系为前提。这里的结果是指，一旦这些连贯成形被达成，一个实际的团体或种类就会被构造出来。一个连贯成形与人类经验相连贯，便会引起进一步的连贯成形，或者是与人类的身体或个性相连贯，或者是与人类团体相连贯，或者是与这二者相连贯。

2."反讽"观念的连贯成形在通行本《老子》和《庄子》内篇中可以找到。中国哲学的所有学习者无疑都会注意到这些文本中"否定性的"术语的突然流行：这些术语以一个否定词"无"为开头。我们忽然面对着**无为、无知、无我**的稳定出现。当然，这些术语不能按照字面意思去理解。它们被明确地描述为"为无为"（doing without doing），"知不知"（knowing without knowing），"吾丧我"（being without being）。一种无为的为就是一种反讽的为。**为**这个字现在就只有反讽意义的用法，它寄生在其之前的用法中，但又系统地颠覆了这些用法。在反讽意义上，真正的为是不作为，真正的知是不去知，真正的"有／吾"是"没有／丧我"。这意味着，"真正完成 X（为、知、有／吾）最初所要求的要完成的东西，其实不是我们称之为 X 的那个东西，而恰恰是 X 所忽视的东西"。真正的 X 是非 X。下面，依据我们当前的分析，可以辨清这一思维：真正的连贯成形是不成形的连贯。连贯成形观念保留了组群性、"整体性"，而且实际上能扩展它自身，同时，连贯成形观念连贯性（整体性）的一面的彻底化，使得"可知性"意义上的成形的一面湮灭，在这一特殊意义上，它就被理解为"反讽的"。因而，"从反讽意义上讲"，真正的连贯成形（整体性）是不成形的（不可知的、不可辨清的、不可甄定的）。

3. 我们也会考察将反讽和非反讽用法结合起来的各种探索，它们 88 形成了对立的两个类型 。第一个类型是吸收了"反讽"意蕴的"非反讽"连贯成形，在《荀子》以及《礼记》中诸如《大学》《中庸》等文本中可以找到，而在《周易》的阴阳观念以及《易传》中获得了更加详尽的发展，由此产生了两条更为精巧的进路：董仲舒的著作和扬雄的《太玄经》。这些发展与"理"作为一个核心哲学范畴之发展没有直接关系，所以放在本书讨论，下一本书则会直接讨论"理"的发展。第二个类型的妥协是从反方向开始的。它是由融合了"非反讽"用法的"反讽"所构成，比如我们在《庄子》外篇和杂篇的不少段落中看到的那样。这一发展与"理"成长为重要术语的过程密不可分，因此将会在下一本书中得到讨论。下本书所要做的工作是，检视反讽和非反讽的连贯成形观念交织缠绕的复杂状况，这一情况在"理"观念的各种发展中都有所体现，例如王弼、韩康伯的《周易注》，郭象的《庄子注》以及中国佛教的华严宗和天台宗。

第三章

非反讽的连贯成形与可商量的连续性

非反讽的连贯成形是在中国哲学的早期文本中开始形成的，我们现在对其进行考察。正如上一章所述，我们所谓的"非反讽"观念的连贯成形集中在三个相关主题上，即作为（1）**价值**（是可持续性、愉悦与连续，通常以对立两端之间的，并且包含此两端在内的定量的平衡为前提）和（2）**可知性**（是具有特殊性质的同一性的可知性）来源的（3）一个**组群**。非反讽的"连贯成形"就是**可知性和价值所产生的组群**，我们会发现，在解释这些文本中的难题时，这一核心观念具有相当大的解释力，因为这些文本既不会把相同性或相异性断言成不可商量的终极实在——无论是以唯名论的形式（相异性才是终极真实的）还是实在论的形式（相同性是既定的不可商量的终极实在）——又不会采取怀疑论的立场，认为相同性和相异性都是武断的主观投射。与之类似，这些文本还得以规避如下断言：事物的可知特性及其所体现的价值，到底是纯粹内在于还是外在于确定和衡量它们的观察者。而且，正如第一章论证过的，这些文本也是明显不同于欧陆传统的"唯心"和"唯物"的遍在观念的母体。

孔子和孟子的连贯成形以及价值的全面有效性

我并不试图对《论语》和《孟子》的伦理观及世界观给以全方位
的评述，而是希望大家注意其中与分体论问题有关的内容，以及这两个文本在对相同性和相异性进行分类时所体现的结构和程序，对整体和部分观念的构想，以及这一构想对于可知性、价值、遍在观念的影响。不过，很显然，要完成这一目标，我不可能不对这些文本的基本设定和目的进行某种程度的解释。需要注意的是，我将早期儒家的道德标准描述为，纯粹以其与人类之愉悦和欲望的关系为动机和合理性。我是从字面上理解孟子的"可欲之谓善"（《孟子·尽心下》第二十五章）的——对任何人来说，可以渴望的任何东西都是善的。[1] 这里的"善"与欲望是不可分割的，是欲的一个功能，寄生于欲；而欲寄生于乐，而且有可能指向使人感到愉悦的任何事。很明显，我是在最广泛的意义上使用欲和乐两个概念的：不仅包括生理和感官上的欲望及愉悦，而且包括对心灵的宁静、自我尊重、人际和睦、良好的社会秩序、精神上的认同等的渴望，以及由此所带来的愉悦。我认为这些类型**全部**都是**连贯成形**，它可以单独被作为何者最可欲、何者最可乐以及二者如何关联的标准，这也是它们所代表的意义的尺度。在我看来，使用这个总括性术语，绝不会模糊不同的欲望和愉悦间的区别，将它们放在同一水平线上，正好提供了一种方式，让我们可以以此理解早期儒家中各种欲望、各种愉悦相互关联（以及相互区别）的方法，以及理解它们以预先存在的相同性和相异性之间的连续为基础，依据这一连续而被组织和安排的方式。另外，我希望以这种方式考察在我看来是早期儒家达致道德的最独特的特征：它对规范性的伦理实践和人类的社会角色的不断的承诺，它那与人类经验中自然而又自发的生理或味觉的方面相关的，令人惊异而又时常反复的深刻的连续性。我希望通过聚焦连贯成形的这几种形式，对早期儒家初看起来

---

[1] 在预设了道德立场的前提下，"可"的意思不是"能""会"（able to），而是"可接受的"（acceptable），后一种解释一度被用来避免"可欲"这个令人吃惊的直接陈述中所表现出来的直截了当的意涵，结果造成了同义反复。但是，很显然，《孟子》中的"可"并不总是"道德上可接受的"；其实，在著名的"鱼与熊掌"段（《告子上》第十章），这两者就是明确对立的："如使人之所欲莫甚于生，则凡可以得生者，何不用也？"如果人们渴望的莫过于生命，那么为什么他们不抓住任何能够（可）让他们生存下来的机会呢？关键点在于，有时候一个人能够（可）生存下去，但将之视为道德上的不可接受，并且选择去死——这显然是根据"欲莫甚于"而有的表现。如果"可"仅仅意味着"道德上可接受"，那么这层意思就会完全丧失。

模糊而混淆的，介于结果和动机、超越和内在、外在主义和内在主义、自律和他律之间的连续性，有准确的反映，从而在某种程度上弄懂早期儒家。

在我看来，说儒家认为道德纯粹建基于人类欲望和后果，似乎太过直白而琐碎了些。但我并不确定它就是万白安（Bryan Van Norden）所描述的那种"后果主义"，在他那勇敢而启发性的论述中，儒家是一种德性伦理学，与亚里士多德稍微沾点边。[1]

显然，"后果主义"、"义务论"和"德性伦理学"之间的区别，不在于有没有对我所谓"后果"的关注（我是在广义上使用后果这个术语的，它意味着任何类型的**因果效应**），而在于何者为他们所认定的决定性后果，以及他们在分析这些后果中具有的手段—目的间关系时所采用的方式。

这在德性伦理学中最为明显：达致"人类繁荣"或"幸福""极乐""崇高"是（再次琐碎地说）**所欲的结果**。这种欲望也许是一种特别提炼过的（或不同寻常的）种类，也许是对其他欲望的欲望，但在我看来，任何一种行为的价值判断完全脱离广义上的后果，是不可通的。对价值的评价本身就已经是一个结果了。更确切地说，"成功地完成了上帝的意志"是一种结果，无论它涉及具体的回报，还是仅是人类服从上帝时的要求，它都是一个行为的潜在后果，是某件事情而非另一事情的产物。努力使自己与普遍的规范相一致，是一种欲望，而成功地做到这一点，则是此欲望的满足。

一般认为，在康德的义务伦理学中，道德行为不是依据后果而被评价的，因为除了这一行为之外，在做出评价时并没有更多的真相需要考虑。它之所以被评价，纯粹是由于其动机，这动机必须是为责任而履行责任的无私意愿。然而，"具**有**动机"这一事实，就足以进入我所理解的欲望与愉悦的领域了。康德的自律观念已经将可欲的结果**折合**进来；事实上，义务伦理学的力量或者说必然性，恰恰就在于，康德意义上的自律是"得到某人想要得到的"的一种**同义反复**：

---

[1] Bryan Van Norden, *Virtue Ethics and Consequentialism in Early Chinese Philosophy*, New York: Cambridge University Press, 2007, pp.29-64.

自律意味着按照其意愿行动，与意志本身的内在结构相一致，而非从一个外部来源上强加给某人的。渴望某事物即内在地渴望这一欲望的满足，这意味着事情的发展与某人自身的欲望相一致，而不是其他情况，因为事态之所以如此发展，依据的是此人的意志，而不是某种外在力量。"我对我职责的无私履行无关于我个人的幸福"是一种情态。而事实上，通过我的行为而使得希望成真，我就是在希望得到我希望得到的，这就是希望的意义所在。这种同义反复与它的对立面——对任何结果的彻底无视——得到了统一，这也许是义务伦理学最具吸引力的地方，是它们的妙处。

坦白说，我无法理解不为任何形式的欲望（这些欲望理所应当地朝向某类结果，制造某一事态而非另一种）所驱动的行为或手段。我也不清楚，在本体论层面绝对区分开生理性或利己的欲望与精神性或利他的欲望后，我们能得到什么好处。这种区分纯粹是由某种倪德卫（David S. Nivison）称之为"不可爱的"连续性所驱动，[1] 这种连续性是在没有区分的情况下才有的，可能会让道德性本身在义务论意义上变成"不道德的"。[2] 这种区分不是出于对理论上的清晰度的渴望，而且，当我们将非道德欲望和道德欲望之间的这种连续性排除掉的时候，道德的欲望实际上似乎也被牺牲掉了，**产生**了倪德卫所谓的"道德悖论"。

在这一点上，我认同万白安所主张的"方法多元主义"，[3] 我将这一脱离后果主义和义务论而趋向于德性伦理学的过程，理解为对道德与非道德这一明显的二分法的弱化，并且将这一过程视为摆脱无谓的担忧的积极步骤，由此发现那一正在变得清晰的东西。正如万白安一样，我也认为儒家和墨家之间的差异，很大程度在于儒家对难以捉摸的人类的满意度感兴趣，而墨家则对此漠不关心，而这种满意度来自人自身的性格与社会关系，而非来自物质结果。我也赞同万

[1] David S. Nivison, *The Ways of Confucianism: Investigations in Chinese Philosophy*, ed. Bryan Van Norden, Chicago: Open Court, 1996, pp.106-107.

[2] Ibid., p.274.

[3] Bryan Van Norden, *Virtue Ethics and Consequentialism in Early Chinese Philosophy*, New York: Cambridge University Press, 2007, p.6.

白安对早期儒家中道德特殊主义的绝妙的强调，它接近于行为的相对主义而非行为者的相对主义，而且，对习惯于将道德理解为绝对律令的读者而言，万白安的德性伦理学取径有助于他们理解这一情况，这种方法不至于让他们太过担忧，不至于为倪德卫所担心的道德悖论而操心。我并不认同他"天是儒家道德中的终极保证"的观点，也不认为这是一种目的论（再次指出，这两者对我来说仅是另一些可欲结果；比如可以说，这是对我们**目标**的顺利完成），但在我看来，他所描述的德性与繁荣则是儒家最关心的那一类结果。然而，德性与繁荣可以进一步被分解为连贯成形的几种形式——这就将它们与其他形式的愉悦、社会秩序、天人关系之间的连续性带了出来，下面我尝试论述。

《论语》里描绘的孔子很少提出普遍的哲理性论断，而是对特定情况给出道德评论或反馈。然而，有趣的是，在单为我们而说的少量关键性章句中，这一事实本身却被明确地评论了。在《公冶长第五》第十二章中，子贡评论道："夫子之文章，可得而闻也；夫子之言性与天道，不可得而闻也。"[1]孔子最终都没有谈到这两者，这就在人性这一背景之下，直接向我们点出遍在（即天道，在这一讨论中，天道首先被假设为最具总括性的术语，是与每一个实在性的实例有关的东西）、相同性和相异性的问题。他最终都不愿意讨论这些问题，本身当然就具有深意。这将我们带回语言的充分性这一问题，以及第一章开头部分简要讨论的过程导向，而传统认为，子贡的评论并不是说孔子将这些问题视为无关紧要的，恰恰相反，他认为这些问题容不得丝毫扭曲，而固定的口头上的哲理性教诲却容易引起误解。这其实是与"反讽的"传统相联系的关键点，因为反讽传统非常重视固定的、可定义的连贯成形的不可知性，以及狭义的"特殊共相"（例如人性）或者遍在的"共相的共相"（例如天道）的不可知性——因此也是理所当然的，《论语》中的这段话被道教和佛教的注家拿过去用

---

[1] 对这段文字的各种解释的扩展性讨论，参见 Philip J. Ivanhoe, "Whose Confucius? Which Analects?" *Confucius and the Analects: New Essays*, ed. Bryan Van Norden, Oxford: Oxford University Press, 2002。

了，因为他们试图强调这二教与儒家之间的连续性。也许更有说服力而且更精彩的注释要数张载这样一位宋明新儒学的大儒了。张载将这段话理解为，我们不能从孔子对性与天道的见解那里"得而闻"，这恰恰是因为性与天道一直都是我们所固有的。我们对它们的学习并不是"得"自外部，这也不是新的"习得"，因为我们从来都不曾失去它们。"性"遍在于人，对于人之为人而言，这一遍在毫无例外，也无法让渡；而天道则完全遍在于任何地方以及任何事件，所以天道是所有事物固有的，无一毫不足，因而绝不可能"求得"。

不过，孔子还是在一些地方谈到了这两个话题。这对我们描述缘起于《论语》的连贯成形观念以及由此而来的非反讽传统而言至关重要。我将会从与遍在问题相关的评论展开论述，这比与种、类相关的内容要多得多，解释起来也容易得多，因为遍在问题额外构造了一个颇具启发性的处理方法。我们发现，《论语》已经以某种相当重要而独特的方式暗示，某个可以观察到的条目（如"文武之道"），在一定范围的事物（当下的社会群体）中呈现，这种"有限的遍在"的构造方式，可以引申为对无所不在的遍在的一种处理方法。引人深思的是，这并不总是直接与天道有关，正如《公冶长第五》第十二章所说的那样，孔门更关注的是文武之道（the normatively universal Course），即孔子为之奔走的，礼乐在其中的"文章"（the expressive forms of cultural accomplishment）。

当公孙朝问子贡，孔子的学问是学于何人时，子贡回答说：

> 文武之道，未坠于地，在人。贤者（the more worthy）识其大者（major aspects），不贤者（the less worthy）识其小者（lesser aspects），**莫不有**（none who do not have，即每个人都有）**文武之道**焉。夫子焉不学，而亦何常师之有？（《子张第十九》第二十二章）

这是我解释《论语》的"关键段"。这里呈现在我们面前的是，某个有独特的**价值**附缀于其间的**特定的文化传统**，遍在于此特定社群

113

的所有成员。我们被告知，这一传统可以在此社群中的任何地方被发现，但起决定作用的，真正实现这一遍在的是孔子本人，就是说，是依靠他的能力才辨认出各类文化形式中的连贯成形，问出正确的问题，将它们"一以贯之"——按照他的说法。孔子的特殊关切、价值、计划，使得遍在有效地在他身边呈现。而将这一呈现具象化为"文武之道"这种容易理解的事物的，是它与某个人的知识和道德的积淀的关联、互动与**连贯**，而这个人，就是孔子。这既不是唯名论也不是实在论，而道既不是纯粹内在于孔夫子，又不是外在于他。他并没有从虚无中创造它，但它也并不是简单地施加在他身上。如果不是他以那种方式看待道，那么即便文武之道的碎片呈现于所有地方，也不可能**连贯**成任何可知的事物。由他自身的活动和存在，他自身的取向和人格积淀所提供的焦点，使得道持续而清晰地围绕着他而聚集，这被看成是他个人所从"学"的源头，是他的"师"，而实际上这也是道的真正功能。在那里，世界上的事物既不与孔子所见相同，也不与之相异。他看到那一事物的某个方面，通过这种视角，发现此方面出现于许多地方，于是将之连贯为一个特定的存在。那一事物并不仅是在那里才可以看到，它当然也不具有相对于其他视角的独立的优先性，至少不具有成为"看待事物的客观正确的方式"的优先性。这一视角之所以具有优先性，是因为孔子是这样看待事物的，这实际上**证明**并**成就**了它的连贯成形和**价值**。这种方式避开了唯名论和实在论，转而尊重这个世界里真正的连贯成形，需要引起我们的注意。孟子在面对类似的问题时也有非常一致的手法，我们会在后文讨论。

《论语》中的"天"与连贯成形

95   为进一步把握这两个文本中的遍在问题，我们必须提及在解释孔子和孟子时始终需要面对的问题：他们的"天"的观念。正如艾文荷和其他学者所指出的，孔孟二人有关天的用法，似乎介于墨子完全人格化的一神论和完全自然化的无神论之间。这两个极端的立场可以很容易地投射成现代人所熟悉的观念，因而相对来说显得不成问题。但是《论语》和《孟子》里这种中间立场的天，却具有一种令人不舒服的内在张力，使得它与有神论或无神论这样的范畴相矛盾。孔子将天说成是拥有知识而无法被欺骗的（《子罕第九》第十二章），有它偏爱甚至是"指令"的意图和方向，甚至孔子本人都承受了上天特殊的使命（《述而第七》第二十二章，《子罕第九》第五章）。但是，对于天直接介入对美德的报偿，对事件的微观控制，对确切的祈求的回应，乃至于对自身意志的清晰表达的任何情况，孔子都会敬而远之。我们在孟子这里也发现了相似的矛盾心态。对这两位思想家来说，天到底是人格化的还是非人格化的呢？它有意图还是没有意图呢？孔子和孟子的天到底是什么？

艾文荷提出的一种可行方案与我们这里对连贯成形的反思有益地混合在一起。情况常常是，这种解法建立在文言文语法中单数与复数的模糊性上，而我们不经意地要么假定其为单数，要么假定为复数，使我们在理解文本时面对阻碍，导致不必要的混乱和明显无法调和的悖论。艾文荷提到，周人的天就像是商人的上帝，天的观念在很大程度上渐渐取代了上帝的观念，"缺少明显的人格"。然而，"它被认为有意识，有目的，有行动能力"。[1] 我们应该如何理解这种没有人格，非人但又有意识和目的的主体呢？更有甚者，我们应如何理解这种天生具有特殊道德议程的力量？艾文荷简要地指出一种可能性：我们可以将天看成是**一种集合体**，就好比是陪审团或委员会。[2] 一个集合体拥有明确的意图、标准、行动力和承诺的使命，而且具有伦理议程，还完全没有我们通常所说的那种特别的"人格"。尤其是，它可以被认为是对集合体的先辈的遵从，正如在商人观念中的灵魂世界是由死者的灵魂组成的，而他们认为这些死者会继续保持生前的人格，继续关注尘世中某些特殊的目标，并且，亡者对自身尘世生命的意识与死亡时间的长度成反比，这一点艾文荷也提到过。换句话说，死亡时间

---

[1] Philip J. Ivanhoe, "Heaven as a Source of Ethical Warrant in Early Confucianism," *Dao: A Journal of Comparative Philosophy* 6 (2007), p.212.

[2] Ibid., p.217, note11.

越长，亡者的人格越**淡漠**，他们对尘世的兴趣也就越淡漠；他们越来越淡漠到非人格的"气"里去，即进入一个由整体的、非人的普遍性力量所构成的无个性的集合体里去。我们可以从这里知道，人格性与

96 非人格性的观念不是二分的；某物是不是"人格化的"是一个程度问题，而且常常不允许直接回答是或者否。（实际上，为了与连贯成形模式保持一致，即便是单个的人类，我们也必须将之视为同时具有人性和非人性的连贯成形，是人性的部分与非人性的部分连贯而成，因此可被视为一个统一起来的个人，同时因为具有超出那个连贯成形的样态，它也是各种部分的弥散性的集合，就是说，它同时作为其他各种连贯成形的部分而存在。）

　　如果我们接受艾文荷的观点，将具有权威力量的天视为一个集合体，我们就能如考虑孔孟的选择性连贯成形观念一样，更加自如地考虑天的运作方式，将天的规范的、有意图的能动结构和可商榷的、开放性的非能动结构同时保存下来。实际上，相比于追问"天"是否只是对一位神的合适的称谓，我们可以更进一步；我们将"天"这个名称视为一种举隅法，[1] 就像美国立法机构被称为"国会山"一样。[2]天即是天空，《左传》将之设想为有意识的"气"氤氲相荡的处所，"气"里包含了从亡者那里回来的"魂"。这些依然半人格化的魂暂时仍像是人，在最终融合进天空中大团的气——天——之前，有意识地维持着他们在尘世时的兴趣，并且与他们当年所在的宗族、政治团体，以及活着的后人保持联系。在任何时候，这都可以决定天的总体而又普遍的道德主旨。天是一碗轻纯之气，所有亡故的祖先都混入其中，就像有许多面糊团将自身的黏稠度和滋味在一定时间内借给它一样。格外具有道德感召力的人，自然就会对这碗面糊的总体的滋味有更大的影响。圣人就像是浓缩的香草萃取液，只需要很少几滴就能使

---

[1] 举隅法，又名提喻法，是一种以局部代表整体或以整体代表局部的修辞方法。——译者注

[2] 陈德荣（音译）有一个相似的观点，认为天在最原初意义上是上帝居住的"宫殿"，甚至用"天"而不用"上帝"也是出于敬畏，而避免使用神的这个禁忌的称谓，就像对皇帝的名字也要避讳一样。参见 Chen Derong, "Di and Tian in Ancient Chinese Thought: A Critical Analysis of Hegel's Views," *Dao: A Journal of Comparative Philosophy* 8 (2009), pp.13-27.

得整个混合物染上它芬芳的味道。

因而，以"天"来称谓支持周王朝的神秘力量，并不是在称呼一个只与某个特别的祖先有关联的特别的神。甚至"上帝"也有可能被解释成某一个等级的一个模糊的名称，而非某一神灵的个人化的名字，就是说，"最高的精神力量，无论具有这种力量的是谁"。当然，周人的天具有更为审慎的模糊性：这一精神力量在天上。这一观念与神灵—后裔的联结关系的断裂很好地结合在一起，新王朝的支持力量不依赖于现存的血缘关系与一个特别的传承之间的联结。就像国会山一样，天的行为有其意图和偏好，设置限制，人能够与之相争或寻求它的援助；但是天不可能是故事里的一个人物，一部小说或传奇里的主人翁，或"在凉爽的夜晚散步"。

这也暗示，天的成员还留有多样性的余地，人可以选择与各种派系或潜流结盟。在天的层面，与我自身的目的、取向、欲望相连贯的 97 力量的子集就是我自身的"天"：它是这个世界上，能够为我的奋斗提供担保和支援的一种精神力量。但在同一个集群中，组织和强调各要素的其他方式，也可以与其他目的相连贯：你的天为你的目的提供援助，它可以与"天"重叠，但不能同一于"天"。所有人都可以在天的普遍的运行里扮演一个角色，就像寒暑、雨、风一样；不过，融入这个普遍的宇宙力量的某些部分可能是与你的目的相连贯的，其他某些部分则可能会与我的目的相连贯。

总之，我想要表达的是：对这些思想家而言，天意味着人格化的、非人格化的力量，以及二者相互混杂的力量，而这些力量与周王朝和它的继承人的特殊使命，与孔子和孟子的特殊使命相连贯。他们自身的行为和取向，将天的相关的特殊性格从世界的各种精神力量中挑选出来，并实现之。天不是世界的创造者；天是亡者和其他的力量及趋势所构成的子集，这一子集**连贯**成一个具有本质同一性的集合体，有其自身的性格，有统一的意图和统一的影响方向，通过"让某人参加进来""将某人看作是它""将某人的行为看成是它"的集体行动，来实现并**维持**这个连贯成形。对于孔子来说，这不是一种纯粹外在的力量，而只是一个集合体，人是其中的预备成员，而不是完全外在于它；他自身会参与进来——这实际上有助于解释《子张第十九》第二十五章把孔子比作天的行为，也有助于解释为何后作《中庸》第三十三章的儒者要走得如此之远，将至诚［perfectly sincere，也即"至为内在连贯的"（perfectly internally coherent）］之人描述为"浩浩其天"（So Vast, he is himself Heaven），并且成为其中的一个有益的成员。

更进一步说，恰恰因为我们认为孔子"继承"了，又在一定意义上"构成"了他所代表的"文化"的连贯成形，所以他继承和构成了天的性格。当一个人总是在一个组群里活动，并且作为此组群的成员而总是代表它时，这个人就既不能从虚无中专断或随意地创造或设计组群的"意志"，也不能接受纯粹他律的命令，并严格地遵照执行。正如参与"礼"这一文化语法（下文讨论）一样，或者如一个特殊的宗族传承一样，孔子是组群中无可争议的一员，这是先于选择的，而同时他又决定性地构成了他所在的这个组群的特性。他想要偏离承诺，则只能靠他对这个组群预先所作的承诺；而这一组群要以某种方式实现出来，也只能靠他当下的行为。他不能决定不做这个组群的成员，但是他可以决定他所在的组群的性质。在他认为自身为其一分子的集合体中，世界的力量、自然力量、文化力量、亡者半人格化的精神力量，哪些力量被视为此集合体的有益成员，取决于他对于他所接续的传统的方向的"看法"。他在这一传统中得到培养，并且有选择地强调他所"接续"（无论在字面意义上还是在象征意义上）的那些方面。

那些与他自身的伦理意图相连贯的要素和力量被称为"天"。它们作为一个集合体是真实的，而且具有一定范围内的、清楚而无可商榷的意图和议程。但由于这一集合体天生就具有多样性，故而所能强调的重点总会有变化空间，例如将这个或那个侧翼或要素，包括进组群或者排除出去，当然，这种变化空间要受到连贯成形的要求的局限。孔子的天既不同于也不异于周公或孟子的天。之所以不同，是因为随着时间的推移，更多的要素附加上来，这些特殊的人格化存在的影响力会越来越小，因而被减损。之所以不异，是因为每一个阶段的连贯性的普遍意志，都与当时的代理者——周公、孔子、孟子——的特殊取向及其环境相一致，**并且与以往传统中，作为集合体的天的集体行为相连贯**——为其当下的力量创造不同的解读、视角、侧重点和性格。

天既不是人格化的也不是非人格化的，正如"国民党"作为一个实体既不是人格化的也不是非人格化的。它是具有各种各样的性情、意图和议程的人格化的传统，当某些集体行为或决策或立场被需要的时候，上述这些特征至少在最低限度上可以被看成是与之相连贯。这样，礼与法之间的反差就是明确的，这一点将在下文详述。这些集体决策的确定，也许不是依赖直接投票的严格程序规范，而更像是以儒家的"礼"为基础的秩序观念，它会与随着时间推移或淡出、或产生的各种程度的影响力、资历、上下级关系、道德感召力相一致。天何言哉。天不会给出确切的指示。天是一个传统，可以以各种不同方式与它当前自我任命的代表相连贯。在周人之天的传统下，孔子将自身与某些特定要素相联结，与亡者和正在褪去人格色彩的过去那些特殊楷模，以及他们所来自的，由自然力量、文化力量、非人的精神力量所构成的具有模糊边界的王国相联结。我们再一次清除了相同性和相异性，唯名论和实在论。天为孔子提供一个合乎标准的方向以及一种特殊的使命，这是一种真实的力量，与此同时，孔子则是天的一分子，是天的代理者和认同者，而他自身的使命也定义了天的确切性格。

江文思（James Behuniak）认为，可以直接将"天"译为"Forces"（力量），他将之注解为"最广泛的、互相锁定的范型，事物在其中进行"。[1]他在其他地方还进一步将天解释为一种特殊的背景，是"历史、经验、文化、制度，以及自契担任尧、舜的官长以来，塑造了人类存在方式的一般过程"。[2]后一种解释意味着"最广泛的、互相锁定的范型"应该被理解为"最广泛的、当下相关的范型，它由可接触到的力量之间的连贯而得，故而这些力量互相锁定，成为一股与当前的努力

99

---

[1] James Behuniak, *Mencius on Becoming Human*, Albany: State University of New York Press, 2005, xxiii.
[2] Ibid., p.94.

相连贯的，气味相投而始终如一的力量"，而不应该被理解为"一个囊括了一切互相锁定的范型的集合，所有的分支范型都总是它的组成部分"。

如果是这样，那就接近我所要表达的意思了。注意，尽管天作为限制性的真实力量而活动，有可能促进或者阻挠我当前的努力，但天依然与由这一努力而定义的向善之欲有本质上的关联。如果天不支持我目前的计划，那么即便我所能接触到的各种力量结成最广泛和最强大的联盟来支持我的计划，也依然不足以实现它，这时候总体性的力量平衡，就会将"天"这一反对这个计划的压倒性要素也纳入进来。这里我们必须运用到钟摆模型：天是无时无刻不在被构成的，由其与我们的可欲之善的关系所规定；任何与我们的欲望相连贯的力量，都是构成一个连贯的、可知的天的相关力量。换言之，前反讽时代所定义的那些"善"，总是站在我们最重要的渴望、道德等事物这边，而天则可以挫败这些欲望。恰恰是天这一限制性力量（the limiting force）阻挠了我们的最高目标。

这时候的天是钟摆两翼中"恶"的一面，是我们所欲之"善"的一面的必要补充：两边的平衡，也即此两边赖以获得可知性的、总体的连贯成形，是维持善的因素，是本身不善却至善的东西。我们能体验到天作为可知的力量所具有的阻挠性与限制，但是只有在天作为可欲之善的对立面而与我们的可欲之善构成的更大的连贯成形中，我们才能感受到这种限制。这绝不意味着天真的会在终极层面上满足我们的欲望，只意味着我们须得承认天的超然力量，除此之外，别无选择，这不是因为它是一个赤裸裸的事实，而是因为，**即便是根据我们自身的欲望**，也没有其他选择。

我们自身欲望的结构将某一类力量集合连贯起来，定义为天，而这一结构本身也要求与那些力量相连贯，以保证它的存续。这并没有多深奥。这种观念与我们在《约伯记》里得到的启示并无多少不同：在给予我想要的一切，或施行道德正义的意义上，上天不是善的，但我能得到所有我想得到的东西，或经验到任何正义的唯一可能的方式却是存在的，我必须站在上帝这一边，因为它是所有存在的唯一来

源。更直接相关的，是方岚生（Franklin Perkins）对《孟子》里的天 100
所做的精彩而又逻辑缜密的分析，他推断，对于孟子来说，天的意图
并不见得一定是道德的或仁慈的，而天的不仁的计划涉及对万物之性
以及人之性的创造。我们这里的结论与其十分接近。通过为仁，通过
追求我们与生俱来的道德欲望，我们遵从天**为我们**制定的计划，但
是这绝不保证天分享了我们对仁的欲望——天意欲**我们**为了仁爱而奋
斗，这是它自身计划和本性的一部分，其有可能仁慈，也同样有可能
不仁慈；除了它满足我们与生俱来的，由天所造的本性这一事实之外，
其有可能以任何方式回馈我们的仁爱，也有可能不回馈。所以，在为
仁之时，我们上同于天，即便天本身不是仁慈的，也不为我们的仁爱
提供进一步的报偿。[1]

　　方岚生的评论与"客观主义"的天的观念相一致，也与我们"连
贯成形"的观念相一致。我们的存在就是我们与天——所有有效力量
连贯而成的最广泛的集合——的连贯成形。这个与我们的存在相连贯
而成可知之形的力量集合，其确切性格与它的存在有关，也与它的
欲望、决策和本性有关。我们不能从虚无中创造天：我们被迫在预先
存在的连续性里找到一个连贯的天，它与我们所发现的自身的存在
状态和所求相一致。用郝大维和安乐哲的话说，天是一个连贯的区
域，以我们自身为集点而将它自身组织起来。但是这个区域必定包
含钟摆的另一侧翼，即对我们自身的阻碍，与我们的出生相匹敌的
衰亡，与我们的满足感相等同的挫败感——没有这一面，区域就无
法变得可知，而区域的不可知又会使集点无法变得可知、可欲、连
贯。因此，区域的可知性也是区域的可欲性、至善性。健康（Health）
是健康（health）与疾病（sickness）的联合，至善（Goodness）是
善（goodness）与恶（badness）的联合，仁（Benevolence）是仁爱
（benevolence）与非道德（amorality）的联合，公正（Justice）是正义

---

[1] Franklin Perkins, "Reproaching Heaven: The Problem of Evil in Mengzi," *Dao: A Journal of Comparative Philosophy* 2 (2005), pp.293-312. 即便是如孟子那样承认人性本来是善的——仁的，方岚生也依然能够坚持认为天不是善的。我下文所要讨论的观点，和他在人性善的情况下所发现的"天"观念的模糊性有类似之处。

（justice）与非正义（injustice）的联合。因此，我们说天是仁或者不仁，其实只是一种命名方式而已。我相信，当我们转入孟子对天和人性的讨论时，我们会看到对这一解释的令人信服的确证。

　　但是现在还是让我们继续讨论《论语》吧。我们可以从这里继续讨论这一文本的另一个重要章节，它含有遍在观念，可以与"文武之道"一章串联在一起。在少数几个地方，孔子**确实**谈论过天，其中一处他只谈到自然现象。孔子说他希望自己不必说话，就像天不说话一样。所以在孔子**确实**说到天的有限的几处之一，他说的恰恰是**天确**
101 **实不说话**这一事实。但是子贡说："子如不言，则小子何述（transmit）焉？"也就是说，还有什么教诲、楷模、功绩、标准呢？但是孔子回答说，天不说话却并未使它缺乏功绩；它不下达确切的指示，而"四时行（proceed through/from/in it）焉，百物生（born through/from/in it）焉"（《阳货第十七》第十九章）。这两处浓缩的介词所制造的模糊性，为我们考虑天与自然事物变化过程之间的确切关系，留下了大量空间，但是显然，这一章指出了天的呈现或影响贯穿到全部自然实体之集合，这里存在某种渗透关系。这里，我们再次发现，作为"标准"的天与自然主义的天之间存在张力：它创造了自然事物，这可以被简单说成是一个自然的过程；但是，鉴于它对万物的创造是被当成一项值得被传述的成就来举证的，就如一位大师的言传身教一样，是一种指导模式，我们可以推断，它创造万物的事实，是被当成具有某种值得称道或具有教育意义的事来看待的。这可以是对自然界的无休止的创造过程的示例，一如之后传统中的某些解读那样；或者直接将人与天的物产的相宜性以及对它们的运用，视为天对人的恩赐：农业历法中的四季和农作物，给予我们食物。"天"也不是不能直接指气象学功能上的天空：当天空进行四季的寒暑变换时，就具有使农作物成长的效果。实际上，这个意义上的天整齐地与贯穿于这个传统的其他含义的（规范性的、有意图的、半人格化的）天连接在一起。这对于此传统之外的人而言是一种打击，因为这样就显得相当奇怪：天的自然主义意涵和规范性意涵理应很难调和。

　　我们当然可以简单地将天视为一个有目的的道德代理者，认为

它可以直接而有意地创造人类以及供人类使用的万物，同时也向人
类提出不可商榷的道德要求——作为这一系列计划的一部分。但一般
而言，当一种伦理建基于一个居于主宰和创造地位的神的观念，将
神当成是其伦理计划的终极保障时，神便居于此种伦理的首位与核
心，无论何时受到挑战，此种伦理都会求助于神，而不再需要其他的
正义，正如我们在墨家以及在我们更为熟悉的西方一神论中所见到
的那样；它不是在偶然的角落里羞怯地被瞥见，被降低为模糊的格式
化暗示，悄悄地进入对此伦理系统的诸多主要信条的关键性讨论中
去，相反，它是在完全独立的基础上得到论证的。天的意志这样的话
题是如此周详地在《论语》里被避开，而墨子则回应了这种疏漏，这
一事实有力地证明了，直陈意义上的规范性、有意志的天并不是孔
子所要考虑的。再次指出，我们以由某些欲望所构成的集合为观察 102
点，它是起决定作用的标准：它从全部的自然现象里，将服务于人类
欲望的那些现象（创造食物，维持生命）抽取出来，从而让价值的
连贯成形在每一处地方都是可甄定的，这与孔子在所有的交流对象
里发现文武之道的例子是一样的。这既不要求将与此无关的自然过
程排除出去——它们毕竟不"言"，是天与人不相似的一种表示——
也不要求将天对价值的承担这一事实排除出去。实际上，天的确制造
了人类想要而且需要的事物。但它这样做时，既没有被化约为人类的
这些意图，也没有"制定这些意图"：它不会言说，不提供明确的指
示或命令，不制定律法。相反，它是通过与这些目的相连贯，是通
过与其自身的可辨明的倾向（这一倾向**是站在人类目的的视角上看
出的**）一道构造一个可辨明的实体而做这些事的。这些能轻易变成
一个完整的格式塔（完形）的组成要素的自然力量，就是天；而这个
与孔子的渴望相一致，并且为他提供支持的格式塔，则与他在自己
周围发现的文武之道相连贯。无论其他可能被定义为天的力量是什
么，它们都不是连贯成形的天的组成要素。普遍的连续性不是假设
出来的，而是从一堆容易受到连续性和非连续性两方面影响的混杂
的力量里创造出来的。将《论语》的这两章串联在一起，直接放在
我们目前关于连贯成形的主题里考察，并且不断回到我们对儒家处

理这些问题的办法的讨论上去，我们或许就能找出价值和连续性之间的关联。价值是一种特殊的将事物整合在一起的方式，是事物之间的某种连续性，无论是过去还是现在，对于当下的有洞察力、有欲望的人，以及由给定的各种可组合的事实所构成的环境而言，价值都可以作为二者的某种类型的连贯成形而被发现，并得以进一步存续。

万物和四季的"生"（birthing）与"行"（proceeding）无处不在，因而天的活动在各处均能找到，在这个有限的意义上，天明显遍在于每一时、每一地。天似乎不是万物本身，而是万物背后的创造力量，不是四季本身，而是四季进程中的介质或力量。它可以在任何地方见到，但并不是说它在真正意义上遍布于全部地方；它可以在任何特殊事物或事件的根基中被**发现**。这也许再一次与"文武之道"章中人类主体的行为者角色相伴随；文化价值可以在任何地方发现，但是并不意味着任何事物都同等地具有价值。毋宁说，在每个人那里，某种程度或某一方面的"文武之道"是明确的，而且它们可以为具有辨别力的眼睛所发现。价值是待在一个不一定有价值的外壳或框架里的，这层外在的东西在我们考察价值之时会被剔除掉。可以说，"文武之道"比起"全方位的可获得性"（omniavailability）来要少一些遍在。当某人以这种方式去看"天"，当某人将所有的碎片都与他自身的活动和视野绑在一起时，天的这种可获得的性质实际上变得现实了，由此也使得它连贯成某种可知的东西，呈现于某人所能注目的任何一处地方。

我们需要注意到这一章的另一个重要特征。我们被告知，孔子罕言天。但是不谈论天的结果是，孔子是**天一样的存在**。天也的确是不说话的，尤其是不谈论天自己。通过不披露它，孔子以自己的行为而揭示它、示范它。天不用命令四时百物即能给予确切的指导，或达成自己的目的。孔子做了同样的事。这是反讽的传统的一个关键性环节，在这个传统里，"为无为"（doing by not-doing）变得相当重要。但是在《论语》里，要理解无言之教的有效性，及其不明确的有效性，我们最好借助于孔子的"礼"的观念。

103

礼与法：文化语法

为了理解"礼"的观念，我们必须考虑《论语》中刑（law）和礼（ritual）之间的对立。[1] 礼的观念当然是高度理想化的，但是在后来儒家对普遍性和遍在，以及通常所说的连贯成形进行哲学反思的时候，这一观念在结构上却是至关重要的。单纯以《论语》为基础进行讨论，则法与礼之间的差异是这样的：

法是强迫性的，通过武力来制裁；如果违背，就容易受到肉体上的惩罚。礼是非强迫性的，通过社会压力、榜样、劝诫来制裁；如果违背，就容易感到羞愧，并有可能被排除于社群之外，但不会受到身体上的侵害。"道之以政，齐之以刑，民免而无耻；道之以德，齐之以礼，有耻且格（rectified）。"（《为政第二》第三章）实际上我们发现，《论语》里的孔子明显反对死刑（《颜渊第十二》第十九章）——从古至今，所有的中国政府都将之作为伦理上正确的东西而接受下来——而更偏重于非强迫性的道德劝诫。[2]

法——至少成文法、戒令——是明确的、被清楚表述的，公开制定并可能书写下来。只有具备推行它的权力的人说它是法时，它才是法。法的语言先于法的事实而出现。礼起初是含蓄的、未经陈述的、非正式的，是未被书写下来的先例与惯例的集合，随后被形式化，被编纂，被描绘，被过滤，被扭曲，被修正。它最初只是被传统、惯例、先例 104 神圣化，而不断延续的世代与政权会不断认可它，进一步将权威附加上去。礼的事实先于礼的话语而出现，而这话语是多种，而不是只有

---

[1] 正如近来绝大多数对孔子礼的观念的独特讨论那样，这里提到的观点实际上是赫伯特·芬格莱特（Herbert Fingarette）在其开创性的作品《孔子：即凡而圣》（*Confucius: The Secular as Sacred*）中首次提出的。但是最终我对孔子之礼的理解与芬格莱特明显有着巨大的分歧。

[2] 需要注意的是，这一观念在荀子这里有了关键性的变化，惩罚被完全接受下来。但是荀子所描述的孔子不是《论语》中的孔子，他对孔子的任何一个确切的援引，都无法在《论语》中找到。荀子所描述的孔子不仅支持肉体上的惩罚，而且单纯出于政治上的原因，对少正卯施用了死刑。这个故事的真实性被朱熹、钱穆和其他许多儒家学者质疑过，因为在荀子之前找不到任何出处，而且《论语》中反刑罚的立场也使得它站不住脚。

一种，因此当它出现后就有可能组织、阐释并修改那些事实。

法是由一个中央集权者制造并实施的。礼是以先在的风俗为基础，而后不断由圣人们编纂、修订、系统化的；它可以被修改——尽管缓慢而审慎——以与当下的惯例相一致，但是绝不能无中生有。

法对于立场、特殊环境和阶层是视而不见的；它不承认有例外，而只能被平等、机械地应用；它是平等主义的、绝对的，对社会组织中的所有节点都具有同等的效力。礼是根植于特定阶层、立场和环境的，允许不同寻常的环境中的例外情况；它将某些人、某些时间以及某些地方看得比其他的重要得多。对某人来说正确的事，对其他人而言未必正确。一旦阶层世袭而且不可改变，就会在原则上反对任何形式的平等主义。当阶层变得短暂而且可改变，就制造出一种高度集约的、轮流性的平等主义。在这种流变下，某人在某种环境下是对的，在另一种环境下不见得是对的，在某一时间是对的，在另一时间不见得是对的；演员可以转换角色，或者扮演多重角色，而角色本身的等级却是固定不变的，而且必然总有等级；就是说，一个整体中总有某个部分比其他部分更加重要、更为核心。当然，这只适用于权威职位的继承人，比如这一家族中的儿子们。其中一个儿子若居于次一级地位，那这就是他将来掌控他的家族的"保票"。妻子和女儿就不那么幸运了，尽管她们在任何时候，对等级比自己低的人（儿媳妇、婢女、儿童等）都扮演着类似的掌控角色。礼是一种轮流性的"少数中心主义"（oligocentrism）：组群中的一部分角色有决定权和掌控权，而不是全部都有，而占据这些角色的人则总是在不停改变。

按照李晨阳依据信广来（Kwong-loi Shun）的工作所做的启发性的隐喻，我们可以将礼视为某种类似于文化语法的东西——**一种行为语法**（a grammar of behavior）。[1] 就像一种语法一样，它是符合习俗的、

---

[1] 参见 Li Chenyang, "Li as Cultural Grammar: On the Relation Between Li and Ren in Confucius' Analects," *Philosophy East and West* 57, no. 3 (July 2007), pp.311-329. 礼的"社会语法"隐喻实际上早在郝大维和安乐哲那里就出现了，见 Hall and Ames, *Focusing the Familiar*, Honolulu: University of Hawaii Press, 2001, p.70. 我这里的讨论接近于李晨阳对这个比喻的发展，他强调的是社会行为的礼仪性语法，而非一种通过社会角色的划分来体现的礼节。

非自然的，作为某一特定社群的功能及其历史而存在。它是作为一项技能而从说这门语言的人那里习得的，主要手段是模仿，尤其是儿童对家长或监护人进行的模仿，因为他们能够凭借与儿童建立起的情感纽带，以榜样的影响力而将一种带有内置的评判态度的沟通模式教给儿童。自我意识刚产生时，会以母语的语法和处世态度进行交流，并沉湎于这一语法和态度，新生的自我与这种沟通、沉湎的活动是同时发生的，甚至也可以说是同义的。这一语法的规则作为规则而被学习，通常是后于事实的——如果真的有这种事，而且语法规则最终很难被公式化；尽管不能将这种语法的规则陈述出来，但这并不妨碍人们熟练地应用这种语法。它具有一种规范性力量，告诉我们哪种用法是正确的，哪种用法是错误的。严格说来，在语言学的语境中，语法不正确的句子，在表意上是失败的，或者说，纵使一个句子的含义总能被人听得懂，不正确的语法依然会限制观念的可沟通范围。

　　贫瘠的语法可以让人感到羞愧：一个人对其所用语言之语法的掌握程度能作为其所在社会阶层的标志，标志着他是哪一"类"人。在以某种语言表达任何思想时，其语法都是必要的，但语法本身并不规定哪些观念可以被表达，只是让某些观念更容易表达，某些更不易，此外，它有可能因为自身特殊结构的限制而将某些潜在的观念排除在表达范围之外。对语法的掌握程度越高，凭借语法所能表达的不同事物就越广泛。尽管这是一个规范而保守的结构（没有它语言就完全无法工作），但它允许例外，尤其是在文学大师的手里。不过，只有当这些文学大师确实是为了展示某一重点或者文体效果而做出深思熟虑的破坏，且为人所知时，这种文学效果才会起作用；而语法规则的破坏者必须显示出，他们也完全能够掌握他们所破坏的规则。语法规则的少数例外，预设了规则的普遍应用，以便自身能起作用；而且，由于这些例外只是偶然性的，它们与标准的规则之间暗含着对照，所以它们能够获得影响力。语法规则可以随着时间不断变化，但是只有在边缘地带，靠着持续不断的实践，这种变化才会以非常缓慢的速度发生。

　　只要语言始终是活的语言，语法就始终是保守的，同时又总处于变化的过程之中，具有模糊的边界。语言不是由任何一个个人创造出

105

来的（这不发生在任何一个时间段内），也不依靠任何一个威权来进行推广。对于未能遵守语法规则所做的处罚，是地位的丧失、羞愧，以及被排除于运用这一语言的成员所构成的社群之外，或者不为运用这一语言的著名群体所承认。礼的功能与此类似。仁（humanity）是与礼（ritual）有关的，正如李晨阳所熟练发展的观点那样，这跟文学造诣（literary virtuosity）与基本的语法规则的关系是一样的。孔子称某人"仁"，就好比他称某人为文学大师。文学造诣指的是这样一种能力：能够以各种方法运用语法，使它既新奇又能让说同样语言的人理解。一个文学大师所能表达的观点越广泛，能够最大范围地涵盖各种微妙之处和细微差别，这位大师运用语言的造诣就越高。这一造诣假定，要对这种语言的基本语法有彻底的掌握，吃透其微妙之处，这样才可能获得非凡的文学效果；但掌握语法和取得这种效果是两回事，仅凭语法是无法构成这种效果的。为了获得偶然性的效果，甚至可以破坏语法规则，这样一来，在某些情况下，这些破坏性的用法会被推广，甚至因此而影响到将来的语法演进。按照这一模式，我们或许可以说，圣人是类似于文学天才的人物。当天才人物对语言的新用法变成典范，他便将他的造诣（virtuosity，"德"）扩展到典范所在之处，引入新的修辞，并且改变语言，就像莎士比亚、爱默生、歌德或尼采在运用他们的母语时所做的那样。

106

上述说法与我们当前主题的关联性，可以通过《阳货第十七》第二十一章得到辨明，此章对于礼的基础和本性所展开的讨论，在《论语》中是最广泛而详细的：

宰我问："三年之丧，期已久矣。君子三年不为礼，礼必坏；三年不为乐，乐必崩。旧谷既没，新谷既升，钻燧改火，期（a year）可已矣。"

子曰："食夫稻，衣夫锦［a year after a parent's death］，[1] 于女安乎？"

---

[1] "［ ］"中的内容，是任博克对《论语》原文的补充，今照录，后仿此。——译者注

曰:"安。"

"女安,则为之。夫君子之居丧,食旨不甘,闻乐不乐,居处不安,故不为也。今女安,则为之!"

宰我出。子曰:"予之不仁也! 子生三年,然后免于父母之怀。夫三年之丧,天下之通丧也。予也有(get)三年之爱于(from)其父母乎?"

这里,宰我提出了两个修改礼仪实践的论点。首先是实用主义的:三年的丧期在实用的角度会带来负面后果,即便是以孔子自己的价值系统看也是如此,它对礼乐的兴盛来说是不利的。其次是自然主义的:自然现象提供了一个模型,它被说成是人类的范式——一年是自然界完成一轮生成与衰败的周期。孔子无视了这两个论点:能够在伦理评价中起决定作用的,既非单一的实用主义论点,又非单一的自然化的(或者神圣化的)论点,也不是两者的串联。无论是实际利益还是天道,离开了特定的人,都不能提供任何决定性的伦理指导。故而,孔子反问宰我,如果一年后就食稻衣锦,他是否会感到"安"。问题似乎直接过渡到人类的主观经验上来,"安"的感受成为决定性的因素。这为价值提供了一个终极来源,它既是实用主义的又是自然主义的,但角度却截然不同:它关心的是**人类感受**(human feeling)所具有的(自然主义的)模式,及其所引起的(实用主义的)后果。

这种人类感受当然不是孤立的:它是更大规模的模式、后果所构成的集合的一部分,凭借这一集合而构成它自己的连贯成形。但是这些感受的模式及其所引起的后果,并不仅仅是参考性因素,而且是**决定性**因素,具有最高的否决权。而最重要的依然是,在规定性和描述性之间,唯名论和实在论之间,它如何能不落两端。接下来我们可以看到,礼是如何被设想为同时具有非强迫性和规范性的。宰我直接考虑的是他自己的感受。他并没有受到"应该感觉到什么"的教诲,而且被两次告知,如果他**真的**是这样感受的,他就应该照这样去做,无论先例或规则会是什么。这是非强迫性的一面。而规范性的一面,则来自孔子为进行对比而提出的君子的行为举止和感受。这是用来使宰我羞愧的，也许会刺激他进行更进一步的反省，并激励他去效仿。**但更重要的是，孔子事实上不提供一种规则，就像天一样，他不"言"（就是说，他不提供一种确切的指导），这本身就意味着典范性和规范性。**"女安则为之"的说法本身就是礼的一种**典范**，是非强迫的"让"的一种示范，其本身就是规范性的，用意在于引起听者的效仿以及惭愧。天之于孔子，是一种"礼仪—效仿"关系，而非"法则—遵从"关系。

当宰我离开后，孔子在他背后批评他。一直等到他离开后才批评，是礼仪的另一种示范，这是为了宰我和其他弟子们好。批评格外的温和，孔子只是简单指出宰我不仁，而孔子本来也不承认活着的人是仁的。只有在赞扬死去的榜样时，孔子才会使用"仁"这个术语。宰我愚弄了他自己，就像一个蹩脚的散文作家尝试了一种违背传统语法的花哨短句或用法，诸如"他不是不即便无论"云云。他努力使这种用法可以被接受，甚至增添一些精巧的解释以说明它为什么很棒——明显有过度否定的迹象；在任何时候，当不得不对一个短句好在哪里进行解释，对为何它应该流行起来给出各种理由时，你就能确定这个短句是没有未来的。这个短句不可能**行得通**——所以，孔子指出宰我不是"散文大师"，就是说，他是不仁的。宰我提议修改语法，这是一种混淆，也会引起他人的混淆，它没有从任何真正的情感出发，无法唤起共鸣，没有表达任何东西：它在沟通上是失败的。

当孔子给出他自己的理由——如果三年之丧被取消他会感到不安时，我们可以看到辩护的基础：对于幼儿期的三年里父母的仁慈和照料的一种自动的共鸣感。在那个时期，孩童完全仰赖于父母，才能在世界中与之相关的连贯模式中得到自身的存续与位置；现在父母去世了，他们完全依赖于子女，才能在世界中与之相关的连贯模式中得到自身的存续与位置。孔子最后的评论是模糊的；他质问宰我是否"有"（has）三年之爱于父母，这等于说"难道他没有三年的爱给他的父母吗？"或者是说"难道他没有从他父母那里得到三年之爱吗？"我这里采取的是后一种解释。如果这种解读是正确的，那么孔子似乎在为宰我悲伤，因为他的失败不在于他自身的缺陷，而在于他从他父母那里得到的爱可能死掉了。回到我们刚才的比附，这就好像是在说："唉，他不是散文大家，他对我们母语的句法和典故没有共鸣；难道在他获得基本的语言能力时，他的父母没有为他示范过正确的讲话方式吗？他对我们语言的深层结构中最基本的词汇连贯性（cohesion）都不了解！"当然，我们这里讨论的不是真正的语言结构，而是行为举止和情感的语法；作为这一语法的合格的使用者，父母在照顾他们的小孩时会示范妥当的行为举止和情感，而小孩也因此而学习这一语法。

是什么使得这些行为举止和情感"妥当"呢？这不只是因为它们符合专断的习俗（这与伦理学上的外在主义和本体论上的唯名论是一样的），也不只是因为它们符合无可变更的自然事实（内在主义、实在论），而是因为它们符合可沟通性（communicability）。一个好句子需要言之有物，但同时也需要以别人能理解的方式去说。言之有物即是要增加某些新东西，增加一些能于此时此地真正属于某人的经验；否则，就什么也没说。但是，要想被人理解，就要将他当下的经验带入一种可接受的形式中，以便为其他人的经验所知。他必须依靠现存的语法和语言，使这一个人化的新观念可以为其他人所理解。如果没有内在性和独特性，就没有沟通的必要。实现沟通恰恰是语法所要做的。实现沟通恰恰是礼仪所要做的。礼仪以一种可理解的、可得到的 109 形式，将父母的经验传递给他们无助的婴孩，许多年后，孩子又将这种形式回馈给他们无助的亡父亡母。礼仪这一文化语法，使这两种相对立的经验彼此连贯起来。

这将我们带入一个关键性的问题，即"天下之通（universal）丧"的声明上来。这种说法，乍一看似乎是说某个不存在例外的种（kind）具有的普遍性（universality）。但是这一论断却忽视了，孔子刚刚承认，甚至明显地原谅了它的例外。它是"通"丧，但并不意味着每个人都这样做了，甚至不意味着每个人必然**应该**这样做。孔子给宰我的建议是，与其伪装自己的感受，还不如不要做。这样的话，宰我当然没有资格加入"君子"的行列——但是这种情况下，他的退出其实是一件好事。这依然是一种严厉的惩罚，也是一种强有力的制裁，带有相当大的规范性力量。不遵守礼仪的处罚是羞惭，丧失地位，受排斥。然而，即便孔子对不尊礼仪的情况予以承认，并且在有争议的情况下对其给予了担保，他仍然将三年之丧称为**天下所有人**的"通"丧。这告诉我们，不能过于直接地将"通"理解为"普遍性"，认为其在逻辑上近乎承认毫无例外；更可取的做法是从字面上对"通"进行理解：不受限制的、不被阻碍的、渗透性的、可沟通的。它并不意味着某事物可以无一例外地被应用到每一个案例上，而是说某事物可以被转化，可以呈现于不止一个地方，从这个地方到那个地方都可以找到：此即是**可通行者**。这有点像上文提到的价值的普遍可获得性：文武之道为社群所"通"有，意味着在任何地方都**可以发现**它，只是程度和侧重点不同而已。在孔子明睿的双眼中，它是可以发现的，但不意味着所有人都正在践履它，且应该践履它。这是我们在礼仪模型里所找到的最为接近"普遍性"的特征。礼仪承认例外，甚至要求有例外。但是它将各种要素（包括例外在内）连接在一起，汇成一个连贯成形，使它们前后一贯。作为文化语法，礼仪是行为举止的可沟通性的中介，允许它们集合为一个可知的、承载价值的连贯成形。

在康德的说法里，绝对知识（apodictic knowledge）必须具备两个特征：它必须是普遍的（不承认例外），而且必须是必然的。参照康德的命题，我们或者可以考虑一下《论语》中的"必然性"的意思。由这一术语马上想到的当然是"必"，尽管《论语》声称孔子杜绝了"必"——必然的属性，或者对任何规则的必然的、无例外的运用（《子罕第九》第四章，对比《微子第十八》第八章）——但他也在许多地方正面地使用这个术语。这本身是相当能说明问题的：即便"我绝不宣布那些不承认例外的规则"这条规则也承认例外。但是这个术语为人所熟知的一种用法，对我们现在的目的有相当好的揭示："三人行，必有我师焉。择其善者而从之，其不善者而改之。"（《述而第七》第二十二章）这是对关于选择的原则所做的一个明确的阐述，也表明了明辨的双眼的重要性：在某种意义上这里是有老师的，但在另一种意义上，孔子是依靠其选择性的眼光而**使**他们成为自己的老师。举例来说，我们在孟子那里（《告子下》第十六章）也可以看到同样的否

110

定结构："予不屑之教诲也者，是亦教诲之而已矣。"从结构上说，这或许暗示了我们如何去理解那种并不能在所有情况下观察到的丧礼实践中的"必然性"：丧礼甚至可在不遵守丧礼的情况中得到示范，它为进一步体验和巩固丧礼提供了一个机会，或者激发了人们对它的反省，正如宰我那个例子一样。**假设有孔子式的，根植于经过选择后的人类情感的集合的，致力于一种特殊的价值导向的明辨眼光，那么**"文武之道""三年之丧""我师"就是在任何地方都可以被发现的，即便在它们不出现的地方。因而，"文武之道""三年之丧""我师"三者，无须具备真正意义上的普遍性和必然性，只要以上述假设为前提，它们自然就是不可避免的。只有在这种特定的意义上，它们才是规范性的、预测性的。

这是一种应用于观念框架结构中的"普遍性"和"必然性"，它由礼主导，而不是由刑律主导。天是不说话的：天通过礼而完成其工作，不是通过刑。宇宙是礼仪的宇宙，而不是刑法的宇宙。而正如我们已经论述过的，礼仪是以连贯成形的模式运作的，而非共相之于殊相的无一例外的应用，或者殊相之间的绝对分离。礼仪不是将"相同的"规则（rule）或法则（law）运用到"相异的"众多实例中：它是和谐的连贯成形的一种有效方式。需要注意的是，《论语》中首次提到"礼"这个术语时，恰恰是将"礼"与"和"并联在一起的，而"和"明确指的是价值："礼之用，和为贵。先王之道，斯为美。小大由之，有所不行（在小事和大事上都应该遵循它，然而'礼'中总有一些不能促成和谐的事物，故而一律遵循的话，在有些地方就行不通）。[1] 知和而和，不以礼节之，亦不可行也（如果看见和谐就直接去求得和谐，而不以礼仪来调节，也是行不通的）。"（《学而第一》第十二章）礼的实质是和，和的实质是礼，二者交叠之处才是行得通的。有礼无和，有和无礼，都是行不通的。或者我们可以将之称为礼

---

[1] 这句话的含义并不明朗。它还能被理解为"在大事和小事上都应该遵循它，［然而］在有些事情上（即那些没有被礼仪表述的事情）则未必行得通"。我在正文中的解释并不见得能说服所有人，但是它似乎更切近于"礼之用"章开头对礼与和的评论，而且可以与后面"知和而和"句保持平衡。这种结构（勾勒出两个极端之间的"中"）在《论语》中太常见了。

111 与和之"和"？正如各种滋味或音调那样，各部分的连贯成形所带来的直接的愉悦，就是和。行为举止的各种文化形式所固有的语法，就是礼。礼是第二序的连贯成形，在礼的作用下，一种和谐的、愉悦的连贯成形之存在，就可以与同一个文化里的其他人愉悦地连贯起来，而且是可传递的，同样重要的是，这种连贯成形可以由过去进入未来。愉悦、连续、平衡——这是礼仪性宇宙的标准。但是，随着万物在任何给定的情况中连贯性地和谐起来，礼仪的某些基质有可能被抛弃；或者反之，第一序的和谐与愉悦的某些基质可能被牺牲掉。这就是天的工作，因而它不会给出普遍性的断言或指令，也不会按照相同性和相异性的固定标准一劳永逸地命名或者评价事物。

正名：依礼而定的身份

与上述解释相反，有时候人们会认为，孔子至少曾有过一些实在论的语言观，持此说者往往以他著名的"正名"（Rectification of Names）学说为证据。这一观点只出现于《子路第十三》第三章：

> 名不正，则言不顺。言不顺，则事（endeavors）不成（succeed）。事不成，则礼乐不兴（be established）。礼乐不兴，则刑罚不中。刑罚不中，则民无所措手足。故君子名之必可言也，言之必可行也。君子于其言，无所苟（cuts no corners）而已矣。

这一章的真伪有时候会出于几方面的原因而被质疑。[1] 它显示了对于语言理论的一种时代兴趣，《论语》文本中其他地方并未能一

[1] 见 Arthur Waley, trans. *The Analects of Confucius: Translated and Annotated by Arthur Waley*. New York: Vintage, 1938, p.22，以及万白安对此段文献插入《论语》后所引发的争论所做的完美概述与补充，见 Bryan Van Norden, *Virtue Ethics and Consequentialism in Early Chinese Philosophy*, New York: Cambridge University Press, 2007, pp.86-89. 万白安认为这一章在文本上是可疑的，而其断言也是《论语》所应拒绝的，我完全同意他的结论。据他的论证，我们应该将"正名"视为《论语》的一种注解中的核心部分。

见，而且只有在其后的时代中，才有集中的专门讨论。它使用"……不……则"的锁链结构，这种形式少见于《论语》其他各处，却是后来战国辩论的主流。此外，它还明显支持刑罚，这与文本其他地方的说法也不能保持一致，例如上文提到的"道之以政"章。然而，我们暂且先承认它的真实性；无论如何，它在战国时期也一度成为儒家思想中老生常谈的学说，这一点是十分清楚的。对刑罚的借鉴与"道 112
之以政"章并不必然互斥，后者毕竟不是要**禁绝**刑罚，而仅仅是在表达一种优先性。实际上，禁绝刑罚在一定意义上相当于禁止禁令，正如对相同性的排除实际上本身就是一种相同性，是对无处不在的自我同一律的严格遵守。更说得通的看法应该是，孔子支持刑法从属于礼仪，而不是支持用礼仪排除惩罚性的法律，正如本章所清楚论述的那样。与之类似，对"和"的强调并不意味着排除所有具有相同性（"同"）的观念，而是认为它们从属于"和"。法是礼的一个子集或功能，就如相同性仅仅是和的一个工具性的、留有余地的功能一样。

《论语》中的其他很多部分通常被用来作为"正名"学说的注释，尽管它们都没有提到"名"的概念。最著名的当数《颜渊第十二》第十一章："齐景公问政（governing）于孔子。孔子对曰：'君君，臣臣，父父，子子。'公曰：'善哉！信如君不君，臣不臣，父不父，子不子，虽有粟，吾得而食诸？'"在这一指涉里，"名"明确指的是社会角色，是对社会结构的组成成员的职责所做的说明。职责说明与行动相匹配的效果被齐景公相当率直地指出来：他可以吃到食物。实际上，在最明确地对"正名"进行提倡的这两章中，这一效果是文本给出的**唯一**辩护。我认为，我们没有理由将之视为庸懦的景公按照自己的理解而对一个高尚的学说所做的粗鲁而又唯利是图的解释，尤其是在它与孔子自己在"必也正名"章（尽管对其真实性还有争议）所做的解释相当一致的情况下。这一辩护彻头彻尾是**后果主义**的。文本中再也没有关于正名的其他辩护了。

然而，更为紧要的是，这一后果主义是某种程序的基础，这一程序看上去极**像**实在论，因为它对事物一劳永逸地与它们的恰当定义相匹配极为关注，而且反对"名"的多义性的、模糊性的、相对性的用法。我们从这里可以获得一些洞见，以便理解这些早期儒家作品中规范性和可商量性的交汇之处。万物的"名"和其本质同一性**必须被固定，也应当被固定**，以与能够促进所有可欲之物（从物质对象到可沟通性本身所具有的满足感）在文化上的可传递性的语法标准相一致。它们必须被固定，而目前尚未被固定，要想做到这一点，就要靠圣人明辨的眼睛让连贯成形的普遍可获得性成为可能。

这种"明辨"本身即是一种连贯成形，连贯的双方一方为圣人自己的欲望（礼仪让这些欲望有了层级划分，让它们连贯而成形），一方为他按照自己的眼光而有选择地强调和组织起来的传统力量与自然力量（正如"文武之道"章所显示的）。这既与人所具备的名得到的校正有关，也与**事物**所具备的名得到的校正有关。前一种"名"是通过人们在社会阶层的语法性的连贯成形中所具有的地位而得来的，对它的校正会让每一个人的表现和所得都与他的公开身份相称，包括财产的分配也与阶层的优先级相符；而礼的关键性的一面，也即是第二种"名"的校正，则是在人类社会角色被校正后才有的。粟只有在被吃掉的时候才是真正的粟；好粟之为真正的好粟，就在于它完成了进入齐景公之口这一功能。撂在地里让其腐烂，就不是粟而是废物。如果这批作为贡品的粟不进入齐景公的肚腹，而进了老百姓的嘴里，在景公看来就不是粟而是违禁品了。《子路第十三》第三章的指涉可能更广，但是在聚焦于实用这一点上至少是同样有力的。校正万物的"名"，其理由与校正社会角色一样，都是为把事情做好——尤其是让礼仪正确地起作用，并且让从属于礼的刑与法正确地起作用。这也是一个标准，据此可以评判何者为一个**被校正过**的"名"。这并不是说，这里有一个真正的"名"，可以应用于世界上的每一个事物，是此事物之本质的一个独特标志；而是说，相同的"名"被用在相同的事物之上，其"相同性"之被定义，要符合某一个人类欲望之集合的要求，同时也要符合礼仪的要求，而礼仪实际上是使（人类组群成员之间以及每个成员内的）欲望自身和谐化，并使欲望之满足最大化的一个系统——欲望与可得之物之间的和谐。上述这一说法在荀子后来的讨论中会得到更清楚的表述。

调整和拣择的过程，即便在某物被定义为其所是之物时，也是存在的。相同性以及明显的本质定义（essential definitions），是"和"的附属物，反之则不然。万物的名、本质同一性、范畴之被决定，都要符合它们在礼乐系统中的地位和职能。礼乐系统本身是一种文化语法，它让仁的造诣成为可能。而仁的造诣就像文学造诣一样，是对现存文化形式的一种调度，能让**最大化的沟通**成为可能。正如李晨阳自己指出的，在这种隐喻里，"语法"意为句法（syntax），即"将词汇或者句子结构的其他部分结合起来以组成合格的句子和短语的各种规则"。[1]语法是各要素之结合，或连贯成形的一种结构性的格式，它能让各相关要素构成有意义的单元。它说的是各种组合如何创造出可知性：连贯成形。它说的是当前连贯成形的诸形式与过去连贯成形的诸形式之间的一种连贯——语言传统，或意涵的各种文化形式，人们凭此而说话、做事。最早的儒家学说是一种道德**沟通法**。这种沟通意味着一种内在与外在的连接：一种最个人化与私密化的表达，大师经验中的新奇个性，以一种可以流动到语言/文化共同体的其他成员那里去的形式，让他们获得一种与之类似的新经验。这种经验既是可以公开传达的，同时又是最贴心的。这种沟通是要让自己与这个稳定但又缓慢改变着的语法的其他使用者——过去、现在、未来的——连贯起来，而且让这种连贯成为易于把握到的"形"。

孟子论性与类

我们已经提到了，在天道之外，还有某些东西是孔子所不愿意谈论的：人性。不过，他在这一题目上确实也给出过一则评论："性相近也，习（由于他们接受到的不同教育）相远也。"（《阳货第十七》第二章）与人类全体成员的连贯成形有关的另一个术语也被引入进来："有教无类。"（《卫灵公第十五》第三十九章）"性"和"类"这两个

---

[1] Li Chenyang, "Li as Cultural Grammar: On the Relation Between Li and Ren in Confucius' Analects," *Philosophy East and West* 57, no.3(2007)p.317.

术语在非反讽叙事中开始扮演起核心角色，尤其是在《孟子》和《荀子》里，这两个术语与分类问题、共相问题等有着密切的联系。即便是在《论语》里，在这两个术语早期的朴素用法中，我们也已经能看到它们对于人类族群的"共相的共相"的强调（无视这一组群成员之间天生的差异），而这也引发了对人类（或者受过教化的中国人）之于动物（或未受教化的蛮夷）的"特殊的共相"的强调（《公冶长第五》第十二章）。

孟子采用了这两种含义。人之"类"与其他所有事物之类存在着真正的不同。但是，这并不是一个单纯的"自然类"，不是具有自己的固定本质的客观的物种，它不是亚里士多德的类，更不是柏拉图理念的实例化。它当然也不单纯是一个唯名论的断言，将"人类"的终极真相宣布为他们之间的个体差异，因而这些被指定为"人类"的东西并不能真正结合成一个可甄定的集合，唯一能甄定的是指定活动本身。正如信广来在分析《国语》和《左传》等早期文本中"性"这个术语的用法时所论述的那样，这一术语并不指涉一个静态的、客观的真相，它与一个特殊的实体集合无关，不是"本质"。毋宁说，它已经明明白白地将主观要素纳入进来。信广来说："在《左传》和《国语》里，'性'的用法发展到不仅指涉一个事物终其一生的成长方向，而且指涉一个事物在生存中所具有的需求和欲望，或指涉一事物的某些趋向性特征，而这些趋向也许是伦理上的欲望，也许不是。"[1]换句话说，这一术语可以指涉方向和欲望，即指涉具有价值导向的活

115 动。其实，在许多早期文本中，"性"和"生"是可以互训的——在去掉"心"旁后，生与性字形相同——这使得许多注释者推测，它们在早期实际上是同一个字。但是"生"含有"出生"和"生命"两种意思。它可以指天生具有的东西，即一个人与生俱来的东西，因此，稍加扩展，它就可以指一个人所固有的东西，指这一特殊的生物始终拥有的，且为其特征的那些东西，诸如一个不变的、自我同一的特征，一个本质。但是它也能指"保持生机"、生长、生活，与之相伴

---

[1] Kwong-loi Shun, "Mencius and Human Nature," *Philosophy East and West* 47 (January 1997), p.3.

的观念是方向、需求和欲望。恒常与变化都直接蕴含在这个术语里，将"使这个可被甄定的当下成其为这一事物的东西（即它的恒常的特征）"和"它所体现的价值"，以及"它延续到未来"结合起来——此三者即可知性、价值和连续性，是我们所谓"连贯成形"的三个关键性的组成部分。这种考虑决定性地改变了这幅图景的轮廓，有助于解释我们在孟子的人性观中发现的某些困难。

"相同性"和"相异性"可以直接被理解为"内在的"和"外在的"："内在"于我的东西从某种意义上说是与我"相同"的，而与我"相异"的东西就是"外在"于我的。如果内在和外在可以被决定性地、无可置疑地定义，那么相同性和相异性也同样能够被如此规定。"内在"与"外在"的问题当然是《孟子》里的一篇主要对话中的焦点，在对人性是由什么构成的进行讨论时，孟子与告子就义是"内在"还是"外在"发生了一场争论。[1] 这一问题关系到"义"是否在"性"内。诠释者往往感到非常困惑，因为当孟子反对告子而维护人性善时，他对自然类的看法，表面上看来有时候像是一个唯名论者，有时候却又像是一个实在论者。当告子说，人性和义的关系就好像杞柳和由杞柳编造出的杯棬一样时（这一隐喻会引起我们对在道家作品中发现的"器／朴"之隐喻的回忆，尽管后者是在不同的目的下展开的），孟子看到，这一说法会不可避免地导致道家的结论，于是直接给出实用主义的辩护以反对之：这暗示着你必将戕贼人性以为义，并且会让人们讨厌义（《孟子·告子上》第一章）。这里，孟子似乎像是

---

[1] 见 Kim-chong Chong, "Mengzi and Gaozi on Nei and Wai," *Mencius: Contexts and Interpretations*, ed. Alan Kam-leung Chan, Honolulu: University of Hawai'i Press, 2002, pp.103-124。庄锦章对此问题做了详尽而严谨的考察，他就何为"内"，何为"人性"所总结出来的标准，与我在本章的论点部分重叠，尽管我们的观点在其他方面存在尖锐的差异（在我看来，就孟子对欲望的分类，以及《尽心下》第二十四章对性、命的辨析而言，他误解或说过度强调了双方之间的差异），但是庄氏相当有效地证明，孟子／告子关于内在功能和外在功能的争论，是对这些观念本身的问题化，对于何者意为内在，何者意为外在提出问题，而不是要确定何者真的是内在，何者真的是外在的规定性理论（不过，庄氏似乎认为孟子在其他地方提出了这一理论）。卜爱莲（Irene Bloom）在论文 "Biology and Culture in the Mencian View of Human Nature" 中（同上，第 91—102 页），也表达了相类似的观点。他认为孟子的"性"不能根据互相排斥的"先天固有"与"后天获得"，或者"自然"与"熏陶"等范畴来进行理解。我认为，这一说法对于与此相类的"内在"与"外在"范畴也同样适用。

一个实用主义的唯名论者：我们最好将这称为"性"，因为它对我们来说更加有用。

但是，告子接着说性犹如湍流之水，决之东则东流，决之西则西流，其流向依赖于为它开出来的渠道，性也如这不做分别的水一样可以向善可以向恶。它具有流向任何一个方向的内在固有的动力。孟子通过改造这一隐喻而予以回应：尽管水无分于东西，但它并非无分于上下，即便它能被拍击向上，它的本性也决然是向下流的（《告子上》第二章）。这里，孟子似乎像是一个实在论者：人性具有一个确切的、真实的、不变的本性。尤其是，他所谓的"善"具有其他可能的谓词所不具备的功能，这似乎就压过了他此前那种唯名论的反应。不过，一如我们将要看到的，这种情况只是表面现象：孟子意义上的"善"会将先前那种实用主义的唯名论说法容纳进来。

《告子上》的第一章和第二章的摹画是互相对立的两个极端，而第三章的辩护则直接切入我们的核心问题：他的伦理学说中的"类"与共有的性质。在这段对话以及第四章的对话中，我们得到了新生的、摇摆不定的"相同性／相异性"模型，它明显是从正在发展的"连贯成形"模型中被区分出来的，这种情况向我们表明了前一个模型在中国传统中的可获得性，以及它何以会被完全吸收进后一个模型。告子在第三章争论道，"性"是一个通称，只是表明一个人生而具有的任何东西，即天生的。[1]孟子问他，是否所有生物的"性"都是相同的，即同一种先天性质，正如所有白色事物的"白性"都是相似的（"犹"）。告子说他是这个意思，孟子回答道："然则犬之性犹牛之性，牛之性犹人之性与？"（《告子上》第三章）这一带有修辞色彩的反问当然暗示着否定的回答。性在这里被视为一种非常特别的"共相"，它既是最普遍的又是最特殊的，既具有区别性又具有统一性。

---

[1] 葛瑞汉和万白安提供了另一种有趣的解读，他们并不把这一章的"生"解为"天生的"，而是解为"生命"或"活着的"，即生命本身的基本条件。见 A. C. Graham, *Disputers of the Tao: Philosophical Argument in Ancient China*, La Salle, IL: Open Court, 1989; Bryan Van Norden, *Virtue Ethics and Consequentialism in Early Chinese Philosophy*, New York: Cambridge University Press, 2007, pp.284-287。这也是可以说得通的，而且可以很好地理解告子在第四章的说法（"食色，性也"），以及孟子的反驳。

因此，我们或许可以认为，孟子承认真正意义上的相似性（假如不是相同性），但仅限于所有的"白"之间，而非所有的"性"之间；他只是按照告子的意思进行分类，而并没有接受这一分类。但是在第四章，他明确区分了"性"的类别，一方面是"人之性"或者"义"这样的伦理性概念，另一方面是可适用于"白"这样寻常的普遍性概念，而且这些概念也可以用墨家的逻辑进行分析。[1] 与第二章所论及的公孙龙的对话不同，孟子并未试着论证，白性的这种"相同 / 相异"的模型是根本不可行的；在这个"非反讽"的时代，将事物的普遍性的类所带来的更广泛的问题，作为一个无关紧要的问题而消解掉，便已经足够了。正如《白马论》和随后的"反讽"以及"后反讽"的发展所显示的，后来的传统将不得不找到一种方式，将各种术语——即使只是一些寻常的术语——带入连贯成形的模型里去，从整体上看，这几乎设定了后来中国的形而上学所要考虑的所有议程。基本上，孟子这里对"性"或"人之性"所做的处理，后来也被运用到**任何**表面上不变的，或看似具有普遍性的术语上，甚至对最寻常的物体或性质也做这种处理。但是，孟子所理解的性到底是什么意思，我们仍然不清楚。

要尝试解决这里存在的张力，可以将孟子那明显实用主义的唯名论化约到对实在论的终极承诺中去，或者反之，将他那明显的实在论化约到终极的唯名论中去，在关于"性"这一概念的问题上尤其如此，这种尝试在孟子的诠释者中造成了持续的混乱。这里，我们希望，作为替代方案的连贯成形模型能够有所帮助。按照"连贯成形"这一术语，我们可以说，孟子认为告子的立场是"不连贯的"，而且在相当特殊的意义上，其立场没有与最重要的人类欲望——该欲望能使人类个性（personality）连贯而成形，使人类社群与这一个性相连贯而成形，以及最终也是最重要的，使人类社群自身连贯而具有可知的、可持续的、有价值的特性，即"人性"——连贯起来。称某些特

117

---

[1] 此处参考万白安对《告子上》第四章的解释，见 David S. Nivison, *The Ways of Confucianism: Investigations in Chinese Philosophy*, ed. Bryan Van Norden, Chicago: Open Court, 1996, pp.156-157。

征为"性"会更加妥当（唯名论的成分），因为它要选择、组织，才能造成真正可知的"仁"的连贯成形。"仁"是"普遍可获得的"，可以在社群中所有成员那里找到；但只有在这样命名之后，它才真正连贯起来（可知而可持续地聚合在一起）。

在我看来，要理解这一点，要对孟子所有的讨论都能理解，比起所谓人性善、浩然之气、心、天、义利之辨来，更有效的起始点是下面这段文字，这关键性的一章将我们直接带入问题的核心：

> 口之于味也，目之于色也，耳之于声也，鼻之于臭也，四肢之于安佚也，性 (human nature) 也。有命 (decree) 焉，君子 (the exemplary man) 不谓性也。仁之于父子也，义之于君臣也，礼之于宾主也，知之于贤者 (the worthy) 也，圣人 (the sage) 之于天道也，命也，有性焉，君子不谓命也。（《尽心下》第二十四章）[1]

这里，孟子断言了一组真实的人类倾向的实际存在，它们全都可以用两种不同的方式进行解释。它们全都是"命"——就是说，仅仅是给定的事实，我们无法对其做出任何改变——同时它们全都是人性，人性即是人类天生而且独有的那些东西，是不劳而自得的那些东西，而且，如果没有外力阻碍，又得到妥善照料（就是说，如果提供一个能与人性相连贯的合适的环境），它们就能按照自己的方向来生长。这在很大程度上归结为这样一个问题：应该如何**命名**这些自然冲动。孟子明确规定，在身体的欲望和道德的种子之间，并没有根本性的差异，他反复申明的，也是最引人注目的观点（正好是在上述《尽心下》的下一段），是他对善的直白的定义："可欲 (the desirable) 之谓善。"

118

---

[1] 参见 Kwong-loi Shun, *Mencius and Early Chinese Thought*, Stanford: Stanford University Press, 1997, pp.203-207. 信广来在其中完备地概述了古今注家对本章给出的诸多解释。除了对这一章所存在的问题的复杂性进行澄清外，信广来的概述也表明，注家在试着将本章直接释读为规范性或描述性的文字时都会面临困境，这就把注家将性、命当作早期中国思想中互相排斥且互相穷尽的两个范畴时所遇到的问题给凸显出来了。因此，信广来对此章的结语是："孟子很可能并没有明确区分'命'的这两个维度，因而，也就没有将由性和命的两种解释所摹画的两层思想区别开。"我现在所做的工作，或许可以被视为对此"没有明确区别开"的"命"所具有的两种含义和预设所做的一种尝试性的解读。

（《尽心下》第二十五章）正如上文所述，我将论证，这个大胆的陈述必须从其最直接、最基础的意义上进行理解：任何**可以**（can）被渴望的东西都是善（而不是同义反复地宣称"**真正**值得渴望的东西是善"）。

孟子频繁地将道德欲望与味觉上的愉悦相类比，也清楚表明了这一点。在《告子上》第十章，他将生的欲望和道德的欲望分别类比为鱼与熊掌的嗜好，即单纯关乎欲望的多与少。在《告子上》第七章，孟子说："理（coherence）义（rightness）之悦我心，犹刍豢之悦我口。"下文中我们会进一步讨论这两个例子，并论及《孟子》中更大的欲望和更小的欲望这样一个具有一般性的问题。但是在上文所引的那一段话里，问题的关键在于，君子出于实用的和教育的理由，将一部分欲望**谓之**"命"，将另一部分**谓之**"性"。二者都是由同样的要素所构成的，是简单的事实和人类特有的潜能的合成品，而其侧重面各有不同。换句话说，"仁之于父子"是一个自然事实，正如"口之于味"（《告子上》第七章）一样，但由于前者可以被扩展为完满的德性，而后者则不可以，因此将前者描述为"性"，将后者称为"命"。这段引文暗示，"命"（即自然的事实，人类主体无法改变的部分）和"性"（即对于孟子来说拥有"善"的潜力的部分）两者都可以被应用到罗列出来的**所有**功能中去：无论是与道德有关的，还是与道德无关或者潜在的有害的。这两个术语中的任何一个（"价值"相当于性，"非价值"相当于命）都可以被应用到价值与非价值的**整个**领域。当"价值加上非价值"这一整体（在这种情况下，这一整体就是自发的吸引、反映两种行为的总集）被连贯入一个更大的整体（它包含了由其而来的、充分发展了的德性）中时，"价值"就是我们给予此"价值加非价值"整体的名字，而"非价值"就是当**此整体**未连贯入更大的整体时，我们对它的称谓。当这个双面体的"价值"的一面是焦点时，这一整体被称为"价值"；当"非价值"的一面是焦点时，这一整体被称为"非价值"。在这种情况下，"性／命"这一双面体的哪一面能成为焦点，是由此整体是否能连贯到更大整体的发展性的关系中去而决定的。当完整地连贯到这个更大整体中去时，缔造了通向此更大整体之桥梁的这些部分——由此可以被称为"善"——就变成焦点性的一面，能够判定人类的自发倾向之总集的总体性质，以便合法地将一个名称用到那个整体上去。当这整个的双面体被孤立起来，或者不连贯地自我冲突时，非价值的一面就称为焦点了，此时就可以将之全部称为"命"。

119　　孟子希望限制人性这个概念的用法，让其比字意本身的范围更小——在上一段引文中，此字面本意的范围被清楚地描述出来了——而限制的办法，就是让这个概念与他自己的价值视角相连贯。自此以后，君子在用"性"这个术语时，不仅意味着人类天生的、毫不费力的、连贯的东西，也不只是那些可以在不受障碍并得到培育的情况下构成一个连贯的整体的所有东西，更重要的是，它指的是将人类这一组群从有生之物的其他组群中区别开来的那个东西。孟子认为，人类是因为极小的差异而从其他种类的生命中被区别出来的。人类与其他生物所与生俱来的特质，在数量上几乎是等同的（《离娄下》第十九章、第二十八章）。孟子为我们提供了几条标准，通过它们，存在于人类之中的各种倾向性中的一部分就可以被称为"性"。这组区别性的标志之所以被当成重要和优先的东西而冠以"性"之名，是出于以下原因（或者说标准）：

1. 因为人类这些自发倾向中的某一部分不为其他动物所共享。尽管如此，这一"组群的规定性的特质"并不能仅仅视为对这一组群的共相的定义，或者对这一组群的自然类的统合，这只是从外部来看的。毋宁说，当这些性质被此组群内的一个特殊成员（即圣人）完全表现出来后，它们事实上就成为组群这一实际的、名副其实的"统一体"的"动力因"（efficient cause）。这就像孟子所说的，人们实际上围绕着一个圣人而聚集，圣人是完全示范了"人性"的人，而人们通过自发地与圣人连贯，感受到他们自身的欲望和圣人的行为之间的连贯成形，就缔造出一个连贯的社会组织。由于圣人对这些性质的示范，人们被他吸引，与他聚在一起；人们对这些性质的喜欢，以及由此所产生的行为，转而与这些性质连贯起来，并且将他们和这位圣人组织在一起（《告子上》第六章、第七章，《万章上》第五章）。

2. 因为我们自发的某些欲望——即对于仁、义、礼、智的欲望——所关涉的那些事物没有因为被分享而减少，相反，当其他人也分担它们时，它们的强度是增加的。而对物质（如财富、食物等）的自然欲望则不是这样；当我拥有这些东西时，就意味着你不能拥有，反之亦然。与他人分享它们意味着减少我所得的份额。另外，对仁、义、礼、智的欲望就像音乐带来的快乐一样：听众越多，快乐也越多。让其他人分享得越多，我自己得到的就越多。因此，对这些欲望的追求，规避了善的缺乏这一问题。这些欲望的扩展因而满足了最多的欲 120 望，带来最大的快乐，导致不同自我之间进一步的连贯成形，而非他们之间的对抗或竞争，对抗与竞争是在我们优先追求物质的善或荣耀这些有限供应的东西时发生的（《梁惠王上》第二章、第七章，《梁惠王下》第四章、第五章，《告子上》第十章，《尽心上》第二十三章、第二十七章）。

3. 因为这些欲望无须依赖于外在条件就可以获得，正如孔子所说："我欲仁，斯仁至矣。"孟子呼应了这一观点（《告子上》第六章、《尽心上》第三章）。

4. 因为这一欲望集合的发展（发展是说将它们放在正确的环境中而有的自发的成长，正确的环境即是能够养育它们并且不阻碍这一成长的环境）也允许**其他**的欲望集合繁盛，即对物质之善、愉悦、荣耀的渴望，这些渴望是自发围绕着它们的，正如人们围绕圣人一样（《离娄上》第九章，《告子上》第六章、第十四章、第十五章）。这一性质是一个和谐的连贯成形，当人类和谐地与之连贯时，会导致进一步的和谐的连贯成形。

在我把《尽心下》第二十四章视为理解孟子之"性"的决定性段落时，唐君毅是少数可能会同意我这一观点的学者，他将他历年来对这段引文所做的解释编制成表，以便对性和命进行区分。据他说，他早期的观点是，与"性"相关的欲望是内在的，因为满足它们不需要外在的支持（我的原因3）。他以冯友兰之说为论据，这属于我的原因1，即这些欲望是人类区别于其他动物的特征——这对冯友兰来说相当于柏拉图的形式，是中国思想的形式化的本质。在我看来，冯说模糊了孟子的独特性，并且对这一要点造成了扭曲。这不只是消极意义上的区别性特征，而且实际上是"人"这一种族名副其实地、积极地连贯为一个组群的特征。后来，唐君毅抛弃了他早年的观点，其最终的观点与我的原因4是一致的，同时也包含了我归入原因2中的考虑：与"命"有关的欲望是被与"性"有关的欲望限制的，并且后者可兼容前者。

121 　　唐君毅的分析强调的是性与命之间的层级关系：性是"更高"一层的，掌控并包含着与命有关的欲望，后者是"更低"一层的。联系到《告子上》第十五章关于"从其大体"与"从其小体"的讨论，他强调的是大体（性）如何能包含和宰制小体，而不是相反。唐君毅把"性"说成"心"，尤其是它的生长和产生都与心有关，而命则与对本能的快乐的自然渴望有关。他还区分了性宰制并包含命的四种感官：（1）心包括自然欲望，试图满足自己和别人的欲望；（2）心继承并延续欲望，正如在家族延续中的孝顺一样；（3）心在实践活动中让欲望得到充分实现，正如孟子所说，将德性体现在身体上并养之以至其极；（4）心超越欲望，正如道德欲望的优先性体现为，为了满足对"性"的渴望而做出牺牲。[1]

　　这是对此问题的有效提炼，我基本赞同他的观点。然而，相较于上述观点对于我的标准1和标准3的弃绝（因为唐的这些晚期观点属于我的标准2和标准4），我更倾向于认为这四条标准是同时起作用的。信广来在对伦理欲望的特权的原因列举了三个解释之后，也得出了类似的建议。其中前两个解释属于我上文提供的原因1：它们是人类相对于其他动物的独特性，而且它们在人类的控制之下。第三个解释则代表了唐君毅成熟时期的立场，是纯粹规范性的——"它们的发展相对于其他追求来说具有优先性"，这就是说，"它们是其他追求应该从属之的追求"。[2]很明显，如果这里的"应该"被视为某种自足的论据，与其他标准无关，与人类欲望的满足这一自然主义的问题无关，却又包含了对自尊、正直、和谐关系的欲望，并与生理性的欲望相连续、相**连贯**，那么我就无从理解它的意思。

　　信广来正确地指出，这三个原因无论是在逻辑上还是在经验上，

---

[1] 唐君毅：《中国哲学原论：原性篇》，台北：学生书局，1989，第38—46页。

[2] Kwong-loi Shun, *Mencius and Early Chinese Thought*, Stanford: Stanford University Press, 1997, p.200.

都不必是互相牵连的。但他仍然坚持认为，至少在孟子那里，以他对这三条原因的全部的运用为基础，可以说它们"不是毫无关系"。我这里的建议是，对孟子而言，我们所谓"规范性的"（normative）和"描述性的"（descriptive）东西，对于从属于人类的所有欲望和条件的集合的连贯成形而言，都同样是其中的一部分，因而，在确定一个连贯的"性"或连贯的"命"时，这两个方面都可以被挑选出来。我们称之为"规范性的"维度的东西，是"圣人的"行为，圣人发现了这个可以被称为性或者命的连贯的、可知的禀赋集合，并且通过**将之称为性或命**，而让它们进一步与社会系统相连贯，而圣人原本也是此社会系统的一个连贯的部分。任何被认为是"性"的东西都必须满足那四条标准。在这种分类中，任何一个原因都是必然但不充分条件；只有全部四个原因在一起，才是决定性条件。

因此，在更根本的层面上，我必须反对唐君毅。因为在他看来，孟子是在做一个实在论的断言，是在列举何者真正是性、何者真正是命的实际标准。这忽视了文本的明确断言（戴震和焦循都注意到了，唐君毅引用了他们的说法却又予以拒绝），那是它最别具一格的特征，即声明"所有的都是性，所有的也都是命，但是君子**称**某些部分为命某些部分为性"。这是孟子学说所讨论的性的唯名论的一面——人们甚至可以将之称为"施事话语"（performative utterance）——这是唐君毅所不愿意承认的。[1]

其实，我们现在已经能看到一个与连贯成形、种类、层级有关的、与众不同的立场的轮廓了，它既不是唯名论的，也不是实在论的。换一个角度说，确定某物之为某物，使诸条目可以被归于某一范畴的"名"，是由于君子的介入而被创造出来的；君子将人的某些方面称为"性"，而其他方面则仅称为"命"，并不是说它们是两类不同的自然事物，客观地外在于他的判断，而是说，这种分类可以和君子自己的价值倾向连贯起来，正如上文所述。

---

[1] "performative utterance" 是语言哲学家约翰·奥斯丁（John Austin）的术语，指由言说而成立的事实。例如法官的判决，在其宣布有罪或者无罪的裁定后，这一事实便会生效；又比如西式婚礼中，未婚夫妇在做出口头承诺后，牧师宣告二人结为夫妇，则婚姻便是既成事实。——译者注

然而，这并不是单纯的唯名论，可以从两方面来说明这一点。第一，如我们所见，在这些不同的条目（基于这些条目的不同，可以进行不同的分类）之间事实上存在真正的分别——这里存在一些既定的标准，君子利用这些标准来判定哪些事物归属于哪个组，而且这些标准与实际观察到的这些要素的实情具有直接关系。不过更紧要的一点是，尽管这些相似性、相异性的集合是真实存在的，这种对事物进行分组的方式也的确在已知世界中指出了一些真正的连贯成形，但它们**并非唯一的**事物组合方式；还隐藏着其他种类的连贯成形，可以与其他价值取向（例如非君子所有的）相连贯，而这些方式在世界上也**同样是可以找到的**。

孟子确实发布了关键性的"实在论的"声明，在《告子上》第七章，他提到了理 / 连贯成形——"口之于味也有同嗜焉，耳之于声也有同听焉"云云，直至将心对于理和义的嗜好也包括在内。圣人和君子就像易牙一样，发现这些理和义是最能令我（人）心愉悦的，他们先于我而知道这件事。尤其值得注意的是，在此章中，孟子将这些为同"类"成员的所有味觉和所有心灵所共享的偏好，描述为"同然"，而"同"在前文所引的《论语》和《国语》的段落中恰恰是与"和"相对的否定性概念。这一"相同性"，必定会被当成判定这一"类"的成员资格的标准而被举证。孟子以播种为例：如果耕耨条件相同（土壤、时令等），那么同样的种子会以同样的方式成熟。如果成熟方式不同，那是环境因素使然。但重要的是，孟子总结说："故凡同类者，举相似也（判断哪些事物为同类，关键在于举出它们在哪里相似）。""相似"意味着相似性，而"举"（如举起、举证）则可以被释读为实用主义的残留——举证相似性的一面而非同样真实的差异性的一面的**决定**。

在《告子上》第七章后半部分，孟子以"相似"（similar）这一术语作为"相同性"（同）的定义。[1] 在这种联系之下，他引龙子之言

[1] 安乐哲对孟子的人性观中的"相似性"观念的意涵做了很好的阐释，与我们这里的观点也是"相似的"，见 Roger Ames, "The Mencian Conception of *renxing*: Does it Mean 'Human Nature'?" *Chinese Texts and Philosophical Contexts: Essays Dedicated to Angus C. Graham,* ed. Henry Rosemont Jr., La Salle: Open Court, 1991。

为证："不知足而为屦，我知其不为蒉也。"孟子对此评论道："屦之相似（the similarity），（是因为）天下之足同（the sameness）也。"我认为，这个例子中的实用主义的含义是相当深远的。为了满足我们穿鞋的欲望，脚之间的相似程度**足以**给我们一些参数，使我们造出一只像样的鞋子而非一只篮子。特殊的目的和欲望——在这个例子中，就是有效地穿上鞋子——决定了应该将哪些方面作为充分"相似"的特点而"举"出来，让我们得以将所有的脚都归为"同"一类。这即是我所谓从属于"和"的相同性观念；与第二方——人类欲望——之间的和谐关系使得这些条目"相同"。这些条目之中所谓的相同性，是这一"和"的功能，反之则不然。只要"和"持续存在，它们就继续保持相同，"和"一旦终止，这种相同也就不复存在。

如果我们对孟子思想的总体语境进行检查，就会发现这种意涵的相同性一直从属于"和"的一面，或者说从属于一个连贯成形——在一个为求取最大的欲望满足的社会整体中，性质各不相同的要素之间的连贯成形。实际上，《孟子》中"理"的另一个重要用法就明确与"差异"间的"和"有关，音乐的隐喻表现了这一点。孟子区分了古代的各种圣人，每个圣人都有特殊的德性，其"圣"在《尽心下》第二十五章有规定：圣人之性意味着有某些可欲之物——一个善、一个德性——实有诸己，并能将之充实与完成，创造一个光辉的大德，大德具有传递给其他人的效力，可以作为典范而激励普通人自我改变。伯夷是圣之清（strict purity）者，以他为榜样，可以激励懒散庸懦的人变得更有原则，并坚固其意志。伊尹是圣之任（responsibility）者；柳下惠是圣之和（easy-goingness）者，"和"指的是与他人以及他所存身的环境和谐相处。不过，孔子是圣之时（timeliness）者。孟子以"伟大的交响乐"（"the great symphony"，集大成）来形容孔子，字面 124意思大概是将上述所有的德性都集合在一起，将它们完成。他将这一音乐的隐喻解释为："集大成也者，金声而玉振之也。金声也者，始条理（the stripe like-orderly coherence）也。玉振之也者，终条理也。始条理者，智之事也。终条理者，圣之事也。"（《万章下》第一章）这里，"时"被呈现为一种第二序的"和"，在柳下惠的整体性的"和"

之外：它在和谐（随和）者与严格者，参与与后退之间创造出一个和谐的连贯成形，将所有相对立的德性联合起来，就好像将各种音乐家的乐声联合而缔造出一个和声。这意味着开端与终端的连贯成形：开端处的连贯成形是"智"，即通过某人自己的实践让各种相对照的德性成为和谐的混合体，从而造就出他自己的特性。终端处的连贯成形是"圣"，即可以作为典范的激励性的力量，这意味着自我和他人之间更广泛的连贯成形。这一连贯成形更深一层的意思是"至"（reaching）于人，后文箭术的隐喻将此表达得很清楚。

无论何时，只要孟子具体谈到他对个人性的或者社会性的连贯成形的理解，这种"和"的观念都是很明显的，它被视为差异性之间的联合，而不是在绝对遵从或重复一个真正自我同一的事物意义上的严格的同一性。圣人可以发现世界上哪些连贯成形可以因上述那些目的而与他的心连贯起来，而他的心与我的心——就是说，人心的"性"的那一部分，或者说"大体"（《告子上》第十四章、第十五章）——也足够相似，从而让我的其他部分（小体、"命"的部分）也能得到满足，以便我的大体、小体连贯起来，各种目的不至于互相冲突。孟子这里给出的是养肩背而非手指的例子：一个健康的肩背可以让手指也得到滋养，养一指而肩背失所养，则这根手指也同样会趋于毁灭。

把"大体"放在优先的位置而让其发展，可以让人类社会组织起来，并以相同的方式围绕着君子。一个全部生命都围绕着被称为"性"的"生来的欲望的子集"而连贯的人，有助于在社群中激发起更进一步的、更广泛的连贯成形。这种为人所独有的心，是人心的"性"，它指的是欲望中具有优先性的那个集合，孟子在上述引文中将这一集合挑选出来，称作是"性"，而非单纯的"命"。一组寻常的欲望的集合，会被说成是人"心之所同然"，这一断言是实在论的主张，也是易遭人诟病之处，后文中，庄子的不可知论的相对主义就会消解它。但是无论如何，孟子所谓的"同然"，是从世界上存在着的大量不同的连贯成形中，挑出可以和我们的欲望相连贯的那一些，但只有当君子意识到可以将它们和谐地连贯起来，并且介入其中时，才能将这些"同然"彰显出来。

孟子不是纯粹的唯名论者的第二个原因是，这种组织方式是"施事话语"式的，这不仅是在认识论层面如此，在实际的物理层面也同样如此：通过在语言上决定采用哪种事物组织方式，现实世界中发生了相应的实际变化，得到了名副其实的连贯的社会组群。连贯成形是一种真实的社会性的命名效应。我们甚至可以说，由于圣人从世上所有的连贯成形中，恰好将这些连贯成形挑选出来（它们与他自己的价值倾向相连贯），一个被称为"人类"的真正连贯的物种**便存在了**。正如《大学》所说，圣人具有"明明德"（making manifest the virtue of manifestation）的美德。在讲述天为何会选择舜做尧的继承人，而非尧之子丹朱的时候，孟子说讴歌者自发地歌颂舜，人们去找舜解决纠纷，而非丹朱（《万章上》第五章）。在另一处，他引用《诗经》来明确这种"吸引力"之于"性"的关系："天生烝民，有物有则，民之秉彝（sacred constancy），好是懿德。"（《告子上》第六章）"彝"在英译中是"神圣的恒常性"，此字最初指的是一种礼仪用具，它常常出现在所有的祭祀活动中，是礼仪所必不可少的，而不仅仅是应用于特殊的仪式中。"秉持着彝"是一个隐喻性的形象，依然指向在所有礼仪中都普遍存在的要素，在所有神圣的、祭祀尊贵祖先的活动中都出现的东西。孟子采用的这首颂歌可以让我们了解"明德"的含义：通过显示在一个人身上，它吸引其他人向他集合，并组织起来。实则是他们的"性"（即"神圣的恒常"，"性"总是恒常的）被吸引到他们自身"性"的"彰明"上去，**实际上这才是它成为他们的性的原因**，也是他们成为真正连贯的组群的原因。通过"明"（在不断扩大的范围上被表述），通过变得明显起来，变得连贯而成可知之形（可解读的，和谐地分类的），进一步的彰明、进一步的连贯成形随之而来：明其明德，连贯其连贯成形。一个新的连贯成形被创造出来（此前它并未被挑选出来），一个真正连贯的社会组群被构造出来。在这个意义上，人性是由圣人"创造的"，这不只是从认识论上说；一旦他创造了它，它就变成真正的事实，变成这些连贯成形之中的数据，任何进一步的评价活动，都不得不要么采取，要么无视它。一个关键性的前提是，人类的反应要被包含在数据中，而数据必须与其他事物连贯，从而形成真正的连贯成形：价值、"可欲之物"要被包含在一个真正的连贯成

126

形必须包含的要素里，而真正的连贯成形，必须将人类欲望作为一种定义关系而引入进来。这就使得相同性与相异性作为这一连贯成形的功用，从根本上变得可商榷了。在一种背景中可以算得上是"相同事物"的东西，在另一种背景中就不见得是"相同事物"。

现在我们可以看到，唯名论／实在论问题是如何影响我们对孟子道德学说的理解。鉴于上文提到的整体性的前提，孟子在严格意义上既非内在主义者也非外在主义者——按照爱德华·森舸澜（Edward Slingerland）对这两个概念的有效引入。孟子并不认为，如果放任我们的天性，或者没有外部干扰，我们的天性就会在客观上完全符合，或者说必然成长得完全符合最高的伦理标准，他所谓的人性善不是在这个意义上说的。他也不认为善是移植到本性上来的，本性是没有内在的能力去接受善的。他的主张是，天性具有极大的潜力，其中一部分潜力如果得到认可和鼓励，成长壮大，就具有将其他人整合为一个"善的"整体的力量。这些他者具有**被**如此整合的力量。要实现这一目标，就需要"施事命名"——不是在客观意义上，而是在唯意志的层面上，最终由目光长远的圣人们所规定的开明的利己形式所驱动，将这些被选中的潜能视为"真正"属于某人的本性。圣人们会认为，通过他人欲望的满足，自己的欲望会获得最好的满足，要做到这一点，就要以这种方式看待事物，将这些冲动的集合组织成"性"，并将其他欲望仅仅视为"命"。我们"一直是善的"只是在回顾性的意义上才成立，只有在我们选择这样去看时才会如此，这就需要我们把自己看成与往圣之传统相连续（相连贯），而这些往圣也是这样看自己的。通过对**人性**这一术语的某种特殊运用，孟子依据将传统、整体性的人类倾向、当前的人类组群连贯起来的明睿的榜样们以往对"人性"的各种用法，创造出一个和谐的分组。以这种方式看待"性"，以及以相应的方式践行"性"，他就成为钟摆之"中"，将"命"的物质性的欲望和"性"的伦理性、文化性的欲望，以及传统本身、人类社群四者整合在一起。在这种行为之下，这些不同的事物连贯起来，一如钟摆之两端，也就是说：（1）它们**结合在一起**，组织起来，以便彼此之间的运动不会"太过"；（2）它们是**可知的**，能作为一种可识别的特征而被知晓和确定下来（如人之性与牛、马之性的分别就是可知的）；（3）它们创造了最大程度的愉悦和满足，实现了价值（"可欲之物"直至"大而化之"，"大体"与"小体"，独乐与同乐）；（4）它们是可持续的，因而能在未来继续下去。这就是我们"非反讽的连贯成形"所要表达的意思。

孟子的遍在

孟子没有表达过任何明确的遍在观念，但他确实做了一些重要论述，暗示了某些东西，后来的传统采取这些论述建构起儒家的遍在性的价值观念。在这些论述中，我们发现下面这一章将"调整与拣择"的意涵应用于普遍可获得性，某种意义上，它与上文"性"和"命"的关键性段落有着深刻的共鸣。这一话题也是关于"命"的：

> 孟子曰："莫非命也，顺受其正。是故知命者不立乎岩墙之下。尽其道而死者（die only after one has completed fully the practice of one's course），正命也。桎梏死者，非正命也。"（《尽心上》第二章）

我们以对遍在的一个坦率的论述开始：任何事物都是命，任何事物都是给定的，任何事物都是在我们的直接掌控之外的命中注定的现实。但孟子马上收回来，增加了一个限制：尽管照字面意思说，任何事物都是不可变更的给定事实，另外，人类主体可以在这一现实中做出选择，从而改变事物的性质。"正命"（correct Decree）也可以被译为"严格意义上的命"（the Decree proper），即真正的命，适合被称为命的命，与宿命相对的天命，等等。我们所选择的东西就是我们愿意接受的东西，即顺应于我们真实的志愿和欲望的东西——我们的"道"，即获得我们所珍视的东西的途径（course）。只有在它之后死去，才是真正的命；遭受挫折和牢狱之灾，没有得到它就死掉了，即便从广泛意义上说也是命，但已经不是"真实的、正确的、适当的"命了。在这段文字中，我们获得了真正意义的遍在，以及一个实用的、改进过的二分法，而后者重要得多。在"有意义"的意义上，命不是无处不在的。说"莫非命也"，承认"命"在真正意义上是遍在，这不只是向对手做出让步。真正意义上的遍在，会让正命和非正命之间的价值二分的对照变得更加具有流动性，使行为者处于价值和非价值之间的界面，这与我们的钟摆模型十分一致，行为者落在决定价值与非价值的"中点"上。这归根结底就是价值的普遍可获得性，与我们在孔子那里看到的全方位的可获得性相当类似。例如，我们发现孟子是这样说的：

> 君子深造之（deeply apprehends it）以道，欲其自得之也。自
> 得之，则居之安。居之安，则资（partakes）之深。资之深，则
> 取之左右逢其原。故君子欲其自得之（find it within himself）也。
> （《离娄下》第十四章）

128

君子以道而深入理解的"之"，也许是他自己的经验，无论他把注意力转到哪里，这都是他的研究对象。在他对他的"道路"的承诺中，君子发现他的实在性是内在于自己的，而**与此相关的是**，无论君子看向哪里，是左还是右，都能找到它的源头（"逢其原"）。它是普遍可获得的；就是说，它**能**被导出的源头，在哪里都可以得到。这种普遍可获得性，与君子自身的"深造之"和"居之安"密切相关。"安"（peacefully and stably）在此指向人类的情感，即对人类欲望的满足，以及由此而来的愉悦感。

令人震惊的是，在与宰我讨论礼仪中的义务的合法性时，孔子同样把"安"这个术语推进为终极标准（见上文所引《论语·阳货第十七》第二十一章）。这里，君子对内在于自身的道的承诺会带来愉悦和安宁，而通过将内在于他的道的价值实现出来，内在化的深入程度就转化成一种普遍存在的外部实在性。这里，我们再一次看到表现为唯名论和实在论的两种前提发生了重叠，由此产生了一种弱意义的

遍在观念，它既不是"唯心主义的"诸共相的共相，也不是"唯物主义的"、共相不适合表达的具体有形的流溢（concrete overflow）。

也许这一特点也延续到了孟子那著名的模糊而又似乎神秘的格言里："万物皆备（provided）于我矣。反身而诚（realness/sincerity/internal coherence），乐莫大焉。"（《尽心上》第四章）我们再次看到，各种价值（诚，或者自我内部不可见的连贯成形）[1] 的深度的内在化，使得外在化呈现的全体性得以可能。

孟子另一个人所共知的神秘主义的格言也与遍在观念有关，那就是著名的"浩然之气"章（《公孙丑上》第二章、第三章），它也具有同样的模式。[2] 首先，孟子勾勒出人类的身心机体图景，大略与他的社会整体性图景相当，即微观宇宙 / 宏观宇宙图景。正如真正的君主对国家的指导和管理，实则是将自己塑造成一个典范，使得百姓自发地聚集在他身边，并因此而形成一个真正连贯的社会组群，而不能强迫他们追随他，孟子所展现的志（即心灵的深思熟虑的承诺和长期的价值取向）和气（身体中自发自动的生命力）之间的关系也模仿了他理想中的君主与百姓之间的关系：君主引导和管理他的人民，实则是 129 将自己塑造成一个典范，百姓自发地聚集在他身边，并因此而形成一个真正连贯的社会组群，但不能**强迫**他们追随他，并且允许领导关系有某种程度的相互作用，人民可以推翻一个君主，并且有时候能"为首"。孟子在气的果敢（即情绪和身体的自发反应）和心灵与意志的价值承诺之间，勾勒出一种联系。不动心（an unmoving mind）和意志，激发出一种坚固、稳定、果敢的气，这种气聚集在意志周围，就像百姓聚集在体现了他们最好的本质的圣王这一楷模周围一样。但是，正如百姓也能动摇君主，气也可以动摇心灵（"志一则动气，气一则动志"）。因而，即便"夫志，气之帅也"，也必须"持其志，无暴其气"（without doing violence to the *qi*）。一个人既不能让气（机体

---

[1] 对"诚"这一术语的更充分的讨论，见本书第五章对《中庸》的分析。

[2] 我对这一章的理解很大程度上与陈金梁保持一致，见 Alan K. L. Chan, "A Matter of Taste: *Qi* (Vital Energy) and the Tending of the Heart (*Xin*) in *Mencius* 2A2," *Mencius: Contexts and Interpretations*, ed. Alan K. L. Chan, Honolulu: University of Hawai'i Press, 2002, pp.42-71. 尤其是，该文强调了生命力和精神之间的连续性，以及二者之间的互相影响。

的自发性）放纵地生长而不加培养，也不能强迫它成长，就像揠苗助长的宋人一样，结果杀死了它们。倘若恰当地培养，这种气就会变成浩然之气。此气"至大至刚，以直养而无害（if unceasingly nourished and undamaged），则塞于天地之间"。但在孟子看来，这种遍在依赖于我们对意志的价值承诺的力量（也即是清醒的承诺的力量）进行的组织和滋养。因此他说："其为气也，配义与道；无是，馁（depleted）也。是集义（the accumulation of rightness）所生者，非义袭而取之也。"就是说，正如百姓也有道德本性，使他们能够认可作为楷模的君主，并且为其所吸引一样，气本身也是被意志所具备的道德品行和价值承诺滋养、转变和培育的，而不仅仅是被意志借用的一种中立的力量来源。气本身具有某种真正内在于它的东西，使它能被意志的道德渴望吸引：气具有自己的"性"，既然它为外在于它的，意志的道德渴望所吸引，就表明这种"性"是它内在就有的。这种为善所吸引的特质，即是气良善的道德本性。但是它只是被称为性而已。孟子没说气不能被其他非道德的东西吸引，这些吸引物同样是内在于它的，正如《公孙丑上》第二章，那个著名的"孺子将入于井"的例子一样，他没有说在自发的同情心之外，这个人**不**会同样自发地，而且同样是有内在源头地感到漠不关心、**幸灾乐祸**、怨恨——他实际上也不是要说，这个人一闪念的同情心必然会持续更久，或者必然导致挽救这个孩子的任何的实际尝试。他所需要的，以及他所声明的，不过是每个人至少会感到一闪念的同情，不由任何其他目的所驱动。气在任何时候都可能有多种互相冲突的自发性的冲动，被多种相互分歧的方向吸引。它们可能全都具有同等的内在性，但只有那些可以朝着与道德渴望相连

130 贯的方向成长（以及促进欲望之间相互的连贯成形，在独立于外在因素的情况下促进它们的满足，将人类从其他造物中区分出来，并让人类自己切实缔造出一个连贯的社会组群）的冲动才**应该**被称为性，这是因为，将这些自然的吸引力带向善的那个过程，会导致这一命名行为产生积极的后果。对孟子而言，人性是**善**的，这种善真实而且实在，不过严格的说法应该是：人性是善的，**但不只是善的**。后文接着说："行有不慊（dissatisfaction）于心，则馁矣。"这里，再次谈到了直接满足的

问题：诚实（"诚"）是在内心发现的，对某人自己而言具有真实性；这就是滋养气的东西，它使气成为普遍性的存在，"塞于天地之间"。这样，他就可以在任何地方都"逢其原"了。我们通过这个例子可以再一次看到价值的普遍可获得性，这个示例也同样将气本身的真实性和外在世界的真实性的界限模糊了。这是一种内在的价值承诺，将世界组织在它周围，通过发现它而创造价值，又通过创造它而发现价值。这既不是实在论，也不是唯名论。

正如我们所见，由孔子和孟子共同推进的这种普遍可获得性（omniavailability），可以被称为一种"遍在"（omnipresence）吗？当然可以，但显然，只有当我们将"在"（presence）理解为"可获得性"（availability）的时候才是成立的。这种解读确实是可能的。在一定意义上，说某物"在"就是说它就在手头上，即它是可获得的；我们也许现在没有看见它，摸到它，注意到它，但如果**任何时候，只要我们选择去做**，就能够看见、摸到、注意到它，或者用到它，那么它就是在的。这张桌子是在这间屋子里的，即便我现在并没有注意到它，这句话意思是说，对我的注意力而言，它在任何时候都是可获得的。

但是必须注意，这种"在"的观念强调的是**选择**的面向，是从各种可选方案中选出一种，这可以说是强调了人类主体在"在"成立的过程中的参与作用。总有许多不同的事物是可获得的，但它们的实现却依赖于人类的行为。从某种意义上说，所有这些事物都是"在的"、可获得的，但在另一种意义上，只有那些人类可能渴望的东西，而且只有被欲望和行为所实现时，它们才切切实实是可获得的。所有事物都是命，但只有我们所乐于接受的东西才是我们的"正命"。所以，当孟子说他的浩然之气塞于天地之间，或者说"万物皆备于我"的时候，这两种相对立的方式就可以达到同样的结论：只要对他的价值承诺而言，所有事物都是可获得的，或者只要他在任何地方都能"逢其原"，那么，他自身的力量和自发性能就可以在任何地方找到。在他自己身体的气（经由他的意志的自发性的影响，此气能被转变为意志最佳的功能性的、连贯性的整体）和他所处环境中的其他气（此气构成社会性的世界以及自然世界）之间，有一种连续性。正如身体被意 131

志影响一样，世界被为意志所连贯的身体影响。在某一背景中，我们具有一种连贯成形，而这种连贯成形使得这一背景与它相连贯；这样，连贯成形与背景在第一个层级上所构成的连贯成形，就变成一个新的连贯成形，而这个新的连贯成形转而又形成它自己的背景，即世界的剩余部分，而这一背景又与它相连贯而成可知之形。这种同心圆式的价值扩张图景，体现在《大学》和大部分儒家思想中，是儒家"多个中心的"（oligocentric）遍在观念这一普遍可获得性的一个关键面相。

转化到反讽的连贯成形：作为遍在的气与作为"中"的前反讽的原始道家里的"虚"

我们的反讽和非反讽连贯成形的分类法，迫使我们对诸子百家的传统分类进行重新定位。对于非反讽思想的发展，我们的下一个例子，是在通常被归为道家类的一系列文本中发现的，而不是在诸如荀子这样的后期儒者那里发现的：在一些现代学者看来，《管子》"四篇"体现了典型的"道家"——有时候被称为黄老道家——思想。它们来自大约公元前4世纪中叶，齐国的稷下学派。[1] 按照公认的次序，这四篇是《内业》、《心术上》、《心术下》和《白心》。其他一些学者，特别是罗浩（Harold Roth），则认为其中一些文本甚至早于《老子》，尤其是《内业》。基于内在的证据，我会把《内业》和《心术上》的部分内容（不是全部）放在《老子》一书大体形成之时，而且可能稍稍提前。正如郭沫若曾经指出的，《心术上》似乎分为经、传两部分；经的部分可能相当早，而有迹象显示，传的部分多少有些晚出，尤其是它对那些特定术语的一连串详细定义，将它们之间的联系仔细地加以打磨，以及对"理"这个术语的使用，都可能比较晚，而它对

---

[1] 例如，可参看陈鼓应：《管子四篇诠释：稷下道家代表作》，台北：三民书局，2002，第3—26页。要对郭店《老子》了解更多，参见丁原植：《郭店竹简老子释析与研究》，台北：万卷楼图书有限公司，1999。以及魏启鹏：《楚简〈老子〉柬释》，台北：万卷楼图书有限公司，1999。

"理"进行定义的尝试，更是思想史上破天荒的头一遭。[1] 对于这四篇中剩下的部分——《心术上》的传部分、《心术下》和《白心》——我则会同意张岱年的宽泛的评估，认为它们的写作年代"在《老子》之后但《荀子》之前"。[2] 由于《内业》和《心术上》的经部分对于通行本《老子》和《庄子》中的内容没有明确提及，并且其中存在押韵的对偶句，我乐于将它们与郭店《老子》残本合在一起讨论，以给出一幅我愿意将之称为**前反讽的原始道家**的图景。

目前，对于前反讽的道家（或者说稷下道家）与《老子》文本之间关系的任何推测，无疑都是高度冒险的，因为新的考古发现会推翻我们暂时可能做出的任何结论。[3] 我也不太可能遽然跳到陈鼓应和其

132

---

[1] 我暂时承认这两个部分是分离的，并接受陈鼓应对各个部分所做的年代判定。见《管子四篇诠释：稷下道家代表作》，台北：三民书局，2002，第 125—158 页。

[2] 张岱年：《中国哲学史史料学》，北京：生活·读书·新知三联书店，1982，第 581 页。

[3] 白一平（William Baxter）曾指出这几篇《管子》文本与通行本《老子》（还没有机会将郭店本纳入考虑范围）之间的语言学和修辞学上的相似性，由此进一步认为二者之间存在密切联系。见 William Baxter, "Situating the Language of the Lao-tzu," in Kohn and LaFargue, eds., *Lao-tzu and the Tao-te-ching*, pp.240-243. 白一平总结道："从语言学的角度上说，我们有相当的理由认为《老子》的大部分内容出自公元前 4 世纪中期或早期，这与许多传统学者的观点是一致的。"（249）罗浩借助白一平的结论，提出一个延伸观点，他认为《内业》至少早于《老子》，代表更早期的道家。参见 Harold Roth, *Original Tao: Inward Training (Nei-yeh) and the Foundations of Taoist Mysticism*, New York: Columbia University Press, 1999, pp.11-30. 如果我们讨论的是通行本《老子》，我也会同意这一结论。我认为郭店残本《老子》大略应该是与《内业》篇同时的。然而，我对二者之间关系的解释不同于罗浩（见下面的脚注）。李克（W. Allyn Rickett）对于学者就《内业》篇的年代问题的争论做了很好的综述，同意罗浩的观点："其中大部分材料都相当早……可能不晚于公元前 4 世纪初。"见 W. Allyn Rickett, *Guanzi: Political, Economic, and Philosophical Essay from Early China*, vol. 2, Princeton: Princeton University Press, 1998, pp.32-37. 但是，我不认为《管子》四篇的其他文本也可以被视为同样早，毋宁说，除了《心术上》第一部分和《内业》之外，其他部分都属于稷下学派后期的作品，可能出自荀子的时代。我同意町田三郎（Machida Saburo）对早出说的异议，和他一样，我认为这些材料中的主体部分是"妥协"的产物；这些作品将非反讽的材料并入到一个反讽的框架里去（见第五章）。但是我不认为我们必须像町田那样，将所有材料都定在那么晚的时期。参 Machida Saburô, "Kan Shi shi hen ni tsuite" (originally published 1961), in his *Shin Kan shisôshi no kenkyû* (Tokyo: Sôbunsha, 1985), pp.358-361. 特别是他说，在这些文本中间，这些术语的用法和其阐释途径有显著的改变；尤其是，我们可以看到"理"字的原始用法仍然在《内业》和《心术上》第一部分大量出现，但在文本的其他部分，这一观念就要详尽得多，且掺入了后来的名词性的用法，以及系统性定义的尝试。同其他判定古代文献年代的论证一样，我发现这里的论证陷入了某种程度的循环：这一用法不可能那么早，因为这种用法没有那么早。所有这些推测都必须有保留地听取。但是至少在此时，它也许能让我们有效地组织这些材料。

他学者所推出的结论，认为这些文本代表了黄老道家——这个范畴本身就高度可疑。实际上，我也不很确定，这些文本果真是早出的，尽管我在当前的论证中仍会坚持此说；其实，对于《管子》四篇中剩下的部分（很明显晚出）而言，我这里所称的前反讽的道家，会巧妙地融入某个特殊的范畴，在后面的章节中，我会将这个范畴称为"对非反讽的反讽式挪用"。但是，鉴于目前的证据，我们也许可以认为《内业》和原始道家之间存在联系，而据葛瑞汉在郭店楚简出土之前的说法，原始道家具有亲儒家的形式。[1]

　　郭店《老子》残本是在一个葬于公元前 300 年左右的坟墓中发现的，包含目前《老子》文本的三分之一内容。人们注意到，这些片段缺少通行本中激烈反对儒家的那些部分。尽管通行本中公开批评仁义等儒家道德的部分章节，如第五章、第十七章、第十八章、第十九章，在简本中确实存在，但通行本中明确批评的那些文字却并没有出现在简本中。[2]《管子·内业》吸收了"道家"式的修辞方式，但具有更为亲儒家的立场，明确承认《诗》《乐》《礼》有助于驱散那些阻碍心灵之澄静的情绪干扰，将之视为培育道的关键。因此，儒家教育的这些传统面向，不仅没有被视为道的障碍，没被认作是道消失之后所

---

[1] 见 A. C. Graham, *Disputers of the Tao*, LaSalle: Open Court, 1989, pp. 95-106（本书的中译本为《道教辩士——古代中国的哲学辩论》）。罗浩则认为这些亲儒家的章节是后来篡入的，并不符合这个文本的整体规划。他从语言运用的角度进行的论证是值得考虑的，但是并不具有决定性，而且他的论证的主要部分都是来自"哲学上的缘由"，这实际上是在回避问题，因为罗浩假定"儒家取向"和"道家取向"之间最初就存在巨大的差异。见 Harold Roth, *Original Tao: Inward Training (Nei-yeh) and the Foundations of Taoist Mysticism*, New York: Columbia University Press, 1999, pp.30-31。

[2] 例如，简本第五章缺少通行本的头两句（"天地不仁，以万物为刍狗。圣人不仁，以百姓为刍狗"）。第十九章要求绝巧弃利，而通行本要求绝仁弃义。第十八章确实包含了大道（the Great Course）废弃之后才会有儒家的美德出现这样一个说法，这在通行本中，是攻击这些美德的各种角度之一。但和马王堆本一样，郭店本的第十八章多了个"安"字，在这一句里（"大道废，安有仁义"等），这个字或者可以解读为"焉"，意为"在这里"，那么此句是在说，由于大道的废弃，仁、义出现了，这与通行本是一致的。但是，更自然的读法是将"安"作为一个疑问词，因此整句话的意思是说："如果大道废弃不用了，又怎么可能会有仁、义这样的事物呢？"这就与《管子》文本相一致了，似乎是认为真正的仁、义是自然的，甚至是操行大道的不可避免的结果，而且它们只有在大道的基础上才能存在。但是，即便"大道消失之后儒家的美德才出现"这样一个说法，从结构上来说，也与摒除这些美德的说法有相当大的差别，前者是可以与其他相当不同的哲学立场兼容的。

衍生出来的第二义的替代品，甚而被当成培育道的积极手段。

　　这种类型的主张让我们假定有一个原始道家，它还未曾去批评儒家仁、义、礼的价值，而且倾向于将自己的方式视为获得这些美德的最有效的手段，而不是拒绝这些德性。这就是由郭店简本《老子》以及《管子》四篇中早出部分所代表的前反讽的道家。当它对道德品质和知识的效力有所保留时，它对这两者就不会采取激进的批评立场，或者将"反讽的"意蕴指派给这些关键术语，这就是它被称为非反讽的理由。可以说，它以一种温和的立场，颠覆了培养道德和智慧的教育的优先性，转而将二者视为结果。《管子》四篇更是发展出一种养气的理论，以作为德性与智慧自发彰显的基础；突出了这些德性在养气过程中的运用，以作为养气的助缘。此外，尽管"道"在这里 133 已经被说成是遍在的、无形的、不可说的，但这种不可知性尚未被推进到我们在通行本《老子》第一章，以及《庄子》内篇里发现的那种完全彻底的程度。也就是说，我们没有发现对道的先验的、系统性的不可知性的声明，即认为对于道的任何陈述都是无效的，因为任何一个对道的陈述都会产生误导，或者说，只有不作称谓的道，或严格意义上不可命名的道，才是真正的道。而在这里，道是可以通过其他方式——也即养气——而被体会的，并且，对道的性质的直接陈述处处都有，而且在陈述之后也没有立即对其加以抹消；而在"反讽的"道家那里，这种直陈之后的抹消则获得了充分的发展。

　　例如，《内业》篇是这样说的：

　　　　彼道不远，民得以产（born）。彼道不离［开我们］，民因以知……彼道之情（reality），恶音与声，修心（cultivates heart/mind）静音（still the intention），[1] 道乃可得。道也者，口之所不能言也，目之所不能视也，耳之所不能听也，**所以修心而正形 (rectify the body)[以得之]也**。人之所失以死，所得以生也；事之所失以

---

[1] "音"读为"意"，此据陈鼓应引王念孙说。参见陈鼓应:《管子四篇诠释：稷下道家代表作》，台北：三民书局，2002年，第95页。

败，所得以成也。[1]

这里要注意，道的不可描述性没有导致极端怀疑或反讽的后果，没有导致自我反思性的批评，或者导致对刚做出的陈述的抹消，以及对这一陈述本身的抹消。相反，这种不可描述性毫无疑问地指出了**能够**得到"道"的其他方式：通过身心的修炼和精神的宁静。也要注意，道在这里是一种纯正面的"生命力"——就像这里所说的"生"（生命）、"成"（成功）等积极事物，但它在失败和死亡那里是无效的——实际上，失败和死亡意味着道的丢失。我们在下文将看到，在反讽的道家传统看来，可以说，由于道的德性，失败"在失败上是成功的"，死亡也是由道而完成的（庄子）；而在《韩非子·解老》中，我们被告知，在道的"柔弱随时"里，它参与了成也参与了败，参与了生也参与了死，并使它们得以可能（"万物得之以死，得之以生；万事得之以败，得之以成"）。然而，这一立场实际上是在前反讽的道家的前提下所做的进一步思考，以及进一步的极端化。

《内业》认为，通过一项技术——静心——身体、德性、世界都因此而被调理得健康且秩序井然。心灵保持宁静，对任何特殊内容
134 放空，由此而成为统摄身心的中枢，甚至成为此机体周遭环境的中枢，赋予它们儒家语境上的连贯成形，正如我们上文讨论过的：将所有质素都集合起来而保持平衡，以可知的方式生成特定的价值，尤其是可持续性和愉悦。实际上，"欢"（happiness）在这里是和创造生命的东西（即气与道）一起被确定的；所有特殊的情绪都是由预先存在的对"欢"的向心性中迂回得来的，"凡人之生也，必以其欢。忧则失纪（the guiding thread），怒则失端（the proper starting point）。忧悲喜怒，道乃无处（find no place）。爱欲，静之；遇乱，正之。勿引勿推，福将自归"。我们在愉悦、测度、向心性，以及有价值的秩序之间，可以发现封闭的联系，现在，这一封闭联系直接与"勿引勿推"，

---

[1] 洪业、聂崇岐、李书春、马锡用：《诸子集成》卷五，上海：上海书店出版社，1996，第269页。粗体为笔者所加。此段引文可以与《心术上》第一部分对比："大道可安（be dwelt in securely）而不可说。"

即与有意营为之心的终极的消止关联起来。这一过程的结果伴随着同样的模式："形不正，德不来；中不静，心不治。正形摄德，天仁地义，则淫然而自至。"[1] 这里，**正是这一无为的中枢**，将各部分整合在一起，让它们保持恰当的秩序（即可以令它们生产任何被认为有价值的东西的秩序），平衡它们，使它们成为可知的。

无为（non-doing）的说法，在《论语·卫灵公》第五章讨论舜这位圣王的完美统治时，就已经大体出现了；在那里，我们可以假设它指涉的是"礼"的完美，它能够在非强制性的情况下，通过榜样的魅力和影响力而作用于秩序。在《孟子·公孙丑上》第二章，我们注意到人类的身心机体的图景类似于一个微观的国家，心灵扮演的是君主的角色，而气则是百姓。这里，我们将这两个模型更为明确地拼合在一起（尤其是《心术上》的第一部分，明确将心描述为占据了身体中的"君之位"），但是"礼"所具有的这种无为性，开始承担起某些更为根本的寓意：在这里，心灵是真正宁静的，不会受到情绪的牵连而被扰动，甚至不会受礼的干扰；不过，这与舜那里的"礼的无为"有着同样的影响力，连贯成形的神奇的作用贯彻于整片国土（身体）。这样，中枢的行动就是名副其实的"无"，因为根本就没有行动。但恰恰是中枢所强加给两端的所有行为的消失——因为事实上中枢不会移动到两端而对它们做点什么，而只会保持不动——使得它成为中枢，因而使得各部分相连贯。在这个意义上，正是由于它在根本上不同于两端，与它们保持分离，它才能将它们关联起来。但它的存 135 在得以被感觉到，恰恰是由于它的缺失，就是说，中枢在其他部分的不在，是它在其他部分中存在的方式。由于儒家思想中已经形成了围绕着一个中枢的连贯成形的模型，而这种情况下的可知性就是"中"，故而这里关于中枢的悖论，其实很容易就能理解。不过，在这一观念下，我们开始看到连贯成形的反讽形式破土而出。

这一发展有自身的理路，与我们在孔、孟的非反讽传统中看到的，通过教化而实现的，将道作为"价值的普遍可获得性"的观念，

---

[1]《诸子集成》卷五，第 270 页。

仍然是一致的。在《心术上》第一部分、《内业》等文本中，旧有的意义上的"道"（各种传统价值）的传统的价值意涵，被彰显出来，贯通天地，集中于那个获得德性的人身上，这是依靠此人身心的宁静而做到的。但是《内业》又向前推进了一步。它宣称，不仅传统的价值可以通过宁静而获得，而且宁静本身也能通过对过多情绪状态的排遣而实现，要做到这一点，可以通过传统的儒家实践和德性："是故止怒莫若《诗》，去忧莫若乐（the music），节乐（joy）莫若礼，守礼莫若敬（reverence），守敬莫若静（stillness）。内静外敬，能反其性，性将大定。"[1]

儒家的美德和宁静的状态互相强化。宁静是德性所引导出来的，反过来又成为这些德性的源头。正如我们上文所示，孟子在《公孙丑上》第二章对养浩然之气的讨论，采用了相似的理论，也许他是从告子那里学来的，而告子的观点似乎更接近这些前反讽的原始道家的文本；不过，孟子强调道德品性是养气工夫一开始就必不可少的要素，而不是养气的副产品，也不仅仅是养气过程中，为了静心而加入进来的辅助因素。旧有意义上的"道"指的是引导性的言说，即为了达成某些有价值的目标，而对实践所作的直接指导；如果养气是达成所有价值的方式（道），而气又是遍在的，那么离"遍在的道"这一新观念也就不远了。

由此，我们发现，道的某种形式的遍在是一个既成事实，而与"道"这个术语联系在一起的微小程度的反讽，与这种遍在有着密切联系。我们并不清楚，为何在孔子和墨子那里指涉任何引导性的话语的"道"，会成为描述遍在性的源泉和万物的实质的术语。然而，在《管子》的这些篇章中，道的遍在性似乎与作为万物的材质和起源的气论有着紧密联系。实际上，在有些地方，"道"与"气"是可以互换的，例如"道者所以充形也"（《内业》）的范式，以及"气者身之充也"（《心术下》，孟子也有"气，体之充也"的说法）。"道"与"气"之间

---

[1] 罗浩不承认这段韵文，认为这是后来窜入的注文。实际上，这段文字是对我们将在下文讨论的一些妥协性的文本所做的回忆。不过，为了令人信服，我想试着站在《内业》其余部分的立场对这段文字展开理解。

的这种直接等同，在《老子》中是没有的，而在《庄子》内篇中最多只是一种含混的等同。我们可以推测，在与养气实践的联系中，"道"保持了某些原初的意义："道"是指导养气的方法的集合，而"德"是对这些方法的熟谙和养气的成功。"道"的遍在因而与"气"的遍在具有相关性，以大气的形式分散，以可感之形体的形式凝聚。

　　道是遍在的，因为气是遍在的，就好比我们说，游泳之道在任何有水的地方都是在的。这里，就像在儒家的文本中所讨论的那样，"在的"（present）显然是说"可获得的"（available）。道的遍在，在孔、孟看来，就是真正意义上的道的普遍可获得性。在这里也是如此，游泳之道可以被应用在所有有水的地方，就可以说游泳之道就是水，气可以类比为水，养气被应用在所有气中，就可以说养气之道就是气。水是泳，气是道。气意味着呼吸，气的发散与凝聚的运动，就是生命的源头。这一运动的丧失，就是生命的死亡。万物由之而成，而它也是能量和生命的源泉，正如蒸气由米饭中冒出，这幅图景就是源自气的作用。气也与气候模式、季节变化有关，因而也与农业种植过程和食物与生命的产生有关。对气之道的研究因而也是对"调理天气"而生产万物的研究，即对气本身的研究，掌控气之道也就是掌控万物之道。气之"道"可以说是凝聚与发散过程本身——这即是气的运作方式——它也是万物的来源。

　　但重要的是，对比于气的凝聚——称之为"物"——气是无形的，不可分类的。它不是特殊的可被甄定的事物。由于它是凝聚与发散的整个过程，它甚至不能被说成是任何一种可被甄定的**状态**；在凝聚与发散两极间的钟摆既不能被甄定为某一状态，也不能被甄定为与之相斥的另一种对立状态。这里，我们看到了"产生连贯成形的中"之观念的肇源，它与"儒家式的中"有所不同，后者在我们看来，是在一个社会组群中居于典范性的中心地位的君子。这两者的共同之处在于，"中"代表着整体，因为"中"给予整体特性，使其在可知性、可辨明性的意义上是连贯的，同时将之维系在一起。但是在这一情况下，整体——不仅是一个社会组群，而且是所有事物的总和——的特性恰恰是"毫无特性之物"，气处于空白、精微、空虚的状态："虚。"在这里，我

137 们发现了反讽传统的诸悖论的一个来源。在万物中发现的遍在性的术语，就是"无"（Non-thing），[1]它本身是不可知的（不成形的）。

总而言之，我们在这些前反讽的文献中，看到导源于无形之气的一种遍在观念，以及导源于"无为"（noninterference）观念的，兼具限制与统一意涵的连贯成形观念，这基本上是来源于儒家的模型。在儒家模型里，有秩序的统一体，也即连贯成形，是通过为君者将自己限制在恰当的角色中所获得的。在儒家模式中，这一角色示范了儒家的美德，因而创造了一种涟漪效应，各部分模仿这一范式，遂使整体得以组织起来。君主的特质超出其范围而蔓延。在这个前反讽的道家模式中，君主的恰当的角色是无为、宁静，他以此调理整体。反讽传统的种子就在这里。君主（心）通过不扩张自己对整体的影响力，通过真正地限制自我，才能将自己的影响力推行于整体。这里，我们看到连贯与成形这两个有张力部分的另一种结合形式：在从属于整体的各个可知的、确定的部分（如钟摆的两个端点）的意义上所造成的成形（它是君主/心将自己限定在自己的分位，因此也将各部分限定在各自的分位内而造成的）；[2]以及，在将所有部分和中心统合为一个整体的意义上所造成的连贯。中心将各部分分离开来，从而引起真正的连接；又通过将自身与各部分分别开来，从而真正影响它们。这是治国、引导、影响的反讽形式的观念的来源之一：通过保持宁静、无为、无影响（无为而无不为）来施加影响。同样地，这也是连贯的反讽样态的开端之一：由于各个部分被锁定在各自恰当的位置上，它们反而被真正关联起来。

---

[1] 我们可以在《管子·枢言》篇看到一个生动的说法。这一文本先说"有气则生，无气则死"。后文又说："得之必生，失之必死者，何也？唯无（Nothingness）得之。"这和我们在《管子》四篇中看到的气与道之间的可互换性是一样的。更进一步，正如郭沫若所指出的，"氣"与"無"在上古时候的字形是相当接近的。尽管这两个汉字后来不再具有形态学上的相似性了，但在古代文献中，这两个字常常被分别写成"炁"和"无"。

[2] 相对的，儒家式连贯成形的成形面向，是通过君主（心）扩张自己，各个部分效法君主而造成的。——译者注

第四章
反讽的连贯成形以及对"阴"的发现

老子的传统：欲虚／一

我们现在可以看一看我所说的"反讽的传统"，以及在其中发生的连贯成形理念的转化。我们之所以能将一种连贯成形称为"反讽的"，是因为它将非反讽的连贯成形所涉及的三个方面截断开来，这三个方面包括：和谐（以某种互相增强的方式结合在一起）、价值（与过去和将来，以及人类的某些欲望有关的连贯成形，即"恒常性"和"善"）、可知性。非反讽思维至少将这些方面视为联系在一起的，而且有时候还可以互相转变。反讽思维则将它们区别开，某种意义上"连贯的"东西在另一种意义上就并非"连贯的"：它是**反讽意义上**的连贯，"连贯"（coherent）本身即意味着"不成形"（incoherent）。[1] 简言之，反讽的连贯成形观念将"和谐"和"价值"合并为一，但二者的结合恰恰被认为是对"可知性"的否定。真正的价值是在"万物并作"之中产生的，这就消解了定义、感知、谨慎地瞄准或者连贯地把握其整体性、其价值的任何企图。反讽传统的文献的典型标志，是否定句式的突然丰富［无为、无（non-being）[2] 等等］，对积极价值——如儒家仁和义的价值，或者"道"的任何正面陈述，即以特定价值为

---

[1] 反讽的连贯成形传统认为，连贯本身是不可知的。"coherent"同时具有连贯的、可知的（成形）两种含义。——译者注

[2] 为了从根本上让"non"成为一个独立而交叉引用的单元，我会把本章出现的"无"译为"non-being"，尽管这一翻译因为可能造成的误导，而遭到了很多学者的反对，这些反对都是相当有道理的，我总体上也同意他们的看法。"non-being"的译法仅仅是要表述"无有"（not having）的意思，最多是要表达"缺失"（absence）。

导向的自我培养和学习的有目的的路径——的尖刻批评，以及对之前传统的关键术语给予反讽性的双重意涵，例如《庄子·齐物论》所谓"大道不称，大辩不言，大仁不仁，大廉不嗛，大勇不忮。道昭而不道，言辩而不及，仁常而不成，廉清而不信，勇忮而不成……孰知不言之辩，不道之道"之类。思想史上的这一转向，其主要范例体现在通行本《老子》和《庄子》内篇之中。

140　从当前的证据来看，我们似乎可以说，通行本（王弼本）《老子》应该不是某个人的作品，而是在很长的时期内，通过逐渐组合起来的格言而构成的，而且可能有好几种不同版本。我在讨论《管子》四篇中的原始道家时曾提到，我们可以将郭店简本《老子》视为与"前反讽"的道家相一致的早期版本。不过，我想强调的是，通行本的编纂工作具有明确的立场，它是在这些前反讽的片段化《老子》版本的基础之上缀合为一个整体的，可以被看成一部连贯的完整著作，代表了羽翼丰满的"反讽的"道家思想。[1] 虽然大概而言，通行本《老子》可以说是缓慢积累起来的作品，但我们其实可以将之视为一个整体，它多少是有着连贯的哲学立场的。

　　因而，本章中，我会把为这一文本所证实的思维传统，归结为对某些反讽的发现，这些反讽建基于连贯成形、可知性、欲望和价值等观念，可以说具有一种无可逃避的特征，我们可以将这种必然性称作**先验的对立统一性**（the dyadic a priory），也可以将之定义为**先验的反讽**。我将试着表明，之所以称其为**先验**，是因为对经验和可说性（assertibility）而言，它在这里可以被看成是必然的、总是预先存在的、非经验的、不可避免的条件。这里的关键点是，一个处于更广大的整体之中的可知的连贯成形，它的背景化，它的连贯，本身就是不可知的、不成形的。因为，如果可知性本身依赖于一个先在的背景，那么这个背景自身就不能是可知的，否则，背景的可知性又要求有新的更广的先在背景为其基础，这就会导致无穷倒退。正因为这种无穷倒退式的背景化，是所有"成形"得以可能的条件，使得可知性

---

[1] 有学者试图论证这是后庄周时代的道家，就是说，认为反讽的道家是庄子的一项创造，而通行本《老子》所代表的，则是对更早的、前反讽时代的道家进行的后庄子式的重构，它与庄子的反讽具有一致性。

本身必然会有这种自我毁灭式的反讽。思维方式的这一进展，也可以如我们在后文看到的那样，被简单描述为对阴阳的对立统一体（dyad）中"阴"的一面的发现，它是对立统一体中包容性的、回应性的、雌性的、静态的、未成形的、黑暗的那一半——"彼"是与"此"相伴而生的，背景是与前景相依相随的。[1] 这也可以被描述为任何对立统一体中"不可知的"（即"黑暗的"、难以看见的、难以辨认出的）和贬值的那一面。在后来，阴将成为一个一般性的术语，被用来表示与任何一个连贯成形相连贯的背景，是每一个有价值的可知的连贯成形（阳）的必要成分。这种与连贯成形相伴的，并使其得以成立的非连贯成形（incoherence)，以一种简单的方式而被反讽的道家运用，在"可知性"的连贯成形和作为"真正的价值""和谐的平衡""可维持的连续性""团结在一起"的连贯成形之间，造成分裂。

　　郝大维和安乐哲已经提出"反讽"这一概念，不过有所保留，因为他们总体上将道家的立场塑造成倾向于实存的。[2] 但是我这里所说的"反讽"具有特定的意涵。我认为，对那些传统上用来表示连贯成形的概念，道家总是在反讽的意义上使用它们，意在指出连贯成形完全是不可能的，而反讽的是，**这种不可能性恰恰是更高形式的连贯成** 141 **形**，在这一意义上，它满足了连贯成形最初的承诺，比原先非反讽的连贯成形所做的要成功得多。道家对"道"这一术语的运用，是对更早之前的术语的**反讽**用法。这就相当于一个人在计划野餐的那一日，望着窗外的暴风雨说："啊，这真是野餐的好天气啊！"这恰恰意味着天气并**不好**，反而很坏，言外之意是：我们希望有一个适合野餐的艳阳天。不过，真正的反讽，也即是道家的洞见在于，这场暴风雨是真

[1] 阴阳语系的这种运用，与郝大维和安乐哲的评论相应，他们认为阴和阳"仅仅是将'诸此'和'诸彼'组织起来的一种便捷方式"（David L. Hall and Roger T. Ames, *Thinking from the Han: Self, Truth, and Transcendence in Chinese and Western Culture*, Albany: State University of New York Press, 1998, p.190. 第二章已经引用过了），而阴阳在《老子》中的引用则与葛瑞汉的讨论（见 A. C. Graham, *Disputers of the Tao: Philosophical Argument in Ancient China*, La Salle, IL: Open Court, 1989, p.223），以及万白安将《老子》解读为对阴的信奉（见 Bryan W. Van Norden, "Method in the Madness of the *Laozi*," Csikszentmihalyi and Ivanhoe, eds., *Religious and Philosophical Aspects*, pp.198-200 and p.210, note 38.）是相和的。

[2] David L. Hall and Roger T. Ames, *Thinking from the Han: Self, Truth, and Transcendence in Chinese and Western Culture*, Albany: State University of New York Press, 1998, pp.75-76.

的很棒，比起我们所希望的艳阳天来还要好得多：只有有了雨水，谷物才能生长，才能出产我们在野餐时吃到嘴里的食物。如果不是这类天气不时提供雨水，那么也就不会有野餐。严格意义上说，我们这里有两层反讽："好"是在反讽的意义上使用的，意味着好的反面；但是足够讽刺的是，这种被反讽地描述为"好"的不好之处，却是**真正意义上的好**。"道"是任何既定的道的反面——因而是真正的道。由反讽的连贯成形所完成的承诺，是暗藏于非反讽的连贯成形中的价值承诺，这里所说的非反讽连贯成形指的是：作为恒常性、平衡、价值——第二序的关涉过去与未来，关涉人类某部分欲望的连贯成形——以及承载了价值的一体性（togetherness）的连贯成形。在《老子》中，这些价值依然是连续性、生命、时间上的恒常性等旧有的价值。而其不可能性，在《老子》文本里，依然被限制在**可知性**这方面上。在这里，可知的东西都被认为是没有真实的价值的，实际上不能满足我们真正互相连贯的欲望（按照《老子》第十二章的说法，我们可以将之称为"腹"欲），它会限制而非助长那承载着价值的一体性。我们找到了对《老子》中的核心概念那引人注目的"双重性"的一种内在解释，这种双重性以各种形式催生了对《老子》文本的持续不断的困惑和注解，为我们理解"道""名""圣人""一""无"等明显具有**双重身份**的概念，提供了一条路径。在有（Being）与无（Non-Being）的问题上，我们注意到，"有"与"无"这对概念的对称性的"水平"组合（如第一章的"无名天地之始，有名万物之母"、第二章的"有无相生"），及其不对称的"垂直"组合（如第四十章的"天下万物生于有，有生于无"）之间，存在着某些冲突。白彤东最近的作品是一个很好的例子，他深入讨论了《老子》文本中的这一问题，在层级排列的意义上区分了相互分离的两组"有""无"概念，将之标记为"有1"和"有2"以及"无1"和"无2"，并在此基础上，花了很大的力气梳理出一个有说服力的前后一贯的解释。[1] 尽管总体上我同意

---

[1] Bai Tongdong, "An Ontological Interpretation of You (Something) and Wu (Nothing) in the *Laozi*," *Journal of Chinese Philosophy* 35, no. 2 (2008), pp.339-351. 贺碧来（Isabelle Robinet）在她的文章中也表达了相似的观点。见 Isabelle Robinet, "The Diverse Interpretations of the *Laozi*," Csikszentmihalyi and Ivanhoe, op. cit., pp.138-140。

白彤东的思路,但还希望阐述一条更广阔的思路,在这里,这两组概念的内涵事实上并非完全分离的,毋宁说,在两种意涵中,这条思路指明并发掘出一种模糊性,使得无论指向其中哪一个意涵,都必然同时指涉另一意涵。换句话说,在我看来,"水平和垂直两种意涵"必然是互相指涉的,这是《老子》文本的要害。对称和非对称的两组概 142
念同时发生,意味着非反讽的连贯成形观念的企图破产,其后果便是反讽的连贯成形。《老子》里具有双重意涵的其他关键术语,也同样适合以这个思路进行解读。[1]

　　实际上,更广泛地说,"道"这一概念的多种意涵之间的重叠之谜,被许多聪敏的解释者视为《老子》文本的一个关键特征。唐君毅对此所表现出来的敏感,或许具有代表性。他对《老子》所用的"道"的六种独立的意涵进行了分析:(1)"有贯通异理之用之道",通过它们的具体特征和行为而表现出来,内在于它们,而非在它们之外;(2)"形上道体",所有真相都是由之而出,而它本身则是超越于所有的感知和指谓的;(3)"道相",即通过诸如弱、复、母、玄等术语来命名和表征;(4)"德"与"道"同一,唐君毅说,《老子》有时候将德与道区别开来,但在其他时候则将之视为道的本体论意涵的符号,或者道在宇宙论意义上的功能;(5)道是培养德性的指导原则,对于个人在伦理和政治生活的实际应对中也起到指导的作用;(6)道是人与万物最原初的理想状态。[2]我希望对唐君毅的论述加以补充的是下文对于"反讽"的含义的解释,因为"反讽"属于连贯成形问题,而一般说来,上述这些意涵之间的内在联系,与连贯成形有关。实际上,我希望揭示的是,它们绝非是各不相同的意涵,恰相反,它们都是同一个意涵的不同应用而已,是同一个表征所具有的互相矛盾的多种含义:它们都是"朴"(the unhewn)。更确切地说,当将"道"的观念看作是"朴"时,这五种意涵,全都在表明由连贯成形观念本身所激发出来的反讽的路径。

---

[1] 贺碧来对《老子》文本中的"一"的双重意涵提供了非常精彩的阐释(见 Isabelle Robinet, "The Diverse Interpretations of the *Laozi*," in Csikszentmihalyi and Ivanhoe, op. cit., pp.138-140, pp.137-138)。

[2] 唐君毅:《中国哲学原论:导论篇》,台北:学生书局,1986,第 268—281 页。

《老子》中反讽的连贯成形概述

我将要讨论的是通行的王弼本《老子》，它是同一个传统的多名作者的共同作品。《老子》这一文献中没有任何人名、地名之类的信息，故而，它在先秦那些独立流通的文本中就显得异乎寻常（如果《管子》四篇也是独立流通的，那么它将是另一个范例），而且它刻意无视了在当时可能最为流行的，以儒家著作为基础的连贯成形形式，即**与传统的连贯**，后者是判断与人类最显著的诸欲望有关的各种连贯成形是否为真的决定性标准。这些标准是由圣人或者君子所建立的，正如我们在孟子那里看到的，并且将会在后文所示的荀子那里和《周易》传统中再次看到。这些标准非常关键，因为对那些相互对抗的连贯成形而言，这些标准可以决定其中哪些能被挑选出来，以助成那个最大的连贯成形（天）。连贯成形的这一方面，在《老子》传统所显示的连贯成形观念里，被针对性地遗漏了。

与之相应的是，我们有了传统上用来表示"可知性"这一连贯成形的两个术语：道和名。这两个术语是通行本第一章的头两个主题。下面试着依照我们当前工作所关注的维度，对此章进行翻译：

1. 一个引导性的进程（course）能够被谈论（discourse）；[1] 但如果这样，它将不再是一个可持续的［即可信赖的］引导。

2. 一个可知的价值［即一个名］可以被明确地估价；[2] 但如果

---

[1] 我将此章的前三个字理解为一个完整的句子，以与马王堆帛书中的虚词"也"保持一致。我将第一个"道"译为"course"，是因为"course"可以很好地将规定性的（prescriptive）和描述性的（descriptive）意涵结合起来。同样，将第二个"道"译为"discourse"，是因为"道"和言说相关。正如一条道那样，一个进程也可以是一项学习计划。"引导性的进程"（guiding course）是更为充分的翻译，可以将所有意涵都显示出来。

[2] "名"这一术语在这个文本中极其复杂。它涉及早期中国思想中，潜藏于这一术语之下的所有意涵，包括对一个职位或角色、名望、声誉的规范化描述（例如"正名"和"刑名"），它们是一个人能够在多大程度上影响他所在的地区的证明，而且是通过一定的方法从整体中切割出来的。需要注意的是，像"道"一样，"名"在日常用语中已经是一个规范化的术语了，尽管在《老子》里，它开始有一种新的、缺少明确规范的意涵，开始获得一种模糊性。我会在后文讨论其中的某些细节。

这样，它的价值将不再是可持续的。[1]

3. 天地的开端是没有任何可知的价值的［即不可辨别的、不成形的、不可知的、无价值的］。

4. 使它依其价值而［对我们］可知化，［它就被称为］万物的母亲。[2]

5. 因为［它是不连贯的，因而对我们而言是没有价值的，故而，从它那里］持续性地不渴望任何东西［就是我们的一个面向］，我们就能留意到它那很难被看到的微妙之处［换句话说，这就是那些与我们的价值并不相符，因而很容易为我们所忽视的面向］。

6. 因为［我们也从它那里］持续性地渴望某些东西，[3]我们就能留意到它那很容易被看到的明显的结果。[4]

---

[1] 或者依后文的解释，这句话可被译为："它的名誉可以十分显耀，但那样一来，就不再是持久的名誉。"或者更确切地说，"它的价值可以被估价，但如果这样，它将不再是持久的价值"，我相信这句话真正要表达的意思就是这个。

[2] 第五十二章更明确地指出，"始"和"母"是指涉同一件事的两种方式："天下有始，以为天下母。"这里的"以为"（treated as）在第二十五章中也同样出现了，并与"母"关联在一起，说明这是指涉无名之始的一种比喻手法，这种简便方法能将"天地之始"当作一个对象，从而像对待这个被用来作比喻的对象那样，以合适的态度来对待它。因此，"如果你愿意，它能被说成是母亲……"

[3] 这里我要再次强调马王堆帛书，帛书甲乙本始终刻意将"无欲"和"有欲"看成悖论式的建议；实际上，正如我们将会在后文讨论《老子》中的"欲"和"有为"时所看到的那样，这是"无为而无不为"（do nothing but fail to do nothing）的另一种说法。"无欲"这一术语在第三十四章再次出现了（尽管高亨等人认为它是错的，应该被修正），而且基于有欲的前提而作的建议贯穿于整个文本，最明确而臭名昭著的或许就是第三十六章了（将欲歙之，必固张之……）。

[4] 我将"妙"和"噭"译为平行而对待的对立统一体，它们的基本意思分别是"很难看到"和"容易看到"。王弼本中的"妙"这个字带有"女"部，汉以前是不存在的，也不见于《说文》。马王堆帛书本写作"目"部的"眇"，意为细微而难以辨清。"噭"字的偏旁在通行的几个本子中并不一致。（马王堆帛书本作"所噭"，意为"哭着要"，这是一个非常有趣的结合，它试着将前文所说的"母"与之关涉起来；但我选择的是"噭"的解释。）我假设早期的版本是没有偏旁的（对任何一个字而言都有可能），在这种情况下，"噭"就可以被写成第十四章的"徼"。"噭"的意思是"明亮的"，甚至可以是"光辉灿烂的"，或者在此处的上下文里，意为"充分体现的"。这与王弼的解释相去不远，他将"妙"和"徼"解释为难以见到的初始和显而易见的结果，这似乎与他对《易经》的兴趣是相应的，与他在第六十三章和第六十四章所提到的发展的时间性意涵，也不存在什么冲突，而且，王弼本中的汉字"徼"意思是事物所倾向的终途（"徼，归终也"）。与小、始、无形、欲望的更多联系，请参见后文。

7. 这两者是一起出现的；它们是同一件事的两个名词，具有同样的意涵。[1]

8. 这种相同性就是我们所称的"模糊"。

9. 这种模糊性本身进一步的模糊性［即这两者的相同性，也即双重性］，就是所有微妙之处的门户。

我们可以对这章的意思进行简单的释义，如下所说:（1）为了获得我们想要并且会珍惜的事物，我们可以设置一个可以带来我们所珍视的事物的进程，或者（2）设置一种价值观，以充当我们行动所要实现的理念。一个路径能被当成是一个路径，能被称呼为我们的引导性路径，能被打造成一个理念。但是在将这一路径明确化，以及将之作为一个理念而接纳的过程中，我们实际上毁坏了它可靠地、可持续地制造我们所珍视的东西的功能。（3）任何事物，在其是可知的、可辨别的、可获得的，因而可被估价之前，首先是不可辨别的，因而是不可被估价的。故而，我们所能注意到、命名或者估价的一切事物，都来自一个未曾被估价或可知化的先验状态:缺乏那一名称或那种价值的状态。基于同样的理由，在考虑所有可知的、已被估价事物之全体的时候（也即可知而且可欲的这整个已知世界的时候），我们也必须推断说，它是自一个未曾可知化的、无名的——故而对我们来说也是无价值的——先在的状态而产生出来的。在这个意义上，任何可知的、有价值的事物的缺失，任何连贯的事物的缺失，才是所有已被估价的连贯成形的真正**根源**。（4）不过话说回来，由于这个不可知的先验状态是提供我们想要而且珍视的东西的真正根源，提供了我们看见、知道且命名之的所有东西，我们就可以给它一个与其作为"不可见的根源"所具有的功能相符的名称——万物之母，并通过一种悖论性的方式，使之对我们而言变得可知而有价值。"母"是一种虚，子宫的空无，没有社会意义上被承认的名字（有姓氏而无名）或价值，它本身是没有社会地位、权威，或者"儿子"这种价值的，而子

144

---

[1] 这里我再次采用了马王堆帛书本所说的"异名同谓"。

宫的这种空无则是前者的实际来源。"母"是一个特别的字，是只命名"空无"的一个名字，是"无名"的名称之一。它是"缺失"的一种积极呈现，是"空无"的实体化，是对不可描述性的一种描述，是已被估价的无价值性。正是这种反讽的呈现，这种"作为实存而得呈现"的缺失，才是真正具有原创力的"根源"和"进程"（现在，这两个术语也可以以同样的反讽方式去理解）。（5）既然它是不可知的、无价值的，某种意义上，我们对它就总会一直不抱任何欲望；我们无法对它有欲望，无法构想它，或者将任何确切而可知的本质同一性指派给它。但由于（这在《老子》后面的内容中会更清楚）我们的意识是由欲望所制约的，欲望的缺乏产生了一种有益的副产品：不被任何一种特定的目标限制，我们就能看见通常情况下，我们有目的的观察、认知活动所忽视的东西。在我们所珍视的所有"形式"的根基之处，我们看见了意料之外的，原本注意不到的无形性和无价值性。我们在无价值中看到了未曾料想过的价值的根基。（6）但话又说回来，既然它提供了我们所珍视和渴望的东西，我们也就能够持续性地对它抱有尊重的欲望。基于我们对所珍视的东西的特定欲望，我们就能够注意到"母亲的"价值生产力，注意到它生产我们想要的东西的能力，注意到从无形中产生出来的有形，并且更清楚地看到，摆在我们面前的一系列可知的、已被估价的事物的真正性质，恰恰是它们所根植的这种无名性和无价值性（即对它们的名称、本质同一性、价值的严格排除）。知道它们根植于、诞生于不可知者、无价值者，并且与之形成隐秘的联盟，我们就能更好地掌握可知者、已被估价者。（7）145
已被估价者和不被估价者，可知者及不可知者，是同时产生，一起涌现出来的（同出）：当我们命名某物的时候，我们也在暗中用"无名"来命名与此物相对照的，此物由之而生，并因之而可命名的那个对象。对任何已被估价的连贯成形的设定，也即是对它周围先在的非连贯成形的设定（它的不可辨别性先在于它的诞生，而它的不可发现性则存在于它周围与之相对照的背景之中），后者奠定了前者，并使之有可能呈现出来。连贯成形与非连贯成形，这对立双方的出现，是同一件事的两个方面。每一个连贯成形（名、价值）都具有双重意义：它同时命名了连贯成形，以及它由之而得以连贯的终极的非连贯成形，而正是连贯成形和非连贯成形的这一连贯（一体性），使得任何一个连贯成形成形（可知）。同时，无名现在已经被命名了：我们不得不称其为"无名""玄""冥""妙""谷""雌""母"等。这些都是"无名"的名称，是存在于名号系统但同时又搞乱了这一系统的平滑运作的奇怪的密码。它们内在于这一名号系统而又指向这一系统之外，同时被命名而又不被命名。它们是无理数，在试着意指完全不属于名号系统这一整体的东西时，实际上却变成为：既意味着（a）这一整体的"未被估价的部分"，即已命名部分被挑选出来之后所留下的那个背景；又意味着（b）"这一整体，它随后就被分为已被命名和未被命名两个部分"。尽管这是一种颇为不同的方式，但与非反讽传统一样，我们依然从中发现，所谓的"同"并非真正意义上的绝对的"数学上的"同一，后者意味着一个抽象的本质所具有的可重复性：毋宁说，它是在每一个连贯成形里都存在的对立双方必然会**自相矛盾的**"俱时存在性"（simultaneity）。对于"相同的"意涵，我们有两个互相对立的名号（或识别与评价的方式），两种方式都描述同一个认知事件（异名同谓），但问题的关键是，这一事件无法被完全化约为任何一种方式，而不留下残余。它也不能是独立于二者之外的"第三者"，即名与无名背后的更进一层的无名，因为这已经被先一步地化约进先前的动态结构中去了；无名是不可辨别的，所以也就不能确切地说它是一还是多。这种"相同性"是由两个明显互相排斥的意涵的共存所简单构成的。每一个连贯成形，每一种价值，都为与之相伴而生的非连贯成形、非价值所遮蔽。根源与初始、不可知的背景、可知的内容的这种"承载着价值的一体性"，是以无可逃避的双重性和俱时存在性为基础的。（8）这里出现了第二序的反讽的连贯成形，它是我们在

146 第一序的连贯成形和第一序的非连贯成形之间得到的：这一双重性本身是双层的，因为它当下就既是连贯的（连贯成形和非连贯成形必然总是"在一起"）又是不连贯的（总是在终极意义上建基于、诞生于、复归于此不可知者）。（9）双重性当下就既是双层的（不形成**任何单一**的意涵）又是单一的（不可避免地带来两个方面的同时存在）。

"玄"这个字是"无名"的众多名号之一，内置有一种双重意涵，表示（a）与可知者相反对的不可知者，以及（b）在可知和不可知分裂之先便存在的整体——所有这些都在试图言说（c）既不"可知"也不"不可知"。简言之，这个针对每一个"名"所作的反讽，本身在结构上就是反讽的。甚至反讽也是反讽的，既意指它本身，也意指它的反面。"好天气"里的"好"是反讽的（它的意思是好的反面），但它的反讽本身也是反讽的（它确实是好的）。对于《老子》后面的文本而言，这是一道门户，是"众妙之门"。

"朴"的五个意涵 :《老子》里的遍在观念和反讽的连贯成形

我们现在可以更详细地检视这一思路。"道"这一术语最初的意思是进程、方式、道路、言说、引导的传统。可以有古圣王之道、王道、天地之道、六艺之道，无论是哪种"道"，都提示着一种对于行为和注意力的建议性进程，意味着由之便能获得对某项技艺的熟练掌握。作为一个动词，这个字的意思就是"导"。通过遵从一条道所提供的指导和范例，人学着践履并获取它所描述的价值；它是"归终"的一个手段，是获取一个被描述出来的价值的"道路"。"指导性的言说"（guiding discourse）是陈汉生对"道"的翻译，[1] 这个混合型的英文术语抓住了"道"字的许多含义。它既意味着连接某一传统的方式，也意味着适应和获取为此传统所支撑的目标的方式。

"名"是名称的意思。需要指出的是，尽管在后来的一定时期内，这个术语获得了更多的哲学意涵（比如它与"实"和"形"的配对），"名"在先秦文献中的意涵却主要是社会性的，在一般性论述中尤其如此。它表示某人在其社群中的声誉。名即是**名望**，而且可以肯定的是，它已经成为一个价值语词：一个**好名声**。"名"意味着某人对他所

---

[1] Chad Hansen, *A Daoist Theory of Chinese Thought: A Philosophical Interpretation*, New York: Oxford University Press, 1992.

处社群的影响，或者说他对其社群的贡献，《老子》文本里"名"的用法，在我看来就是这种结构的，这是它最直接的意涵。在《老子》的早期注释里，我们可以看到这个术语主要是如何被使用的。这在被 147 疑为伪书的《文子》（一部道家零散文献的拾遗作品，同于《淮南子》者尤多，皆改编为"老子曰"）等文献中也同样得到了体现，我们从中发现了对"名"与"无名"这一对立统一体的解释：

> 有形者遂事也，无形者作始也。遂事者成器也，作始者朴也。有形则有声，无形则无声。有形产于无形，故无形者，有形之始也。广厚有名（name），有名者贵全（is noble and complete）也；俭薄无名（name）［fame，名声］，无名者贱轻（is lowly and unesteemed）也。殷富有名［are famous，著名］，有名者尊宠也；贫寡无名，无名者卑辱也。雄牡有名［is renowned，出名的］，有名者章明也；雌牝无名，无名者隐约也。有余者有名，有名者高贤也（lofty and esteemed）；不足者无名，无名者任下（burdened and below）也。有功即有名，无功即无名。有名产于无名，无名者，有名之母也。天之道有无相生也，难易相成也［《老子》第二章］。是以圣人执道，虚、静、微、妙，以成其德。[1]

这里的"有名"仅仅意味着对某些成就的认可，或对获得某些预设中的价值的称颂，而"无名"只是说没有这些东西。实际上，略翻《庄子》内篇便能清楚，在最早的（反讽的）道家那里，"名"绝不是从名号系统来说的"命名"。它并未像《墨经》那样讨论语言学理论，而恐怕一直都意指"名声"。《庄子·逍遥游》高调地宣布："至人无［固定的］己，神人无［特殊的］功，圣人无［一个］名。"[2] 在这

---

[1]《文子》卷一《道原》篇，台北：中华书局，1978，第 7 页。

[2]《诸子引得：老子庄子》，台北：宗青图书出版公司，1986（引文与哈佛燕京学社引的编纂处一致；后文对《庄子》的引用都会参考这一来源），2/1/21-22。"名"在这里的用法，可以与后来的综合性作品相对照，例如《尹文子》便说："名有三科……一曰命物之名，方圆白黑是也。二曰毁誉之名，善恶贵贱是也。三曰况谓之名，贤愚爱憎是也。"（《尹文子；关尹子》，台北：中华书局，1979，第 2 页）我不能完全确定这段话的意思是什么，但很清楚的是，这里所谓的"名"具有更为具体而细微的意涵，而曾经远居幕后的几层意思都被带入台前了。

里，"名"再次与"功"（merit），即对一项成就的赞颂紧密联系在一起，而在此篇下文中，当其与"实"（actuality）相对照的时候，它意味着与实际的功业相对立的名声。"名"所描述的，是某种影响在社群中的扩大，或者如上一章讨论过的那样，是或富有、或高尚、或著名、或威武、或典范、或贞洁的人对于其他人的指引或激励作用的显著化。当这些人到了某种处境，使得他们能运用这种神奇的影响力，吸引和激励其他人簇拥着（连贯着）他们并且仿效他们，这样他们就能被说成是有"名"。[1] 实际上，我们可以说，"名"本身就是"连贯的、由价值的连贯成形所创造的可知性"。[2] 148

此外，"名"也是一种连贯成形的形式，是（1）某些人或某些事，和（2）既定社群中的需求或价值之间的连贯成形。这使某人或某事可以从此社群之中分离出来而变得明晰，使某物获得明晰的本质同一性。名是可被看见和知晓的，本身为社群承认为有价值的，也就是说，名与这个社群所公认的需求、理念、价值相连贯。这也意味着它是"可读的"、可知的，因为它与先在的解释标准之间存在"连贯成形"；一个人知道如此这般地解读这个名，是因为它是与先在的、解释性的名声充分连贯的。再次强调，可知性是连贯成形的一种形式，是客体、背景、人类观察者三个方面之间的连贯。这里的背景，

---

[1] 需要注意的是，正如"无为"一样，"无名"这种超越儒家思想的观念，在儒家之中即有出处，或者至少是有儒家的先例在前，例如，《论语·泰伯第八》第十九章，孔子说尧的德性是"荡荡乎，民无能名焉"。这一说法应该早于原始墨家使用"尚贤"（exalting the worthy）观念的时代，它是被效法的一个对象；这同样可以被解读为儒家的上层学者进行自我超越的一个萌芽，是对更早之前观点的细微扭转。这里再次看到，有抱负的圣人所采取的有目的的行为，以及圣人所采取的不费力气的行为，为此处"名"与"无名"之间的关系提供了一个很好的模式。

[2] 变得有名，即是变得为人所知、受人尊敬、为人效仿，也即是对难以获得的某种事物的变相炫耀——这刺激其他人竞相效仿，希望占据同样的位置，去竞争，去变成盗贼（第三章说"不见可欲，使民心不乱"）；由此，为了维持某人的名（即某人起初所有的、应得名声的成就；很好地治理百姓这一成就；或者将百姓从互相倾轧的冲动中解救出来，而维护他们的秉性与生命），关键是要无名（名声）。如果某人因达致良善的统治或教化而获得赞誉，那么这一成就同时也就立即被消除了，因为这种名/赞誉会激发民众去效仿他，去奋斗而变得同样著名，去攫取难得之善；这样一来，国家就会变得混乱，而此人也就不会有任何成就了。这是一个范例，由此可以看到，无名是如何让人保持其善名的。故而，"道"（进程）既有"名"，也是"无名"——而且正由于此，它的"名"（名声、功绩、成就）是永恒的、伟大的。

包括整个的符号学语境，以及（再一次的）特定的人类习惯、欲望、认知倾向。[1]

在宣布连贯成形只能被反讽地理解之后，通行本第一章的这几句话点明了两种形式的连贯成形。它告诉我们，无论何时，当连贯成形继续下去时，同时也就失败了，而真正的连贯成形（价值、一体性）是不成形的（不可知的），而且必定如此。

按照我们从文本中拼接出来的观点看，藏于上述观点之后的理念，可以以相当简单的条文表述如下：

1. 说某物能被视为一个估价后的客体，就是说它不只能（1）作为一个可知的客体而在"结合为一体"的意义上被连贯，而且能（2）在与我们的欲望相连贯的意义上被连贯。但是我们发现，通行本中所描述的欲望有两种不同的类型：

（a）"目"欲，它被附着于一种特殊的，连贯而可知的，由社会所规定的，将有价值的事物"切割"出来的方式，其本身不具有内在性的满足点。

---

[1] 值得注意的是，如果这是"有名"和"无名"的主要含义，那么这和"存在与非存在"相去并不太远。《文子》已经将这一配对与"有名与无名"勾连起来了。当某物还未构造成形时，只是一种初始的过程，它就未曾有名；一旦它进入完成状态，就被给予一个名称。未斫之木之所以是无名的，也是为此；它还未曾作为一件器皿而被用于社会，还未有社会价值。但要考虑到对有和无含义的规定，例如《庄子·秋水》就说："以功观之，因其所有而有之，则万物莫不有；因其所无而无之，则万物莫不无。知［此二者如］东西之相反而不可以相无，则功分定矣。"（《秋水第十七》，《庄子引得》，第43页）这段话意思是说：从功效的角度来看，如果我们因为某物有其自身而称某物存在，那么就无物不存在；如果我们因为它缺少它自身而称其"非存在"，那么就无物不是非存在。这两者就像是东、西相背一样，彼此是不能缺少的，对于功绩的这种限制，是确定的。"功"——功绩或者因果性的功效，即对其他事物有影响的一种状态——在这里与"有"（being）是相等的。存有（to be）即是有效用。不存有即是没有效用。因此，任何获得名称的事物，都具有某种效用——即便它只是一种假想的实体，是为了让讨论继续下去而做的假设，它依然会因其在对话中的角色而有作用——因此在这种程度上它就是存在的，而那些未获得名称的"同伴"们则会缺少功绩或效用，在这个程度上也就是不存在的。在这种意义上，在"无名者"和"非存在者"之间也就似乎没有那么巨大的差异了——而且事实上，我们将会看到，在《庄子》全书中，这两者常常是互通的。换句话说，在这一文本中，"有"（being）、"有名"（being named）、"有价值"（having value）这些术语多多少少是能互相转换的。这里，《老子》第十四章所给出的，作为"道"和"一"的指称的"无名"，这一名称的由来，是符合上述图景的。

（b）"腹"欲，它是自发产生的，而非由某一特殊的可知之物所激发，遵从一个自动的生起与衰落进程，其满足感具有内置的限度。

《老子》第十二章说："五色令人目盲，五音令人耳聋，五味令人口爽，驰骋田猎令人心发狂，难得之货令人行妨。是以圣人为腹不为目，故去彼取此。""五色"云云，即是社会所规定的价值；特定的颜色、音调、滋味被人从整个图景中挑出来，被赋予特殊的价值和"名号"。渴慕它们，就产生了我这里所说的"目"欲。而我所谓的"腹"欲则被当成婴儿的典型特征，这在第五十五章里被描述为："骨弱筋柔而握固，未知牝牡之合而朘（penis）作；精（potency）之至也。终日号而不嗄：和之至也。知和曰常；知常曰明（clarity[1]）。益生曰祥（inauspicious，不祥）。心（mind）[目欲]使气（energy）[腹欲]曰强（forcing it，强迫）。"腹欲不是由特殊的评估性目的所激发出来的，也不是由"目"所具有的知识对于特殊的、预先构想好的可知之物的追逐所鼓动起来的。这里给出的例子是性欲：婴儿是不会产生性观念或性幻想，以煽动其欲望，刺激他求得想象中的满足感的。但是他有勃起，这是自发产生的性能量，不是由特殊之物所触发的。这种无对象的欲望就是一种"腹"欲。当我们渴望食物时，我们一方面有刚刚萌生的胃部感觉，另一方面，对附着在胃部感受之上的"可欲的"食物具有某些想象。我们也许希望获得一些鱼翅来充饥，那就是"目"欲。但是对某一对象的占有欲本身会导致无止境的追逐和贪婪：我们想要更多，我们可以为了自己的享受而永无餍足地渴望囤积鱼翅，以及所有的精美食物。此外，一旦胃充实了，腹欲也就终止了。它具有一种内置的餍足感，因而内置有一种周期性，自然便周而复始地由饥饿而饱足而饥饿。腹欲的运作自有一个周期、节律、升降。目欲则是一条直线，顺着无休止的轨迹越得越多，越求越好。

"知识"的另一种形式，就是《老子》第五十五章所介绍的，作

---

[1] 我们将在下文介绍《庄子》时进一步地讨论这个术语。

为对腹欲的回应之一的"明"（clarity）。"明"被规定为"知常"（第十六章、第五十五章）或"见小"（第五十二章，参看第三十四章）。"常"（sustainability）转而被规定为"静"（stillness），是谓"归根"，而"静"又被规定为"复命"，即回到生命的注定了的源头（第十六章），或"知和"（第五十五章）。我认为，"和"在这里指涉的是**真正的**（反讽的、不可知的）连贯成形。这种真正的和，是经过裁割的对象（有名者、有价值者、可知者）和未经裁割的背景（无名者、无价值者、不可知者）之间的连贯成形，而此连贯成形又是在未经裁割的背景中体现出来的，从中而生，又复归于其中。"知"道这种整体性的"和"，正是"见小"，也即是第一章所说的留意到"难以见到的微妙之处"（眇／妙），这是在说，要在不可见的、未经估价的根底上意识到这种不可见、无价值者。这里尤其要注意的是，"和"与"常"之间的直接联系，再一次论及与过去和未来相关的连贯成形——连续性、持久性、生命。不过，这里所谓"真正的和谐"，事实上对于可知的裁割之物这一原始的连贯成形，造成了持续性的消解。在《老子》文本里，"知"、常（unmodified）一向是作为消极的一面而被描述的；而"明"则是作为积极的一面而被描述的。它们分别是理解世界的"目"的方式与"腹"的方式。

2. 某物被视为"知"的对象，或"目"之知识，也就意味着某物在可知的意义上被连贯而成形，这意味着（1）它的各部分是以一种"快感诱导"的方式结合起来的，因而也（2）以一种特定的方式，与作为背景的周围其他条目结合在一起，而且还（3）与具有特殊倾向的人类机能结合在一起。无论以这种方式知道的东西是什么，作为"目之知"，它必须充当"目"欲的对象。需要注意的是，这里总是在暗示一个背景或者外界，因知识、欲望而连贯成形的事物，总是要与这个背景或外界连贯在一起。只有在同时给出了这一背景之后，此对象才会呈现出来。各要素的连贯成形所构成的可知单元，暗示出此可知单元与其外部也连贯而成形。

3. 这两种意义上的连贯成形都为"名"所指出，我们还能从"名"这一术语看到成形的、可知的、有效的、存在的意涵。无论何时，当有一个名号，有一个为欲望或知识所指涉的可知客体时，我们就能认为，它是从一个更大的整体中被"切割"出来的。任何已知对象的生平，都可以追溯至其开端，亦可以追索至其终局。若以一种典型的进程描述之，则它是以一种钟形的模式从无名到有名，又从有名复归于无名。它们就像是"刍狗"（第五章）——起初是无价值的杂草，临时被制作成有价值的可知客体，随后又"复归"它们原初的、不分明的无价值状态。"复归"在这一意义上就是"道"的典型运动，因为反转至无名性（无价值性、非连贯成形），是每一个特殊的连贯成形必然要经历的（第十六章、第二十五章、第四十章）。对每个连贯成形的"另一面"的这种感知就被称为"明"，也即是"知常"，唯有恒常性才是能被感知到的，由特殊而可知的价值、连贯成形所构成的虚假连贯成形，在这里是无法感知的。这是"腹欲"所具有的（反讽的）"明"，与"目欲"所具有的"知"的对照。"明"与"静""虚"，以及其他不分明者、典范化的阴、反面的价值（见下文"列 B"）等有关（第十六章、第五十五章）。

现在需要注意的关键点是，无论"道"还是"明"，其术语本身都内置有价值意涵。一个引导性的谈话可以被用来引导存在者；但是这种运用，这种引导者的身份，会破坏它在指导他们时所取得的成就。一项统治原则也许会被命名并被赞扬，但这种名望不会持久，因为它会败坏它自身。不过《老子》通篇的信息还是乐观的；有一种方法可以获得这种恒常性——创造而不做主宰，管理而不被看见，为而无为，功成而不居，通过守雌而知其雄：

> 知其雄，守其雌，[1]为天下谿。为天下谿，常德（the power of 151 sustainability）不离，复归于婴儿。知其白，守其黑，为天下式

---

[1] 这两个断言（守其非 X 以知其 X）之间的因果关系在第五十二章中也有被提到："既得其母，以知其子；既知其子，复守其母。""知"和"守"这两个动词，在第五十二章、第二十八章这两段引文里的意思是固定的，其中具有象征性的两极之间的关系，似乎也是相同的。因此，我们或许可以假设，第二十八章也可以有这一层意思：知其雄能够使人守其雌，相反，守其雌能使人知其雄。二者是互相强化的。

（model）。[1] 为天下式，常德不忒（awry），复归于无极（未曾明显呈现的、可理解的极点）。知其荣，守其辱，为天下谷。为天下谷，常德乃足，复归于朴（the unhewn state）。（第二十八章）

以这种特殊的方式，恒常性（常）就能反讽地获得了。这涉及对非价值的一种工具性运用：只有通过"守"消极的一面（第二十二章、三十六章及各处），积极的一面才能作为恒常者而被获得。这会阻止积极一面之为唯一价值所具有的排他性（因为只有单一的才是积极的），故此也会阻止积极面的终结与变迁。[2] 这两个对立面并不仅仅被构想为平等的两个部分的机械对称，它们不是被简单抛出的。毋宁说，这是一个相当不对称的结构：知其雄（积极主动的一面），但要**守**其雌（消极被动的一面）。这个稳定的（恒常的）合成物中的两个要素，其结合方式是各不相同的。其中之一具有优先性：每一对中具有消极价值的那一半是要"守"的，而不仅仅是"知"就可以了。也就是说，它是在履行"腹"欲的功能，而不是履行对象化的"目"欲功能。被低估的背景，是任何一个连贯成形的开端，连贯成形是从

---

[1] "式"和"谿""谷"二字明显是不相称的，结合《庄子·天下》篇引文也缺少这一句话的事实（引作："知其白，守其辱，为天下谷……"白有明亮、荣耀义，此处缺了中间一句话），以致有学者推论这段文字是后来篡改过的。见张扬明《老子斠证译释》引易顺鼎注，台北：维新书局，1973，第149页。然而，另一个事实与此观点相对立——马王堆帛书本里有整段的文字，且其顺序与《庄子》中的不同，因而不能仅通过直接移动中间那些话来补全《庄子》文本，除此之外，**如果我们还记得"磁心"这一典范（"式"）**，"式"实际上可以与"谿"和"谷"构成完美的平行，这一点我们必须注意到。一个典范是能被所有人支持与看见的，他们自发地为它所吸引，并向它靠拢。这恰恰是《老子》中的"谿"和"谷"所具有的功能：万物都自发地朝向它。不同之处在于，"谿"和"谷"是卑下而看不见的，而式则是崇高而可见的。《老子》的"磁心"是不可见的，但是这两组意象都强调，宰制的悖论性的本质，就是不宰制。

[2] 王弼本第二章中的"常"的意涵，在马王堆那里有更进一步的见解，相互对立的两种价值被结合在一起："有无之相生也，难易之相成也，长短之相形也，高下之相盈也，音声之相和也，先后之相随也：**恒也**。"（英译采用的是 Robert G. Henricks, *Lao-tzu Te-Tao Ching*, New York: Ballantine Books, 1989, p.190.）我要指出的是，我把这些对子都看成是承载了价值的，而不仅仅是在描述对立。每个对子的第一个术语总是含有更为积极的价值，只有"音/声"的对子似乎有所不同，但顾史考（Scott Cook）对古典的音乐理论（尤其是《礼记·乐记》）中这两个术语的用法进行了研究，指出"音"的评价比"声"要高。见 Cook, "Yue Ji—Record of Music: Introduction, Translation, Notes, and Commentary," *Asian Music* XXVI, no. 2 (Spring/Summer 1995), pp.19-24。

它的背景里生出的，也会退入背景，回到不可知性中去；据此而提出的忠告是，我们应该关注初始之地，它是尚未可知者和已然可知者之间的过渡性的边界，我们应该赋予尚未可知者以优先权（第六十三章、第六十四章）。这种优先权的具体性质，在其他地方表现得更明显："重为轻根，静（the still）为躁（the active）君……轻［而不根于重］则失本，躁［而不静］则失君。"（第二十六章）这里的"根"和"君"也照例是在每个对立面组合中不受欢迎的那一方中被发现的。如果你希望变"轻"（即轻松地承担事物，轻快无忧），你必须"根"于"重"才能实现它，使之变成一个"恒常"可适用的策略。我们所渴望的结果（轻性、躁性、雄性、白性）要想以一种恒常的进程而得以实现，唯一的可能在于，优先实现其对立面的性质，因为消极性质控制积极性质，并使积极性质得以成立。消极性质还充当积极性质的地基和本根，使它们持续下去而不至于被颠覆。与此类似，"守"住具有消极价值的一面，才能"知"得（暗示知之则能行之）积极价值的一面。只有以这种方式，我们所渴望的目标之被达成，才能长久维 152
持住。稳定的阳刚性、显赫性、轻快性、活泼性等，其中任何一种要不坠入它的反面，就必须依然拥有其反面，必须进行"接种"，而且更重要的是，在它自身的活动中，要给予它的反面首要和宰制的地位。

　　无论何时，当一个连贯成形变得明确时，必然地（始终一致地、恒常地）就有一个内在的矢量指向一个背景；一旦这个连贯成形与背景被视为连贯的，就构成另一个连贯成形，就要求更进一步的背景，如此往复，以至无穷。这在关于"始"（beginnings）的追问中重新获得了关注，然而迄今为止，这一问题在中国思想中都相当沉寂。因为中国思想更看重传统中的连贯成形，或者由惯例构成的有限的谱系，而不太在乎一个绝对的开端。开端是从非 X 变迁到 X，从现在的背景变迁到一个特殊的连贯成形的那一个节点。这一初始之地，必然被看作不可知的。

　　4. 因而，这个更大的整体即是"不割"。"朴"与"器"是正相反对的，而后者作为一个特殊的物，在社会意义上是可知的、有价值的

（第二十八章）。

5.朴具有双重身份：

相对于有价值的器，它是残留下来的碎屑。这意味着相对于器的价值而言，它是无价值的；相对于器的可知性来说，它也是无形的、无名的、不可知的。

它先于宰割而有，因而也先于这种"相对"本身，它既包含后来被称为器的东西，也包含被称为原材料的东西；既包含价值，又包含无价值；既包含可知者，又包含不可知者。

正如葛瑞汉所指出的，[1]《老子》使用了大量互相平行的对立统一体来说明有价值的连贯成形和有反面价值的背景之间的关系。这些对立统一体可以排列如下：

列 A（有价值的 / 连贯的）	列 B（反面价值的 / 不连贯的）
名	无名
高	低
雄	雌
器	朴
动	静
实	虚
成人	婴儿
白	黑

153　　在所有这些案例中，第二列的条目在与第一列的条目产生联系时，具有双重身份：它们既是第一列条目的**对立面**，又是**先在于**这种对立的，因而**同时包含**这两列条目。故此，在二者合为一体的意义上，列 B 中的条目就是包含 A 和 B 二者的"连贯成形"所具有的不可

---

[1] A. C. Graham, *Disputers of the Tao: Philosophical Argument in Ancient China*, La Salle, IL: Open Court, 1989, p.223.

知性的替代者。

6. 因此，此"朴"（B）是：

与 A 相对的 B，即，朴是每一个器（知识所指涉的可知的对象、欲望所指涉的有价值的对象）的**源头**，是每个器所朝向的**终点**。

既 A 且 B，即，朴是制造器的**材质**，无论是器还是残渣，都是由朴所构成的，在任何一种情况下它都是"恒常的"。

非 A 非 B，即，既不是"有名"也不是"无名"，既不是"有形"也不是"无形"，因为这两者都从属于切割出名号的那个系统，而 B 却是先在于任何切割的。

与所谓的"B"相对的真 B，即，不是被命名为"无名"，而是连"无名"这一名号都要避免。

与所谓的"A"相对的真 A，即生成与复归的**方式**或**原则**，总是返回到"朴"自身的不可知性和无价值性的那种内在倾向。真 A 决定了 A 会如何活动，同时渗透于 A，使 A 成其为 A，维持 A 之为 A，因而这是 A 的本质同一性的真正所在。A 之所以是与 B 相对的 A，只是因为 A 有价值，而朴（B）却是 A 的真正的价值，因而朴才是真正的 A。

这些复杂关系，同属于列 A 和列 B 的所有成员。这五重关系建立在 B 条目的双重意涵的基础之上。也就是说，在所有情况下，B 都是（1）A 的对立面；（2）A 和 B 的整体；（3）非 A 非 B；（4）真正的 B；（5）真正的 A。朴是器的对立面。（未割之）朴是器和（已割之）朴的全体。（未割之）朴既不是器也不是（已割之）朴。（未割之）朴是（已割之）朴的真相。朴是器的真相（也就是说，器是价值的载体，但是价值的真正载体是非器，也即朴，只有朴才能真正满足"器"的原初定义——价值性）。这一最终的结果——B 是真正的 A——构成了道家传统中的"反讽"。"非道"是真正的"道"。

这种无可逃脱的双重性意涵，在《老子》文本中的连贯成形呈现出来的尖锐的悖论里得到了充分的表现，它不仅以价值和非价值、可见性（可知性）和不可见性（不可知性）的形式得到发展，而且 154

以"大"（greatness）和"小"（smallness）的延伸观念而得到发展：至大即是至小，也就是说，最连贯的（价值上统一的）就是最不连贯的（不可知的）。从朴这一整体出发，各种名（价值）被"切割"，即在原本同质而无用（无价值）的原生材质中被区别开，以至于每一件事物必须落实在这一边或者那一边，不是有价值的器就是拒绝切割的朴。在这个意义上，严格说来朴是先于价值的，是价值和非价值由之而生的那个整体。这些价值上互相反对的对立面组合获得了相应的名号，导致了"目"欲的产生，于是就确定出一个对象，并将这个对象所应该具有的内在性的价值赋予它。反过来，复归于朴之整体，就会导致主体回到无（目）欲的状态（第三十七章）。《老子》称朴为"小"或"无名"（第三十二章），指的是一种缺乏设定的价值的不可见性，它是达成无欲的一个条件，因为它暗示，公认的评价系统和"目"欲，是无法看到或者把握到任何对象的。这里，我们可以在"小"、"微"（minute ungraspable）、"朴"、"无欲"（无"目"欲，而不是无"腹"欲）之间看到一连串联系。因此，朴之整体——我们可以将其假定为比任何一个部分都要大——就可以在特定的意义上被称为"小"：在《老子》文本中，"小"是微妙的、难以感知的、无名的，它未曾分明，未曾得到一个有价值的称谓，未曾作为一个特殊的（因而偏于一边的）欲望对象而出现。整体还未曾分裂为各种名相，不会因某一个名号而显明起来，因而不能被视为既定的"目"欲的一个对象。以朴的五种意涵为基础，我们现在可以更完整地理解，《老子》文本在对待这两类欲望时也同样具有双重态度：我们在某种意义上要"消除""目"欲（如果它们被当成与B相对的A），但我们也被告知，要保存"目"欲，甚至要保护和强化它们（它们实际上与上文所述的"腹"欲的周期是无法割裂开的，因此也就是"腹"欲的自我表现，也即是作为A和B之全体的B，以及作为真正的A的B的自我显现）。因而我们看到，第十二章说"五色令人目盲"——《老子》并没有说，对五色的痴迷会让我们对更有价值的事物（比如无色性、精神或"道"）分心，而是告诉我们，五色伤害了我们**看见色彩**的能力。"目"欲伤害了**目**。《老子》既支持目，同时又反对目，只有在我们对内置于范畴 B（"道"这一术语的核心的**反讽词汇**）的意涵的多重意义十分清楚之后，这种双重态度才是可知的。《老子》对于道、名、欲也采取了同样的双重态度，而之所以会对这些术语有这样的态度，其结构性的理由也在于上文所述的"B"（朴）的五种意涵。

"小"也暗示着发端，意味着某物刚刚开始时那种难以辨别的 155 状态，在这种状态之下，它将会变成什么是无法确认的（第六十四章）。[1]"妙"（不可见的微妙性）这个术语指的也是任何一种显明事物的不可见的对立面，指的是显明事物向着其对立面反转的潜能。这就可以解释，为何我们会说，不可能以一种始终如一的方式命名某物，不可能将它的恒久的进程固定下来。秩序里含有无序的种子，即所谓"无""无名""妙"（第一章）。[2]因此，根植于每一个肯定中的简单的否定，每一个说明的不完善性，产生任何一种恒常的进程时的失败，实际上都意味着，对立双方彼此之间会互相转化。朴之整体含纳所有部分的、具体的实际；这些具体实际所包含的内容比表面上看起来的要多，同时，它们也包含其对立面的种子，这是因为，它们已被切割出来，并被放置于它们自己的整体性之外，而它们的特殊性也被抛离在非价值的背景之外。

这样，朴既是"至大"之整体，也是"至小"。《老子》对这一悖论表述得相当详细，将道（进程）同时称为"大"和"小"。这就又可以关联到我们所谓的老子式对立统一体的两端：有为与无为、有欲与无欲、昧与曒、小与大的恒常共存。实际上，直到现在，我们才有条件去理解这对立两边之间的关联。不可见的隐秘和显而易见的后果的统一体，在第一章只是略微提到，但在第二十五章、第三十四章则更加清楚地表达出来。第一章只是告诉我们，这两个明显对立的东

---

[1] 例如："为之于未有，治之于未乱。合抱之木，生于毫末。九层之台，起于累土。千里之行，始于足下……是以圣人欲不欲，不贵难得之货。"（第六十四章）

[2] 例如："祸兮福之所倚，福兮祸之所伏。孰知其［反转之］极［点］？其无正也，正复为奇，善复为妖。"（第五十八章）祸福的转化，找不到极点（这里，我们再一次看到，要获得终极的答案，也即"玄"，是不可能的）。"其无正也"以下，意思是说，没有任何一边是正当的面向，因为任何正当的面向都会马上反转成它的反面，即不恰当的面向，而善的面向反转为怪异的面向。

西，是异名同谓。第十四章则告诉我们有名者之来自不可把捉者的一种方式，即此章所说的"夷""希""微"。这里，任何一个确切的"形"，都不可能给自己一个这样的"名"。这个"名"是"大象"（第三十五章），即"无状之状""无物之象"（第十四章），故此，也即是"无名"之名、"无形"之形，这个"名"体现在 B 范畴的所有条目中。而《老子》文本中的"虚"这一创造性的意象（第五章里，价值的虚无性创造价值；第十一章里，毂之中心的虚无；第十六章里，万物生长并复归的虚静之根），进一步强化了无和万有之间的联系。第三十四章则告诉我们为何不可把捉的虚可以被同等地视为小（不可见、开端、微妙、无欲）或者大（万有的诸名号、万物之母，它是欲望的反讽性的对象）：

<blockquote>

156

大道泛兮，其可左右。万物恃之以生而不辞，功成而不有。衣养万物而不为主。常无欲［因其并不关注它以及导源于它的万物］，可名于小［因其在事物中扮演着不被察觉的、无价值的、不被渴望的角色］；万物归焉而不为主，可名为大。以其终不自为大，故能成其大。
</blockquote>

这里，两个互相对照的面向再次清楚地表明，对同一种情况有两种表述方法。它是"小"，因为它（1）不使它自己成为君主（不自设为有价值者，是与 A 相对的 B），即便它（2）抚养并生成万物，是万物的开端与终点（真正的 A）。它是"大"，因为它（2）抚养并生成万物，是万物的开端与终点（真正的 A），即便（1）不使它自己成为君主（不自设为有价值者，是与 A 相对的 B）。这是对同一件事的两种表述。这里的"小"指的是"不可理解性"，指的是绝不担当"主宰者"这一可识别的角色，指缺少一个恒常的引导性进程，或者缺少一个被视为可欲之物的明确对象。感知到万物都导源于它，并感知到它不统治它们，感知到它的"小"，就是从关注它，以及关注由它而生的所有特殊客体的欲望中摆脱出来；这就不是以"目"欲的对象，或既定的价值来看待万物而将非价值排除在外，这里，万物是

被视为未割之"道"的表现；但正因为万物全都是未割之"道"的表现，而此未割之"道"自身并不是任何特殊事物，因此就不能被视为"目"欲之对象，万物也就不能被视为从未割之"道"中分裂出来的"有名"的那一半，也即不能成为可欲之物。人应该争取的是"无价值"，因为所有可以看到的价值，都是从无价值中获得它们的价值的。由于"无价值者"对万物来说是不可知的，它就不会在事物中造成"目"欲（它当然也就不会有充当万物的主宰者的欲望）。另外，它可以被称为大，因为"万物复归于它"。[1]"复归"在这里指的是返回它以供应万物的连贯成形，就像《孟子》里说的人群连贯在圣王周围，就像《老子》第十一章说的轮辐会归并聚合在一个中空之毂周围一样。正如艾文荷指出的："儒家（的圣人）是依靠自身道德的力量吸引人们朝向他，他的道德力量，激发了其他人相似的行为和态度。他就像是北极星或者风——自上而下地令人们归顺或服从……老子的圣人也吸引人们朝向他，驱动他们归顺或服从，并且影响他们，让他们以某些特定的方式而行动。但是他之吸引他们朝向他，以及获得他们的忠诚，靠的是将自己置于他们的**下方**，接纳一切并且让他们感到舒适。"[2]万物不是连贯（cohere）在明曒者、崇高者、出众者、充实者周围，而是连贯在暗昧者、卑下者、被忽视者、空虚者周围，而且这种"连贯"（cohering）同时也即是"复归"（returning to），因为万物都是由统合它们的卑下而空虚的中心所产生，又都融汇入这一中心。万物复归它们的本根，这些本根既不可知又同样卑下，而且是不分明的，它们是"无物"，在最卑下、最缺失的意义上，它们是"一"（第十四

157

---

[1] 这里我们再次看到社会性的类比，而且，其实我们可以把《老子》和孔子之间的关联视为前者学说的起点，它是由后者而来，并建基于后者。它通过一系列巧妙的格言，构造了一个新的思想体系。正如我们在儒家的讨论中看到的，万"物"复归于圣王，他"无为而治"（《论语·卫灵公第十五》第四章），百姓为他所激励，因而聚集在他身边。"大道"也不做任何事。而从另一个意义上说，如之前讨论到的，万物又"复归"于它。"致虚极，守静笃。万物并作，吾以观复。夫物芸芸，各复归其根。归根曰静，静曰复命。复命［皆］曰常，知常曰明（discernment），不知常，妄作，凶。知常容，容乃公，公乃王，王乃天（heaven-like），天乃道（follow the course），道乃久。没身不殆。"（第十六章）

[2] Philip J. Ivanhoe, "The Concept of de（'Virtue'）in the *Laozi*," in Csikszentmihalyi and Ivanhoe, op. cit, p.242.

章）。[1] 这个 "一" 是万物所 "交归" 的空虚性，它与从无形到有形再到无形而起落的钟形曲线式的复归进程（第五章、第十六章）是合并的，它与内置于腹欲中的，从饥饿到饱足，从渴望到不渴望，从视之为有价值到视之为无价值的周期性循环运动，也是合并的。此之为大写的 "一"（One）[2]——它不仅是一个统一体，也是万物以之为本的**最低的数、无、无价值**——也就是说，是后者的连贯成形、价值、和谐的真正源头（第三十九章，以及各处）。"一" 之为统一体，不过是此 "卑下者" 的一个功能：此卑下者既是 A 又是 B，因为它是与 A 相对

---

[1] "视之不见，名［此种经验］曰夷（slight）；听之不闻，名曰希（faint）；搏之不得，名曰微（minute）。此三者不可致诘（be further determined），故混而为一。其上不曒，其下不昧。绳绳兮不可名，复归于无物。是谓无状之状，无物之象，是谓恍惚（vague and indistinct）。"

　　这一段文字，在解释无（Non-being）和一（Oneness）之间的关系，以及道的有名、无名两端之间的关系时，是非常关键的。一般说来，一条道是学习、标准、学问、实践的一段进程，它之所以被遵循是为了创造价值。价值一般是通过一条道、一段努力的过程，而从无价值中产生出来的。在这个意义上，一条道就是一个创造者，是存在着的（有名的、已知的、有价值的）事物的一个开端。在第二十一章中，《老子》似乎在（以一种恰如其分的老派的措辞）引用一句适用于任何 "道" 的令人肃然起敬的老生常谈："孔德（the great virtue，意为精湛的修养，对道的熟练掌握）之容（aspect），惟道是从。"但如果我们探究万物之得以产生的那个进程时，或者探究任何一个（有价值的）事物的开端，或者其终结（这一进程的最终指向），或者适用于它们身上的前后一致的规则（道作为一条道路或一项规则），又或者它们的终极价值时——也就是说，如果我们渴望于上述任何一种意义中，探究到任何既定事物的基础——我们至少要达到这样一个节点：这个节点因太微弱而无法被追溯，我们在这里一无所有，我们的感知在这里达到极限，我们在产生有名者、有价值者，并且在有名、有价值者终将复归的无名、无价值者中，失去了有名、有价值者。因此，第二十一章又继续指出 "惟道是从" 的箴言里的悖论："道之为物，惟恍惟惚［因而不能从］。惚兮恍兮，其中有象［即某些可以从之，可以仿效之的东西，也即名号］……"在这个意义上，这种探究就失败了，得不出任何东西。但即便如此，我们也经历了这一失败，因而我们就给它一个名号：希、恍惚、昧、玄、无名、无状之状、无物之象等等。所有这些术语的诞生都是因为无法为它找到一个合适的名称，它们是因不能找到价值的源头而给出的名号，它们也可以被同样描述为，在无价值的状态中对价值的来源或起点的探寻。在反向追溯价值的诞生时，我们进入某个不再作为价值而被把握的所在，这里与价值毫无关系。这些名号（恍惚、昧、轻、无形等）是对必然找不到定义者的定义，是对无答案者的回答。但由于名号即是价值，那么，无名者的这些名号，就是无价值本身的价值。

[2] "昔之得一（One）者：天得一以清；地得一以宁；神得一以灵；谷得一以盈；万物得一以生；侯王得一以为天下正……谓天无以清，将恐裂；地无以宁，将恐废；神无以灵，将恐歇；谷无以盈，将恐竭；万物无以生，将恐灭；侯王无以正，将恐蹶。故贵（the valued）以贱（the devalued）为本，高（the exalted）以下（the lowly）为基。"（第三十九章）这里的 "一" 不单单是统一体的意思，甚至也不是以 "统一体" 为基本意涵，更关键还在于，"一" 是 "卑下"（lowliness）。

立的 B。

　　这样，作为价值的来源，此"卑下者"以一种反讽的方式做了一个"道"应该做的事。作为运作的原则，它也做了一个"道"、一个引导性的对谈应该做的。作为不可知性，它为每一个连贯成形及其本身的背景提供了真正的统一性；为连贯成形与每一个背景，与外在于它的任何东西，与在它的开端之前或终点之后的可知的连贯成形，提供了真正的统一性。最后，作为非连贯成形，它提供了真正的连贯成形。这就是反讽传统的主要的反讽。

　　相对照的，如果我们将列 A 与列 B 完全隔离开，将欲望和知识（"目"的知识）的可知的对象与腹欲完全隔离开，这些对象就会被认为是与社会组群中的各个心灵"连贯"在一起，以便使这一组群"成形"为一个真正的社区。这样，这些可知的对象创造的就是"相同性"而非"和"，因而就会有竞争、冲突、不统一、非连贯成形。"不尚贤，使民不争；不贵难得之货，使民不为盗；不见可欲，使民心不乱。是以圣人之治，虚其心（目欲），实其腹（腹欲），弱其志（目），强其骨（腹）……"（第三章）"相同性"属目所见之物，是目欲的一个对象。当任何一个对象，或者连贯的价值，被明确打造为可欲之物时，所有的欲望都会朝向它，试图得到"同样的"可欲之物。这就造成了冲突、争斗、不和谐：恰恰是这一对象的"连贯成形"（可知性）毁坏了组群的连贯成形，而组群作为这个对象的背景，原本是这个对象的连贯成形背后的支撑。

　　《老子》并不要求我们彻底消除我们以目欲的方式体验到的一切事物。它更关注的是，我们应该将目欲重新整合到腹欲中去，维持目 158 欲与腹欲之间的联系，并使腹欲为目欲之根，为其最终之表现。目欲的问题在于，它们偏离了腹欲，变得自主而"恒常"。目欲实际上是对腹欲的"切割"，同时仍然嵌套在腹欲之内，假如不用理念、价值、美德来人为地强化目欲，它就会重新消失在腹欲之中：它们会以一种理想的自然状态保持与腹欲的关系，它们被切割后，就像浮雕一样，与生出它们的朴素的原生材质相互凸显，而不是像独立自存的雕像一样与背景毫无关系。不过，即便它们被扭曲，"道"——无名之朴——也依然在其中，它们依然是由原生材质所制造的，而原生材质则会被我们视为它们的背景。我在性欲上的需要，依然关涉到我生理上的性激素的分泌，以及我这没有特殊目的的、生物性的生命系统；我对鱼翅的贪求，依然是由我的饥饿—饱足腹欲周期所制造、所构成的。一种目欲即是一种塑造，一个渠道，一种切割，一种引导。它将腹欲所具有的一种无组织的、无形的能量，转化成一种特殊的、专注的形式——简言之，是一种"导"，一条"道"。第二十八章将这一关系表述得极为清楚，如我们所见，"知其白，守其黑"——知其目欲，守其腹欲，于是本章最后一句便说："大制不割。"（最大的切割是不割开）这意味着目欲既是又不是腹欲的一"部分"，正如有名者既是又不是无名者的一"部分"。我们在第五十二章"母"和"子"的论述上，看到第二十八章所提出的这种"既／又"关系的进一步运用：目欲是子，腹欲是母，两者都应被保存下来，而二者关系的维持，可以确保**二者**壮大。术语的反讽性的双重意涵，再一次成为理解《老子》文本的钥匙。

下面这个简单的模式或许有助于澄清这一点：要做或者体验任何我想做或体验的事情，我都必须醒着。我希望清醒着，有意识，有清晰的思维，有活力，有行动力。这些似乎都是确定无疑的善。但是，"保持清醒"恰恰是包含着清醒和睡眠二者的循环的一部分。睡觉是完全无行动力、无意识的一种状态，这时候，我公然地、合法地想要做或者体验的任何事，都无法完成（做梦除外）。这样，睡眠就是对我想要做的每一件事的全盘否定。《老子》将人类的问题类比为慢性的失眠症。我是如此专断而强迫性地渴望我所渴望的事物，以至于我无法入睡：我正受困于我的计划和项目，更何况，何必将如此宝贵的时间浪费在睡眠上，而错过所有事呢？然而，一天到晚都保持清醒，我却开始失去工作的能力，失去注意力，失去我想要得到的任何事物，甚至即便我恰好得到了它们，我也会失掉那种欢欣。老子这位医生也许会说，你需要睡觉。但是如果我**试着**睡觉，指导我的意志以惯常的方式做"睡觉"这个新项目，当然就只会使我更难以入睡。所以，我必须想出其他法子来打断我惯常的欲求模式。我必须对它们内

159

在固有的可欲性提出质疑，提醒自己注意，这些可欲之物的本根性如今正在消失，它们的可欲性的本质是会周期性地出现与消失的，"睡眠"既是欲望的对象，又是"想"睡觉的对立面，它是难以捉摸的，我们应该对"睡觉"或者其他类似的可欲之物的这种难以捉摸性抱有一些洞见。"睡觉"这个术语，就像"母"或者列 B 中的任何一个术语一样：它抗拒自己直接被当作意志的对象，与此同时，作为所有非睡眠之善的基础，睡眠在毁坏我追求这些非睡眠之善的惯常模式。所以，在治疗我的失眠症时，我需要睡眠（真正的睡眠，这是对确切的意识目标的否定，甚至是对"睡觉"的否定）和非睡眠的双重意涵，无欲和有欲的双重意涵。（这里似乎可以顺便一提，"道"在这个意义上恰与一神论传统里"上帝"观念的某些理解相对立，那是一个有着恒常的意识、清醒性、意志力的怪胎！）更进一步的影响是，一旦我们有了正常的夜间睡眠，我们就能在清醒的时候更好地完成之前疲于应付的所有事情，而且没有负担；所有这些好处都自然地来到有一夜好眠的那个人那里。所以，无论是清醒时的各种善（goods），还是因睡眠而感到压力，都会阻碍睡眠，而当睡眠受到妨碍时，也同样会妨碍清醒时的善的获得。这会导致恶性循环：由于睡眠受到阻碍，某人不得不尽全力去追求清醒时的各种善，却导致睡眠更加糟糕，从而使清醒时的善也离其更远。而只要不再干扰到睡眠，使睡眠得以可能，意识的清醒就是好的。这或许也阐明了，为何目欲应该被整合而不是被取消：色情文学或者鱼翅完全为善，是基于这样一个事实——它们是非色情、非鱼翅的"常态"的一种短暂的、偶发性的表现。在我看来，我们所拥有的每一个可能的目欲是否能被修复为腹欲的一种表现形式，在《老子》里是悬而未决的。

　　这里有一个更为直接的例子，或许有助于梳理更深一层的内涵：一朵鲜花产生于污泥与粪堆。假使"绚丽"这一连贯成形真的像这个词所定义的那样具有明确的可知性，"污秽性"（dirtiness）就应当被排除在"绚丽性"（floweriness）这一连贯成形之外。但是，鲜花的连贯成形需要与非花的连贯成形——污秽性——相连贯。绚丽性是在花的纯洁性（purity）中寻求的，作为一个纯形式，它排除了所有的"非绚丽性"，那么，我们要么摘取这朵花，要么创造一朵塑料花，前一种方案会杀死这朵花，而后一种方案造出的不过是一朵死物，不是真的绚丽。"花"与"污秽性"叠加所构成的不可知的非连贯成形，才是真正的"绚丽性"之连贯成形，鲜花产生于污泥而又复归于污泥，才是绚丽性的真正"常态"，这种反讽意义上的真"常"，与塑料花所假冒的恒常地成形的绚丽性相互对立。真正的连贯成形是非连贯成形，160 这一非连贯成形将花视为由污秽所生的一个面向，它的污秽性是贯穿始终的，它被这一生成轨道宰制，被复归于污秽的倾向宰制。这并不意味着花的绚丽会消解掉，也不是说要消解花朵与污泥之间清楚可见的区别，而是在要求我们维护连贯者和非连贯者之间的联系。对花朵的生命、连续性、连贯成形（包括与我们真正意义上连贯的欲望——腹欲的连贯成形）的关注，也就是对长久地缠绕着花朵的非连贯成形、无价值和死亡的关注，花朵根植于非连贯成形之中，趋向它，回归它。这就要再次提到第二十八章末这关键的一句："大制不割。"柏拉图觉得，被其他各种非三角的材质污染了的三角形，就不是三角形：因为它们已经有了各种别的特征。如果我现在用墨水在纸上某处画出一个三角形，那么，在三角形之外，还有"墨水""纸""现在""某处"等大量因素参与进来。再说，这个三角形之呈现为三角，是由于我们从正上方看它才这样，从其他角度、其他光照条件看去，它就会像是一条线，或是一团污迹，或是正方形的一部分。柏拉图想要的三角形，在任何情况下，以任何角度，对任何观察者而言，都是三角的。这种纯粹的三角形，剥去了所有这些非三角的材质，才是真正的、可知的三角形，才是三角形的"形式"（form）。不过，站在老子的角度，纯粹的三角形即是三角形的毁灭。三角形所获得的三角之性越是纯粹，三角形就越加稀少。同理，纯粹的花是死花。花朵所获得的花之绚丽性越纯粹，我们拥有的花朵就越少。纯粹的善是无价值的。倘若我们按照善的全部标准，将事物炮制得过于"善"，也就毁坏了善。任何纯粹的道都不足以为道。不做引导的道才是真正的"道"。

这里，我们进入对遍在模型的讨论，因为它是在反讽传统里产生的。虽然在中国哲学学科里,"道"被用于表述"遍在"是初学者一开始便了解的事实,但我们依然会对此感到惊讶。不过,我们现在可以看到,这种遍在观念不会与我们在本书第一章中简略勾勒出的遍在观念重合,因为后者是由希腊哲学中的形式与质料观念衍生出来的,预示着绝对的相同性和相异性观念。可以说,中国哲学里的遍在观念,是从对中国式连贯成形(上一章讨论过)的反讽性的颠覆中衍生出来的,因此,它自然就具有一些不一样的轮廓(contours)。我们确实也可以说,就像希腊(就此而言,也包括印度)思想里的某些遍在观念那样,道是任何事物,也不是任何事物。但与它们不同的是,它之所以是任何事物又不是任何事物,并非因为它是剥去了全部形式(因而什么也不是)的所有质料(因而是任何事物),或者因为它是剥去了所有质料(因而什么也不是)的所有形式(因而是任何事物)。两团具有相同形式的质料,它们之间的形式是相同的。两团具有不同形式的质料,它们之间的质料是相同的。两团具有不同形式的质料,其形式是不同的。两团具有相同形式的质料,其质料是不同的。但任何一个都无法派生出道的遍在来。道之所以是任何事物,是 161 因为"朴"是所有已割之"器"的原生材料,是万物的材质,这与"质料"理念有表面上的相似性。道是"无形的"(formless),也即所有形式的材质。但是无形性(formlessness)也是所有形式的**来源**。朴是开端,朴亦由此而生。朴也是终点,而朴于此消散。故而,它也是所有形式的**进程**,是从"无形性"到"形成无形性"的往复的决定性原则。"无形性"指的是任何特定形式的对立面,是对形式的排除,同时,这个名称也指的是任何特定形式的终极而完整的实在性,以及它的开端、进程和终点。无形性既是"与列 A 相对立的列 B",又是"对列 A 与列 B 之分裂的超越"。这里,再一次引入了如下五种意涵:(1)与 A 互相排斥的 B,(2)与 A 合为一体的 B,(3)非 A 非 B,(4)真正的 B,以及(5)真正的 A。这种典型的悖论性,在希腊或印度的遍在观念中是找不到的。形式是朴,是连贯成形:这是一个镶嵌在背景里,由其价值,由其与人类欲望的关系而得以与背景区别开来的构成要素的背景化。如果重新对这些术语、无形性、朴、非连贯成形所表达的那个东西加以表述，则应当说它是：（1）连贯成形的对立面；（2）由连贯成形与非连贯成形合成的整体；（3）既非连贯成形又非非连贯成形；（4）真正的非连贯成形；以及（5）真正的连贯成形。它是价值的反面：无价值。它是价值和无价值的整体：同时呈现二者的遍在之区域（field），而此区域本来也是以这两种方式而得以呈现的。它既非价值也非无价值：此区域剥去了这两者。它是真正的无价值：这并不是言说中所谓的"无价值"，后者在认知与对话的系统里实际仍然有效。它是真正的价值：自身便是真正意义上的价值，也真正赋予事物生命、连续性、恒常性、本质同一性，使事物与过去和未来构成连贯成形，与世界构成连贯成形。在这个意义上，道无所不在，亦处处不在，是任何事物，亦不是任何事物。简单而言，它**既是**"唯物主义的"遍在，**又是**"唯心主义的"遍在，还以反讽式转换的方法，将一种伦理性的遍在加入进来：作为无价值的价值、作为价值的无价值。道之为遍在，是从无价值和无知，到有价值和有知，再到无价值和无知的转化过程。因此，它并不是那种一味呆板地呈现的、静止性的遍在的某物。它也不尽是等着被知晓的一个遍在性的事实；它与"知"（knowing）和"无知"（not-knowing）的关系，本就内嵌到其遍在观念的机制与结构中了。除了是"缺乏"，它的遍在不是任何东西；这样就无须再追问它到底"存在"还是"不存在"了。因而，我将它称为"反讽的"连贯成形。

反观唐君毅对"道"的六种解释，我们现在或许能够理解其中的内在联系。唐君毅的解释1，道是内在于万物的统一性，即是我们这里所谓的"既A且B"。解释2，道是无名者，是完全超越的实在性，即是我们这里的"非A非B"和"真正的B"。解释3，有名的、显现出来的道，具有微小、卑下、柔弱之类的特质，此即是我们的"与A相对立的B"。解释4（道是德，即修养）、解释5（道是一个事物的理想状态）、解释6（道是应当遵循的规范性原则），是我们所说"真正的A"的多个维度。我们现在或许能看到，这六个似乎无关的意涵，恰好都隶属于同一个名号，这个术语的这些表面上对立甚至相悖的含义，都无非是指称同一件事的不同方式而已，其实都指的是其中内置了模糊性的朴，指的是内嵌了价值与命名行为的系统性的悖论的范畴

162

B。对于连贯成形和遍在所具有的双重意涵，以及它们的反讽特性的发现，是反讽传统的核心贡献。

我之前采用了"先验"这个专门术语，目的是要埋下伏笔。我希望，经由上文的叙述，我借助这一术语所要表达的意涵，以及我对这一术语的辩护，已经变得清楚了。这里的问题主要集中在对《老子》中"名"这一术语的理解，我们既要了解"名"那囊括一切的综合性，又要了解到它的自我指称性。否则，我们就有可能把《老子》的各种断言当成是建基于经验归纳的，认为不必考虑它们"必然的"适用性，认为它们是由对某些特定的事实和连贯成形（比如自然界的循环）的观察而得到的，或者将之视为某些社会事实彼此之间习惯性的联结。但我要宣布的是，这里存在"必然性"这一要素，从背景到连贯成形（**无论**呈现于经验中的是哪种连贯成形，只要它是连贯成形即可）不可避免会有一种对立统一式的毁坏（the dyadic undermining），这种不可避免，完完全全是一种先验的性质，并且也是所有可能的连贯成形的一个条件（包括这个论断本身所涉及的连贯成形的条件）。这也使得"某个连贯成形必须是被设定的"，以及"连贯成形是不可避免的"这类断言得以成立，即便我们设想一个非连贯成形，这种设想也是另一个连贯成形。因此，背景本身所具有的完全不可避免的先验本质是得到确证的。我之所以下这样的断言，而不顾它与《老子》所提出的严格论证毫不相似这一事实，是因为"名"这一术语的自我指称性，以及它的无所不包性（再次提到）；不过，我们可以找到这一对立统一体的先验意涵的真正担保人，它用一种最接近于严格论证的方式对这一先验性做了确证，那就是《庄子·齐物论》。我们现在就转入对《庄子》第二篇的讨论。

庄子的万变牌：透视之物

《庄子》历来被认为是庄周（公元前 4 世纪）的作品，但现在一般认为，这部书成于多人之手，可以从中分辨出道家思想的好几个阶　163

段。[1]《庄子》中的部分思想来自庄周本人（传统的郭象本三十三篇中的前七篇或者说内篇），早期道家那种以自发的肉体生命贬斥有目的的文化目标的成见，在他这里得到了进一步扩展，转变为对固定的评价的批判，甚至对"生命"观念本身也进行了批评，而这只是他对普遍性的评价和观念所做的普遍性的批评的一部分。为了做到这一点，他采用了在认识论和语言学意义上相当复杂的不可知主义（agnosticism，不可知论）和视角主义（perspectivism，透视论），这一立场建基于他的洞见：评价性的知识和语言，对"视角"有着一一对应的依赖性，而这些视角又会无休止地发生转换。下面让我们详细检验这一思路是如何展开的。

庄子一开始就用了一个令人难忘的故事，一条大得不可思议的鱼，名叫鲲，它转化成同样巨大的鸟，名叫鹏。庄子说，鹏必须飞到极高的天上，才能在身下积聚足够多的风，来承载它巨大的双翼。小鸟在地上看它，就会觉得它既宏大得无用，又有着无法理解的怪诞，这些小鸟对它那奇异的放浪所做的嘲讽，我们都能看到。

---

[1] 为澄清《庄子》中的思想阶段所做的两次最有力的尝试，无疑是葛瑞汉的《道教辩士——古代中国的哲学辩论》和刘笑敢的《庄子哲学及其演变》。这两位学者都认为，通行本所分的"外篇""杂篇"并非庄周所作。他们的不同在于，刘笑敢认为外、杂篇的所有作品都是庄子后学所作，而且他们从语言学、题材、哲学特征等角度对现存篇章所作的分类也有不同。刘笑敢将外、杂篇分成互不相同的三类：内篇的阐发者、黄老学派、无政府主义者。刘笑敢认为，"阐发者"的作品与庄周的内篇非常相似，而且时间上也最为接近。他认为第十七篇到第二十七篇，以及第三十二篇可以确认属于这一组。"黄老学派"的作品是综合儒家、道家、法家学说的，第十二篇到第十六篇，第三十三篇，以及第十一篇的后半部分可以确认属于这一组。而"无政府主义者"的作品可以在第八章到第十章、第二十八章到第二十九章、第三十一章以及第十一章的前半部分发现。葛瑞汉的分类则是：庄子学派、综合主义者、尚古主义者（the primitivists）、杨朱主义者。"庄子学派"的作品接近于刘笑敢所谓的"学派阐发者"，葛瑞汉将第十七篇到第二十二篇归入这一派别，并进一步指出其中存在"理性化"和"非理性化"的张力，这两者都对已经出现的庄周的观点有一种深刻的哲学上的偏离，这也是我所分享的立场，我会在后文中清楚地谈到。相反，刘笑敢似乎支持传统的说法，比如，认为《秋水》篇忠实而又系统地阐释了内篇中的观点（见Liu Xiaogan, *Classifying the Zhuangzi Chapters*, Trans. William Savage, Ann Arbor: Center for Chinese Studies, University of Michigan, 1994, pp.98-99），我对此并不认同。葛瑞汉的"综合主义者"的作品以第十二章到第十四章，第十一章的结尾部分，第十五章、第三十三章为代表，约略相当于刘笑敢的黄老范畴。葛瑞汉的"尚古主义者"的作品以第八章到第十一章为代表，其"杨朱主义者"的作品以第二十八章到第三十一章为代表，不过他认为"杨朱主义者"并非道家；这两类合起来相当于刘笑敢的"无政府主义者"的作品。

　　这个故事或许可以看成是庄子自己引领读者进入他思想的生动入口。鹏是庄子众多面具中的第一个,是对他的朋友惠子的一种断然但友善的回应——在第一篇最后两段中,惠子奚落了庄子,认为他的大话是无用的。[1] 这个故事为我们引介了三个互相缠绕的主题,它们是庄子思想的核心:

转化;

有待;

视角性知识(perspectival knowledge)的局限。

　　鹏的立场对于蜩与学鸠来说是无法理解的,正如同对于惠子而言庄子是无法理解的。这两只鸟只能在狭隘而特定的环境中才能茁壮成长,仅此就足以给它们一种功能、一个同一性、一种价值了。它们的本质同一性**依赖于**它们与这种特殊环境的**连贯成形**。然而,仅仅是高飞于九天之上,并不能逃脱这个问题。《逍遥游》继续评论道,即便有人超脱了如此窄小的领域,就像传说中能御风而行的哲人列子那样,也依然会受制于某种连贯成形,以此获得他的有用性和本质同一性,以此获得快乐——在列子那里,所依赖的就是风。列子有待于风,依然是要保证有一个固定的视角和同一性,并以此为根基,就像一个学者需要以某一特殊的统治者或委员会的评估为担保,才能保证 164 其价值和地位一样。[2] 如果鹏仅仅是鹏,而不再是任何别的事物,如果它只有一个固定的同一性,因而有一个适合于它的固定的定义,那

---

[1]《逍遥游》的修辞框架支持这样一个假设:内篇也许是庄周写来回应他的主要伙伴和挚友——逻辑学家惠子(惠施)的,也许就是为后者的眼光而设的,近乎私人之间的玩笑话。毕竟,庄子明确说过,惠子是唯一一个真正理解他所说的话、所写的作品的人(《徐无鬼第二十四》,《庄子引得》,第 67 页)。《逍遥游》开篇便讲到一条大鱼转化为一只巨鸟,因其高飞而受到地上仰视它的小鸟的嘲笑;其结尾又是庄子和惠子的两段对话,这与鹏和小鸟的关系在结构上近乎是平行的。庄子和惠子之冲突的另一个故事(《秋水第十七》,第 45 页),也支持这样一个观点:小鸟和大鸟的比喻象征着庄子对他们二人关系的看法。在那个故事里,庄子听说,惠子相信他会取代自己而为梁相,于是说,有一只名"鹓"的小东西,因不能理解而冲着一只巨大的鹓鶵尖叫。这个带有修辞手法的故事("南方有鸟,其名鹓鶵……")与一开始的鹏和小鸟的故事也颇为相似,它将惠子比作后者,而将庄子比作前者。

[2]《逍遥游第一》,《庄子引得》,第 1 页。

么它不见得就比蜩、学鸠更好。但这只鸟实际上是由一条大鱼即鲲**转化**而来，代表了至为相反的视角。而这对庄子来说才是问题的关键：**从一个视角转化为另一个视角的方式。**

庄子于是引入真正的独立与自由，他将之描述为："乘天地之正，而御六气之辩，以游无穷者。"由这段话可知，一个人可以完全独立于万物之外，但不必将自己与万物相分离，否认他与它们之间的牵连与感应，而是通过**完全**投入它们之中，从而反讽地彻底独立于它们（全部）之外。与其说是独立于此或独立于彼，而不能不独立于某类事物，还不如说，这个人完全独立于**任何**事物，因为他的同一性可以无障碍地发生转化，以至于他所依赖的条件也在无障碍地发生转化。这意味着他具有与其所面对的任何环境相连贯的能力，以及具备做到我们认为"贯通"（cohering）所应该具有的能力：无碍地持续到未来，并能创造价值和愉悦。无论在他身上发生什么事，他都能"驾驭之"，使它像战车一样为其所乘，因之而漫游新的景观。鹏的同一性，在于至高至广而至显的天空，只有在它能由至小至卑而至隐的鲲——由一枚鱼卵长成的一条深藏于海的大鱼——转化而来时，它才是自由而解脱的。这是视角和同一性的转化，庄子在论断"至人无己"（没有固定的同一性）时已经指明了这一点。这种与任何环境相连贯并创造价值的能力，显然需要一种非常特别的"同一性"——反讽的同一性。因此，方才讨论的那段话并未直接说：若夫某人乘天地之正云云，他就能独立；而是说：若夫某人乘天地之正云云，他还需要待什么呢？"恶乎待"不是一个答语，而是一个永久性的提问。它指的是反讽的道家的同一性——即永久性的"孰"（who?）——所具备的反讽的独立性。这一"孰"并不是说"自我"的绝对缺失（a definitive lack），而是如其后文所指出的，是固定的同一性（the fixed identity）的缺失，同时是特定的功绩或名号的缺失，也就是说，是既定价值的缺失。缺少任何确定的功绩，缺少任何特定的价值，缺少任何固定的同一性——它们表述的其实是同一件事。庄子式人格并不拥有任何特定的价值、功绩或本质同一性，而是拥有创造无尽的价值、功绩和同一性的能力。但是这如何可能呢？

文本第二篇的《齐物论》，就是以这一主旨开始的。此篇的论 165
题——同一性、所待、视角的转化——代表了《庄子》哲学的核心。
内篇剩下的部分相当于是第二篇所概述的思想在不同的条件和背景中
的具体应用。

《齐物论》以南郭子綦的"吾丧我"之叹开场，在此之前，他似乎
已经"丧其耦"（丢失了其对立面）。[1]"丧我"实际上就是"丧其耦"
（对立面），"我"和"耦"是互相对立的，但是，失去其中一个的同时
也就会失去另一个，丧其一，则二者皆丧。这里，对立双方如同钟摆
之两翼，是相互规定的，这个伟大的问题于是得到了清楚无误的呈现。
在这里，我们开始清楚地看到，对庄子以及主流传统而言，一个人必
须连贯的那个"整体"指的是什么。它不是一团毫无差别的中性物质
（气），尽管我们在读到《庄子》中某些段落时，可能会得出这种粗浅
的印象。相反，一个"整体"，主要指的是一组互相关联的对子，庄子
修剪出它最纯粹、最抽象的形式：此和彼，或我与非我。

那么我们可以这样反问南郭子綦："你是什么意思，你失去了
你？"文本给出的回答乍然看来则似乎是不相干的；我们被告知的是
地籁与天籁，由风吹过树洞、岩洞而发出的声响。这不仅仅是由上一
篇对风的描述而继续进行的巧妙想象，而且是一个醒目的隐喻，象征
着各种哲学家站在他们各自的立场上，彼此之间互相争论孰是孰非而
发出的声音。这一点，郭象、王夫之等许多人都指出过。它们发出的

---

[1] "吾丧我"引入了一种非对称的双重性，这让我们想起了《老子》。这句话既是在说我依
然在这里，又是在说我已经远去了，我既消失又存在，二者同时成立："吾"丧"我"，我
既是失落过的（在失落之后所剩下的），又是所失落的。自我同一性的这种模糊，被编码为
两个用来表述"自我"的字之间的语法差异：与"吾"不同，"我"和"彼"相对而构成对
立统一体，表示的是对比之中的自我，与"他们"相对，或者与"我们"相对，也可以是
与其他派系相对的我们一系。"我"是我自己，具有明确的立场，与其他立场并存，并且抗
衡其他立场，亦可以具有某些特征，与其他特征并存并抗衡这些特征。"我"是被规定出来
的，而这个规定性的自我被遗失了。对于自我之存在的疑问（"真宰""怒者"等），这种两
存性或两可性，是全篇的核心议题。庄子通常是以一种两端之疑来终结他的讨论："此是真
正的 X？抑或此是真正的非 X？"在我看来，这种质疑意在暗示，此既不是 X（如一个真
正的统治者），也不是不是 X，而仅仅止于这种不确定性，止于问题本身（将终极的自我一
致性标准全部遗留到讨论之外，而只留下悖论性的内容）。这本身即是他的结论，即平衡地
摇摆在是与非之间。

所有杂音和呼啸声，都被视为风这一鼓吹者所奏的和谐乐章。同理，哲学家的争论或许也可以被理解为是由道吹奏而成的。因而，这句话就可以被解读为："我不再能看到我自己的观点了，相反我看到的是道这一吹奏者，与此同时其他人的观点也同样看不到了。"这意味着，我们全都分享相同的终极同一性——道，正如所有的声响都是风所发出的声音一样。

这种"一元论"式的解释提供了部分答案，但还远远不够；这个答案要想被补充完整，必须仔细考察"一元同一性"的确切本质：因为，此同一性其实是**反讽性的**，是一个反讽的连贯成形。南郭子綦总结说："夫吹万不同，而使其自己也。咸其自取，怒者其谁邪？""**其谁**"即"**哪种同一性**"，[1] 意谓"哪种同一性，才能成为这千万种不同背后的鼓吹者呢？"在我看来，"其谁"是对"吾丧我"的注释。庄子典型的疑问词是"是／非"，而"吾丧我"同样暗含着"是／非"结构——自我是存在的，而同时是消失的，庄子向来以摇摆于问题的两端而作为其论题的终结，且不要求得出最终结论。那么，吹者便是"自己"（self），一直都既出现又消失于各种声音之中。简言之，真正的自己是"其谁"，或者说，"真的有真正的自己吗？真的没有吗？"道没有固定的同一性，而当我以道来规定我的同一性时，我也就失去了我自己——我不是因此而获得了另一个明确的同一性（"道"的同一性），相反，我获得的是道的"无同一性"（identitylessness）。道所表现出来的是除了它自己之外的各式各样的同一性，也即"非道"的同一性，正如风的声音实际上是以具体的窍穴之声而得以表现一样。因而，对"风的声音的同一性"而言，"其谁"这个问题本身，或许就充分唤醒了我们对其并不固定的多样性的好奇。真正的同一性是不可知的，更确切地说，真正的同一性就是**不可知性本身**。现在，非连贯成形作为真正的连贯成形被提了出来，它使万物成为万物，它创造了所有的价值，维持转化的进程，将二分而成对的两端合为一体，自己则成为它的中心。万窍之声，与各种哲学家的观点，都有一

[1]《齐物论第二》，《庄子引得》，第4页。

种"和"或者连贯成形存在其间。但是，这种和谐的确切性质恰恰是我们在《齐物论》里所要面对的问题，因为这些窍声都以"其谁"为源头。这样，"和"所依赖的，就是众窍之声对于不可知的、不成形的"其谁"的同等程度的依赖。这种"和"即可以被称为是一种**反讽的和谐**。[1]

那么，这些声音所代表的应该是什么呢？后文给出了明确的答案："喜怒哀乐，虑（plans）叹（regrets）变（transformations）蛰（stagnation），姚佚（unguarded abandonment）启态（deliberate posturing）——乐（music）出虚（hollows），蒸（billowing steam）成菌！"[2]首先，这些各式各样的声音是人类的不同**情绪**在转换与变化时的图景，它们被组织成引文所述的这种互相对立的二分体：喜对怒，虑对叹，等等。这些存在于我们意识里的情况，这些情绪，这些存在于我们经验中的色彩，来了又去了，从一边摇摆到另一边。这些就是我们在这个世界上的**视角**。当我们高兴时，我们看到的是一个欢乐的世界；当我们愤怒时，所见便是一个愤怒的世界。这些视角又是从何而来呢？它们的基础是什么呢？是什么在控制它们？哪一种才是我们"真正的"情绪，我们真正的同一性？吹者、怒者又是谁？总而言之，**无休止的视角转化所依赖的到底是什么**？在这个问题上，我们需要简练地重复第一篇所引入的三个主旨：化、待、视角。南郭子綦之所以会在沉思众窍之声时丧失"他自己"，是因为:他只能看到各种转化，而这些转化是没有"真宰"（源头、掌控者）的，"真宰"只出现于我们的提问中。

这一观点在后文中表述得更为有力，同时，后文对真正的控制者 167
的疑问也陈述得更为清晰。首先，我们被告知，"自己"本就与自身的对象（注意，最初的"对象"不是外部世界的事物，而是自我本身

---

[1] 因而"和"有这种特别的、双关性的叠字描述:"而独不见之调调、之刁刁乎？"前一个"刁"意味着"和"或"互相调适"，后一个"刁"意味着"欺骗的、狡猾的"。这个连贯成形既是和谐的，又是欺骗性的，存在于既和谐又混乱的情境之中，此外，它还由"和声"所支持。其和谐即是其混乱，其混乱也即是其和谐。我们可以在内篇看到不少这样的观点，其中最简洁的，或要属第六篇中"撄宁"（tranquil turmoil，宁静的混乱）的表述了。

[2]《齐物论第二》，第4页。

的情绪视角）是正相关的："非**彼**无我，非我无所取。"[1] 仿若这里有掌控者似的——但是发现不了他的丝毫踪迹。就好像身体一样——难道是身体的各部分轮流控制彼此吗，还是说有一个真正长久的掌控者在控制整个身体？这里，我们再一次以同样模糊的结论，审慎地终结这一论题：它并没有丝毫征兆或形迹，也不是以转化中的任何一个部分或阶段来规定自己的，但它却又有其明白无误的功能，即再次呈现成一对对立面，以及这两个对立面的连贯成形。故下文云："可行己信（presence plausible），而不见其形（definite form），有情（a reality）而无形。"这几句话是对第六篇《大宗师》"夫道有情（realness）有信（reliability），无为（deliberate activity）无形（form）"的回应与拓展。[2] 我们由此似乎可以推断，道之于这个世界，就如同无对的、无限定的、不连贯的自我之于流逝中的情感视角。两者都既是存在的，又是消失的——换言之，即"吾"丧失了"我"。[3] 在不同意义的连贯成形中，这是一个反讽的楔子。在维持转化的进程时，将对立面结合在一起且赋予价值时，它是连贯的；但作为不可知者，它又是不连贯的。

可以说，风在这里代表着道。但道又是什么呢？庄子认为，道是无法以任何特殊方式来表达的，因为它没有明确的同一性。道不是特定的道。它是不可知的、不明确的，就像风声没有特定的声音同时又是任何声音、每一种声音一样。庄子说，我们能清楚地意识到这些情绪和视角，却不能找到它们的源头，不能找到它们的本质同一性的唯一真实的决定性因素。**同样**，风是众窍之声的源头，使它们各自成为众窍之声，但我们并不能认知风声。同理，"道"这一实体是所有实

---

[1]《齐物论第二》，第 4 页。这里的"取"应和了上文的"咸其自取"，再次指涉各种风声。因此，"自己"与流逝中的情绪之间的关系，就可以和风与众窍之声的关系联系起来；"将自己取出来"也许是指明这种互相依赖性的一种办法。我将它们取出来，但是这个将它们取出来（辨别它们、区分它们）的"我"，不是别的，正是它们自己，是流逝着的情绪，是众窍所发出的声音。因此，这句话或许可以被翻译为"没有它们就不会有我，没有我它们就不能将自己取出来"，就是说，将它们区别开来的不是任何别的，将它们关联起来的，或者组成它们的各个部分的，也不是任何别的，而只是它们自己。

[2]《大宗师第六》，第 16 页。

[3] 正如上文所述，我并未如一般学者那样将这句话理解为"真我"失去了"假我"，而是理解为，"自我"这一宰制者同时存在且不存在，这种既明确存在又明确消失的状态是摇摆不定的；这种状态本身，即可同时被描述为所谓的"假我"和"真我"。

体的源头，使这些实体成就为实体，而我们并不能知道"道"。但这时候我们被告知，**似乎**总有一个"真宰"——道、风——作为源头，掌控处于流变中的一切现象。只不过，我们绝不能找到任何明确的特征来甄定它。它既不在此处也不在彼处，像"风声"一样存在于所有特殊的窍穴之声中。它似乎总是被呈现出来，而无法定于某一处，无法被确切地把握到。[1]

　　但是，这样一个各种视角的源头，一个固定而唯一真实的同一性，为何**绝对无法**被发现呢？这是庄子的论题的枢纽。庄子断言，我们看待事物、有意识地认知事物的方法，本身就是由我们的视角、情绪所决定的。但是，这一视角的起点，往往是那一视角的一个部分。任何一种情绪和视角，本就产生于另外的某个特殊视角**之内**；一个视角会关注**它自己**的生成过程，同时也会试着核实这一过程。不过，情绪 X 不能见证自身从"非有"（not being）转化为"有"（being），因为根据定义，现有的情绪是无法看到它产生之前的事物的。它所看到和知道的一切事，本就是它诞生**之后**所存在的世界的一部分——愤怒的世界、喜悦的世界——而不是先于其诞生就已然存在的因由或源头。要获得关于 X 源头的知识，需要具备独立出 X 之外的能力。或者也可以试着规避这一问题，依靠推断来对先在于它的源头进行总结，而不必直接见证。但这样得出的结论，以及它的推理步骤所具有的前提，并不是真的独立于 X 之外；它们是 X 的自我经验的表现形式或一些面向，是内在于它的。由于关于某视角之起源的所有断言，都是内在于这一视角的，故而所有确证这一视角的可靠与否的方式，以及对这一视角的非经验的源头所做的所有推断，对相互冲突的各种解释所做的所有裁决，都不可能独立于这一视角之外。

　　也就是说，庄子并不建议我们承认，这些转化背后有一个唯一确定的、不变的缘由，无论它是"道"还是"整体"抑或别的什么，也不建议我们去理解它，屈从于它。因为这依然是"随其成心而师之"，即，在心态上采取某种已经完成的特定视角（在这种情况下，就是**整**

---

[1]《齐物论第二》，第 4 页。

体的视角），以之作为你的老师。庄子不推荐我们这样做，那么他所推荐的是什么呢？

这里，《庄子》将这一问题与哲学家之间的争议明确地联系在一起："夫言非吹也，言者有言。其所言者特未定（not fixed）也。"[1]庄子的论证，从考虑个体情绪及时不断的连续，过渡到互相冲突的真理论断这一更有技巧性的问题上来。也许我们可以将上面的引文看成是庄子假想的对手——惠子的观点，那么这句话实际上是在说：是的，万物可能真的如同流变的情绪一样，但当我们做哲学论证时，其实是有一个固定标准的，即言辞不是风，它必指涉某物，这就给言辞一种恒常的可靠性，使言辞成为进行判断的一个标准。[2]而庄子的回应则让我们回到"有待"的问题上来：言辞**依赖于**它们的意涵，它们被设想为有所指，但这不会比流变着的情绪、风暴中的众窍之声有更多的稳固性，它们不过是"鷇音"（雏鸟的鸣叫）而已。这种稳固的指意规程，是言辞被赋予意涵时的唯一标准，而它又是全然依赖于视角的。那么，以言辞而进行哲学立场的争辩，真的与吹息、鷇音（这一意象或许来自《逍遥游》中的蜩与学鸠这两只小鸟）有任何区别吗？

169 与个体的情绪、情感从这种状态变化到那种状态，有任何区别吗？抑或真的没有任何区别吗？这里，我们再次以一个疑问而告终——庄子足够精细地看到，任何明确的论断，哪怕是论断"言辞不能论断任何事"，都是不必要的。他所要证成的全部观点（即，他所要唤起的视角）是，使所有的"言辞可以明确论断任何事物的论断"——包括他自己所表达的，用来引发人们对言辞的论断作用的质疑的言辞——变得可疑。言辞可以提出问题，这些问题不仅包括就言辞问题而提出的问题，还包括言辞在不模糊地指物时所具有的决断性与效力的问题。言辞所提的问题不应该导致认识论上的困境，例如，使用言辞来**证明**，"言辞什么也不能证明"。庄子并没有使用言辞来说"言辞说不了任何事物"，这明显是自相矛盾的。相反，他是在用言辞提出这样

---

[1]《齐物论第二》，第 4 页。

[2] 同上。

一个问题:"除了能提出问题外,言辞是否还能做任何别的事"——这并不矛盾,而正可说是一种完全正当的形式!因为,"言辞可以提出问题吗?"这个问题本身,如果我们将之当作一个问题并予以回答的话,**无论是肯定它还是否定它**,即便我们回答说,"不,言辞并不提出关于言辞的问题",都已经证明了,言辞**的确**提出了问题。这种回答也证明,言辞**的确**提出了关于言辞的问题。这种"通过否定来实例化",正是心灵的绝对可靠的状态所具有的真正结构。有趣的是,这与笛卡尔的"我思"和斯宾诺莎的"只有存在的才是可想的"所具有的结构很类似,不过,在庄子那里,能够无可争议地胜任"心灵的绝对可靠的状态"这一立场的,不是一般而言的思维,而恰恰是怀疑——"滑疑之耀"(即滑动与疑惑的光辉)。同理,对于"亦有辩乎"这一陈述,无论我们是否同意,它都会得到强化。这一明显的事实先于任何讨论,并且对任何讨论都具有决定性的作用,同时它也是某个辩论者绝对真实的主张,即便它是被否认的,也能通过这种否认而得到确证。因而它是唯一真实的遍在,即便是在它的否定中也能予以实现,既存在于它的存在中,也存在于它的不存在中。

　　庄子通过对两个核心词的考察而更富有技巧性地发展了这一观点,它们是庄子时代的逻辑学家和辩士所大量使用的专用词:**是和非**。"是"的含义有两个:"此"(this)和"正确"(correct)。葛瑞汉在将之转换成相对而言显得笨拙的英语短语时,精巧地将这两种含义都涵盖到了,他译作"That's it!",既有恰当地定性(某人想要指涉的)某物的意思,又是对其正确性的确认。"是"有两种不同的反义词,其一是"彼",即other、that,与this的含义是相反的;其二是"非",即wrong,指的是(论断上的)不真实,以及(对行为的)道德异议。葛瑞汉将"非"表述为"that's not[it]!"。正如葛瑞汉和陈汉生强有力地论证过的那样,这些词就是语言学家所说的"索引"(indexicals)。索引是这样的词汇:它们所指涉的对象,依赖于使用者在说出它们时所指的内容。当我要指一把椅子时,"此"指涉的就是 170 这把椅子。然而,当我要指这张桌子时,"此"指涉的就是这张桌子。庄子认为,我们关于"是的"(right)的观念,也恰好是如此:我自己的视角就是"此"，它被规定为"是的"的标准，而这一标准如何，则取决于我是怎样的人，以及我在那个时刻的精神状态。而我和我的状态总是处于变化和转换之中。言辞所指涉的内容依赖于对"此"和"彼"这一基本区分所赋予的意涵。如果我们不能对"此"的意涵达成一致，那么就不能对"是的"的意涵达成一致。而事实上，我们是不可能有共同的"此"的意涵的，因为它依赖于视角，而我们的视角各不相同。又因为，其他所有的指示词都要以"此"具有恒常的意涵为前提，故而庄子认为，我们分派给言辞的所有意涵，都同样依赖于视角。既然我们不能靠"此"来指涉同一件事物，那么同样，我们也不能真的靠"指"和"马"来指涉同一件事物。庄子因而就能同意公孙龙的结论，正如我们在第二章讨论过的："马"这样的词在不同的语境、不同的视角下有不同的意涵，它会与这些语境、视角相连贯，故而在某些情况下，是可以允许"白马非马"这一说法的。但公孙龙需要对马的一种意涵和另一种意涵进行比较，从恰好紧挨着的好几种复合物（白马与白物相连贯，白马与其他马相连贯）的对比中，才能得出结论，但在庄子看来，这种比较也许并不能成立，因为这些跳跃性的视角之间，并不存在那种内在的对立关系。庄子与公孙龙的不同之处便在于此，他不需要依靠这种对比就能够达到目的。庄子能够"以非马（not-horse）喻马之非马（the not-horseness of horse，马的非马性）"——第二种视角不只是**恰巧**在这里，它同时也作为第一种视角的伴生物而必然存在于此。"非马（性）"**总是**与"马"相随的，它是"马之非马（性）"。任何一个视角都必然会设置一个相对的视角；当你有马时，也就会有非马，而这一非马属于马的设定，它在"马"这一视角之外，提供了一个新视角来看待"马"。从"马"的视角看到的东西与从"非马"的视角所看到的东西是不同的。这意味着"马"具有多重意涵，马同时也是非马，严格说来这是无法避免的。

现在再次回到"吾丧我"的问题上来。正如"风"不能在任何地方被知晓和听到，但又存在于所有的窍穴之声中一样，"真我"也不存在于任何地方，但又存在于所有变化着的情绪之中，"真理"（道）也不存在于任何地方，却又存在于不同哲学家之间的所有言辞、立场、争论之中。在这个意义上，他／它们都是正确的，因为从自身的视角来看，一切都是"此""我""是的"。这就是事情变得有趣的地方。他／它们之被视为正确，不是**因为**他／它们是道之全体的一个表现；也就是说，他／它们的正确性不是因为舍弃自己的立场，从**永恒**或者整体的视野之下得来，毋宁说，**恰恰是从他／它们自身碎屑的、**171
有限的、偏颇的视角出发，他／它们才是"对的"，才获得其正确性，从而将"是""对"或**价值**带入事物之中。他／它们的"是"，是从整体的一个部分而来，是从看待事物的一个偏颇的视角而来，而**不是**从整体性的视角而来。大道是在这个意义上才成立的，而不是反过来说，先有大道而后有偏颇之是。

　　因而，儒家和墨家都同样是偏颇的，皆是彼之所非，同时非彼之所是。假如某人真的希望让对方所确证的事被否定掉，让对方所否定的事被确证，而某人的对手恰好也抱有同样的期望，那么最容易做到的办法，就是使用事物的**显明**（obvious）状态（"莫若以明"），即"他们互相之间彼此否定"这一事实本身。[1] 这一显明的事实，本身就能解决问题，而反讽地达成了他们想要达成的事——否定彼此！他们为否定所否定，为确证所确证，一切全凭他们自己有限的个人视角。每个人都具有不同的立场和视野这一事实是显明的——这就是起初会有争论的缘由。但那显明的事实则可以解决问题，结束争论：你想否定他们？他们因此被否定了！你想要作为第三方，对争论中的双方都予以否定或肯定，或者肯定一个否定另一个？他们全都被否定了，也全都被肯定了！随你的便！因而，"滑疑之耀，圣人之所图也"。[2] 就像庄子随后说的："可乎可，不可乎不可。道行之而成，物谓之而然。恶乎然？然于然。恶乎不然？不然于不然。物固有所然，物固有所可。无物不然，无物不可。"[3] 既然如此，也就不难深入到事物的内在

---

[1]《齐物论第二》，第 4 页。我意识到，我对"以明"这个声名狼藉的术语的解释相当与众不同。我没有把"明"解作"照明"（illumination）或"启明"（enlightenment）或其他类似的意涵，对我来说，它们尽皆是含混而无用的解读，却让庄子忽然以一种格格不入的怪异方式而不仅仅以一种"清楚、明白、显然的"方式来穷究这个问题。我希望在后文中为这一解读进行辩护，并且给出我之所以认为它优于其他解读的理由。

[2]《齐物论第二》，第 5 页。

[3] 同上书，第 4 页。

本质，或者看到表象背后的真理。例如，可以看到，在终极本质上，事物全都是"整体"或"道"的表现，正如所有的窍穴声都是风所吹吁的一样，这个整体就是"善"，因此，在忽略掉表象后，事物全都是真正的善。反过来，庄子把我们引入表象本身：显明的表象是，每个人都有自己的视野，每个人在这嘈杂的混乱中都肯定他自己——这样一来，一切事物都获得了肯定，即风之"大和"。每一个事物的确证，都不是靠单向的渗透力上推至真正超越的视角而获得的，因为这个超越视角绝不可能设置出一个明确超出"其谁"的东西；相反，这一确证是根据每一事物都确证它自己这一表面事实而来。实际上，正是个体的视角之间的对比与冲突所造成的混乱本身，造就了"其谁"，这种"其谁性"什么也不是，唯一的作用是让任何一种固定的同一性或视角都无法成立。从效果上看，"其谁"是一种简便的方法，用以172 指出闪耀而不整齐的表面现象所具有的滑动性和疑惑，它不是一种基础性的、超越性的方法，无法经由它而抵达它的"实在的"（real）源头，获得与源头有关的"实在的"知识。

对庄子而言，一事物即有一事物之**视角**；它体现了看待事物、把握事物的方式，体现了对某物之为某物的评价，以及何物更好、何物更差的先后次序。或许我们可以在最关键、最典型的层面上更进一步地说，一事物**即为**一视角。[1] 每一事物都有一个观察世界的角度，与其他一切事物有一种独特的视角性关系。一事物对待和回应其特殊背景的方式，约略相当于一个社会的感知者在感觉和回应其所处社会环境时所用的方式。更进一步说，就像儒家说的那样，争论之所以可能，是因为这些感知者能被视为具有**社会性**，就是说，感知者也能被其他人感知到。其他的感知者作为实体，所感知到的也不是死气沉沉的事物，而同样是可以进行估价和感知的实体。每一个人的存在都可

---

[1] 参见 Chenyang Li, "Chapter 1 Being: Perspective Versus Substance," *The Tao Encounters the West: Explorations in Comparative Philosophy*, Albany: State University of New York Press, 1999, pp.11-33. 他从完全形而上的视角对庄子思想做了详细讨论，将之与亚里士多德的形而上的实体概念进行了比较。李晨阳的工作与我这里所做的有共同之处，他在庄子和亚里士多德的思想中挑出某些恰好形成对比的部分，进而认为它们分别代表了各自的本体论传统，这多少带有"瞒天过海"（stacking the deck）的嫌疑。

以被其他所有人感知到，反之亦然。

　　庄子在对他的"对显明事物的阐明"（"以明"）的技巧进行论述时，上述这一意涵呈现得最为清楚："物无非彼，物无非是。自彼［视角］则不见［'是'］，自知则知之。[1] 故曰：彼出于是，是亦因彼。"这里的"故曰"只假设"物"是视角的载体，它是一个主体间性的观念。这段引文表明，如果处在一个无知觉的本体上，那么唯一会导致的结论就是，每一件事物都既是某人的此，又是另一人的彼，而不会使这两种视角互相引发、互相产生。倘若它们要互相产生，唯有依据这样的事实：**每个视角都不仅是"此"，同时也是"彼"**。（即是说，每个视角都不仅要使自己的肯定立场成立，同时要使对立面的否定立场成立，这是同一个行为的两个面向。）**而根据定义，每个视角只能从自身的角度去看待一切事物**，不可能意识到在其视野之外的东西，而每个视角都能意识到"彼"的存在，那么显然，每一个**"此"**自身的视角已经将"彼"包含在内了。因为如果"彼"不是来自"此"自己的视角，它就无处可来，从别的视角是得不到任何东西的（而我们确实得到了某个东西，并将之视为"彼"，即"错误""另一个"），而且，只有在这个视角与"彼"相对立的时候，才可以说它是"此"。"此"之为"此"，必然有一个与之对立的"彼"，而如果每个"彼"都能胜任这种对立，它就一定是某物；而它既然是"某物"，那么也就是一个"此"，从这个视角出发，最初的"此"就会是"彼"。因此，"此"之为"此"，已然是一个"彼"了。"彼"和"此"都是对有知觉的感知者而言的，建立在社会性的模型之上，只有当这些感知者从各自的视角去看待彼此时，上述说法才有效。我看见你，而你也看见我。我的世界只包含存在于我的视角里的东西，可它竟包含一个你，一个他者，我依据与你的对立而定义我自己。其实，"我"这一视角必然指涉一个"他者性"；其"此性"只有在与一个"彼性"暗

173

---

[1] 我把"自知则知之"理解为："只有［'此'］自身的认知活动才能够被自身知觉到。"上文的"此"是这里的主语。此外，陈鼓应引严灵峰、陈启天之说，将第一个"知"换成"是"，则为："从某人自身的'此'的视角所呈现出来的东西，也为他所知。"陈说亦通。见陈鼓应:《庄子今注今译》，台北: 商务印书馆，1989 年，第 61—62 页。

地里相对立的情况下才能建立。这里，我们所拥有的此与彼的对立统一，就是先验的。"你"的世界是被你的视角定义的，但它包含一个"我"。

我们可以用一个隐喻来更清楚地理解这种状况。想象有一间大陈列室，有一扇不透明的滑动门，随着门的左右滑动便有两个隔间，任何时候都只有其中一个隔间可以被完整地看到。在每个隔间里都伫立着一个人像，任何时候都只有其中一个是可见到、可被听到的，而另一个则被滑门封闭在隔间里。两个人像都坚称，它才是真的，对方是机器人或者骗子。你能看到的那个人像会说："我是真的那一个；假如你能仔细比较我们，就能分辨出来。靠近点好好看着我，然后再看它；这样，以我的真实表现为标准，你就能判断它是假的。"

然后它拉动滑门，隐藏自己而显示另一个人像，以便你能比较它们。但显然，一旦后者出现而前者隐藏，后者也会说出同样的话，把它自己当成标准，以此判断前者是虚假的。这一过程可以无限进行下去。无论哪一个出现，都会断言它自己是真实的、正确的，是价值的标准，所有偏离于它的事物都应该被判定为虚假的、错误的——但这一标准的确立，内在地就有一个他者来展现差异，而这又使得此"他者"在其立场上做出同样的断言，而这一断言同样会为他者设置一个他者，以至无穷。两种视角唯一可以达成一致的是，它们中的一个是真实的，而另一个是假的。这种架构是必然的，即便这一过程永久持续下去，或者被带入新的抽象秩序，也依然会如此。与之类似，对庄子而言，所有的经验都能确保一个视角被设置出来，积极地宣布自己的正确性，同时设置一个他者来进行对比，并以自身为标准，将之判定为虚假。但是这样设置对立，也必然会给其对立面一个声音，因为所有的设定、所有的感知，在结构上都必然会有这种自我断言。要弄明白这一点，需要着重提到早期中国思想的特征，即所谓的"事实—价值融合"，从根本上说，"存有"（being）、"被命名"、"被感知"等全都是价值术语。即是说，进入意识的某物，是从整体性的存在中抽离出来的，它是某种区分活动所造成的一个结果，是某个特定欲望的具体体现，也是《老子》第一章所标示的命名活动的悖论的一个表现。这里所隐含的感知理论，类似于格式塔（完形）观念：一个形象的产生需要有一个基础，而这一基础则是由观察者的兴趣或欲望所决定的。在《庄子》中，这些前提的最终结论被抽取了出来。即便是提 174 到对方，或者以任意一种形式在意识中指出它、称呼它，都是将它放置在焦点的位置上，而这一位置必然会自行断言，将自身确立为价值评判的标准。又由于，除了由这些焦点所宣称的标准之外，不再有其他任何标准了，故而这一过程会永远继续下去，而永无最终的答案。

　　价值问题也取决于这一视角主义，取决于有感知的视野点这一假设，而且各个视野点之间是彼此包含的。它们的互相包含，是它们的互相否定的一种形式；它们包含彼此，将对方**当作**自己的"他者""彼""非"，以与自身的"自己""此""是"形成对比。更进一步说，一旦证实"自己"与"他者"（此／彼、是／非）的对立含有悖论，那么每一个事物都会有悖论，因为这一对立是我们所知的最为基本的区分。庄子接着就将这一悖论运用在悖论自身的基本层面上，并引惠子"方生方死"之说，再次揶揄他；如果"此"和"彼"是互相"生"的，它们也就互相"死"，反之亦然，如果这是对的，那么这也是错的，如果这是错的，那么这也是对的。[1] 故此，圣人并不依从这种对立，也不依从任何其他线索和争论，因为他并不要求达至事物的本质——他只是以"天"将事物反映出来（"照之于天"）。"天"指的是在有目的的人类行为改变、整理或重新安排事物之前，事物的存在方式。它是在以任何特定目的干扰事物之前而被发现的事物状态。在这一语境下，"天"被等同于"运用显明者""显现者"（"明"）。它所要描述的是，当事物独自存在的时候，在互相驳斥又互相竞争的状态中，在从一样态到另一样态的转化中，在滑动和疑惑中，他／它们的情状是怎样的。"明"这个字——显明者、显现者——在这里被同化于对天光的传统联想之中。这个术语经常被庄子用来作为直觉主义的避难所，以便将疗愈性的怀疑主义抛弃掉。也就是说，

---

[1]《齐物论第二》，第 4 页。我的解释在几个层面之间跳跃，不只是依据惠子的引文（见《天下第三十三篇》，第 93 页），而且依据本篇所谓"虽然，方生方死，方死方生；方可方不可，方不可方可；因是因非，因非因是"。虽然后者似乎显得多余。

如果"明"被理解为某种"照明"或"启明",我们就会得到这样的印象:庄子说,忘掉所有这些无济于事的逻辑争论吧,转而依赖你那超越了语言的直觉,这种直觉本身就会向你显示真理,揭示事物的真相。但我对这个术语的解读却恰恰是与此相左的。我将"明"解作"显明者",即当彼此矛盾的多重视角所造成的问题摆在面前时,所呈现出来的自明而又清楚的事实。那么,"明"指的就是这样一个表面事实:这些视角全都肯定自己而否定对方,它们完全是混乱的、不稳定的、互相削弱的——因为,毕竟"是若果是也,则是之异乎不是也亦无辩","是"如果真的是"是",那么它与"不是"之间的差异就应该是清楚分明的,就不应该有争辩。[1] 这种相当不稳定的表象,是后文的"休乎天钧"来指谓的。[2] 那么,天就不是密藏在事物之下的本质,或者当前互相冲突的表象背后那个和谐的造物主,而只是这种明显冲突的表面现象本身。一旦我们停止无效的尝试,不再试图获得表象的本质,或者找出表象背后的和谐,我们就能显明地看到这一点。我们将会看到,正是由于这一特征,庄子才不肯宣称,我们能够知道所谓的"天"和"人";他也不肯说,"照之于天"就是要获得某种揭示事物真理的知识,且提供一种超越的确定性。恰恰相反,庄子是要全盘接受怀疑和混乱,对于被遇到因而显现出来的所有事物所做的自我确证,对于被拒斥的事物所做的自我确证,都予以全盘接受。

对"显明的事实"的这一诉求,在功效上类似于西方古代的怀疑

---

[1]《齐物论第二》,第7页。

[2]《齐物论第二》,第5页。我采用的是葛瑞汉对"休乎天钧"的解读。见葛著《〈庄子选译本〉评注》(*Chuang-tzu*),54页:"……停留在上天的制陶转轮的不动基点上。"我的翻译既保留了"平衡"这一意涵,又有制陶转轮这一我很看重的具体意象。钱穆引曹受坤说云:"《淮南·原道》:'钧旋毂转,周而复匝。'……此与循环义相照应。'两行'即从环中左旋右转,无不同归一[中]点也。"(钱穆:《庄子纂笺》,台北:东大图书公司,1986,第15页)此外,钱穆对庄子的天钧和遍中论(omnicentrism)还有这样的说法:"天地间一切现象,转动不居,都赖有一中心。而天地间一切物,却全是一中心。我们不了解,总想把自己作中心。(至此,钱穆尚是一种单中心化的表述,而他接下来又说)自己诚然是一中心,但不该只承认此一中心来抹杀其他一切中心。但也不必因天地间另有其他许多中心而抹杀了自己此一中心。这便是庄子之所谓'两行'。'两'即是'彼''是'之两,'两行'不是两两相对。两两相对,免不了矛盾与冲突。此'两'是一中心,一外围,却可圆转自如。天地间一切物,各是一中心,各有一外围,各各可以圆转自如……"(钱穆:《中国思想史》,台北:学生书局,1985,第42—43页。)

论者所谓的"显而易见者"（the apparent）或"自明者"（the evident），但它强调的不是少数特别稳固而确定的经验性事实，而是强调"滑疑之耀"，那极不稳定的、无休止的、表面的闪烁本身。"是（this）亦彼（that）也，彼亦是也。彼亦一是非（this/that），此亦一是非。果且有彼是（this/that）乎哉？果且无彼是乎哉？彼是莫得其偶［即，当事物不再以这样或那样的方式结成确切而又可知的连贯成形时——当每一件事都在'它是这样吗？它不是这样吗？'这一滑动而疑惑的问题中摇摆时，彼、是就既不必然归结为对立，也不必然归结为不对立］，谓之道枢。枢始得其环中，以应无穷。是（this/self/right）亦一无穷，非（that/other/wrong）亦一无穷也。故曰：莫若以明（the obvious）。"[1]我／你的对立是我用来定义我之为我、我之为正确的方式，当我意识到，这一对立是由我自身所设置出来，内置在我自己的视角中的，我就不再把"我"和"你"看成是对立的；"我／你"是"我"的一部分。我将你设置为我自身的对立面；你对我而言的错误性和矛盾性，是我自己炮制的，属于我的自我确证系统的一部分，而不是它的反面。正是这一点，才让庄子免于陷入自我封闭的唯我论，以及由此而来的相对主义。总而言之，如果我发现为真的东西仅仅对于我而言为真，而你发现为真的东西仅仅对于你而言为真，那么我们之间就并不存在赖以沟通的基础。我们每一个人都会一直陷落在自我封闭的视角中。但庄子转而论及"道枢"（Axis of Course），[2]这是一种互动与"回应"的手段，将不同视角彼此关联在一起，使不同视角向彼此"敞开"。庄子告诉我们，从单个视角出发，我们不可能确切地说，任何既定的"此"和"彼"（"是"和"非"）都是互相对立的，也无法说它们不对立。这既是因为"此"总是通过其本有的"彼"来规定自身，又是因为"此"**必然确立**一个"彼"，并将之包含在内。"此"与"彼"之间不存在对立吗？这是不可能的，因为它们的同一性本来就依赖于这种对立。那么"此"与"彼"之间是存在对立的？这也不可

176

---

[1]《齐物论第二》，第 4 页。
[2]《齐物论第二》，第 4 页。由于中文缺少单数和复数形式，所以这一译法存在争议。

能，因为它们互相包含："此"其实是"此加彼"，"彼"其实也是"此加彼"。要形成对立，我们就需要两个**不同的**事物来互相对比。但是现在，同样的事物——"此加彼"——在对立的两边都发现了。这就像是一块磁铁，总是有一个正极一个负极，这与你在哪里切割它没有关系：当你试着从负极处切掉一片时，你不过是得到另一块磁铁。所以，无论你走向哪里，那里都不可避免地会有"此"与"彼"之间的分别、对比、对立。但就此而言，恰恰由于这是无处不在的，所以某处与另一处之间也就没有对比，不存在"此"与"彼"的对立。"此"与"彼"的对立既是无处不在的，又无处可见。这是万物之"一"（oneness），又不是确定性的"一"：万物之"一"与"非一"没有不同。[1] 我们可以自行选择，是否依据"一"来看待事物，[2] 但无论采取哪种方式，还是会回到"一"与"非一"的环路来——这才是真正的"一"。[3] 由于视角之间的互相设置是被全然包含在我们自己的视角之内的，这就必然会让我们向其他视角敞开，因而引起视角之间的互动，去适应其他立场以及其他种类的"是"与"非"。这种"庸讵知吾所谓知之非不知邪"，"吾恶乎知之？"[4]，这种"不见其形"，[5]"其谁"，[6]庄子以"无知"和"道枢"来表示。枢即是道（the Course），是"不道之道"，是反讽意义上的不教导的教导。

其实，庄子告诉我们，道枢可以对无穷的视角给予无穷的回应。[7]它不是被封闭在一个无法变化的视角中，而是在不同视角的转化与互动中流动着。而狙公的故事很好地阐明了这一点。[8]狙公说，给众猴早上三颗栗子，晚上四颗。猴子们非常生气：它们希望早上有四颗，晚上有三颗。猴子有它们自己判断对错的视角。明智的狙公既不会坚持他自己的安排，也不会试图说服猴子采纳它，更不会使它们意

---

[1]《齐物论第二》，第 5 页;《大宗师第六》，第 16 页。
[2]《德充符第五》，第 12 页。
[3]《大宗师第六》，第 16 页。
[4]《齐物论第二》，第 6 页。
[5]《齐物论第二》，第 4 页。
[6]《齐物论第二》，第 3 页。
[7]《齐物论第二》，第 4 页。
[8]《齐物论第二》，第 5 页。

识到，栗子的数目是一样的。相反，他去适应它们。他"顺应当前的'此'的正确性"（"因是"）。可以说，他同时具有两个视角。他有他自己的视角，而他的视角在"环中"，即所谓道枢。而**在任何时候**，他也会暂时采用那一时刻可能会遇到的其他视角——在这个案例中，"其他视角"指的就是早上三颗抑或早上四颗。这被称为"行走在两条路上"，或者可以说"同时采用两种方式"（"两行"）。[1]

　　"应"的观念在这里非常关键，它会将我们带回到"待" 177（dependence）的问题上来。第七篇《应帝王》说："亦虚而已。至人之用心若镜，不将不迎，应而不藏，故能胜物而不伤。"[2]第四篇《人间世》也对"虚"（emptiness）的观念进行了解释，说不要听之以耳或听之以心，而要听之以气："气（the vital energy）也者，虚而待物者也。唯道（the Course）集虚。"[3]这种"虚"或"心斋"也相当于"吾丧我"，就像颜回的反应所表现出来的那样。[4]它并不是由空白所构成，而是对事物的回应，它依赖于事物，又驾驭事物——不把任何一种视角固执为己、此、是。在《逍遥游》里，"待"之被转化为自由，依靠的是**增加**所依赖事物，以及一个人所能有效连贯起来的事物的**范围**，直至它能将整个图景包括进去，而得以无障碍且无限（"无穷"），因而能为**任何**内容腾出空间。"心斋""丧我"之虚，不会贮藏什么：它不会有完全的、明确的视角（"成心"），也不会有特殊的同一性或关于"正确"的观念（是／非）。但这个"虚"不是恒常的、确定的空白。它是一处总为这样或那样的视角所填充的空间，但这一视角却又会通向另外的视角，这是因为每个视角内在地包含它自己的非、自己的否定面，这就为通向其他相伴而生的视角提供了途径。于是这一视角就能"应"六气中恰好出现的任何一气，由此而无碍地驾驭它去往它可能去的地方，假设它可能带来任何一种"是"（同一性——

---

[1]《齐物论第二》，第 5 页。

[2]《应帝王第七》，第 21 页。

[3]《人间世第四》，第 9 页。

[4] 颜回曰："回之未始得使，实自回也；得使之也，未始有回也，可谓虚乎？"夫子曰："尽矣。"（《人间世第四》，第 9 页）

鼠肝、虫臂等）。这既是有待（外围：风所呈现的众窍之声），又是无待（中心：藏天下于天下，则万物不得所"遁"而皆存），是"振（being shaken）于无竟，故寓（being lodged）诸无竟"，也是"撄-宁"（turmoil-tranquility），两者之间无有滞碍，一如无厚之刃入于有间之节。两边的存在，意味着"其谁"永远存在，"其谁"则将这些各不相同而又不断转化的窍声吹奏出来——它永远不会是其中之一，因为如果这样，它就成为所吹出的声音中的一种了；但它也不会不是任何一种声音，因为这样就意味着没有窍声。毋宁说，"其谁"的存在，是依赖、回应显现出来的任何东西（一个无止境的问题，"有情有信"），同时不贮藏、不依赖任何东西（没有确定的答案，"无为无形"）。[1] 在"价值创造""平衡对立的两端并使之合为一体""与其他事物组合在一起""无障碍的连续性"的意义上，"其谁"是"连贯的"；但是在"没有固定而可辨明的同一性"的意义上，它又是"不连贯的"。

178　　这一（绝非空白的）"虚"相当于庄子对所谓"充分的理念"（adequate ideas）——比如斯宾诺莎的——的另类表达，确切地说，事实证明它所采用的是相反的策略。它与斯宾诺莎的理念并不一样，后者是说某人的心灵对整体有一种全方位的视野，而它说的是某人将自己的心灵放空，就像一面镜子，这样，"虚"就可以"应"和"御"它遇到的任何事物了。这样一来，某人就会有待于他所遇到的任何事物，而没有独立的自我，但与此同时，他的自我同样也可以说是独立的，因为他可以做任何事。这也让庄子避免了相对主义的标准所带来的某些矛盾。相对主义者认为，所有的断言都依赖于视角，但这通常会造成一个悖论，这一点已为柏拉图指出：相对主义者必须断言，他们可以绝对地知道一件事，即他们知道一切事物都是相对的。由于他们终归还是要断言，某些普遍有效的知识独立于视角之外，即"所有知识都依赖于视角"这一知识，他们就会自相矛盾，因而相对主义就被破除

---

[1] 正如庄子在第二十篇《山木》中所说："无誉无訾，一龙一蛇，与时俱化，而无肯专为。一上一下，以和为量，浮游乎万物之祖。物物而不物于物，则胡可得而累邪？"（《山木第二十》，第51页）

了。然而，庄子并不宣称他知道这一知识。[1] 他仅仅是断言，**从他自身当下的视角呈现出来的**事物是怎样的。至于这一视角由何处而来，以及它如何为他自己的认可所证明，则是未知的，也是不可知的。

　　正如我们之前所见，这里的视角既是流变的情绪，又可以是各种哲学立场，或者诸如此类的各种特定的同一性。"此／彼"模式可以被用于下列所有的二分对子：（1）情绪化视角（欢乐／悲伤等），（2）同一性观念（自我／他者），（3）价值观念（是／非，有益／有害），以及（4）生命和死亡（此时／彼时的延伸）。那么这里的建议似乎是：一方面有能力拥有各种情绪，能感知到他者甚或你自己所表达的各式各样的立场和视角，能生能死；另一方面，维持一个宁静、超然于视角之外的中心点，而不完全同化于这一视角，或不全然承担此视角，也就是说，这里所设想的枢纽或关节点，尤其要有当状态变化时跳出来的能力（通），能够随时将你和你的对立面同等地甄定下来，甚而当下便会知晓，"彼"同样也是"此"，因而"彼"也是自我、正确和生命，因为"此"包含"彼"，"彼"包含"此"。这即是"应而不藏"，即是"两行"，"以无知知者也"，[2] "不言之辩，不道之道"。[3]

---

[1]《齐物论第二》，第6页；《大宗师第六》，第15页。

[2]《人间世第四》，第6页。

[3]《齐物论第二》，第5页。值得注意的是，庄子以某种恰与老子的观点相反的价值论为起点，得到了与后期老子学派一致的观点。也就是说，当老子（和荀子）假定，某人设定为价值（"是"）的东西，是某人实际上所是的东西的对立面，是某人当前立场的对立面时，庄子的假设却是相反的：你所是的东西（"是"）就是你所断言为正确和善的东西（"是"）。对老子而言，你只是（是）你不是（非）（例如，正因为国家混乱，所以我们珍视好的秩序和忠诚的大臣云云），而且更进一步，所有"是"的东西都因"是"而不再是"是"（刻意地珍视某物本身会毁坏其作为价值的有效性，原因我在上文已经阐述过）。老子这种实践性的价值悖论就是由这一假设而来；"是"与"非"在开端处便是同时建立的，因为任何一个"是"都起于与之相应的"非"，正如"有"（being）起于"无"（non-being）。对庄子来说则相反，你只能确证你自己；价值被假设为是内在于立场之中的，全然依赖于视角。另外需要注意的是，对庄子来说，价值是主要的，非价值（anti-value）可以说是次要的，虽然这二者是同时发生的，缺一不可，而且互相关联；可是对老子来说，非价值既是暂时性的，又具有本体上的优先性。更进一步说，老子在看问题的时候，似乎具有更为稳定的第二序的价值视野，而庄子却将价值视野本身当成一个问题，并由此发展出一套原则上能应用于任何一个可设想的价值系统的学说。然而，这两种立场却以一种至为有趣的方式汇聚起来。对庄子来说，价值和非价值是束缚在一起的，因为任何一个立场的存在都暗示了其反面立场，反面立场是此立场的对立性的、差异性的外围，而反面立场又转而将此立场视为它的反面。每个立场都首先是自身的一种价值，同时又是另一个立场的非价值，而通过视角之间的互相包含，（转下页脚注）

　　另一个扩展性的隐喻，或许可以帮我们看得更清楚。不过，我要提供的这一隐喻，与我们手头的这个案例也不能说是完全一致，可以直接采用，但我认为，在澄清这里的争议时，它具有相当的效力。庄子对经验的看法类似于纸牌游戏中的自我发现。纸牌被持续不断地从一个未知的来源派发给某人，而他则持续不断地将牌打出去，但不会有谁明确告诉他，游戏的目的是什么。一组特定的规则或许会建议，你最好将最大的牌留在手中，同时尽可能抛弃那些小牌，但正如你所知的，这个游戏的目的同样也可能是拥有最小的牌，或者同一花色的最多的牌，或者同一数字的最多的牌，抑或不同花色或不同数字的牌。总之，这个游戏的源头及其目的都是未知的。你甚至不知道这副牌有多大，或者说其中各种牌的比例是多少。间或会有一张"指令牌"被发出来，所谓"指令牌"即牌上印着一条说明，解释说游戏的

179

非价值又将价值包含在内，这在一刻接着一刻的视角转换中表现得最为明显（例如情绪的转换）。老子关于欲望的悖论在这里是不讨论的：对庄子来说，人们不会渴望他们所不是的东西，而只会确证他们所是的东西；只有通过同样肯定自我、否定他者的"他者"的斡旋，他们的"非价值"的一面才能变得确定，这种效果可以类比于双镜反射；如果两个时刻彼此相遇，试图裁定谁才是真实的，会发现他们都站在同一个点上，二者都是"是"。然而，正如《齐物论》记述庄周与蝴蝶时所说："周与蝴蝶则必有分矣。""有分"恰与本篇所谓的"其谁"相类似；他刻意闭口不谈二者之间的区别到底是什么；他并不想宣称我们可以真正辨别哪是哪，而只是说，这两者彼此都留意到，有一个外在的立场在否定他们自己，与自身争夺本质同一性的主权——这场争论本身，就是全部的问题。所以，简单地点出这里"必有分"便足够了。这种分别并不是被消除了，并且只留给我们婆罗门式的待定的"一"，毋宁说，它不过是将那一刻某人恰好所处的视角（随便哪个都可以）包括进来了而已，而人们总是立足于这个或那个特殊的视角之上。因而，这种互为主体的思想，对于庄子的论述来说更为核心，它是以两个相互竞争的辩论者为背景的。但是，老子、庄子最终都得出了这样的观点：真正的价值是一种同时也是非价值的价值。在庄子这里，这是一条普遍原则，可以同等地应用于任何一个价值立场：否定和拒绝是一种亲密行为，贬低某物的行为本就在我们的评价机制之内。价值与非价值的互相渗透，以一种无穷的伪装，为价值提供了一条恒常的通道。围绕着价值的是暂时假定的非价值，而这些非价值并不真的是价值的对立面，而毋宁说是另一种伪装起来的价值，是一处虚空，价值随时可能进入其中。换句话说，价值只有在不是"一个永久性地排除与之相应的非价值的既定的价值（优先选择某个价值观或行为方式）"时，才是真正大写的价值。在老子那里，价值将自己根植于非价值，围绕着非价值将自己组织起来，又复归于它，以此而维持自身；老子为这两者的混合状态提供了一个药方，他指出，被设置出来的任何一种所欲之物，实际上都是对欲望的一种刺激，因而会毁坏价值。换句话说，只有价值是被藏于、被根植于、被导向非价值的时候，它才是真正的价值。这样，两位思想家就都可以说："真正大写的'道'不能是一种被设置出来的小道（一个价值系统、一个视角等）；所有那些被设置为知识的对象的道，都不是真正的'道'。"

目的实际上是如此如此——比如说收集大牌。但是另外一些指令牌也会被派发出来，其对这副牌的组成和这个游戏的目的所给出的解释和说明是与前面的指令相矛盾的。在接受了这样一张指令牌之后，玩牌者有时候可能会接受它的断言，相应地开始遵守这张牌——上面写着"游戏的目的是要收集大牌"，于是他着手去做。如果他得了一张牌，上面写着"游戏的目的是要收集小牌"，他就迅速丢掉它；因为他已经知道这张指令牌是假的，是"非"。甚至有的指令牌会说，"收集指令牌"或"不要它们"才是这个游戏的真正目的，如此等等。

　　现在，在这一既定情节之下，庄子的"视万物为一"相当于，没有一张指令牌揭示出了这副牌的真正状态，就是说，这些指令牌中的一切差异都仅仅是幻象（也许可以类比于斯宾诺莎或持不二论的吠檀多派的"一"的观念）；或者说，游戏的目的仅仅是尽可能多地收集这些牌，因而它们全都具有同等的价值；又或者说，它们全部都来自唯一的源头，因而可以被平等地评价，无须再关心胜利或失败；然而，可以充当一切牌的**万变牌**（a wild card）则是个例外。万变牌不会揭示这些牌的来源，或者整副牌的构造，抑或这个游戏的目的。更准确地说，它不是一条禁令，并不要求我们忽视所有这些指令牌，转而关注所发之牌的实际构造，相信这种方式能全面地揭示这个纸牌游戏的真正源头和目的（类比于这样一个神秘主义的观点：一旦理性被抛弃，对于自然的直观就会揭示真相）。毋宁说，它坚持的是事物"显明"而又无可逃避的状态：我们不知道这些规则是什么，也不知道其源头、游戏之目的为何，实际上，指令牌在频繁地断言游戏的目的是如何如何，我们必须使自己的胜利契合于这一临时性的规则，但到了下一轮，这条指令又会被其他指令取代。这些牌的构造如何，会发来的牌是什么，留在手里的牌怎样才会更好，这些都是不可知的。鉴于这种不可知性，**在任何的情况下**都会有用的唯一事物，便是这张万变牌。在既定的时间里，无论指令牌宣称目的是收集大牌或者小牌，还是说有一个来源或两个来源，即便持续不断地断言许多各不相同的游戏目的，持有万变牌总会是最好的事。注意，这里 180 的"最好"不再是"某一既定的指令牌所规定的最好，以及游戏的真正目的是什么这一观念所规定的最好"，而是指，无论何时，无论**所规定的**是何种目的，万变牌的独一无二的空虚特性都会使得它一律有效。

为什么说圣人的"视万物为一"就相当于一张万变牌呢？它并不会像指令牌那样宣布任何真相或价值，也不会断言某种为各指令牌所错失的内在秩序，或真知的其他源头。它仅仅是对明显的事实加以接受：新的牌一直在进来，对这个游戏的目的的新观点一直在宣布，而一般说来，每一种可能的目的，在它自己的视野或背景下，都有某些被看成是善的东西。这个事实便是"一"，万变牌便是以它来甄定自身的。在任何既定情况下，无论我们所渴望的特殊内容是什么，总会有这样或那样的事物可以符合当下流行的背景，而成为可欲之物；唯有可以被当成任何事物的那个事物，才是"一切事物都一致确证的"可欲之物。它预先假定，它并不知道事物真正意义上是什么，以及什么是真正的善；实际上，"一"在这里恰恰意味着"一切确定知识的完全消失"。这种视角的成就，不在于额外增加我们的知识，而是要取消一切宣称知道事物是什么或不是什么的断言，甚至如庄子明确表述的，取消我们的确什么也不知道、什么也不能知道的断言。道家意义上的"善"，指的就是这种"价值的虚空性"，万物因它而自行结合起来。"一"并不是对居于虚假的表象之流下的真正的实在（reality）所做的断言；相反，它的断言是，每一个表象迄今为止，都在某一层面上对什么是好什么是坏做了宣示，我们只是不知道，这些明显冲突的断言中，哪种会一直被宣称为善的，哪种将不会，而我们自己是没有独立的视角来对它们进行裁决的。故此，唯一能在视角的所有运转中幸存下来，因而可以在任何表象中持续下去的，并不是潜藏于表象之下的某种不变的真理，而是像镜子一样，能够成为任何事物，而且不会为既定的任何确定性所限制的那张万变牌。庄子的"一"的视角之所以持久与流行，不是因为它是唯一真实的或无可怀疑的，也不是因为它可以逃过对内在标准的可靠性的批评（庄子将这一批评用于其他任何可能的视角），而仅仅是因为，玩牌的人绝不会丢弃一张万变牌。

对于这样一种反讽的先验性，庄子准确地以它对连贯成形的意涵的影响为切入点，将此先验性所具有的真正不可避免的强制力剖析得非常彻底：

今且有言于此，不知其与是（"this"）类乎？其与是不类 181
乎？类与不类，相与为类！则与彼（"that"）无以异矣。

虽然，请尝言之：有始（a beginning）也者，有未始有始也
者，有未始有夫未始有始也者；有有（existence）也者，有无（non-
existence）也者，有未始有无也者，有未始有夫未始有无也者。俄而
有无矣，而未知有无之果孰有孰无也。今我则已有有谓矣，而未知
吾所谓（have said）之其果有谓（said anything）乎？其果无谓乎？ [1]

让我们重申一遍这里所"言"。庄子认为，在早先提出的思考的基础之上，一般而言，在每一种可能的情况下，任何事物都在任意一个"类"中，是任意一个等级的成员，是任何一个种类的事物，从这个等级或种类外面，是无法辨别它的。就像《老子》中的"名"一样，"类"在这里是作为最具有包容性的术语来使用的，可以指涉任何可知的、可断言的事物。而其原因已经在文中阐明过了：对于可能被设置的任何"始"或"有"而言，我们总是可以设置一个"未始"或"未有"。这是必然的，因为正如《老子》所言，任何一种对可能的"有"的观察行为，都有一个开端。这里，"类"是与一种更为明确的先验意涵一起被表述的。正如葛瑞汉指出，在中国思想里，"在"（to be）即是"有"（to exist），即是在之前之后的时间背景下呈现于这个世界。更抽象地说，为了使一个"类"变得确切、完全地拥有任何内容，它必须在观念化的空间中，从某处开始，到某处截止。"红"是具有一种意涵的，因为当它达到"绿"或者其他类的范围时就会"截止"。这意味着任何类都有一个开端，即是说，当我设置 X 的"有"（存在）时，我也同时设置了"未 X"（not-yet-X）的"有"，

---

[1]《齐物论第二》，第5页。

即"非 X"。

但同样的道理亦可应用于"未 X"和"非 X",因而有"未未 X"或"非非 X",如此往复,以至无穷。庄子从这一争论所得出的结论——即所有的类都是无法与它们的否定区别开来的——似乎是由于他错误地混淆了"一般性的存在"(being in general)与"定性的存在"(determinate being)。他本来是想说"'未有于彼'的'有于彼'(being-there),正是另一种类型的'有于彼'",但他实际上说的似乎是"'绿色未有于彼'的'有于彼',正是另一种类型的'绿色有于彼'"。庄子所指的"类",如泰山与秋毫之末,彭祖与殇子,非我与我等,都是如此。但对庄子来说,任何一个有意义而且可断言的存在——任何一种可知性、连贯成形,任何一种可以被指出的事物——其实都是一种定性的存在,它们是首尾相贯的。完全被设定,即是与其否定面一同被设定;否则,设定就不会发生,任何事物都不可说,任何事物都无法被指出。即便"一般性的存在"也是在与"一般性的非存在"甚或"定性的存在"相对比时才有意义。这一论证的说服力,还是建立在之前对"有于彼"(being-here)作为"有于此"(being-this)的一种形式的考量上,也建立在"有于此"的视角性上,即,"有于此"意味着"对一切的'彼'都有'此'的视角"。由于这一前提,庄子也许会说:任何"类"的建立,任何一种连贯成形、任何一种性质的建立,同时就是这一连贯成形的背景、"非此"的建立。故而,背景是连贯成形所固有的。不类(non-alike)类似于类(alike)。依据我们这里的讨论,所有这些的要点只在于:**"连贯的此"总是,而且必然是与"不连贯的此"相连贯的,即实际上与"连贯的非此"相连贯**。那么,"连贯的此"与"连贯的非此"真有任何不同吗?这一论证的基础在于,一个事物相当于一个视角,而一个视角相当于一个连贯成形,这些术语由此而自洽起来。[1]

---

[1] 我们也许注意到,"类"的观念,以及与之相伴的"感应"(feeling and response)的概念,在这里有一种重要的含混性:事物之连贯起来,是因为它们是同一类吗?还是因为它们是互相对立的类所构成的平衡组合,由此而导致"和谐的"连贯成形?荀子所引介的"感应"概念,选择的就是前者,它以经典的"非反讽"连贯成形概念为特征。(接下页脚注)

　　总之，庄子手上的就是一张**万变牌**。它只是多出的一张牌，多出的一个视角，不是由别的地方引进的。但它有某些奇异的属性。它自己并没有**固定的是／非**，但正是出于这个缘故，**它增强了当下运转着的是／非的价值**。如果你被先前收到的指令牌说服，认为收集大牌是游戏的目的，那么你就可以把这张万变牌充作一张大牌。如果你认为目的是收集小牌，它就能充作一张小牌。但即便你改变想法，例如你接受了一张新的指令牌，决定按照指令重新排列手里的牌，这张万变牌也依然有效，依然会通过这个**新**视角来增强你手中牌的价值。这就是"道枢"：在任何时候它都能居中策应，转变成对立价值、对立道路的支持者。这张牌的内容很简单，就是要指出视角的转换、互相包含所具有的显明性，指出拥有一个视角便会为你打开很多别的视角，指出在这种转换中视角自身的不确定性。它并不是什么由表及里的、直觉的或者超越的"照明"或"启明"，而仅仅是对**表象本身**的留意：与其解决视角之间的冲突，不如**关注这一冲突本身**。这就是所谓"明"——人们都是站在不同的地方以不同的眼光看事物。唯一无可争议的命题是"人们有时候不同意"，**这一命题无法被反驳，故而无须被进一步证明**（如果我说"我不同意'人们有时候不同意'这一

　　我们在《庄子·渔父》篇也看到同样的观点，与非反讽的"天理"（heavenly coherence）是直接一致的："同类相从，同声相应，固天之理也。"（《渔父第三十一》，第 86 页）但《国语》里史伯那段话则强调"和"多过于"同"（即相同性）。这似乎是在强调一种特殊的差异性，尽管其在形成"和谐"时构成了一个更大的连贯成形、一个第二序的"类"。而且我们将会看到，在阴阳传统里也有类似的思路，在一个物种的性反应模式上嵌套了多层相同性与差异性——和谐地连贯的东西，在特殊的情况下是相同却又相异的东西。但是，我们在《齐物论》中"类与不类"的讨论中所举证的"类"概念，有一种"反讽式的"纷扰（scrambling），这在《山木》篇里关于庄周的一则故事中有所应用。葛瑞汉也举证过这段文字，认为这或许告诉我们，庄周是从阳性哲学"转换"为道家的。在观察了蝉、螳螂、异鹊之后，庄周发现每个动物在追求某种可感知的利益时都忘记了它自己，因而把自己暴露在危险之下，而且进一步注意到，他自己受到这些动物的吸引，也是同样愚蠢的步后尘之举，庄周于是宣称："噫！物固相累，二类相召也。"（《山木第二十》，第 54 页）感与应在这里是通过"类"而发生的。这也许可以被当作一个洞见：一旦连贯成形被看成是既包含和谐，又包含背景的对比，甚至包含互相伤害，那么，要将某物限定为单一种类的事物，就是不可能的了。只要存在者开始超出自身而去追逐利益，对他们的"目欲"完全不做节制，就完全无从限定谁会影响谁，也无从限定，何物适合从属于何种"类"。尽管表面看来，这里肯定了"相异的类"的存在，但实际上，这个故事与内篇的立场是深刻一致的，即都认为不存在独一无二的、特定的自然类。

命题"，那么我已然证明，人们有时候是不同意的）。这样就能解释，为何一个额外的视角可以如万变牌一般运作，并维持它自身。

使用这张万变牌

由此，我们就能通过三个阶段来追溯"道"的观念的发展：

1. 儒家之道和墨家之道都是需要努力实践的进程，因此它们对修养（virtuosity）做出价值陈述（valued states），并且将人类的态度视为有价值的，将人类社会和物质资源的各种组织安排视为有价值的。这些进程是要创造一种可欲的价值，人们就可以相应地拥有一系列的价值和行为。

2. 早期"道家"和《道德经》里反讽的"道"是一种非道，是万物不去刻意努力的进程，它是与这些进程相伴而生的所有的自然过程和价值陈述——生命、人类德性、人类社会的和谐——的真正基础。只有在**不**刻意遵从任何一种规定性的、解释性的行为的进程，不拥护任何价值的情况下，这些有价值的事物才得以产生。刻意地承诺一系列价值，反而会反讽地阻碍有价值事物的真正产生。为了创造一个可欲的价值，人们会对所有有意而为的价值进行宣扬，对可预估的自发行为做出许可，但这一切行为、价值和事物都有一个基础："无为。"

3. 对庄子来说，"道"是不刻意的、不可知的"生"（emergence），不仅是有价值的事物的生成，而且是所有的认知、评价方式或进程的生成。"生"所创造的，不只是能够生成有价值事物的自然进程，而且包括这些进程本身的价值立场——也就是说，它创造各种道。同样地，"生"既不是一个特殊的道，也不排斥所有道；既不是对刻意而为的某一特定立场的拥护，也不是对所有的刻意行为的排斥。它是"道枢"。人们在任何时候所渴望的任何价值，都是从不可知的源头而来的某个特殊视角的"生成"（emergence）所具有的一个功能。要实现这一价值，人们就要与此视角保持一致，同时维持与枢纽之间的通道，以此与其他所有视角保持联系，枢纽之于其他所有视角，就如同

"万变牌"之于其他所有牌。

于是，庄子以各种方式将"万变牌"的观念应用在内篇后面的篇章中。它是**制造价值、评价和重新评价诸活动的不可知的、无目的的过程**。道是各种**新视角**的无止境的生成（generation），是各种**目的**的无目的的制造。庄子谈论道、天、大块（the Great Clump）、阴阳、命——他将一个接一个的名号抛给他所论述的"无单一之名者"：制造出各类名号、价值、视角的进程。我们或许可以说，对庄子而言，一个存在者仅仅**是**一个视角，视角一个接一个恒常地出现，每一个视角在结构上都只能知道内在于它的东西，只能揭示那些显明的不可知的事实，诸如某物根本上是怎样的，怎样才是正确的，或者其来源和目的是什么。这即是"明"，即照明这些显明的事实，它相当于"万变牌"，由此我们就能以极致的独立和自由来驾驭（"御"）所有的变化，无论这些变化是什么。

庄子有时候会用"天"（The Heavenly）这个字来描述对新视角的这种不可知的制造：因为天——即实际的开放性的天空，在四季之间"轮转"，产生出土地上的谷物，却不会有任何刻意的行为，也不会发布任何命令——意味着某物可以经由未知的主体，或没有一个人知晓的目的而被制造出来。万物这种"似天"（Skylike）的形象，可以与"人"（the Human）形成有效的对照，"人"被用于指示刻意而为的东西，它有一个特定的目标，根植于工具意识之中，并声称自己明确地知道某物是怎样的，怎样才是正确的：一言以蔽之，"人"指的是有目的的行为（即**事先便已经知道的，为单一目的所引导的行为**）。但由于"天"是不可知的，或者说只能从某一视角来知晓它，视角的这种自发产生也就不适合被甄定为"天"，因为"天"仅仅是从某一视角施加给它的名号而已，而正如庄子所尖锐反问的："庸讵知吾所谓天之非人乎？所谓人之非天乎？"[1]这里再次谈到，这一不可知者，这一"庸讵知"，才是真正的关键点：对显明事实的照明，庄子也称之为"滑疑之耀"。这即是庄子自己的"进程"，即是庄子的"道"。

[1]《大宗师第六》，第15页。

在第三篇《养生主》中，庄子将这一进程用在"养生"（nourishing life）这一实际问题上。这里的问题是，我们应该如何灵巧地穿过所遇到的实践问题，而不伤害到我们那自发性的、生成了各种视角的生命进程。另一个象征性的隐喻将我们代入这一领域：庖丁解牛。生命体在这里被比喻成一把刀：雄心勃勃地采取某种立场，由此解开这个世界（即区分出是与非、对与错）。世界就如一具密实而无法穿透的尸骸横亘在这把刀面前，它必须将牛尸劈开，但这又会磨损刀刃。而《养生主》第二章的讨论告诉我们，最适于切割的刀刃实际上是"无厚"：不占据空间，自身没有固定的位置。与此类似，这把刀必须顺着牛尸所呈现出来的关节和肌理而行：每一个明显属于自我断言式的"此"都"通"（open into）往另一个相对待的视角。这个隐喻生动地描述了这样一种修养：如何"顺应"每一个状态所固有的自我确证。就像牛尸隐藏有各种空隙，顺应这些空隙下刀就能不伤害刀，从而灵巧地解开牛尸。这把刀或这个视角若以某种清楚的意识或者理解力为某人做引导，"所见无非牛者"，因此而构造出确定的判断，分析什么是对的、什么是错的，就好像真的存在这种理解性的知识一样，这种做法就是毫无用处的。因为这样一来，就总有更多地方需要被看到，总有某些地方是没有考虑到的，总有它所包含不到的其他视角：在这个意义上它就"未尝见全牛"，不再限制它自己的视野。然而，生命总是有**一些**暂时性的、特殊的限制和轮廓：在任何既定时刻，刀都处于某个特殊的间隙中，为其轮廓所引导——它总是与**某些**当下的视角共同呈现出来。每种情况下的"此"都给它一些特定的价值轮廓，一些特定的、视角化的价值导向，好比是某张为万变牌所匹配、加倍、增强的普通牌。这个故事也生动地提示了反讽的连贯成形的反讽性，或者说反讽的"和"的反讽性——它不是一个每时每刻，所有人都认可的欢乐美好的野餐（这里所谓的欢乐是汇聚在某个预先建立起来的和谐之中的）。实际上，这是不可能的：有多少"是"，就会有多少"非"。这把刀就好像暴风这一反讽的和谐，"和谐"（调调）和"欺诈"（刁刁）是同时的。[1]尽管庖丁的修养对他和文惠君（实际上

---

[1]《齐物论第二》，第3页。

是庄子和读者）而言是一种享受，似乎是主体间的、和谐的价值集合，但这整个故事都是以某个角色的存在为基础而设定出来的，这个角色完全不会享受这全部的美妙场景，反而会视之为屠杀的噩梦：那头被宰的牛。

《养生主》也包括这样一个关键性的断言："为善［生命之流］无近名，为恶无近刑。"这句话的意思被庖丁解牛之后的两个故事很好地诠释了。第一个故事处理的是刑罚：独腿的右师虽然表面上是遭受刑罚而断去一腿，但他并不觉得自己遭受了刑罚：相较于遵守法律，被刑罚残害是他所乐于接受的，正如泽雉一啄一饮的野外生活虽然艰辛，但也不愿受到笼子的禁锢一样。因而，他的"刑"对他来说并不是真正的刑：顺应生命之流，刑不会对他造成伤害。另一个故事讨论的是善性（goodness）和名誉的问题：老聃的葬礼。尽管他表面上是因为他的善性而获得名誉，但他并不会让这种名誉缠上他，他的朋友马上意识到这些仰慕者并不理解老聃，于是忘掉了那些夸张的哀悼。他的生命之流以他所处的社会恰好称为"善"的方式自然地流动，正如右师的生命之流以恰好被称为"恶"的方式流动一样，但是，即便 186 那些外在的名誉或刑罚恰好作为其副产品而不期然地产生了，他们的流动方式也不会让名誉或刑罚接近他们，阻碍他们。

在第四篇《人间世》里，同样的观念被用于处理政治世界里的人生。预先构想出一个刻意的计划，并不能挽救暴君，也不能助益政治情势。相反，"心斋"是"听之以气"（相当于《养生主》里视角性的、轮廓性的"生命过程之流"的敞开）的一种方式，所谓心斋即是"虚而待物者也"，提供的是万变牌式的"应"，既肯定当前的"此"，**又允许它转化成其他各种视角**。这对庄子来说是唯一可行的改变世界的方式。

第五篇《德充符》推崇的是空虚的内在状态（心斋、万变牌本身没有固定的内容）所具有的奇异效用。在庄子所处的时代，人们认为，一个人形体上的优美、社会上的地位、道德上的修养，对他人具有强大的影响力，可以激励他人，团结他人，吸引他人，转变他人。庄子在这里告诉我们，罪犯和形体丑恶的人——既没有道德美也没有外形美——对其他人似乎同样具有这种影响力。这些丑恶之人没有特别的成就，即没有通过实践某一特定的道而获得的修养，但他们体现的是所有修养的那个枢纽，它无法被指明，也没有特殊的形式。他们便是具有"万物为一"视角的人——不是"劳神明为一"，而是让所有视角都呈现为同时互相排斥而又互相蕴含，使它们彼此敞开而能互相转化、互相联系，使所有视角都因这张万变牌而可以同等地被连接、增强。形体上的完整是"是"，形体上的残缺也同样是"是"。权力和好名声是"是"，卑微与耻辱同样是"是"。在这个意义上，万物是一个：它们全都是"是"。然而，好与坏之间的这种不固定的分别，恰恰反讽地将那些通常被归为"善"的力量提供给这些人：这些人物形象的内在的空虚性（缺少固定的内容或立场）给他们一种奇异的魅力，可以感化他们周围的任何一个人。我们在这里发现了反讽的连贯成形的一个典型案例：那些静如止水的人，放空他们自身的一切教训，全无任何生理或道德上的吸引力，却被那些为他们所感化的追随者围绕，实际上所有的存在者都发现，他们自己不能离开那些具有看不见的德行的人（"德不形者，物不能离"），[1] 即是说，人们不能离开那些人而生活，人们被吸引着连贯在（cohere）那些人周围，那些人是社会的连贯成形——这是通过《养生主》所称的"支离其德者"（一种不连贯的特性）而完成一种更大的连贯成形——中，那个静止、空虚、卑下的中心。[2]《德充符》称这些人为"以其知得其心，以其心得其常心"，即"使用他们的理解力来寻找心，然后用他们的心来寻找恒常不变的心"。[3] 正如《齐物论》所示，"以其知得其心"指的是对理性能力的运用，指的是找到对心灵来说重要的某些东西：心灵总是有一个视角，而拥有一个视角，暗示着相对立的另一个视角是可获得的。这就使得任何一种固定视角变得不可能了，于是，对心灵的这样一种理解，就找到了一种"常心"——我们就能将所有的事物，甚至我们自己的身体的各部分，都当成是楚国和越国那样有着巨大的不同，或者我们也能

---

[1]《德充符第五》，第 14 页。
[2]《人间世第四》，第 12 页。
[3]《德充符第五》，第 13 页。

将它们当成是相同的，这种相同性集中在它们所共有的自我确证特征上；这种恒常的、为"一"的心灵，总是可以获得的，无法被泯灭。固定的善或者固定恶的缺乏，才能成就善，使任何一种善成为可能。根据我们的隐喻可知，万变牌能让任意一种指令牌（即任意一种善观念）所设置的目标得以实现。因而，万变牌是恒常牌，是绝不会被转变掉的牌，即绝不会被丢弃的牌。万变牌并不会造成非反讽的连贯成形，即像"指令牌"那样，将游戏的基础、目的、规则或价值当成永恒的东西，认为自己对每个玩家来说都普遍适用，在所有情况下都保持不变。万变牌造成的是反讽的连贯成形，这一反讽的连贯成形之所以是恒常的，只是因为万变牌能转化自己的价值，以便与**任何**一个玩家的需要相连贯。这意味着万变牌无须经历死亡或转让（不会被任何一种新情况取代），而且它也成了枢纽，其所存身的社群都希望连贯在其周围——不会被任何一个生命抛弃（不离）。

　　第六篇《大宗师》某种意义上说是内篇的高潮，将万变牌立场应用到终极问题上："无知"（non-knowing）的转化能力是一种终极知识，真人能够体现这种"无知"，能够因任他的生、死。第七篇《应帝王》所呈现的万变牌的无知，是对政治的权威、宗教的权威的两种断言的最高的回应。对于如何治理这个世界这一问题，《应帝王》反复给出的回答是，我们应当求助于心灵的无知状态，不要有固定的立场，也不要有纲领性的理念。而郑巫季咸声称自己知道命运，却败给了壶子的不可知性，以及他的固定同一性的缺失。庄子对知识和同一性的观点，最后归结为一个故事——中央混沌之死。

　　在《大宗师》的开题，庄子似乎对他自己关于"知"的立场作了总结：

　　　　知天之所为，知人之所为者，至矣！知天之所为者，天而生也（恰因其为天，才是万物的生生）；知人之所为者，以其知之所知以养其知之所不知。终其天年而不中道夭者，是知之盛也。[1]　188

---

[1]《大宗师第六》，第 15 页。

"天"是一个名号，在这里指的是生命的自发进程，以及新事物和新视角的持续不断的产生。刻意的"知"无法理解，也无法从根本意义上把握天。这样，"知"的角色就仅仅是意识到它自己的局限性，以便继续"养"这一无法被掌控的、无知的过程（即何为真、何为善的视角的产生过程），而不是试图确定或者创造出真正为"真"的东西、真正为"善"的东西，以求主宰生命的方向。"知"建立在它所不知的东西上，也停留在其所不知上，这确保了各种视角和回应无障碍地持续产生，而"知"所不知的东西即是：万变牌、明、滑疑之耀。

然而，庄子紧接着就质疑这一立场：

> 虽然，有患：夫知有所待而后当（right），其所待者特未定（unfixed）也。庸讵知吾所谓天之非人乎？所谓人之非天乎？且有真人而后有真知。[1]

这是对视角性的"滑疑"的基本运用，符合庄子自身的立场。这样就能清楚地表明，庄子支持这一视角，并**不是**因为，它能以某种方式神奇地逃过他在《齐物论》里精致地开发出来的视角的相对性问题。"真知"仅仅是用于描述某类特殊人群（"真人"）的心灵状态的术语。"真知"没有自我辩护，无从独立地建立起自身的视角。于是，庄子站在他自己的视角上，继续在《大宗师》里**描述**他所谓的"真人"。而他的这一视角的源头、基础，以及此视角与那个源头的关系，都和其他任何视角一样，是不可知的。

万变牌同时反对客观真理和主观唯我论

然而，庄子明确地称颂"真知"这一视角。如果它不是客观真实的，为何庄子会称颂呢？这是因为，虽然这一视角，这种看问题的方

---

[1]《大宗师第六》，第 15 页。

式，与其他任何一种视角一样，是无法证明的，也是没有根据的，但是，已被证明的知识（或绝对的知识）为自己设定的那些任务，恰好被这一视角完成了。这些任务是什么呢？

1. 绝对知识应该始终有效，无论当时起作用的视角是什么；绝对知识应该无法被拒斥，能够吸纳任何证据。无论观察它的视角如何变化，它都应当能够维持自身的存在，并保证自己是真实的。

2. 在应对世界时，绝对知识应该具有某些实践上的优势。无论我们的目的是什么，对于世界的知识，都应能使我们更有效地面对这个世界。

庄子的"真知"满足第一个条件吗？答案是肯定的。无论这里起作用的（或占统治地位的）"此"是什么，"顺应当前的'此'的正当性"（"因是"）都是有效的。在"真知"视角的背景下，每个"此"都是切实可行的，无须颠覆那个视角，也无须否定或扭曲那个视角所具有的数据。猴子的视角既不会颠覆狙公的视角，也不会为狙公的视角所颠覆，而站在狙公的视角则会将刺激到猴子的两种视角看成是"一"（即是说，对自我的确证，必然也意味着其对立面的确证，后者是会否定前者的，这就使得视角之间会无碍地发生转化——"通"）。在让猴子的视角运作或者退出运作时，狙公的视角始终在起作用；它是一种"若镜"的视角，顺应而不贮藏。或者说，它能在它所遇到的其他任何视角中运作，行走在两条道路上，或同时做两种事，是谓"两行"。

那么庄子的"真知"满足第二个条件吗？答案是肯定的。《庄子》第三至第七篇都阐明了这一点：真知可以运用于实践技能、养生、政治、身体残疾、死亡、预言知识中。在这一视点之下，心灵处于空虚状态，可以接纳任何一个"此"，任何一种有可能遇到的情况所暗含的价值视角，也可以将"此"的视角下的价值最大化，将"彼"的视角所规定的各种善最大化。要注意，这一状态下的心灵并没有对自己做出第一序的价值承诺，因为除了与某些视角发生关系之外，没有什么是能够证明的。不过，它能够确保第二序的价值承诺，即"看来是的"，而不论被第一序的视角认为正确的是什么，第一序的视角是什么时候提出的。但是这一第二序的承诺明显和其他承诺一样，都是武断的，而且没有基础。它仅仅是它所是——"是这个"，因而，它和所有事物一样，都专断地确证，它所认为正确的东西是对的。它所谓

190 对的东西，是"把任何一个视角所认为对的东西都认为是对的，以此将正当性（rightness）最大化"。而在所有时刻，第二序的承诺所推崇的具体内容，都是由它所遇到的第一序的视角所提供的；在任何情况下，它的"功"（success）都是依据那个视角而被评估的。因此，如果专门性的技巧被推崇为善，这个第二序的视角就会提供专门性的技巧。如果政治效力被推崇，这个视角就会提供政治效力。余皆仿此。

不过，这里似乎有个例外。如果万变牌的持有者收到一张指令牌，上面写着"放弃所有的万变牌"，他该怎么办呢？换句话说，如果"善"被定义为"消除所有的相对主义，坚定地贯彻绝对承诺"，他应该如何去做？他能拥护"此"价值，并用万变牌来更好地实现它吗？他能**遵守**这一指令，抛弃这张万变牌吗？如果可以，那么我们的故事也就终结了。万变牌就会无法保全自己，会立刻崩解掉，因为每张指令牌某种程度上都暗含这种要求。

另一种办法是，他或许只需要丢弃这张指令牌。但那样一来，他就不能强化**每一对是/非**的价值了。那么这样的强化就仅仅取决于他的偏好，这样一来，就和其他指令牌一样只是一种教条了。不过，那或许并不会前后矛盾，因为他宣称所有的立场都是教条式的、不可证明的，而且都必然既正确又错误。就此而言，某种意义上，他并不反对做出在某一视角看来错误的事，比如直接将他不喜欢的指令牌扔掉，尽管某种意义上说，这种做法总是不公正的、没道理的。他也并不反对自己成为"错误的"，因为他本来就能拥有被称为"非"的立场，这就规定了他（从某种视角看来）不可能不是错误的。

第三种办法是：他也许会持有两张牌，表面上支持丢弃所有的万变牌，却**秘密地**保留自己那张万变牌。这或许是一种系统性的虚伪，但它在中国思想里也被视为一种德性，"时"（timeliness）是它的名号。我们确实看到，《庄子》对"时"和"隐"（hide）多有赞美：宣传与揭示万变牌之所以有危险，部分原因便在于，万变牌会招致"虚

伪"这一批评。

所有这些都是可能的应对方式。但我们也许应该留意这件事：我们的万变牌的隐喻的基础开始崩溃了，以至于所有其他隐喻也会崩溃。因为，如果万变牌果真彻头彻尾是"万变"的，那么玩家就可以合法地说：这不是一张万变牌。这样，他就能拒绝将"丢弃所有的万变牌"这张指令牌应用到他所持有的那张万变牌上。因为，"万变牌"依然是一个固定而特殊的同一性，是某种已知应当如何的东西，因而可以成为攻击或者禁止的目标。但是，至人（the Consummate Person）的"真知"并没有特定的内容。庄子或许会评论说：我怎么能知道我称之为"万变牌"的东西真的是一张"万变牌"呢？我怎么知道我称之为"非万变牌"的东西真的是一张"非万变牌"呢？当非万变牌 191 牌出现时，庄子或许会说，万变牌此刻确实不是"万变牌"，而仅仅是"非万变牌"之下的一个实例。当绝对主义者遭遇庄子式的相对主义者时，或许会高兴地宣布，庄子们真正说来应该是比绝对主义者更加狂热的绝对主义者。"道"没有名字，因而任何名字都是"道"的名字。庄子或许会说，"我"对万变牌的拥护，可能实际上是拥护儒家的一种表现形式，[1] 或者亦可以是墨家——或者其实是对真主，对基督，对盲目之事，对进化，对排中律，或者你持有的其他任何立场而言的一种表现形式。他或许会补充说：我们真的知道我所相信或不相信的东西吗？这样一来，万变牌与非万变牌的功能之间唯一可以察觉到的差异就是：当非万变牌被后来的指令牌迅速颠覆时，万变牌依然在这里，并且作为某种事物继续起作用。这个问题中的某种事物，为我们指示了许多修辞上的悖论形式，我们在《庄子》的后面部分以及它的注释中可以找到，同时还能找到形而上学和认识论上的发展，这和我们在后来的中国思想中的发现是一致的。[2]

---

[1] 例如庄子在《齐物论》中断言："大仁不仁。"这里庄子是通过否定"仁"的儒家化形式而宣扬儒家式德性。第十四篇《天运》说"至仁不孝"，其对孝的讨论也同样如此。

[2] 在我看来，这里提出的认识论困境并未得到真正令人满意的解决，直到天台宗的学说出现之后，才拓展了庄子的"知"、同一性、相对主义与绝对主义的相互变换等观点的极限。

所以，庄子的"真知"做了客观知识所应该做的大部分工作，对于消解剩余的部分也提供了理据。[1]"真知"具有恒常的效力，具有实践上的有效性，是规则手册所无法比拟的。但正如万变牌一样，"真知"也是绝对不会被丢弃的，因为无论在何时，无论在哪些规则中，无论情况发生怎样的变化，它都是有价值的。这就是为何内篇中的庄子有时候以神秘主义者的形象出现，有时候又是一个怀疑论者，有时候是神秘的一元论者，有时候又是一个身心二元论者，又或者是直觉主义者、一神论者、自然神论者、不可知论者、相对主义者、宿命论者、语言哲学家、虚无主义者、存在主义者，又或者是一个不做任何哲学承诺的诗人。"万变牌"的视角允许任何立场的存在，但同时又修正那些立场，并且重新让这些立场变成背景。因此可以说，庄子是一个相对主义者——但他又以某一特殊立场（万变牌）为先。庄子可以是一个一元论者——但也是一个多元的相对主义者，一个身心二元论者（因为他所断言的"一"是"是／非"视角的"一"，因而这个"一"总能分解成多元或二元）。庄子可以是一个一神论者——但也是

[1] 绝对知识的第三个标准应该以现代科学的方法进行表述：它应该能对未来发生的事情有精确的预测。庄子的视角能做到这一点吗？答案是否定的。但他对"化"和视角的强调表明，无论这类知识是从何种视角而来的，他对这类知识的可能性都是持怀疑主义的立场的：任何事物都无法常驻，不只是现象无法常驻，观察现象的视角也无法常驻。对未来所做的数据上的证明，预设的是看待未来的视角不变。如果在未来视角发生了变化，或者现在就有其他的视角，那么从这些视角出发，定义性的术语就会以其他方式确定下来，那么之前对未来所做的证明就是无效的。列子和郑巫季咸的故事也许就是在表达这一观点，后者在内篇中持有的就是气象学的立场。季咸能够成功地预言未来，但壶子展示了自身同一性的转化，以及视角的转化，于是摧毁了这种知识的意义和有效性。真正的知识有这样一条相关标准：是否具有创造有效技巧的能力。较之于以往的时代，这条标准在现代社会显得更加关键。那么，庄子的"真知"能做到这一点吗？依然不能。但从《庄子》文本中，我们还是可以找到暗藏其中的，对此条标准的批评。技巧是朝向某一结果的手段。结果即是目标，按照庄子的说法，目标或者价值本身依赖于视角。而在庄子看来，视角之间的相互转化，只是某种显明的事实，即"明"，而且这种转化实际上暗藏于任何一个视角中：一个"此"暗中即设定了一个对立的"彼"，"彼"本身是另一个"此"，以之为视角，先前的"此"转而就成为一个"彼"。任何一个视角的存在，本身已经将其他视角包含在内了。在这个世界上，绝不可能存在某种单一视角，或唯一一组价值。但是，创制技巧以促进某一组特殊的价值和目标更轻易地实现，会倾向于将这些价值及其视角固定在原处；它们会成为视角的流畅转化的障碍，而视角转化之流是庄子所珍视的，在他看来这才是真正的基础性的目标，能让任何一种视角的正确性得到保障。技巧有助于获取由某些视角所设置出来的价值，而无助于其他视角所设置的价值的实现，故而就低于（inferior）庄子所说的"真知"，因为"真知"会促使任何一个视角的价值得到实现，并允许视角之间自由地发生转化。

一个自然主义者和唯物主义者（有时候心血来潮，他会改变顺应万物者的名称，以"大块"甚至是"阴阳"来取代"造物者"——"阴阳"甚至不是一个统一的媒介）。庄子可以是一个宿命论者——但在任何情况下，他都为自己保留了独立决断某物为何是某物的权力，如此等等。

　　上述每一种立场都像是猴群一样，狙公以他的万变牌顺应它们，确证每一种立场，促成任何一个视角所认为有价值的东西，但同时又 192
促使这个视角无碍地转化成其他任何视角。我们也许可以将《庄子》文本的剩下部分，以及历代的注家所形成的扩展性对话，都视为庄子式万变牌在更大范围内的多样化视角和情境中的进一步运用；这些文本和注释，都伴随有每一个"此"的正当性，万变牌保持着自身作为"天钧"的枢纽性地位，由此而增强、发展那些"此"，将生命和回应性注入其中；万变牌全然顺应每一个专断的视角，因而进一步维持自身的专断视角，并打通所有这些视角，使它们互相联系。这即是庄子的"不道之道"，也即是处处可见的"两行"。

　　那么，庄子是相对主义者吗？当然是。但他是一个有着鲜明特色的相对主义者，这一特色有可能导致许多误会。对相对主义并不友好的万白安，曾经批评过我早先对《庄子》的解释。受惠于万白安仔细而直率的批评，我已经尽可能让自己的表述更凝练。然而，万白安的看法可能代表的是哲学争论的某种普遍路径，倘若按照他的说法，庄子式的路径在逻辑和道德意涵上就都是不妥当的。所以，他对我的批评也许仍值得考虑。万白安的异议如下：

　　　　在任博克理解的庄子看来，所有命题都必然为真，会产生柏拉图式悖论。假设（如果你允许我时空错乱一下）墨子在和任博克的庄子争辩。墨子说，存在一种正确的道，这种正确的道就是天道。任博克的庄子就会谦逊地微笑着说："是的，天道是正确的道——相对于你的视角而言！"墨子回应道："不，它不只是我的道，它是'天'的'道'！'天道'这一说法的全部要害在于，它要表明这种道不依赖任何人的视角或意见！"于是任博克的庄子陷入两难：如果他说墨子是错的，因为并没有这样一个有着正确视角的天，那么他必须承认，不是所有的视角都是正确的；但反过来，如果他说墨子是对的，那么就说明确实有一个正确视角的天，他就不再是一个相对主义者了。无论哪种情况，庄子所设想的相对主义都会以自相矛盾而告终。[1]

193　　我把"庄子所设想的相对主义的自相矛盾"当成是对万白安的反驳，或者将之作为庄子不会有这种立场的证明，又或者说，如果庄子真有这种立场，那么他就不能如万白安在这篇评论中提到的那样，是一位"聪明的哲学家"。但是，我们称之为"哲学"的写作类型所要求的规则，庄子是没有义务遵守的。这种类型的写作规则的严格应用——比如认为语言和谈话与世界和万物存在联系，并且为世界和万物做出规定——恰恰是他的书写所要着力质疑的事情之一。我在本书中试图指出的"连贯成形"这一中国观念，其要点之一就是，即便明确的、单数的"世界"，在这里的语境下也不是真正妥当的。无论是在科学、神学，还是哲学里，试图将所有的实存（realities）都明确地、始终如一地绘制成一个由文字、符号、规则所构成的单一系统，认为这个系统与一个稳定的、不变的、权威性的单一视角相联系，这种理念本身就是柏拉图式梦想的残留。庄子显然不会觉得自己自相矛盾。他不会被迫去做争辩，无须规定任何一个立场是真实还是虚假的。相反，他所要**阐明的，是某一时间段内**看待事物的一种立场或方式，指出从这一立场看到的事物会是什么样子的。无论在何种程度上说，这种阐释都是"成功"的。这种阐释还会进一步指出，这个视角不会永远有效。从这个视角不能理解世界上的其他形式的连贯成形，要理解它们，就应当以其他的特定立场为基础。庄子的这个立场的特点之一是，它认为所有的立场都必然会陷入自相矛盾，因而不可避免地需要转化成其他视角——正如"此"之为"此"本身就设置了一

---

[1] Bryan Van Norden, "Review of Scott Cook, editor, *Hiding the World in the World*," *China Review International* 12, no. 1 (Spring 2005), p.3.

个"彼"，由这个"彼"看"此"，"此"也成了一个"彼"。庄子不只是认为，每个立场都必然是正确的（相应于某些视角而言）；他也将每个立场都看成是错误的（相应于某些视角而言）。这明显也适用于庄子这一观点本身。那么，万白安所做的驳斥又能拿他怎样呢？他的自相矛盾，并不会使这一"相对主义"的立场破产，也未使它失去作用。这种自相矛盾似乎更像是使这个视角彻底成立的必要条件——而且，如果真要说有什么区别，那也不过是将这一断言更进一步地做了举证。

　　现在，我们可以看看，为何万白安提到的"我的"庄子的谦逊，是一种误会。就像狙公一样，庄子没有理由谦逊或者仰恭实倨地说："是的，这是正确的道——相对于你的视角而言。"尽管庄子**偶尔**可能会这样说，但更有代表性的设想是，庄子会站在道枢——他自己的视角——上，顺应绝对主义的观点所做的自我确证，并将这称作"两行"（行走在两条道上）：他可能会**暂时**采用对天道所做的绝对化的讨论，不加辩驳地予以全盘接受。确实，我们可以在《庄子》中找到这样的论述，这或许是令万白安混淆的原因：《庄子》**有时候**会以 194
充分的语言论述这一普遍性的天道。其他时候，这部文献更乐于使用"大块"或"阴阳"或"一气"甚或"造物者"，以及"滑疑之耀"、"明"、"葆光"（the shaded light）、"撄宁"、"一"、"两行"……这是随时取义的，某一时刻这样说，另一时刻又会那样说，这就造成了墨子的"一行"与庄子的"两行"之间的不同——**尽管在某一既定时间里，他们描述的可能恰好是同一件事**。这就是猴子和狙公之间的不同，尽管后者有时候会完全同意前者，认为"朝三"是**唯一**真理。问题的关键在于，这种"同意"被其本性限制在那一时刻、那一视角中了，因为这一"同意"是在那时的视角表现出来的。即便全能者宣布，某物应该为如此，并对反对者施加永恒的惩罚以推行这条命令，而所有的被造物（包括唯一一例外的庄子在内），都因应地唱着"Holy, Holy, Holy"，生生世世永无了期，这一宣言也依然只是一个视角，一个此 / 彼，对庄子来说依然是"是"，是"此"。我之所以说庄子的立场本身有一种"表演性的"真理（这一论断似乎也令万白安极为不快），其含义便是如此。庄子承认有许多正确的视角（是），包括"每一个视角都是唯一正确的视角"这一视角。**更进一步说**，每一个视角**也**是错误的（非）。这里并没有一个通过规约来避免相互冲突的，共时协调的宇宙。当万白安的墨子说天的视角是唯一正确的视角时，他（墨子）是对的，因为判定"唯一正确性"的唯一可靠的标准，就是"此"视角的自证。墨子的绝对主义与这一标准一致。然而，就像其他所有"是"一样，它也必然设置自己的其他视角——它的"非是"，也即是"非"。这就是它的"非"性。这对庄子来说已经相当足够了。庄子有他自己的视角：就某一视角的"此"自我确证而言，所有的视角都是对的；就它们至少是另外一个视角的"非此"而言，所有的视角都是错的。同理可知，庄子的这一视角本身也既是对的又是错的。它的"非"性，就接纳了墨子的绝对主义的正确性——甚至墨子在某些既定时刻宣称的，他的绝对主义必须被应用于所有时刻，也包含在庄子的这一视角的"非"性之内。然而，它的正确性才是庄子想要讨论的——**因为他此刻是庄子，而不是墨子！**这一视角具有一定的属性：作为一种事物，它是处理其他视角（例如墨子的视角）的一定方式。所以，当墨子说"我的观点对所有人来说都是正确的"时，就相当于猴子们说"早上三颗"。庄子说：绝对主义和相对主义，一个是早上给三颗，一个是早上给四颗。绝对主义可以被当成是另一种自我确证的"此"来遵循，而不会有任何困难，因为从庄子的视角看，绝对主义视角也是一对"此／彼"。从庄子的视角看，庄子的相对主义

195　视角也同样是一对"此／彼"。这就是《大宗师》所谓"其好之也一，其弗好之也一"的意义所在。因之，庄子告诉我们："其一也一，其不一也一。"事实上，正如我们所见，某种意义上庄子并不能被描述为一个相对主义者，他持有某种绝对无可怀疑的立场。正如万变牌里所示范的那样，这种绝对立场具有"以否定为实例"的形式，它是由上文提到的"人们有时候不同意"或"文字可以引起疑惑"之类的断言所构成的：即使这类立场被拒斥时，也依然是在被证实，对它的拒斥本就是进一步的实例化——拒斥即是证实，证实即是拒斥。这本身就是"滑疑之耀"，是永远循环着的"其谁"。但这也是一个严格意义上

空虚的绝对，由相对主义所贯穿，并为相对主义所甄定，绝对主义即是相对主义，相对主义即是绝对主义：这就是反讽的连贯成形。在本书的续作里，我们可以在天台宗的系统里清楚看到，这种认识论上的滑动具有怎样一种神奇的作用：世界并不是叠加而成的统一体，每一个片面的视角，都只是"对个人而言的真实"。天台宗所要考虑的是其他目标，它将对绝对主义的这种接纳，扩展到了其他层面：墨子的天道是真理，除此之外没有别的真理，这一断言的的确确是真实的。我们也可以断言，除了儒家的礼仪之道外不再有真理，如此等等。这是因为，这些术语的指涉其实是相同的，每一个术语都在从任何一个视角出发，成功地指涉任何一地所发生的事实。显然，这就要求诸如"唯"（only）、"亦"（also）这样的字的意思，有一个根本性的重组，也就是说，作为本书核心议题的"相同性"和"相异性"这两个观念，需要彻底重组。

结论：反讽的连贯成形

归结起来，"老子"和庄子的连贯成形与遍在观念是什么呢？《老子》继续坚持价值的非反讽式连贯成形，即由平衡、一体性、生命的连续性结合在一起而构成的连贯成形。但是在上述这些要求之后，可知性却脱离掉了。道即是朴，是遍在。同样，道是万物的一体性，是它们的终极的连贯成形。不过，这明显也包括了可知者和不可知者的连贯成形，有价值者和无价值者的连贯成形。它还包括连贯而成形者和不连贯不成形者的连贯成形。它是使得万物相连贯的连贯成形。实际上，具有非连贯成形的连贯成形才能使事物连贯而成可知之形。具有非价值者的连贯成形才能使有价值者有价值。因之，反讽的连贯成形是：真正的连贯成形（真正的价值、真正的一体性、真正的平衡、真正的连续性），恰恰以不可知者为基础。196

在庄子这里，这种反讽得到了强化。价值和非价值之间的根本性的连贯成形，现在被多样化成了各式各样的视角所具有的个体性的

"是／非"。价值是从价值暂时性地假定为某个特殊的自我确证事物而来，从事物与另一事物的相互否定而来。但是，存在物是通过这种分别而相连贯的："是／非"结构反讽地将它们组织成一个连贯而成形的整体。就如万变牌一样，恰恰是由于它与他者之间是不同的，恰恰是由于它与他者的疏离，它才与"他者"所确证的任何东西相"连贯"。和非反讽的连贯成形观念一样，这里的连贯成形是价值；而这里的价值仍然是一种平衡："是／非"这两个对立面是一同进行的。这一价值依然是一种继续向前而没有止境的欢愉，依然是一种可持续性，是这个存在物在与互相对立的其他造物组织起来时得到的。但是连贯成形在这里不再具有可知性。毋宁说，它只是这种对立，是滑动和疑惑，是"无知"，是"不道之道"，是所有明确内容的消失。它是一种闪光（"耀"），但这种闪光是滑动和疑惑的。它是反讽的连贯成形。

在这样一幅图景中，我们可以怎样论述"相同性"和"相异性"呢？对老子传统而言，我们也许可以认为，所有明显的差异都被包含在相同性之内。任何器物都是从原木（朴）那里切割出来的，比如一个杯子或一块木板，由于是同一种材质，故而它们之间并无真正的不同。但我们在《老子》文本中发现的 A 和 B（相当于价值和非价值）之间的关系，远远超出了这一意涵。正如我们所见，**朴（B）**①是对 A 的纯粹否定，这使它既相同又不相同于 A（它是 A 所不是的任何事物，因而 A 如果是差异性，那么 B 就是这些差异性背后的**相同性**；但是，B 也完全**不同**于 A）。②包含 A 且包含 B，这在另一种意义上使它既相同又不同（它包含 A 这样的分化物，因而总是**不同的**；但它也是更大的**相同性**，因为它包含全体）。③非 A 非 B，这使它既不相同于它自身（或 A），也不相异于它自身（或 A）。④是真正的 A，这使它比 A 本身更"相同于"A，因而也就与每一个明显的 A 都不相同。⑤是真正的 B，这使它比 B 本身更"相同于"B，因而它与每一个 B 都不相同。列 B、道、无名的这种神奇的不可知性，使它无法简单地将相同性或相异性中的任何一个归给它自己，或归给它与万物（即众多可知的连贯成形，列 A）之间的关系，最为重要的是，无法将之归给万物自身（众多的连贯成形）之间的关系。

　　在庄子这里，我们可以再次回到本书一开始所引的那句话，语出
《庄子·德充符》："自其异者视之，肝胆楚越也；自其同者视之，万物　197
皆一也。"这告诉我们，万物既不是相同的，也不是相异的。它们可
以被视为既相同又相异，二者具有同等的有效性。这不单单是对万物
所做的设定，而且是可以依据万物的视角而自我证明的，这种自我证
明是这些视角共同具有的特性，能让万物为一。但是，即便万物可以
被视为一，这个"一"也依然和老子的"一"一样，在任何情况下都
不是某种"相同于"它自身，而"不同于"其他事物的东西。正如庄
子在《大宗师》中指出的："其一也一，其不一也一。"所以庄子才不
会"劳神明为一"，并且认识到，无论万物是一个还是不是一个，它
们都是相同者（"同"）。我们现在可以探究这种"相同性"所具有的
反讽。它作为一是一，作为非一也同样是一。镜子可以回应但不会贮
藏，它与它所映照出来的任何事物都不相同，也不相异。它与其所
映照出来的任何事物之间的差异（即它具有一个空虚的反射性的表
面，而没有某种确定的颜色），反过来却能让它与自己所映照出来的
任何事物都相同。庄子的万变牌并不与它所变成的任何东西相同，也
不与那些东西相异。它的不同，让它与自己相同，反过来，它与自己
的相同，让它变得不同。相同性和相异性不是最终的、确定性的事
实。我们唯一拥有的相同性和相异性，是转化着的各个视角所具有的
那些滑动而不固定的同一性，它们因为不相同而相同，因为不相异
而相异——它们是反讽的相同性，反讽的相异性。这就是反讽的连贯
成形。

第五章

《荀子》和《礼记》对反讽的连贯成形的
非反讽回应

本章我们要考虑的，是前两章所描述的两种连贯成形类型的相遇。重点是要讨论，为应对反讽的连贯成形观念所提出的挑战，非反讽观念进行了怎样的重组，具体而言，就是荀子做出的反驳，以及将反讽观念中的洞见吸纳到非反讽的价值系统中来的尝试（这些价值系统指的是后来被定义为主流传统的某些文献，比如《礼记》中更具有学理性的篇章：《大学》和《中庸》）。第六章则会将这种探究延续到阴阳思维中，它是在对《周易》传统进行理性化的历程中成长起来的。

荀子以及对相同性和相异性的调节

在我们的讨论中，后反讽时代反对反讽的第一个范例，便是荀子。相对于下文会讨论到的其他后反讽的范例所采取的妥协或合并策略，荀子大不一样，他对反讽带来的挑战更加拒斥。在这个意义上，可以说他是非反讽传统本身的另一个典型代表。尽管荀子式的"儒学"似乎另有一个文献传统为依据：他归给孔子的任何语录，在今本《论语》中都找不到明确的出处，而我们上文讨论到的礼的核心观念，在他这里发生了彻底的改变。在荀子那里，礼不再是刑法和强制性的肉体惩戒的对立面，不再从这种对比中获得其核心意义，而是将这两者包含在内，并且加以运用。它的终极评判标准，不再直接建基于人类交际中的心理和情感维度，而是建基于对物质产品（material goods）和特权的客观分配的掌控，这种实用的能力有助于增强人类的集体力量，并且让人们对于这些物质产品与特权的欲望得到满足。在我看来，人类欲望的满足是任何一位早期中国思想家的任何一种成熟立场的唯一评判标准。没有任何价值观念是可以从这样或那样的人类欲望中完全抽离出来的。这些思想家的区别只在于，**什么样的**欲望被考虑在内。在荀子这里，**物质**欲望（这里的物质欲望与可知的诸善的分布相关联）的满足是排在第一位的，这一点与墨子是一样的。但他又确实为精神维度的欲望的满足留下了余地，这一点与墨子不同。然而，他的规划中的终极评判标准，是要对这些精神满足（如和谐、情感、"安"等）本身的任何诉求，都能够独立地予以实现。但是归根到底，荀子并不是要让这些反讽性元素达成妥协或融合，而是要清楚地表达非反讽的传统，进一步展开它，以此来应对反讽所带来的挑战。为了做到这一点，荀子将更为"墨家式的"途径吸纳到非反讽传统的核心问题中来，相对于更早的、前反讽时代的非反讽传统而言，他更为追求物质结果。事实上，荀子的大量著述都是在回应"反讽"传统所提出的挑战。尽管如此，我认为荀子对于迄今为止似乎只在《孟子》里一带而过的这类问题所做的明确讨论，是一个很好的风向标，借此可以检验非反讽传统中的连贯成形的意涵。我之所以将荀子直接判定为非反讽传统的代表，而不是将之视为吸收反讽元素的非反讽传统——即本章后面部分以及下一章所讨论的妥协立场——的范例，原因很简单。荀子并不认为，最高而最广泛的连贯成形是不可知的、只在反讽意义上连贯而成可知之形，因而要将实际的非反讽的微型连贯成形置于此最高的连贯成形之内，认为这些微型连贯成形来源于它（正如我们在妥协的立场中所看到的那样）。恰恰相反，在荀子看来，全部的连贯成形都在非反讽意义上保持连贯和可知。这个包含了一切更小的连贯成形的整体，可以被辨明，可以被知晓。一如我们下文将会看到的，这个最高的连贯成形不是"天"（它对荀子而言实际上是不连贯的，或不可知的），而是可用的连贯成形的总集，它们被协调成一个系统的秩序。这种秩序并不包括能够在自然中发现的一切组织形式；反讽传统认为非反讽传统拒绝接受一个无视角的、同体而观的 201 （synordinate）整体，荀子确实接受了这一批评。但反讽传统在将这个整体视为最大的连贯成形时，进一步认为它是不可知的暗码，只有在被纳入人们的讨论中，与讨论发生关系时才会获得意义，这一看法根本性地改变了理解更小的连贯成形的方式，这是荀子所无法接受的。对于这一无法言说之整体，他以沉默来回避："唯圣人为不求知天。"相应地，他设置了一个非反讽的、有可能最大的整体，它是可知的、可描述的，它与包含在它之内的更小层面的连贯成形有着明确的联系，而且这种联系没有任何反复。荀子将它表述为"大理"（Greatest Coherence），并且喜欢确定无疑地描述它。天的几个可以被理解的方面，都仅仅是大理的一个面向而已。[1] 在这一关键点上，荀子没有妥协，不接受反讽的批评。

前人在介绍"理"的时候会说，"理"在荀子的著作中已经是一个普遍而重要的概念，有其特定的用法，而不再仅仅是一个借用的词；或者还会说，"理"是一个依然令人惊讶的生动的隐喻，被荀子创造性地运用到一个更为抽象的讨论。实际上，《荀子》里这个词的大量出现，在中国古代文献里尚属首次——一共出现了 106 次，而《孟子》里一共才出现 7 次——我们可以据此推测，是荀子及其后学第一次使这一术语真正专门化，具有自己牢固的联想集合。在下本书的第一章中，我们会对这类用法有更详细的讨论。但我们通过荀子对礼的起源的追问，可以把握到他对连贯成形的理解，这种理解是那些用法的基本保障，也是它们的决定性因素。

连贯成形观念把和谐当成差异的混合来强调（"和"与"同"相对），这种运用对于礼仪规则所构成的连贯成形或整体——它在荀子那里是作为普遍性的连贯成形而存在的——来说，是必不可少的。而什么是礼呢？荀子这样告诉我们：

---

[1] 为了避免麻烦，我在此处将"理"译为 coherence，并贯彻到本次讨论里。不过对这一用法的完整的评判，以及其完整含义，在下一本书中才会得到详细阐明。

人生而有欲，欲而不得，则不能无求。求而无度量分界，则不能不争（contention）；争则乱（disorder），乱则穷（poverty and failure）。先王恶其乱也，故制礼义（ritual and rightness）以分之，以养人之欲，给人之求。使欲必不穷于物（goods）［之少］，物必不屈于［未经辨别之］欲。两者相持而长，是礼之所起也。[1]

注意这段讨论起头处的论断：人生下来就有欲望。这里，我们再一次看到人类欲望的"赋予性"（giveness），而不必追问它的来源或 202 意义。这种"赋予性"是接下来所有讨论的前提，后面所述的所有观点都建立在这一前提之上。[2] 在礼的制作中，这些欲望是必不可少的

[1] 《荀子引得》，《礼论第十九》，第 70 页，本处及以下各处来自《荀子》的引文，都摘引自《荀子引得》。

[2] 这里存在一些争议：荀子是否承认有什么标准比欲望还要高。在一篇经典的论文中，万白安指出《正名》篇（《解蔽第二十二》，第 111 页）所谓"欲不待可得，而求者从所可"里"欲"和"可"之间的区别，他将之分别译为 desire 和 approval（同一段中的"可以"则被译为 what is proper）。approval（认可）这一用法是荀子指定的，它是心的特殊作用，而且能让人克制自己对欲望的求取（pursuing）。万白安将这看成是引入了道德能力，道德能力并非根植于任何欲望，也不可以被化约为欲望，这两者的区别基于以下三个理由：二者具有不可通约性（例如荀子说"可"能够胜过"欲"）；在道德培养的早期，被认可的东西并不会让人感到愉快（在荀子看来是这样，孟子则不然）；在"欲"和"可"的经验中，存在所谓现象学上的差异。即便是万白安本人，也知道第三条理由相当弱。因而，我这里不会采信它，只是应他的读者的要求而略微一提，而无法确证这所谓的现象学差异是否真实。不过，我同意王德威的说法，他虽然承认万白安切中了文本中的关键点（从华兹生［Burton Watson］的译文就可看出，这一要点在其他学者那里是被忽视的），但雄辩地论证说，即便荀子是承认"可"（认可）可以凌驾于欲望的，也只是在弱的语境上说的，是将长期利益置于短期利益之上的意思。正如王德威所指出的："在他的哲学里，一个行为得到认可的唯一基础就是欲望——鉴于主体的长期利益，这一行为是最好的，即便它不是其当下欲望所要求的。可以说，就算心能驾驭情绪和欲望，也是以主体的利益来驾驭的。"（David B. Wong, "Xunzi on Moral Motivation," *Virtue, Nature, and Moral Agency in the Xunzi*, ed. T. C. Kline and Philip J. Ivanhoe, Indianapolis: Hackett, 2000, p.141）王只是从荀子的文本中摘取了一小部分来支持这一论点。克莱恩试图在更强的意义上强调"可"和"欲"的差别，理由是，荀子对"欲"的专门性的定义显示，"欲"是内在固有的，而不是后天获得的（"Moral Agency and Moral Motivation in the *Xunzi*," in ibid., p.161）。不过，他毕竟不能解释"欲"在荀子那里所扮演的道德起源的角色（他的解决方案是倪德卫的"德性悖论"）；也不能解释，在荀子对学理、心理的其他讨论中，或者在其基本术语的清单中，这种胜过欲望的"可"何以不再继续明确地出现。而在荀子那里，这一术语清单似乎是对他在学说建构中无法化约的基础性术语的穷举式描述，克莱恩本人也是据此而得出"可"的定义的。克莱恩说，"可"（认可）只有在教养的过程结束时才会出现，而且必须是从自发的欲望中产生出来的，而不是与生俱来的。这一理解并不会摧毁王德威的论点，相反会巩固它；否则，我们就没有动力去追求圣人所认可的创作，也不会去关心有志向的儒者对这些创作的达成。克莱恩（转下页脚注）

因素。荀子说:"礼有三本。天地者,生之本也。先祖者,类(species-similarity)之本也。君师者,治之本也……三者偏亡,焉无安(bring peace to)人。故礼,上事天,下事地,尊先祖而隆君师。"[1] 这里,我们看到,荀子将由天地而来的生命的欲望的那种天赋性,在物种的相似性中人类组群的连贯而成形,君主与教师根据"生"与"类"这两种需求创造出秩序的具体治理这三个方面,结合在了一起。人是本于"类"的,这一点被注意到了。荀子似乎是在断言,何种事物以何种方式被组织起来,本身就是自祖先传承而来的文化所具有的一种成就。这些相关事物的组合,以及它们所具有的本质同一性,存在于礼乐系统**之内**,也即存在于文化固有的语法中的,何种客体以何种方式被运用而且被"当作"何物的具体规定里(这里,"文化语法"是由这个社会组织的单一的祖宗集合所派生的连贯的社会整体——即我们自己的组群——所具有的一项功能);除此之外,其他任何一种组织形式,都无法被有效地讨论。在天地、先祖、君师这三种独立的连贯成形形式的**交叠**中,礼仪产生了。

在这一背景下,荀子在中国传统中首次明确地主张,他所关心的不是任何一种由化约而得到的"相同性"和"相异性"范畴,并为这一至高无上却同时又抗衡相同性与相异性的东西加了一个名

试着进一步解除包含在"欲"这一概念之下的一些动机形式,这在我看来不过是语言上的规定;我将荀子的"欲"视为王德威所理解的,也即绝大多数说英语的人所理解的"欲望"——"想要某事物"(wanting something),无论这种"想要"是为了自己还是别人,是天生的还是习得的。这样看来,这一理解对万白安的说法当然没有助益。当荀子在《解蔽》篇里谈及据称是关键范畴的"认可"时,这一特殊的道德能力的有效性,似乎就是以欲望为基础——"人孰欲得恣而守其所不可,以禁其所可"。这句引文有以下几种理解:"谁在渴望得到满足时,能以持守他所不认可的,禁止他所认可的为代价",或者"谁能以……为代价,以此让他的欲望获得满足"。第一种理解直接将认可建立在欲望上。第二种理解,以一种修辞性的提问方式暗示,没有人会这样做是一个经验事实——不但圣人这一少数群体在大局上是这样想的,每个人直觉上也不会这样做,这几乎与荀子的观点完全相左;但恰恰是这种理解,反而好像更能与万白安的观点兼容。即便是万白安所引的《正名》之中,荀子也继续说道:"凡人之取也,所欲未尝粹而来也;其去也,所恶未尝粹而往也。"意思是说,当某人接受某物时,归于他的不单纯是他所渴望的;当他拒绝某物时,离开他的也不仅仅是他所讨厌的。荀子接着说要"明其数"以"从所可",而不要遵循他所"欲",要"以一易两",牺牲"欲"而得到"可"与"欲"两方面的满足——这完全是依据欲望而谋划出来的净收益。

[1]《礼论第十九》,第 71 页。

号——"理",不过它与我们这里的反思所要达到的终极目标,即下本书所要明确讨论的"理"的概念相去甚远。荀子告诉我们,"礼之理"[coherence of ritual,即负载着价值的连贯成形,或者这些连贯成形的"建构模式"(constructive patterns)[1]]是"深(profound)……大(vast)……高(lofty)"的,[2]而且他进一步指出,它是名家"同异"(相同性、相异性)之类的辨析所无法理解的。我们将会看到,天赋的人类欲望的需求,人类组群的各种情况,以及由圣人所塑造的对组群模式的长远选择,当这三者连贯地结合在一起时,"礼之理"才会产生。

要理解"礼之理",就需要对相同性、相异性有另一种理解形式,这在荀子那儿有非常明确的说法:

> 然则何缘而以同异?曰:缘天官(natural organs)。[3]凡同类同情者,其天官之意物也同。故比方之疑似而通,是所以共其约名以相期也(come into agreement with each other)。形体色理(the colors and coherences of visible forms and bodies)以目异;声音清浊、调竽、奇声以耳异……心有征知(confirming knowledge)。征知,则缘耳而知声可也,缘目而知形可也。然而征知必将待天官之当簿(have matched and registered)其类,然后可也……然后随而命之:同则同之,异则异之……使异实者莫不异名也,不可乱也,犹使同实者莫不同名也。[4]

到目前为止,对于名的运用,荀子似乎都在提供一种直截了当的"实在论的"论述,即,世界上存在真正的相同性和差异性,感官通

---

[1] 我这里所借用的 constructive patterns,是哈根对"理"的翻译。constructive 有两方面的含义,首先,它指的是正面价值,其次,它与人类的努力和选择有关,这就将我对"理"这个术语的理解轻易地表达了出来。见 Kurtis Hagen, *The Philosophy of Xunzi: A Reconstruction*, Chicago: Open Court, 2007, pp.41-42. 更详细的内容在"建构主义"(constructivism)这条目录下。

[2] 《礼论第十九》,第 71 页。

[3] 我将"天官"之"天"译为 natural,依据的是荀子《天论》中的论述,即价值中立的"秉赋"(the given),人们无须付出任何刻意的努力或意图,就能得到它。

[4] 《正名第二十二》,第 83 页。最后一句"同实者",《荀子引得》为"异实者",有误,现更正。

过形体的同构性或地点的连续性，将它们理解为相同者或相异者，因而有了与之相符的命名；然而，据上文所引，先祖也是"类"之所**本**，这与此处的说法是冲突的，按照此处的说法，"先祖"这一来源应该被视为某种反常而被消解掉。不过要注意，即使是这样，我们也知道这都依赖于某一类生物——也即人类——之成员官能的相同性，因而可以说将这一问题推到基础层面了。以各种分别为基础而建立起的，不是事物之间的连贯成形，而是感知者和事物之间的连贯成形。一组类似的观察者和一组对象相接，产生出相同性与相异性的一组连贯的集合。而另一组观察者挑出的可能是另一组相同性与相异性的集合。荀子并未告诉我们，他这里所谓的"类"是在何种程度上说的，具有哪些标准。所有人类？所有动物？所有儒者？所有中国人？所有圣人？这里需要面对的相同性与相异性问题是:决定一组观察者之为"同类"的标准是什么？他们之为"同类"也是具有相同性、相异性的，是否应由那些可以挑出其相同性与相异性的某些人、某些官能，以同样的标准对他们再次进行区分？他们也许会基于同样的原则，只被这一组感知者挑出来作为同一类感知者，而这一组感知者又需要另一组本身足以作为一个类的感知者，将前一组中的所有感知者都视为同属于一个类——如此往复，以至无穷。又或者，他们天生就是以相同的方式来理解对象的，而这种方式将他们区分为同类，同有一种性情的标准？他们以同一种方式看待相同性和相异性，这种行为方式是否同时也在明确意义上，或者在反思、自我检查的意义上，将他们归为同类？如果他们的天生官能有时候是以同一种方式来理解事物的，而有时候又以各不相同的方式来理解事物，情况又会怎样呢？难道能因此说，他们有时候是同类，有时候不是？目前为止，荀子尚未解决这些问题。与之相伴的问题是，在何种程度上，他可以被视为一个本体论上的实在论者。

但是荀子接着说：

> 名无固宜，约之以命。约定俗成谓之宜，异于约则谓之不宜。名无固实，约之以命实，约定俗成，谓之实名。名有固善，

径易而不拂，谓之善名。[1]

这段话或许可以被直接解释为"温和"的唯名论，认为尽管这个世界上有真正的种类，但用来标记它们的特殊声音或符号仅仅是出于习俗。[2] 这一解释屡次被学者们采用，以与荀子那明显的实在论观点保持一致。但事实上，如我们所见，荀子在极大程度上是持相对主义的"类"立场的，在决定恰当的（相同性与相异性的）连贯成形形式时，人类欲望和价值居于优先地位。如果我们还记得上文所说的礼仪的三个来源之间的"交叠"图景，这一明显的紧张关系就能得到解决。一方面，荀子给圣人以宇宙秩序实际创造者的角色，是圣人让类得以存在下去；另一方面，他常常说，真正的"相似"，并不只是孟子所强调的人类欲望之间的相似，而是为感官所感知到的客体间的相似（而不是如孟子那样的"举相似"，即只是从一个更大的，可能并不相似的整体中抽象出来的相似性罢了），正是以这种相似性为基础，"分"才能够成立。荀子也直接讨论不为人类行为所影响的自然事实（如《天论》），以及事实上与生俱来的倾向性（如《礼论》）。

当进一步考察荀子对"类"的论述时，问题变得更大了，因为他的"实在论"得到了更多的证据支持：他的"感应"观念发生于自然状态，客观上提供了一个真实事物的组合。一个真正的"类"，其成员是自然而然地互相感知而回应的。据他的说法，"同类"的所有事物是互相趋从的：

205

> 物类之起，必有所始。荣辱之来，必象其德。肉腐出虫，鱼枯生蠹。怠慢忘身，祸灾乃作……邪秽在身，怨之所构。施薪若一，火就燥也。平地若一，水就湿也。草木畴生，禽兽群焉：物

---

[1]《正名第二十二》，第83—84页。

[2] 一言以蔽之，荀子将之解读为"根本上是实在论的，但兼容了一种温和唯名论"，万白安精彩地总结道："这个世界上的各种事物之间的差别是由（专断地选择出来的）中文语句所挑选出来的，而这些差别本身即是客观的。"（"Mengzi and Xunzi: Two Views of Human Agency," *Virtue, Nature, and Moral Agency in the Xunzi*, ed. T. C. Kline and Philip J. Ivanhoe, Indianapolis: Hackett, 2000, p.132, note 61.）

各从其类也。[1]

我们在这里不仅要注意到，一般性的事物被认为是自发而自愿地由其类别而组织起来的，而且还要注意到，这种情况被理所当然地假定成任何事物都具有的一种普遍特性，即使是抽象出来的精神实体，比如各种美德，也属于一个好名声、好运气的"类"，可以自发地吸引同类。一个实体不是独立而迟钝的事物；它是一种社会性的存在，它吸引同类，与同一类中的其他事物相互关注，并自发地趋向于它们。事物通过感知彼此，留意彼此，以及回应彼此而形成互动（即"感应"）。[2] 它们并不是积极主动的：它们等待外界的刺激或唤醒。但同时它们也并不是消极迟钝的：它们会回应。总而言之，它们是"社会性的"总体的一部分。这一普遍流行的假设展现的是一种既不自由又不强迫的因果互动观念。某一事物为其类别之中的某一理想成员所激发，这既是由外而内被规定的过程，也是由内而外表达它自己的固有特质、彰显其所属之类别的过程。[3]

可见，这种"类"的观念，对于有形的客体、个性的组成部分以及各种美德而言，都是同样适用的。这里，即便是道德行为及其心理结果，也被看作这个自然、表面"客观的"回应系统的一部分："君子洁其身（purify his person）而同焉者合矣，善其言而类焉者应矣。故

[1]《劝学第一》，第1页。
[2] 荀子使用"感应"这个术语来描述感觉器官及其所感知的客体之间自发的联系，这与孟子对感觉的描述非常相似。"性之和所生，精合感应，不事而自然谓之性。"（《正名第二十二》，第83页）
[3] 应当强调的是，这绝**没有**忽视有生气和无生气领域之间的差异。事实上，荀子本人在其他地方也注意到这种差异，指明有生之物才具有这一性质："凡生天地之间者，有**血气之属**必有知，有知之属莫不爱其类。今夫大鸟兽则失亡其群匹，越月踰时，则必反铅。"（《礼论第十九》，第74页）在解释鸟兽寻找其配偶的现象时，"爱其类"这种特征是基础性的解释方式，亦可以说它是最直接而适宜的一种解释方式，这并不意味着人们不能在某些修辞性的语境下，将最具典范性的组合和其他组合区分开来；实际上，在这种语境下，比起荀子真正想要讨论的范畴——人类——来说，动物才是更大的范畴。因为人类作为一种有血气心知的造物，同样是以这种方式活动的。在这种语境下，缺少明确的互相关联的实体，并不是特别重要。然而，一旦注意力转移到这些人类实体上，这种自发的、社会性的组织范畴（这里可能有很多种类型）就是可以直接获得的，而人类与动物之间的差异就需要以它为基础来进行解释。

马鸣而马应之，牛鸣而牛应之，非知也，其势然也（it is just the way things go）。"[1]

这似乎是另一个强有力的论证，表明真正的连贯成形是客观存在的，不需要借助于人类视角。而荀子在讨论命名时却又明显是唯名论的，他还认为君子是相似性／类的**源头**，而且通过礼切实创造宇宙的秩序。那么，我们该如何调解这一论断与唯名论倾向之间的分歧呢？这里似乎确实存在着某种张力。事实上，恰由于此，继柯蒂 206 斯·哈根的近著《荀子的哲学：一次重构》（*The Philosophy of Xunzi: A Reconstruction*）之后，对于荀子的解释才会产生极大的分歧，并且这种分歧被有益地凸显出来。哈根的书对英语世界里占统治地位的荀子解释（他将之称为"实在论式的"诠释）提出了挑战。他说，在这种解释方案里，荀子认为"世界上不仅存在着独立于我们思想之外的实在，而且还存在着对这一实在的优先描述，人们的观念可以反映实在，而且理当如实反映它，实在只有一种唯一正确的存在方式。尤为重要的是，经过妥善选择的道德观念，可以把握到那些揭示了真正方向的永恒真理"。[2]哈根发现这一视角的某些版本出现于金鹏程（Paul R. Goldin）、艾文荷、普鸣、克莱恩（T. C. Kline）、万白安等人对荀子的解释里。[3]哈根不同意这种说法，他转而借鉴了李亦理（Lee Yearley）、柯雄文（Antonio Cua）等人的说法，提出了他称之为"建构主义"的解释："这种解释认为，创制各种建设性的、社会性的建构，具有重要意义。圣人所做的分别并不居于绝对地位。毋宁说，类别是通过和谐、社会稳定性之类的价值而得到辨认的，而这些价值则又是因其在

---

[1]《不苟第三》，第 7 页。

[2] Kurtis Hagen, *The Philosophy of Xunzi: A Reconstruction,* Chicago: Open Court, 2007, p.8.

[3] 然而，正如何艾克（Eric Hutton）在对哈根《荀子的哲学：一次重构》的书评中指出的，这种理解可能部分源于一种曲解，因为上面提到的这些持实在论观点的学者事实上也承认，在道德价值的创作中，荀子是给了人类一席之地的。绝大多数人都承认，至少现存的道德规章的制度形式，是由某些特定的人类干预所创作的。不过，正如哈根在回应何艾克时所说，他所要指出的是，这里人类所扮演的角色，似乎仍只是将预先存在于特殊的社会形式中的道德性的"名称"加以应用或描述，而不是对这些名称进行实际创作。参见：Eric L. Hutton, "Hagen, Kurtis, *The Philosophy of Xunzi: A Reconstruction,* reviewed," *Dao: A Journal of Comparative Philosophy* 6 (2007), pp.417-421。哈根的回应也在同一期。

促进我们大量欲望的满足的过程中所扮演的关键角色而得到确证的。"
更重要的是，对哈根来说，这也意味着"也许有不止一种方式可以完
成道德世界的建构"。[1] 现在显而易见的是，我的观点与此处所述的哈
根的总体立场非常接近，不过在某些结论上做了一些微小的调整。这
场争论提出的问题有两个:（1）道德标准是"被发现的"（discovered）
还是"被发明的"（invented）;（2）道德标准的正确集合是"一"还是
"多"。当然，我这里的解决方法，首要的就是在原则上拒绝这**两种**二
分法:我认为先秦的大思想家都不会在"发现"和"发明"之间做出
区分，他们并没有一套进行区分的范畴，因而也就无法对事实、规律
的"实在论式的"发现和"唯名论式的"（以及"观念论式的"）投
射做出截然的分判;而对于以连贯成形观念为基底的本体论而言，以
"一"和"多"这样的范畴来描述它是不妥当的，它无疑既不是一也
不是多，实际上被说成既是一又是多，因此非"一"即"多"的二分
法在这里并不具有语义效力。连贯成形的这种非一非多、非内非外模
式，**也**可以运用到"谁创造了道德"和"存在着多少种正确的道德"
之类的问题上。实际上，若想弄清楚这种思路，荀子就是一个相当有
效的审视对象。

如果我们周密地考察荀子对天人关系的处理，就能找到消解这种
明显的张力的方法 。他说:

207 以类行杂，以一行万。始则终，终则始，若环之无端也，舍
是而天下以衰矣。天地者，生之始也;礼义者，治之始也;君子者，
礼义之始也。为之，贯之［为统一的类］，积重之，致好之者，
君子之始也。故天地生君子，君子理（orders）天地。君子者，
天地之参也，万物之总也，民之父母也。无君子，则天地不理，
礼义无统，上无君师，下无父子:夫是之谓至乱（utter chaos）。
君臣、父子、兄弟、夫妇，始则终，终则始，［故］与天地同理

[1] 参见: Eric L. Hutton, "Hagen, Kurtis, *The Philosophy of Xunzi: A Reconstruction,* reviewed," *Dao: A Journal of Comparative Philosophy* 6 (2007), pp.417-421。

（share the same coherence），与万世同久：夫是之谓大本（the great foundation）。故丧祭、朝聘、师旅一也。贵贱、杀生、与夺［之中得以显明者］一也。君君、臣臣、父父、子子、兄兄、弟弟：一也……

水火（代指无机物）有气（material force）而无生，草木有生而无知，禽兽有知而无义，人有气、有生、有知，亦且有义（a sense of rightness），故最为天下贵也。力不若牛，走不若马，而牛马为用，何也？曰：人能群，彼不能群也。人何以能群？曰：分。分何以能行？曰：义。故义以分则和，和则一，一则多力，多力则强，强则胜物……故序四时，裁万物，兼利天下，无他故焉，得之分义（right divisions）也。[1]

对当前所讨论的议题来说，这两段引文的含义非常丰富。首先，我们对于"理"（连贯成形）的功用，以及统合各个殊相的一般范畴，能够获得一个论断。这里说的是哪种"理"（连贯成形）呢？答案便随之而来：它是可以在所有相反而又相关的礼仪角色关系中看到的连贯成形，在这种关系之下，明显对立的原则全都被说成是一个。这里，我们再次看到二分的钟摆的摆动为一个中心所统摄。将君主当成君主来对待，即是说行为要恭顺，与将臣僚当成臣僚来对待，即是说行为要威重，是一回事。这里我们已经看到，角色互反的思维模式，直接导致了一种可以统合对立面的修辞。这种适当区分的原则被贯彻到各种情况中去，产生了各种各样符合礼仪的承诺，我们就可以据此宣称："贵贱、杀生、与夺：一也。"换句话说，这些互相对立的行为符合各自特有的处境，由此而将不同的角色缔造成一个更大的连贯成形，获得了统一性、强大的力量以及欲望的满足，因此它们是"一"。作为一个统一体，连贯成形预设了各种差异和分别，其中当然也包括人类的欲望。当人类在一个严密的等级序列中，按照其所具有的"从其类"的能力行动时，会造成一个有效而统一的连贯成形，从而产生

---

[1]《王制第九》，第 28—29 页。

出更大的力量：克服自然，分配财物，使人的欲望得到最大化的满足。如我们所见，所有的存在物都具有"气"，全都吸引彼此。但它们并不是通过自我意识、精心安排的正义和角色划分来相互推动的，哪怕是有知觉的动物也不如此；它们最多是一群乌合之众，因而缺少组织力。正如荀子所说："故人之所以为人者……以其有辨（distinctions）也。夫禽兽有父子而无父子之亲，有牝牡而无男女之别。故人道莫不有辨。"[1] 动物有组织，但它们没有详密的角色分别，所以它们没法以合乎礼节的方式进行组织，而礼节对于社会凝聚力和社会统一、资源分配和集体力量而言却是最有效的组织方式。

综合这几点，我们发现，要处理唯名论和实在论之间明显的紧张关系，其实相当简单。在荀子看来，真正的连贯成形（理）都是存在于自然界的，世界上存在着真正的分别，真正的相似性和差异性。问题是这些连贯成形本身并未连贯在一起。世界上的连贯成形太多，选择余地太大，组织事物的**真实**的方式也同样多。[2] 各种连贯成形（理）之间的混乱与冲突，在荀子看来本身就是非价值（"恶"）。荀子认为"恶"就好比是无序、不一致、内在冲突等，凡是对围绕着某个单一目的而进行的集解造成阻碍，让人类无法达成强力和统一，无法获得欲望的满足的因素，都是恶。唯名论和实在论关于自然类的明显冲突，也可以用类似的办法处理。真正重要的，是围绕着人类欲望的满足而组织起来的世界上最广泛的统一体。为了与价值相连贯，为了成为名副其实的连贯成形，必须从自然界中的连贯成形里挑出一部分，而挑选的规则必须是由权威来颁布的，就好比要在某个连贯的社群里建立起稳固的度量衡一样。通过权威者所颁布的规程，这个社群如社群所应有的那样被名副其实地连贯起来。而通过同样的步骤，这个世界如一个世界所应该的那样被名副其实地连贯起来。

我们可以借助一个例子来说明这个观点。按照现代生物学对物种的分类方式，一头鲸（whale）就不是一条鱼，而是一个哺乳动物。这

[1]《非相第五》，第 13 页。
[2] 这与哈根所说的"建构主义"非常一致，所以这里的评论也可以被当成是对他观点的一种详细阐释。

是因为，某些特征被选出来作为分组的标准，例如，这里的标准就是物种生产和抚育后代的方式。然而在现代汉语里，鲸是以"鲸鱼"这两个汉字来命名的。第二个字（事实上第一个字的偏旁也是）在英语里就是 fish，理当是鱼类才有的名称。但"鱼"这一术语会被运用到游在水里的很多动物上，而不必考虑它们是否具有一般性的"鱼类"形象（比如 octopus 在中文里就是"章鱼"），而且作为修饰语，这个字的用法当然暗示，鲸在这里被视为"鱼"这一更大的类里的一个特殊成员。这是基于另一种分类标准，比如，行为和栖息地。这两类相似性并存在于自然界。有一个动物组合以相似的方法抚育它们的后代，这可以被看成一个集合；另有一个动物组合游在水里，这同样能被视为一个集合。只看我们如何选取标准。这两个组群是部分重叠的。但两者皆建基于自然界中真实存在的相似性和差异性。荀子认为，一个社会必然选取它所能认同的真实的相似性和差异性集合及其命名规程，并且将之推行开来，同时也必然将它所无视的集合淘汰掉。这一行为的终极依据，不在于谁的组织方式比谁更真实。不同连贯成形形式是否具有更多或者更少的实在性，在这里不成为问题。这与菜市场中设定重量和长度标准时所依据的理由是一样的，只有这样，商业活动才能平等地（亦可说是"连贯地"）进行下去，使得争夺最小化。这涉及"理"（连贯成形）的三个更进一步的层面：（1）这些真正的连贯成形中的任何一组，都可以连贯成一个同体的（synordinate）连贯成形，（2）人类社会组群所具有的连贯成形，以及（3）这两种连贯成形之间的连贯成形，即是说，任何一组连贯成形的集合都与这一人类价值相一致。换言之，在世界上所有真正的连贯成形中挑选出来的这些连贯成形，属于（1）互相之间以最好的方式连贯成一个包罗万象的、同体的连贯成形，并且（2）以最好的方式与某些人的"促进人类价值之实现"的观念相连贯，（3）以最好的方式与社会组群里非竞争性的、同体的连贯成形相连贯。

因而，我们在荀子那里看到，唯名论和实在论之间的张力得到了 210 独到的解决。对于感官来说，世界上真正的分别，事物间真正自发的组群是过量的。它们就在那里，但圣人通过选取其中的一部分作为标准，通过调节语言的妥当用法来进行调控，就像市场上所用的重量和长度一样。简·吉尼（Jane Geaney）研究了早期中国思想里的认识论，认为在当时人们对感官认知作用的论述中，"理念论（idealism）与实在论的双峰并峙，在战国时代的哲学文本里似乎并不重要。诸如颜色这样的事物到底是存在于现实中，还是仅存在于感知主体的心里，这并不构成问题"。[1] 吉尼按照她自己的说法指出，唯名论和实在论是不适合用于讨论早期中国思想的。到目前为止，这已经是我们讨论的核心了。我们现在要讨论的是——为何会这样？吉尼提出了一种有效的方法来描述这种情况，以《荀子》为例：她将荀子的感觉理论与"限向知觉"（aspect perception）的观念进行了对比。"看和听的目的是以一种特殊的方式组织事物，这一观念与'限向知觉'中连续性的'看作'与'听作'类似。"[2] "看作"这个观念介于唯名论和实在论之间，一定程度上包含二者：现实中的客体真的**可以**被我们以这种方式看作**是**这种事物，但并不是只有这一种方式；主体是决定客体可以被看作什么东西的决定性因素，但是不能任意地以各种方式看待客体——客体可以被看作什么，是受到客观条件的限制。任何客体都不可能仅以一种方式被看到，也不可能以无限多种方式被看到；在一定而有限的范围内，它的可见方式总是多样的。"类"是真实的，但没有人的实践活动的话，也是无效而空虚的。因而，荀子直接说："法不能独立，类不能自行；得其人则存，失其人则亡。"[3] 自然界中事物的类别和组群，除了取决于主体的感受和回应，依赖于人类对它们的实现之外，只有被正确的人（"其人"）选取出来并且予以认可，才是真正存在的。[4]

荀子的伦理学和人性论、宇宙论所采用的也是这种处理方式。与

---

[1] Jane Geaney, *On the Epistemology of the Senses in Early Chinese Thought,* Honolulu: University of Hawai'i, 2002, p.35.

[2] Ibid., p.44.

[3] 《君道第十二》，第 44 页。

[4] 当我们在下本书中讨论到天台宗的认识论时，就会看到多种视角互具观念（asness）的进一步发展，这是对《庄子》中的"是"（as）所做的修改，以此将制约了"看成是"的可成立范围的限制性条件彻底废除掉。

孟子一样，他既不说那些设计严密的组织方式是好的，也不说它们是不好的。他在它们之间进行挑选。不过，他的标准与孟子并不一样。对孟子来说，人类与生俱来即禀赋的这些方面，可以让组群在实际情况中和谐地组织起来，可以不牵涉有限的资源和争斗，这些禀赋是自发性的，是可以对组群进行区分的，而且无须任何外在帮助就能获得；这样，孟子就将这些禀赋称为"性"，它是人之为人的"普遍性的"分类标准。荀子选取的，也是人类组群和世界中能够缔造和谐的组织（秩序），且能规避争斗的那些方面，以解决匮乏的财物如何公允地分配的问题。然而对他来说，以重量、尺度、礼乐系统之类的特殊言辞，以命令、奖励、惩罚来审慎地、行政化地订立法规，才是解决分配问题的必然途径。不过，对于客观事物中的自然类，荀子引入了"感应"范畴（即实际的感受与回应），而他关于礼的学说，以及关于人类组织的学说，也与这一范畴有一定的关系。211

知道了这一点，并对荀子"恶"的定义（恶即是无序，是各种目的之间的内在冲突）有所了解，我们就能搞清楚另一个困扰读者的问题：荀子一方面告诉我们，人性是恶的（《性恶》），但与此同时他又承认人生而有义（《王制》，见上述引文）。有些解释者认为，这两篇中必有一篇不是荀子所作。但如果"恶"仅指内在的冲突，那么"人性恶"和"人生下来就具有义"就能很轻易获得调解。人生而有**许多种不同的、互相冲突的欲望和倾向**，其中就包括义的感觉——其实，荀子同样可以承认孟子的"四端"，而不至于影响其基本论点。问题在于，生来具有的人性所包含的自发的倾向，既有善的也有恶的，故而"性"作为一个整体，**本身是恶的**。也就是说，它本身是互相冲突的，无法达成目的、连贯成形、满足欲望这三者的统一。**由于人生下来就具有自发的正义倾向，以及与之相对立的其他的自发倾向，所以人性是恶的**。换言之，人性是**不连贯的**。

对荀子来说，理想的连贯成形具有时间性和发展性两个维度，我们在上文已经有所暗示：它是因它可以造成连续性而得到辩护的，就像《易大传》中的"善"（后文将讨论）和《国语》中的"和"一样，可以成始成终而又成始。这一断言起初可能让我们犹疑，但父子模式再次让问题变得清楚：父亲是一个开端（成始），当他有了一个儿子时就成了父亲（成终），而这个儿子又会成为父亲，成为这一循环的下一个新的开端。这种二分而又统一的循环，是稳定性和保全性的原动力。实际上，对立面之间的这种二分又统一的连贯成形，是宇宙的秩序和稳定性的基础："天地以［礼］合，日月以明，四时以序，星辰以行，江河以流，万物以昌，好恶以节，喜怒以当……礼岂不至矣哉？！" [1]

在这段文字里，我们也看到荀子施事性的、唯名论的一面，这比他的其余作品所说的要更加极端：君子就是世界与万物的统摄者（the unifier），给万物订立秩序，尽管他本人也是万物之一。君子不得不借助他自己审慎的、有意识的活动，来获取组织万物、统一万物的中心地位。他能感知统一性的类，这些类能让各种对立面和谐相处，故而他能将所有的对立面都统合起来。君子是天地的统摄者（中），是与天地并列的第三个参与者（参）；作为礼的分别的执行者，他能够创建社会性的统一体（"君者善群也"），[2] 因此他是这一整体的焦点，能够理解它、执行它，从而将自己体现于整体之中。如果没有君子，即便有其他一些真实而紊乱的连贯成形，它也不可能是一个真正连贯的整体。任何人都有可能成为世界的中心，既构成它的焦点，又使它发生转化，但是只有很少一部分人可以做到。

荀子对这一问题的解决方式，以及他对施事性的唯名论的强调，在孟子那里已经有所表现，而且最好能将之视为对《庄子》内篇中彻底的视角主义的回应。我之所以将《庄子》内篇的思想称作"视角主义"而不是唯名论，原因在于，尽管庄子似乎拒绝了所有的自然类，认为它们全都依赖于视角，但正如我们所看到的，他通过这一行为，恰恰也断言了自然类的过量。与荀子一样，他的立论前提是，主观性的回应都是"实在"（reality）的真正部分，而这些部分必然也是连贯成形的构成要素。从《庄子》内篇可以看到，庄子似乎认为，每一个

---

[1]《礼论第十九》，第 71 页。
[2]《王制第九》，第 29 页。

视角都必然制造出它自己的"此／彼"分别，这意味着世界上有无限多个真正的"此／彼"式分别、组群、连贯成形。它们绝对无法连贯成任何一种单一性、同层次的连贯成形，因为各种各样的视角自然而然会以互相矛盾的方式，将呈现在它们面前的连贯成形组织起来。不过，与此同时，每一个视角组织世界的方法都形成了自己的"单一的同层次的"连贯成形，以统摄它所发现的所有连贯成形；其他的视角则作为它的"彼"而组织起来，这种分类方法是内在于它将自身视为"此"的态度之中的。这样，我们就来到我所谓的"先验的对立统一性"，以及连贯成形的反讽用法的话题上来了。但是我们需要注意到荀子的回应，他是为非反讽意义上的连贯成形做辩护的。实际上，荀子接受了庄子的观点，认为世界上充斥着过量的、互相冲突且同等"真实"的连贯成形。他只是将某一视角下的连贯成形提至其他视角之前，换句话说，与圣人的欲望有关的连贯成形，具有绝对的优先性；圣人在这些连贯成形中选出一组来，构成一个单一的、同层次的、总体性的连贯成形。在他关于"名"的用法的论辩里，以及由此而来的区分世界的方式里，我们可以得到一种康德式的超越性的统觉（unity of apperception）的社会性的／实用性的版本。即是说，荀子认为，除非某些用以连贯事物的整体观被制作出来，以形成单一的、同层次的系统，否则我们甚至无法在不同观点之间进行对比、参照与抉择；就好比庄子强调的那样，当一个人说话的时候，他的对话者可以理解出不同的含义，这种混乱使得文字的其他所有可能性都变得毫无意义。正如戴维森（Davidson）的宽容原则所说，任何一种有意义的差异，乃至于"一种全然相异的刻画世界的方法或视角"，都是以更大数量的同意为基础才能成立的。

继续回到哈根的建构主义解读所引起的争论，我们现在也许可以理出一些头绪了。建构主义的解读和实在论的解读之间的争议的焦点是，荀子是否有一个独一无二的"道"的系统，或者如哈根所提示的，是否可能存在许多个这样的系统。双方的争议集中在《解蔽》的这段文字：

> 凡人之患，蔽于一曲，而暗于大理（the Greatest Coherence）。

治则复经（return to the norm），两疑则惑矣。天下无二道，圣人无两心。今诸侯异政，百家异说，则必或是或非，或治或乱。[1]

"实在论"观点的辩护者认为，"天下无二道"应该被理解为，荀子认为只存在唯一的一套道德规范，它客观地建立在实在性之上，这与哈根"也许存在着一种以上的方式来达成道德世界的建构"的说法相对立。但在我看来，这场争论是建立在一个错误的前提之上的。我们可以看到，"一"和"非一"是以相同/相异模式来进行理解的，而不是以连贯成形模式。这句话当然可以用一种不那么紧张的、充满了中国式模糊性的方式来解读，那么它就不会是"世界上只有一种道214（One Dao）"，而是"在政治世界里，任何时候都不应当有两种相互竞争而无法整合的道（Daos）"。这一解读的关键点在于，"天下"在更严格的意义上指涉的是现存的社会政治，同时又补入了"任何时候"这一隐含意义，从而能很好地支持哈根的论点；此外，更重要的是，"二"在这里不是指数字式的分别，而是指无法整合。毕竟，《解蔽》旨在阐明，那些明显**各不相同**甚而**互相矛盾**的美德、价值，全都可以整合成一个最大的连贯成形（大理）。难道"天道"和"人道"是两个道吗？"包容性"和"分离主义"呢？荀子告诉我们，它们**都**是"大理"的一部分，然而道家和墨家错误地将它们当成两种互相分离且对立的道，每一家都坚持自己的一隅之偏而遗失了另一边。道是一还是多的问题，在连贯成形的模式下变得毫无意义。无论将来新造的标准是怎样的，哪怕它们出人意料，与先前存在的标准有着尖锐的冲突，也依然是同一个道的"部分"，即是说，与古之道保持连贯。这**不是**因为它们复制了或者例示了任何一种自我同一的道德正确性（moral rightness）的本质，也不是对任何预先存在的模板的摹写，而是因为它们与古之道的正确性**相连贯**，所以才交织在一起。换句话说，即便它们有"不同"，未来的"诸道"也仍是同一个道的部分。再次强调，这并不意味着社会规范的任何一种集合都有资格被视为"道"：荀子是有一个标准的，他对此有着明确的规定。礼乐系统的最终依据在于

---

[1]《解蔽第二十一》，第 78 页。

它对人类欲望的满足所做的贡献，具体表现为增强人类的集体力量，理顺人类社会中可欲之物的分配。在荀子的时代，只有礼乐系统才能达到这一要求。他没有理由去考虑这一系统之外的理念论／建构主义争论。但 X 是完全依靠其对 Y 的贡献而得到辩护的，只要有其他东西可以对 Y 起到同样的作用，X 就依然是可商量的条目。如果 X 的价值只建基于其对 Y 的价值，那么从原则上说，X 就可以被同样对 Y 有价值的其他事物取代。荀子并未论证说，当下的礼乐系统之外的其他事物**不能**做同样的工作（比如使各种不同的美德变得和谐，使人与世界相连贯，增强人类的力量和满足感等）。荀子只是说，礼乐系统事实上达到了这些功效，而他所接触的其他方案没有这种功效；由于他认为现有的礼乐系统可以做得很好，所以他也并不要求尝试找出其他具有此功效的方案。但这里，我的理解是，假如他真这么要求了，假如满足这些条件的系统真的在未来出现了，这个方案也依然会与先前做到这一点的（礼仪）手段相连贯，那么未来的"其他"系统事实上就**不是**某个"他者"，它也会成为"一个"道的多个连贯的部分之一。

荀子思想中的遍在和连贯成形 215

荀子对这个问题的处理也带来了"共相的共相"问题，也即包含诸范畴的范畴，诸连贯成形之连贯成形，这比孟子要更加明确。这无疑是缘于道家传统里连贯成形的"反讽式"处理方法所造成的挑战。在荀子的作品里，我们发现他非常明确地想要以整体论的原则来统摄各个对立面，正如我们上文已然显示的那样；但是从两端来看，也即从蔽于一曲的视角来看，这个整体往往会被认为是根本就不相连属的。整体和部分因而就一直是对立的，而价值则单独存在于前者之中；后者完全是因它们对于前者的从属关系而获得自己的价值的。"整体"或者"所有的包容性"被确定为价值，这一理念在荀子这里变得明朗了，这可能要得益于墨家和道家所做的发展。因而他说："百发失一，不足谓善射……伦类不通，仁义不一，不足谓善学。学也者，固学一之也……全之尽之，然后学者也。君子知夫不全不粹之不足以为美也……君子贵其全也（the exemplary person values his wholeness）。"[1] 这一"全"也是裁定各种学说的标准，这和《庄子·天下》的思想也是一致的，《天下》篇与《荀子》约略同时，而且我们在孟子对杨、墨的讨论中已经可以看到此"全"的初始形式了。真正的学说是整全的学说，具有最为广大的包容性，而谬误则等同于偏颇："公生明，偏生暗。"[2]"万物为道一偏，一物为万物一偏。愚者为一物一偏，而自以为知道，无知也。慎子有见于后，无见于先；老子有见于诎，无见于信；墨子有见于齐，无见于畸。"[3] 一旦我们建立了对立统一体，其两个末端就预示着一个整体，那么，对次要学说的非难就是，它们只能理解整体的两个对立面之一。我们或许可以将这里的模式称为"部分 /整体"模式，以与西方认识论里的"表象与实在"模式相对照。当互相冲突的主张狭路相逢时，需要做出的裁决不是何者为真何者为假，而是何者更完备。在荀子那里，可能有一些主张在整体里是没有位置的，它们甚至都算不上偏颇的真理，无法被整合到整体里去，必须彻底消除掉（尽管他明显地试图让他的包容性尽可能显得全面）。一般说来，荀子试图将所有他不同意的观点都直接看成是错误的，认为它们无法被吸收到整体中，在某种程度上是毫无意义的，即是说，它们是言辞的一种误用或滥用（例如孟子所谓的人性善）。这种"名"的滥用，与对礼制的忽视有共同之处：正如市场上所用的重量和长度标准需要推行开来一样，礼仪标准也需要留意并加以推广，这样才能真正确立下来；而"名"的滥用意味着某一社群中流行的语言使用规范、使用标准被忽视了，这些"名"自然得不到确立。相对的，在荀子看来，任何可以契合进这些语言、礼仪形式的东西，都是局部的真理，局部的善，可以被整合入这一整体。[4]

216

---

[1]《劝学第一》，第 3 页。

[2]《不苟第三》，第 8 页。

[3]《天论第十七》，第 64 页。

[4] 但正如我下本书将要指出的，在后来的天台宗那里，"假"（falsehood）这个范畴也可以被完全放弃，所有不准确或失真的观点都必然是局部真理，某种意义上，天台宗将荀子认识论中的"真""假"两方面结合在了一起。

我们可以看到，荀子采用了反讽形式并对其做了修改，这在他对"心"的论述中可能体现得最明显：

> 人何以知道？曰：心。心何以知？曰：虚壹而静（emptiness, unity and stillness）。心未尝不臧也，然而有所谓虚。心未尝不满（multiplicity）也，然而有所谓一（unified）。心未尝不动也，然而有所谓静。人生而有知，知而有志。志也者，臧也，然而有所谓虚。不以所已臧害所将受谓之虚。心生而有知，知而有异（differences）。异也者，同时兼知之。同时兼知之，两也。然而有所谓一。不以夫一（this one）害此一谓之壹。心卧则梦，偷则自行，使之则谋，故心未尝不动也。然而有所谓静。不以梦剧乱知谓之静。（《解蔽第二十一》）

荀子在这里调用了虚、壹、静的观念，而这些术语在《老子》传统和《庄子》（甚至包括《内业》所包含的前反讽时代的道家思想在内）里的连贯成形的反讽观念中扮演了极其重要的角色。荀子的观念与《老子》相当一致：心的虚、壹、静不是对实（fullness）、两（multiplicity）、动（activity）的否定，而毋宁说是让它们得以存在的条件。虚、壹、静之所以有其价值，是因为它们都能让心中所充满的 217 许多种活动变得连贯，让这些心灵活动无障碍地、不被打扰地持续下去。[1]静和动之间，以及虚与实、壹与两之间的更进一步的连贯成形，是心的价值和能力的真正所在，也是心的功能得以维持下去的依仗。但是，请注意荀子接下来的论述。他修订了这些观念，将它们契合进他所理解的非反讽的最大的连贯成形（大理）中去，以与"大理"所具有的可知性相一致：

> 未得道而求道者，谓之虚壹而静。作之（but when they are put into practice），则将须道者之虚则入（penetration），[2]将事道者

---

[1] 参见 Aaron Stalnaker, "Aspects of Xunzi's Engagement with Early Daoism," *Philosophy East and West* 53, no. 1 (January 2003), pp.87-129。该文详细讨论了这几点，形成了相似的结论。
[2] "入"，原作"人"，今据文义及英译改。——译者注

之壹则尽（throughness），[1] 将思道者［之］静则察（clarity）。知道察，知道行，体道者也（realize the Dao from within）。虚壹而静，谓之大清明（the Great Clarity）。万物莫形而不见，莫见而不论（即通过讨论而提出合适的秩序），莫论而失［其在整个系统中之］位。坐于室而见四海，处于今而论久远，疏观万物而知其情，参稽治乱而通其度，经纬天地而材官万物，制割大理而宇宙里（all of time and space is included in it）矣。[2]

　　我们可以感觉到，这里对于原始道家在这些观念的运用方面有所批评：仅仅是谈到虚、壹、静的人，是典型的求道者，而不是行道者。当将虚、壹、静付诸行动时，事物就能够得到积极而实用的塑造，能够进入秩序，成为最大的连贯成形的一部分。与原初的反讽文献不同，虚壹而静并未被用来消解事物之间终极而可知的连贯成形。毋宁说，对荀子而言，认识到心的真实情况，以及认识到所有的条目都被连贯成一个整体的方法，只是将万物进一步塑造为一个总体性的系统——即包容一切的非反讽的可知的连贯成形——的第一步。

　　这也适用于宇宙秩序，以及人类与自然世界之间的关系："天有其时，地有其财，人有其治；夫是之谓能参［为一］……唯圣人为不求知天。"[3] 在这作为整体的"天"里，天、地、人各部分是不能互相取代的，也不能互相渗透；每一分子都只是它自己，扮演既定的角色，受限于其自身的范围，由一种方式决定，因其在整体中的地位而获得单一的意义，但这恰恰让它们并联为一个整体。不过，荀子接着说，既然这种分离让整体成为整体，那么反过来也可以说，这种互相否定也是"互相参与"。人所能处理的，只是整体中归于"人"这一角色之下的那些部分，但人也由此而在整体的统一过程中起到了基础性作用。"天能生物，不能辨物也；地能载人，不能治人也。宇中万物、生人之属，待圣人然后分也。"（《礼论》）人类的角色在于维持这整个

---

[1] "尽"，原作"尽尽"，今据文义及英译改。——译者注
[2]《解蔽第二十一》，第80页。
[3]《天论第十七》，第62页。

的宇宙，并理顺它，而这恰恰是通过坚守这一角色的明确界分才能做到的。这一明显的悖论之所以可能，是因为"统一体"的定义本身就意味着各种差异（社会模式下的人类欲望也包含在内）之间构成和谐的连贯成形。这样一来，我们或许就要完全同意杨长镇的结论，他在其专业论文里对《荀子》的"类"的本体论有精彩的讨论："在荀子那里，类的初义是当作人文意义的'族类'（clan-type）看待，那么，人或事物之组成族类，可能便不需限定在一普遍的共相基础上，而可建基在具体的关联性或相摄性上。比如以一个家族为一类时，很难在家族成员身上找出抽象的一点以界定其为族类，但是我们可以由其有父子之亲、夫妇之别等共同生活的相摄上说其为一族类……荀子的类当近于家族成员之类——'家族类似性'或'互相涵摄关联'之类，如此，则类似性及关联性是变动的，所成之类（群）的范围也是变动的。在不同情境下，就不同目的或脉络，可以提出不同的类似性（关联性），即使实际上指涉的实物仍为一致……"[1] 特殊范畴的可协调性质在这里尤其重要；它们既不独断又不绝对。

这不是说，这里完全不存在有组织的子集，而是说，它们和所有事物一样，只被放在适合它们的地方。因而，正如前文已经引用过的一部分内容那样，荀子说："礼有三本：天地者，生之本也。先祖者，类之本也。君师者，治之本也……三者偏亡，焉无安（bring peace to）人。故礼，上事天下事地，尊先祖而隆君师。是礼之三本也。故王者 219 天太祖，诸侯不敢坏［其庙］，大夫、士有常宗，所以别贵始。贵始，得之本也。"[2] 在这里，对家族的忠诚是构成整体的要素或契机，具有重要意义；它通过构成整体而反过来构成它自己，且对终极价值有着自己的诉求，但这种忠诚不再具有摧毁整体的力量。荀子为"别"（differentiation）留下了地盘，而墨子则更认同"兼"（universality）；但是与孔子、孟子不同的是，这种"别"始终都从属于整体，没有独立于这种从属关系之外的价值。

---

[1] 杨长镇：《荀子类的存有论研究》，台北：文津出版社，1996，第 155 页。他很明确地注意到了这点，并用维特根斯坦的"家族相似性"来予以说明，非常中肯。

[2]《礼论第十九》，第 71 页。

由于注意到先秦诸子争论中的唯名论和实用主义的成分，一些解释者指出，我们在这里所处理的似乎更多是连贯成形理论（a coherence theory）的问题，而较少是真理的符合论（a correspondence theory）问题，而且真理的问题似乎无关紧要，至少不如在欧陆哲学里那样重要。基于上述讨论，我认为，我们现在可以说，非反讽传统是将真理的连贯成形理论包含在内的，不过前提是，真理的连贯成形必须把人类欲望也纳入必须连贯的条目集合里去——而不仅仅是纳入目的、事实、信念等条目。至于哪些人类欲望被纳入进来，则可以暂时含糊，因为这是反讽/非反讽传统的根本分歧。不过可以确定的是，所有称得上真实的东西，不仅是与感知性的数据和观念性的承诺相连贯的东西，而且一定是与拣选出来的某些人类欲望所组成的连贯集合相连贯的东西。

以上这种价值问题，在我们确定这些术语与儒家的终极关切点之间的关系时，显得尤为关键。在儒家的语境下，这一问题最核心的意义大约与爱德华·森舸澜所讨论的"无为悖论"——即"试着不做尝试"的悖论——有关，[1] 他将这一问题描述为内在主义自我教育和外在主义自我教育之间的张力。内在主义（森舸澜举的是庄子、老子、孟子这样的例子）指的是这样的观点："某种程度上……我们已经**是善的**，我们所要做的仅仅是，让这些道德潜能实现其自身。"外在主义者（在森舸澜看来，包括孔子和荀子）则宣称："我们本身**并不**拥有达到'无为'境界的资质，故而只能通过传统的、外在的形式，经历长期而密集的教化后，才能达到无为的状态。"[2] 森舸澜的工作帮了我们大忙，据他所指，这一张力是中国传统里最关键的分歧之一，其以各种形式，在相当不同的语境里反复出现。这一张力与我们目前所关心的议题之间的相关性是不难看清的；显然，我们这里是一个"相同性"和"相异性"问题的反向的、道德性的版本，它应该是更早被讨论

220

---

[1] 森舸澜将无为解作不作为（no doing）、不做尝试，那么当中国思想家强调无为时，事实上就是"尝试着不做尝试"，这本身就是一种尝试，因而陷入悖论。——译者注

[2] Edward G. Slingerland, *Effortless Action: Wu-Wei as Conceptual Metaphor and Spiritual Ideal in Early China.* Oxford University Press, 2003, p.12.

的，而唯名论／实在论问题是附着于它的。这里的问题不在于我们是否将思维中的范畴投射给了现实世界，而在于我们对伦理行为或礼仪行为的社会性要求，是不是从社会性的世界中投射给我们自身的。唯名论／实在论问题关心的是，我们的认知范畴是否与（这些范畴所指涉的）外在的、自然的认知对象中那些真实的东西相一致。内在主义者／外在主义者所关心的问题则是，伦理世界中的范畴，是否与人的自然本性的自发机制中的真实相一致。这两种情况下的问题都在于：内在与外在的匹配，到底是专断地强加而成的，还是自然而然、不可避免的某种事物。而我试图表明的是，在这两种情况下，答案都是"既是又不是"，即是说，这两类二分性的范畴是出于误解而产生的，是无法用来处理当下的问题的。森舸澜推断，内在主义者／外在主义者的张力绝不可能被解决掉，根据定义，它实际上是不可避免的。我想要在这里指出的是，我们需要尽可能设置一个新的范畴集合来应对此问题，这一集合不是从"内在性和外在性是必然互相排斥的范畴"这一前提开始的。因为，在这一前提之下，二者所面临的问题是绝无解决之道的，我们就只能陷入森舸澜所描述的那种无休止的循环。但是，与其假定中国古代的所有思想家都是因为粗心大意，因为思维中有一些错误的信念或者不够严格，所以才在处理这个问题时失败得一塌糊涂，我宁愿将之理解为：森舸澜所指出的问题在那些思想家看来根本算不上问题，因为他们所倾向的是一组完全不同的假设。我将试着表明的是，所谓"内在"和"外在"，对他们所有人而言，不光是指一些清楚的事实，不光是与命名它们的伦理行为毫无干系，而且是在设定一个特殊的伦理态度的过程中被轮流定义的两个流动性的术语。这些思想家是将"内""外"这两个术语当成一种可以将人的欲望连贯起来的方式来理解的。

简言之，孟子和荀子都会选取出真正的连贯成形，并让它们与人类价值构成一个更大的连贯成形，这一过程既不是唯名论的，也不是实在论的。这一连贯成形是一种"和"，而不是一种相同性；它不是要将统一的范式或原则应用到不同的实例中去，而是要发现那些与最大的人类价值相连的最大的连贯成形。此即是先秦非反讽的连贯成形观念的实质。

《礼记》中的两个文本:《大学》和《中庸》

在《荀子》的认识论里,我们看到一种用非反讽来回应反讽传统的尝试,并且将反讽传统的某些方面融合进来。而道家和儒家观念的更彻底的合成品,可能是稍晚于《荀子》的《礼记》,其中的许多内 221 容,再次丰富了儒家的终极价值。我将它们与《荀子》做了区分,因为在前者那里,反讽传统的影响比起后者来要深入得多——反讽的观念在这些文本里已经影响到连贯成形的构成方法,影响到连贯成形与诸般终极价值的结构性关系,及其与遍在的结构性关系。在《礼记》的这些文本里,最著名的莫过于对理学家产生了巨大影响的《大学》和《中庸》。

《大学》开篇便以三句话作为其教法的总纲:"大学之道(1)在明明德(illuminating the virtue of illumination),(2)在亲民(forming an intimacy with the people),(3)在止于至善(finding rest in the ultimate value)。"

这里讲到了我们上文曾讨论过的连贯成形的三个方面:(1)可知性(明,即启明、彰明),(2)人类组群(亲民),以及(3)保持均衡(止)这一价值(善)。通过将"彰明"的力量(即,使某物在可知的意义上连贯起来的力量)彰明,社会组群的连贯成形得以完成,并被断言为是对至高之善的认知和遵守。当我们在自己身上寻得这一终极价值(至善)并感知到它时,我们就可以让它对其他人可见,使它可以被外界感知,并且让它作为一种模式为他人所知,这样一来,我们就使这一至善影响了社群,与社群相连贯。这一终极价值是彰明性的力量本身,是造成可知性的力量本身。通过展现这种力量而展现,通过连贯这种力量而连贯,社会组群被连贯起来而成可知之形。《大学》文本随后即强调"静",将"静"视为妥当地把握这一价值的条件之一,这是对《管子》四篇以来的原始道家的回忆。这样,整个社会的连贯成形,就依据层层推进的微型连贯成形而得到表达,而每一个微型连贯成形都是下一个层面的连贯成形的先决条件。这些条件所组成的链条，以著名的"格物"（通常翻译为 investigation of things）为归结，后世理学家正是在对这一点的解释上产生了最为激烈的争论。但是鉴于当前的讨论，我们最好还是注意，"格"这个字——它有多种解释，比如"至""正""究"——可能仅仅是"架构""放入框架或网格"的意思，即"脉络化"（contextualizing），让一个要素"达到"（至）另一个，使它们得以互相调适（正），也使它们的意涵得以进一步彰显（究）。要使事物脉络化，就是要让事物与它们和人类欲望所构成的连贯成形，形成一种能够允许知识扩展（即连贯成形的更进一步的可知性）、意向整合（诚意）的关系，依靠这一关系，心灵的平衡、个人的修养、家族的有序、邦国的治理、世界的完满的连贯 222 成形所具有的可知性，就都能依次实现。

"诚"这一术语被译为 sincerity/integrity/realness，有待进一步商讨。安延明说，《大学》里的这个"诚"连接起了《中庸》里"伦理性的诚"［以"信"（trustworthiness）和"实"（realness）的组合为基础］和"宇宙论的诚"，最终指向"普遍性的诚"，"普遍性的诚"是"对人与自然中的一切连续性、一致性、规范性、可预见性提供保证的一般性原则"。[1] 我们之前的分析显示，由于造物主、共相集合、非物质的自然律的缺位，自然现象的可预知性是无法得到担保的，由此造成了自然现象间的断裂。但在这里，这种裂隙被"诚"充实了。可预知性和规范性所造成的派生物，不是来自多样化的（multilocal）、形而上的实体，而是来自"诚"。"诚"对于我们理解连贯成形有非常重要的意义。葛瑞汉指出，在不同意向的集合被整合时，"诚"与"连贯成形"的关系是非常明显的。我们甚至可以认为，"诚"指涉的是人的各种自发倾向处于几微而不可见的状态时的连贯成形，我们或许可以称之为"不可见的连贯成形"（Unseen Coherence）。"诚"与连贯成形之间的联系，在后世理学家所谓的"理"那里得到了保留。将事

---

[1] An Yanming, "The Concept of Cheng and its Western Translations," *Dao: A Journal of Comparative Philosophy* IV, no. 1 (Winter 2004), 128.

物按照我们自身的终极价值，或合乎规范的最深切欲望，将万物脉络化，在这种脉络化中，我们遵循或寻得一种均衡之道（《大学》论"止"时，以"为人君止于仁，为人臣止于敬，为人子止于孝，为人父止于慈，与国人交止于信"为例），我们那些能够让欲望获得实现的、具有不同优先级的知识就能得到扩展，此即是"物格而后知至"。当我们对这一次序有了深刻的理解后，我们会真诚地渴望那些步骤，因为它们意味着终极欲望的达成。我们的意向由此得到整合，它们在非反讽的意义上连贯而成形，彼此之间具有了一致性，此即"知至而后意诚"。《大学》在解释知识的扩展时太过简洁，以至于理学家感到这里似乎有脱文：文本于此处仅仅引用孔子的话来说明，他在判断法律诉讼时不会比其他人更好，他认为真正值得做的事，是让诉讼变得多余。（"听讼，吾犹人也。必也使无讼乎！"）要做到这一点，就需要知道这些诉讼的源头，知道真正能让人们免于争斗的，是圣王和礼仪所体现的儒家价值，这些价值尊重了人们的利益。知道了这种联系（连贯成形），君主就会真正受到驱动，公正地做出裁决，如"好好色"那样诚实而不自欺，因为他马上就将诉讼与他渴望人民不争斗的欲望联系起来（表面上是因为这与他们的连贯成形的"至善"相符，但也是因为这种欲望使他的统治更稳固）。

223　　"诚"当然是《礼记》的另一个文本——《中庸》的中心。这篇文献将道家反讽意义上的连贯成形，机智地并入非反讽的讨论里。在这里，非反讽的连贯成形在结构上是不可见的，"诚"作为不可知性，是非反讽连贯成形的结构性的不可见的基础。《中庸》开篇说：

> 天命之谓性。率性之谓道。修道之谓教。道也者，不可须臾离也，可离非［一个人真正的］道也。是故君子戒慎乎其所不睹，恐惧乎其所不闻。莫见乎隐（nothing is more evident than which is hidden），莫显乎微，故君子慎其独（his aloneness，即别人无法知道或听到的情境）也。喜怒哀乐之未发（not yet emerged）谓之中（Central Balance）；发而皆中节谓之和（Harmony）……

这种结构性的不可见性，被重新解释为一个人最内在的价值承诺、真正的终极方向、诚，并在这个人所有的外在行为中无一例外地将它自身间接彰显出来（尽管不能**彻底地**彰显），而且一刻也不能被抛开，因而它是一切事物中最为显明的事物——是不可知的可知性，或说不连贯的连贯成形。这种均衡性的"中"是人情不自禁要去做的，无论情绪或行为是发作（X）还是不发作（非X）都会始终这样做——对于所有相对照的对立统一体来说，这种"中"都是恒常且普遍的，均等地呈现于喜或怒、哀或乐里。"中"在这里扮演了"遍在"（the omnipresent）的角色，它超越了任何特殊的、可见的、可知的连贯成形，但同时也将各端统合起来；它是反讽的"连贯成形"，因为在"不可知的"意义上，它是"不成形的"。老子关于可见和不可见的反讽性的**问题意识**（problematik），被《中庸》作者以一种炫目的技巧妥善地放入非反讽传统的宗旨里。呈现于外在活动中的已发之"和"，仅仅是这种不可见的"中"的一种彰显，换句话说，"和"是一个价值承诺，吾人可以由此而真诚地寻得所止之处。

　　我们在这里稍稍打住，进一步考察一下"中"与"和"的结合。这是因为，我们关于"理"的定义里最关键的一些要素，在这里被明确地结合进去了。"中"在此处被译为"central balance"，即中枢性的平衡，但是在我看来，译作"pivot"（枢纽）或"center of gravity"（重心）可能会更贴切。"枢纽"当然让人想起庄子的"道枢"，"彼是莫得其偶，谓之道枢。枢始得其环中，以应无穷"。这就使得对立 224 面的融合成为某种意义上的遍在；在所有的对立性条目中，这种融合都一并呈现出来，绝不缺失。我们或者可以说，《中庸》把这种"中"和更早之前儒家的"中"的观念调和起来，使之成为伦理意义上的均衡，即对两种极端的回避（例如孟子说儒家是介于杨朱的为我与墨子的兼爱之间的中道）。"重心"指示的是孔子/孟子观念里的"北辰"秩序模型，依据这个模型，一个榜样在自己周围创造出一种可以被模仿的范式，当这种范式是可见的、有价值的时候，向心性就出现了；老子则反其道而行之，他的"中"指的是卑下而不可见的中心，即非道之道，万物归向它，如同水流之向下。

实际上，这种"中心／边缘"的范式——《老子》第十一章里车轮中空之毂的意象，和《庄子》里"道枢"的构想，已经将这一范式概括了出来——有可能被说成是西方那种双层形而上学的另类呈现，这种形而上学会将可知王国与经验王国相对照，或者将不变的律法与律法的现世表现相对照。这一"中心／边缘"模型在某些方面确实起到了西方双层形而上学的作用，但是它的具体意涵则与后者有着关键性的差异。中心是对两端的"双非"，在这个意义上，中心是超越两端的，而且因此而成为两端的"连接者"，是"它们连贯成形的原因"，而且是"非经验性的（不可见的）"；所有这些特性，也可以用来描述柏拉图的形式或共相，以及西方大量的形而上学里所提到的可知王国里不变的形式或律法。"红"这一形式既非此红色物，也非彼红色物，它是非经验的，是使每一个红色物成其为红的原因，是通过把所有红色物归为一类而将它们连接起来的那个东西。但在"中心／边缘"的模式里，作为"决定者"的中心，严格说来是无法确定的，唯一可以确定的是，它是一种价值，因为它能让生命存续下去，让连续性、连贯成形本身得以存续下去。如果不出意外，在柏拉图的诸形式中，唯一近乎具有这种特性的形式是"善"（the Good）。对这一模型的意涵的最好概括，或许要数钱穆的钟摆意象了，我们在本书第二章已经大段引用过。

天与人的分离，以及二者最终的连贯成形，在"诚"的语境下都得到了展现："诚者，天之道也，诚之者，人之道也。"这句话在《孟子·离娄上》也出现过。"诚"这个术语的用法，是与对主观的价值和欲望的强调有关的（并且我们已经断言价值和欲望是"诚"的不可分割的内容），而且被去掉了"非反讽的可知性"这一意涵，代之以新调适过的"反讽的可知性"的主观形式，也即在所有行动里间接表达出来的潜隐性（也即是遍在）。弄清楚了这几点，我们就可以知道，"诚"可以被译作"real"（真实）、"sincere"（诚实）、"integrated"（完整的），以及"coherence"（连贯成形）。故而，我们可以将之简单译为"unseen coherence"，也即隐藏着的连贯成形，由此可以与明确彰显出来的可知性相对。《中庸》继续说："诚者（to be invisibly coherent），不勉而中，不思而得，从容中（match）道，圣人也。诚之者（to become internally coherent），择善而固执之者也。"当一个人已经全然连贯而成形（诚）时，万物尽皆脉络化，手段和目的按其优先级尽皆得到认可，所以他的全部意向都与其终极关怀一致，至善在无须刻意下功夫的情况下就可以达成。对这一终极关怀的认可，以及让所有的欲望与终极关怀相连贯，即是"诚之"，在这种情况下，人力功夫就能得到适当的运用。

于是，《中庸》将连贯成形（诚）与可知性（明）这两种意涵联系起来："自诚明，谓之性。自明诚，谓之教。诚则明矣，明则诚矣。唯天下至诚为能尽其性。能尽其性则能尽人之性。能尽人之性则能尽物之性。能尽物之性，则可以赞天地之化育。可以赞天地之化育，则可以与天地参矣……"这段话意思是说：当可知性（明）是由不可见的连贯成形而来时，它是与生俱来的本性。当不可见的连贯成形是由可知性（例如知识）而来时，它被称为教育。如果这里存在不可见的连贯成形，那么这里就会有可知性；如果这里有可知性，那么这里就会有不可见的连贯成形。只有那些具有完美的不可见连贯成形的人，才能完全实现他们与生俱来的本性。那些能完全实现自身与生俱来本性的人就能够完全实现万物与生俱来的本性，因而可以参与到天地的滋养和转化过程中去，由此而成为与天地并立的第三方……

不可见的连贯成形永不止息地朝向终极关怀，它同时又彰显为完全的可知性，这两方面之间的联系与《大学》中表达的含义也非常类似。《中庸》接下来的论述使得这种相似性更为清楚，它将连贯成形扩展到社会组群上了，在这一不可见的连贯成形带来的可知性里，社会组群转化为真正连贯的整体；一个人的诚实带来可见的形式，将其所在的组群激发得连贯起来。但接下来，《中庸》就对不可见的连贯成形做了形而上学的扭转，这在《大学》里从未出现过："诚者（unseen coherence）自成（self-completion）也，而道自道（self-guidance、auto-guidance，即"自发而不刻意的引导性"）也。诚者物之终始，不诚无物。是故君子诚之为贵。诚者非自成己而已也，所以成物也。成己，仁也；成物，知也。性之德（virtuosities）也，合外内

之道也……"不可见的连贯成形是一切存在者的真实存在状态，它具
226 有真正的开端和结尾，完满而妥当地完成由其开端所开启的过程，而
且正如文中的"终始"（而非"始终"）所揭示的，让那一事物永远
存续下去，在每一次结束后都有新的开始，此即所谓"无息"。它恒
常地存续着，人一刻都不会与之相离。这是一种内在的均衡，它不仅
暗示着平衡，而且还包括连续性和自我不朽，这一点，我们在前述的
非反讽传统中已经看到，在接下来的非反讽传统中依然会看到，而
且还是后者的核心要素。没有这种不可见的连贯成形，事物也就不
成其为事物；任何一个事物之所以是这个事物，是因为它连贯而成
形，如果失去了这种连贯成形，它就不再成为那一事物。这就是事
物的"诚"，任何事物在某种意义上都是真实的，哪怕它只是一种真
实的虚假。这里，不可见的连贯成形是终极价值的不可见的、内在
的、无止境的承诺，它取代了道家的"道"的地位，成为一切具体事
物的基础，是共相的共相，是万物的存在过程里那可知的规范性。与
反讽的"道"一样，它本身也是不可知的，却可见于任何事物。通过
对我们自身的真正的价值导向、自身的诚实的一种主观专注，"诚"
终归还是可以知晓的，因此，"诚"就成为形而上者和经验事物之
间的连接点，成为对反讽传统所提出的怀疑主义的认识论的解决
方案。

接着，《中庸》更细致地形容这一连贯成形："至诚（Pefect Unseen
Coherence）无息，不息则久，久则征（manifested），征则悠远，悠远
则博厚，博厚则高明（lofty and bright）。博厚所以载物也［如地］，高
明所以覆物也［如天］，悠久所以成物也。博厚配地，高明配天，悠
久无疆。如此者，不见而章，不动而变，无为而成。天地之道，可一
言而尽也：其为物不贰，则其生物不测（unfathomably）。天地之道，
博也，厚也，高也，明也，悠也，久也。"

整个文本的所有主题都汇聚于此，表明内在的连贯成形是悠远、
长久、天之覆物、地之载物的关键。万物的不息之生，生命的悠久存
续，都是内在的连贯成形的结果，是天与地明显相反的那些方面的
"不贰"（not-twoness），正如钱穆钟摆之两端；这两端是因它们与"中"

的连贯成形——即内在的连贯成形、不贰——而相互连接的，这样它们才继续存在下去，无止境地再生。因而，本段文字，结尾不再说"天道"高明而覆物，"地道"博厚而载物，而是以不贰的"天地之 227 道"统会之，将所有这些对立的特征都包含在内，最终化约为"诚"这一内在的连贯成形。"诚"所具有的诚实、完整、真实诸特性，间接地存在于任何地方，绝不会直白地表现出来。这里，我们看到反讽的连贯成形观念被完全整合到非反讽观念里去了，被理解为相互对立的表象（或可知的连贯成形）之间的摇摆中，那不可见而未曾表现出来的均衡点。

上述这些文本都从非反讽的立场上，达成了反讽和非反讽传统的妥协，事实上也可以说，战国后期的所有思想都以这样或那样的方式，致力于对两种传统之间的张力做出调整。不过我认为，在反讽和非反讽的连贯成形观念间做出最系统、影响最广泛的调和的，是对阴阳观念有着系统性的运用的学说。阴阳学说在战国晚期（公元前3世纪）的《易传》里得到很好的发展，我在下一章会予以重点讨论。

第六章

阴阳调和

　　"阴""阳"的拼音"Yin"和"Yang"现在已经是英文里的专有名词了，在母语非中文的人群中，这或许是最广为人知的两个字。在大街上问一个美国人关于中国哲学的问题，他或她提到的很可能就是阴阳。再追问一下，你可能就会听到诸如"任何事物都有两面"或"我们得到好处时就会有坏处"，以及"阴阳是说好和坏都是同样好的，每一面都有它自己的道理"。[1] 这种简单化的答案所存在的问题，不单在于他们忽视了这两个字在整个中国传统里有各式各样的用法（实际上即便在先秦文献里，阴阳的观念也不是完全形成或完全普遍化了，而是有各种不同含义），更在于，即便他们所采用的是更加稳固的用法，这两个字的含义显然也比其英文定义要更为丰富，也更自由：它们并不**单单**依靠彼此而互相定义（比如积极和消极，前者可以是"设定"出来的任何意涵，而后者就仅仅是这种意涵的反面），而且它们也并不适用于全部的对立关系。阴阳观念的内涵更具有专门性，具有更为严格的关联性。除非它们所指涉的范围被扩大了，否则，它们是不能以重新定义坐标系的方式（如庄子对"是"和"彼"的论述）而反转的。这里的反转是说，被称为"阴"的事物实际上也可以被称为"阳"，正如被称为"彼"的事物可以被称为"此"，而这必然需要设置一个补充性的"阴"以作为"阳"的语境，正如将

---

[1] 比如，巴姆（Bahm）的著作《世界上的宗教生活》（*The World's Living Religions*）在对中国宗教进行讨论时，就有这样的说法。见 Bahm, *The World's Living Religions*, Carbondale: Southern Illinois University Press, 1964, p.157。

"此"的名号指派给之前的"彼"必然会设置出一个相应的"彼"一样。不过，按照庄子的观点，新的"彼"可能恰恰是之前的"此"。但在阴阳系统里，阴能被重新定义为阳，只能是因为此条目一开始就可以被称为阳。任何条目都既可以被称为阴又可以被称为阳，但何者为阴，何者为阳，则是在一个特定的对立统一体的语境下，才能得到确定的。我们可以将阴阳系统视为一种与众不同的改写，它使庄子的 230 反讽式"彼是之说"得以被吸收进非反讽的连贯成形系统里。我们将在下文再次回到这个可能仍让人疑虑的关键点，它可以说是阴阳调和之说最核心的、深层结构性的革新，这种改写的主要策略是，在对阴阳系统的一般性轮廓给出详细阐释后，将庄子式的相对主义抽绎出，并吸收进来。

起初，阳和阴分别指的是山丘或河谷的阳面、阴面，或者一般意义上的阳光（一说是被阳光照耀到的旗帜）和阴影，以作为"六气"［明（sun）、晦（shade）、阳（heat）、阴（cold）、风（wind）、雨（rain）］这种气象上分别对立的三个组合的一部分——这种意象提示的是对立、交替和不可分离性，但肯定没有互换性或者平等性。[1] 在《庄子》内篇，"阴阳"这个二分性的术语，是"命"和"造物者"的替身，是一个人的宿命的原因，[2] 而且，它也是一个人的生理健康的决定性因素，有失衡的风险，被用来描述由过度忧虑而引起的"内热"。[3] 在《则阳》篇里（葛瑞汉将之定为完成于公元前 3 世纪晚期至公元前 2 世纪之间的作品），阴阳是作为宇宙间的两种基本理论而出现的，与天地平行（甚而高于天地）。[4] 这一说法非常接近于同一年代

---

[1] 从"六气"中分离出来的这三个组合是对立统一体的最早用法，似乎意在强调交替性和过程性，而非山的两边的静态意象。例如《尚书·周官》说："兹惟三公。论道经（adjust）邦，燮（harmonizing）理（regulating）阴阳（the operation of Yin and Yang）。"（依据莱格的译本修改，见 Legge, *The Shoo King*, Taipei: Southern Materials Center, 1985, p.527）《诗经·公刘》说："相（surveyed）其阴阳（the light and shade），观其流泉。"（Legge, *The Shoo King*, Taipei: Southern Materials Center, 1985, p.488）后一个例子比较模糊，可能既指静态的地形，又指昼夜的历时过程，还指阴影随着太阳的移动而移动。

[2]《大宗师第六》，第 17 页。但是这最终可能会化约成维持健康的生理性力量，从下文所引可见；命、造物者这两者都只是人的肉体存在的决定性条件，这是此处的主要意思。

[3]《人间世第四》，第 10 页；《大宗师第六》，第 17 页。

[4] Graham, *Disputers of the Tao*, La Salle: Open Court, 1989, p.328. 所引《则阳第二十五》，第 72 页。

的文献里的说法，这类文献大概出现于战国后期或汉初，其试图将所有自然现象都归为两类：阴与阳。其中一个例子是马王堆发现的《黄帝四经》中的《称》篇（*balance*），该文中不但天与地、春与秋、夏与冬、昼与夜、父与子、男与女分属于阳和阴，而且大国与小国、达与穷、娶妇生子与服丧、制人者和制于人者、言与默、予与受这样的对子也分属阳和阴。[1]葛瑞汉对这段文字的评论是："自始至终，链条 A 都高出链条 B 一筹，但这两者是互相依赖的；它并不……导致'善 / 恶'对立。众所周知，中国倾向于将对立面视为互相补充的，而西方则视为互相斗争的。"[2]

　　而这种"互补性"的确切性质究竟如何，以及它是如何与葛瑞汉所说的一方之于另一方的"优越性"相关的，还有进一步讨论的空间。阴与阳在历时发展的过程中，既互相对照，又互相缠绕，葛瑞汉将这两个方面结合了起来。再比如，丽莎·冉芙丝（Lisa Raphals）在追溯阴阳观念中特定的性别联想的发展史时指出，在建构各种版本的阴阳两极（polarity）时，有三个独特的侧重点：互补（在自然的交替过程——比如昼夜、夏冬的交替——的律动中发现的"循环性的端点"），对立（比如在永不变化的两性的区别里），层次差异（在固定的角色之外，我们将上级和下级固定化的价值联想附加给阴阳观念）。[3]张岱年区分了"气"的阴阳两面和"性质"（essence）的阴阳两面，这一区分也涵盖了同样的层面。[4]张岱年的前一个区分中，阴、阳这两个术语就是作为形容词来描述某个第三类事物（气）的流动**状态**，它既可以是阴也可以是阳，这接近于冉芙丝的第一个意涵，即是说，这对概念在指涉任何一种交替性的、"律动性的"过程时，彼此是互补的。这种分类的有趣之处在于，阴阳术语所要处理的都是一些基础性的范畴，以至于它们不是帮助这些范畴形成意涵，而是在自反

231

---

[1]《黄帝四经》，见于《老子王弼注、帛书老子、伊尹·九主、黄帝四经》合订本，台北：天士出版社，1982，第 321 页。

[2] Graham, *Disputers of the Tao*, La Salle: Open Court, 1989, p.331.

[3] Lisa Ann Raphals, *Sharing the Light: Representations of Women and Virtue in Early China*, Albany: State University of New York Press, 1998, p.167.

[4] 张岱年：《中国古典哲学概念范畴要论》，北京：中国社会科学出版社，2000，第 84—85 页。

性的基本层面上直接构成其意涵，由此导致它们的适用范围得到扩展和重组，这就使得任何一种将它们截然区分开的思路都无法成立——正如冉芙丝和张岱年在他们对相关材料的历史性概述中令人信服地论述的那样。如果阴阳结构的某种形式诉说的是中国传统中最广泛存在的、相互对立的各种观念，那么它似乎也就可以诉说各种形式的对立之间的对立。我们或许也能像建构互补性或对立性那样去建构层级性；当然，正规的思想路线会认为，层级性本身也是一种互补，可同时它又经常被批评为本质上对立的一种关系。但是，对立本来就既可以是互补的，又可以是有层级的，故而互补双方也可以是对立的，这一点并无问题。在"中国的关联性思维"命题里，葛瑞汉等人一般都认为，阴阳这对概念是互补的（尽管是分层的）**而不是**斗争的，实际上，这里关键的问题是："互补性"和"斗争性"是互补的还是斗争的？这一提问似乎也是按照葛瑞汉的陈述而组织的，处在葛瑞汉的假说所做的宽泛抽象之内，然而事实上，我们是不能假定中国思想家会提出这种问题的，因为这一提问在形式和内容之间引入了一个相当棘手的无底深渊：它将一种异质的方法施诸这一论题，假设对立面之间是断裂的。如果这些思想家真的认为对立面是互补的，那么他们必然已经认定"互补性"和"斗争性"是互补的，而这种"互补性"，与"和'斗争性'互相斗争的'互补性'"观念，明显是不同的。这恰恰是反讽和非反讽传统相互对立的关键所在。简单来说，反讽传统坚持认为斗争本身是互补性的一种表现形式，或者说斗争性和互补性是互相补充的：非连贯成形本身，是所有的连贯成形所不可避免的结果，这是因为，一个连贯成形的内容以及此内容的对立面之间的关系，是这个连贯成形的必要成分，而这一关系会导致连贯成形不可知，也即导致非连贯成形。阴和阳的"互补性"不能被如此浮泛而轻易地论述或对待，同时，依据阴/阳关系而引申出的斗争性和层级性也需要获得重新理解，以与这种特殊的互补性形式保持一致。当我们说阴阳是互补的，我们所要说的是，不论如何，它们都需要彼此（以便保证自身的存在/以便保证繁荣/以便恰当地运作/以便全然地运作/以便选择性地运作等）。这种互补也许涉及（或者说是在要求）斗争、紧

232

张或等级，反之，后者又依赖于互补性对它们的某种形式的认可。互补性既可以从反讽的意义上理解，也可以从非反讽的意义上理解，斗争性和层级性也同样如此。[1]

这三种观念与阴／阳的对立统一体相伴随，为了对这些观念所体现出来的意涵的特定指向进行爬梳，我将对《易传》中的阴阳学说进行集中的探讨，因为在我看来，它是先秦阴阳问题的集大成之作，这不光是因为它可能代表了当时广为流布的思想，而且是因为其在思想史上有着深远影响。《易传》是战国后期的作品，而其所要加以理性化的《易经》，最初只是一部占卜手册。值得注意的是，尽管在中国历史的最早阶段中并没有发现创世神话，但我们却能看到当时的人们对预兆有着强烈的兴趣。[2] 最早的时候，祭司似乎是通过灼烧修磨过的龟胸甲和牛肩胛骨来观察预兆。商王可能会问：我攻打 X 将如何？我攻打 Y 将如何？从这里可以再次看到人类欲望的赋予性，它是所有质询的起始点，这与我们在其他文本中得到的信息是一样的。起初，占卜活动的答案是二进制的是或者否，即"吉"或"凶"，好运与灾咎。按本书所采用的术语来说，占卜活动所要追问的是，未来的事情会不会与你的欲望相**连贯**。你的计划会壮大并持续下去，让事情围绕在它周围发生，还是会陷入失败。你的欲望和计划可能成为一个决定性的起点，由起点衍生出一个情境并与这个情境连贯成形，从而成为一个可持续的中心，还是说，你的欲望和计划可能会完全失败。这种简单的是／否应答，后来日益复杂，成为一种对历时状况的旗帜鲜明的表述，以及对这一历时过程中的各种连贯成形和背景的灵活操作。譬如说，这种状况可能会从"是"转为"否"，或从"否"转为"是"，或从"是"转为更大的"是"或过大的"是"，从而导致"否"，诸如此类。"是"是一条完整、坚固的线，后来被解读为"阳爻"；"否"是一条断裂、柔顺的线，即是后来的"阴爻"。战国时期

---

[1] 类似的区分在张岱年的书（《中国古典哲学概念范畴要论》）中比比皆是。

[2] 这里所谓"最早阶段"，所指的文献是从上古直至《论语》和《墨子》。有关后来的创世神话，见 Paul Goldin, "The Myth That China Has No Creation Myth," *Monumenta Serica* 56 (2008), pp.1-22。

的文本《易大传》（又名《系辞》）认为，这两个基本的形式（阴阳）产生四种基本的"形象"（images，四象），通常被解释成两条线混合起来后的四种可能：两条阴线（老阴），两条阳线（老阳），一条阴 233线在一条阳线之上（阳转向阴，"幼阴"），一条阳线在一条阴线之上（阴转向阳，"幼阳"）。阴阳两条线的各种叠加方案可以被看作对转变（transition）的一种结构性的模拟，体现的是一种历时过程，于是历时性便作为一种结构性的形式而被纳入阴线与阳线的叠加中了。这种情态性的符号，在这里代表了四季，通常被解作少阳（春）、老阳（夏）、少阴（秋）、老阴（冬）。阳是打破冬季的天寒地冻的生命力量，在春季最为活泼和纯净，此时它还未完全展现。植物开始生长，动物再次复苏；特定的事物变得明朗起来，集约成一个个中心；万物呈现成连贯成形，从一个无目的的、不成形的（阴）基础，一个没有衔接点的惰性出发，将原初的计划予以实现。阳是活动、主动、生命，将我们的注意力从不动的、被动的背景中吸引过来，使一个连贯而可知的欲望的实现形式和结构，变成一个可被认知的存在物。在这里，阳是欲望的载体，它呈现在以生存、欲求之计划为背景的综合、践行、连贯成形与可知性之中。

　　两条线的符号进一步扩展成八个三条线的卦。八卦的结构特性被指定为八种原型：天、地、雷、渊（垂直下落的水）、山、风、火、泽（平静的水）。三条阳线代表天，三条阴线代表地。雷是生命与活力的激越，由一阳线在两阴线之下来代表——卦是从下往上读的，此卦象征的是滞涩的大地之下的一阵轰鸣，这一过程刚刚开始，故而不可见。垂直下落的水（或渊）是一条阳线在两阴线之间——溪流，一股活跃的力量被两侧柔顺的水包围。山是一条阳线在两阴线之上——它如实地描绘了高度，以及时间上的滞后性，阳的活跃性体现为树木和植被生长在一堆无生命的土石之上。这三卦都有一条阳线、两条阴线，被规定为阳卦。剩下的一条阴线、两条阳线的三卦，则被规定为阴卦。其中第一个阴性之卦是风，一阴线在两阳线之下，因而从下往上读的话，就像一种温和的屈从性力量成长为一种坚实的、决定性的力量。第二个是火或离卦（离是"附丽、附着"的意思），一阴在两阳之中，象征健旺的活泼性、炎热、火苗的能量，然而它是虚弱而需要依附在中间的，需要"附着"于燃料。最后是湖泊或沼泽中的止水，一阴在两阳之上，意味着平静而被动的表面覆盖在一个满是活力的纵深之上。

234　　八卦也被解析为一个家庭，天、地为父母，三阳卦为三子，三阴卦为三女，各分长幼。一卦的整体性质是由阴阳线中数目最少的那一种决定的，这一事实对于我们理解八卦系统里的"连贯成形"观念来说具有重大意义。正如《系辞下》所说："阳卦多阴，阴卦多阳。"对卦图系统中体现出来的原则的这一概括，提示了一个重要的观点：一个单卦或重卦即是一个整体，将它的特性确定下来，靠的不是量化的、机械化的方法，而是靠结构性的、整体性的方法——这不是部分之间的简单叠加，而是部分之间如何组合的问题。在《系辞下》这段文字里，这种基本原理被解释为："阳一君（阳爻）而二民（阴爻），君子之道也。阴二君（阳爻）而一民（阴爻），小人之道也。"王弼将之解作"以寡统众"。这种作为整体而出现的可知的连贯成形（例如，一卦被视为阳，是因为在这个整体中，阴性要素占了大部分），是依据社会政治中的主导者与附属者来做结构性的类比的，换句话说，社会关系中的一些观念是这种整体论的一个来源。

　　一个卦只有一个阳爻，则阳是此卦之主，因而其整体性质（当它作为一个更大的结构——比如一个重卦——的部分而运作时）被描述为阳。更贴切的解释是：当容受性或辅助性的力量在数量上居于优势地位时，应运而生的是积极的、创造性的整体作用，这是一种积极开拓的新存在，能让事物最终得以成就。这里，我们看到了连贯成形的嵌套形式（nesting）的苗头，嵌套是这一思维方式的基本性格，也是每一卦的每个爻位变化方式的基本特征。我认为在这一点上，反讽传统的主要洞见被调和进来：由于连贯成形总会涉及背景化，故而不稳定性和不可知性总是与连贯成形相伴随的，而反讽传统的这一洞见，被纳入非反讽的连贯成形系统中去了；换句话说，阴性的力量被纳入阳性力量中去了。

　　完整的《周易》占卜系统是当八卦进一步组合成六十四重卦后才

形成的，六十四重卦代表了六个位置里阴阳爻交替变化的所有可能性。六十四卦的排列在古代经历了数次变化。现在通行的是《周易》中的排序，以乾卦为起始，它有六条阳爻，代表的是天或纯阳。不过，传统说法以及近来的考古学证据告诉我们，《周易》之前更早的排序是以坤卦为起始的，它有六条阴爻，代表的是地或纯阴。对于非反讽传统来说，将乾卦放在首位是非常具有吸引力的，这是对反讽传统的协商性的回应，后者将所有生命的起源都归给道的"纯阴"的慈母之心，就如老子那样。总之，目前的这种排序是理性化的结果，是由战国后期的注释所完成的，可以说，它是对反讽传统所发现的阴的重要意义所做的非反讽式的吸收。 235

　　至于为何要对这种占卜的文献做理性化的处理，我们要有所说明。一般说来，古代神话是由许多故事组成的，用来解释整个世界、人类，以及人类的全部情境的起源。在一些古代文化中，当这种古老的神话的真实性和道德有益性受到质疑时，人们要么将这些神话当成假话予以拒绝（例如在柏拉图那里），要么努力去重新解释它们，把它们视为更新的哲学和道德理念的寓言式表达（如斐洛［Philo］和基督教神父就是这样理解《旧约》的，新柏拉图主义者也是以同样的方式对待希腊神话的）。在中国，这种理性化的能量并没有被用来重新解释神话，而是被用来重新解释古代的预言技术。这里，我们应当检视的是某些特殊情况的旨趣，考察它们产生和转变的方式，以及人类对它们的最佳反应，而不是在这一传统中寻找那种关于"事物的存在方式"的一劳永逸的客观性知识；同时我们应该检视日新不已的新情况所具有的旨趣，这些旨趣实际上是某种形式的"终极关怀"，它们在后来的中国思想中经常出现。再次强调：人类欲望的赋予性是不可化约的，在存在于世的任何一种连贯成形中都能解读出来，人类欲望的这种赋予性和不可根除性，在这里相当关键。在《易传》里，人被描述成由自然力量所构成的小宇宙，其中最重要的是阴与阳，即容受性的力量和创生性的力量（黑夜与白昼，雌性与雄性，完成与开创），它们以各种方式结合，形成某些特定的典型状态，每一种状态都要求人类有特殊的回应，由此这些状态才能被完美地呈现出来，即，可以完全将暗含在它们之中的价值彰显出来。这些价值既是道德的，又是功利的。《系辞》将生命的这种无止境产生，或说变易的无止境产生，以及新的境况、新的人、新的物的无止境产生，视作至善。这一过程是阴阳两种力量相互作用所造成的，而人的道德活动既以这一生命过程为基础，又以参与这一过程为目的。这里，儒家道德——既包含"仁"又包含礼乐系统——的自然性和自发性再次得到了巩固，但不再是以人类天生所具有的倾向为基础，而是以这些倾向在整体性的自然世界中的意义，以及它们在这个整体中的根源为基础；人是生命的大流行里的小宇宙。

在《周易》文本的最早阶段，阴阳并未以后来的意涵出现，而是以"刚"和"柔"来描述六十四重卦里完整的实线和断裂的虚线。此236 后的一段时间里，原始科学、气象学、医学上的阴阳观念开始依附于这个对立统一体，与更早一些的哲学思考融汇在一起，最终产生出《系辞》里周密的、综合性的、形而上的学说，将当时流行的更早之前的思想，大体按照儒家（非反讽）的终极价值统一起来。

至此，阳已经变成一个复杂的观念，被用来指示可见性、明亮度、雄性、起始性、创生性、活力等原则，以及事物的开端，而阴指示不可见性、黑暗度、雌性、服从、和顺，将阳所开启的历程有条有理地终结掉。以下两种基本的模式可以用来表述这种互动：昼夜交替，雌雄交媾。可见性和不可见性这对意涵，以及当其中一面发展到极端时另一面开始发展的交替模式，都是从昼夜模式中引申出来的。活力和容受力、开启和终结、动态和静态等意涵则来自两性模式。这两种模式意味着性质上对立的两个术语，以一种平衡的和谐状态结合在一起，这种和谐可以产生生命，并让生命得以持续下去。自《国语》中史伯的关于"和"的那段话起，这一论题便已经开启，我们已经遇到过很多次了。昼夜轮转让土壤肥沃，两性交媾让后代繁育。这里，阳就是光明与雄性，阴即是黑暗和雌性。阳开创和制作各种模式，阴模仿或执行它们；阳主阴从。这些各不相同的意涵又是互相关联的，但现代的读者却很难探明这种联系。我们或许要更具体地考虑交媾中雄性与雌性的性器官：凸出的阳具在外面勃起，使它能被感觉到，被知道，被看见；凹入的阴道和子宫则是深藏的，黑暗而不可见，它是通过被插入的活动的完成，来对这种强加而来的成形的定义进行回应的，阴阳构成一个连贯而多产的整体。老子就说生命开始于不自伐、不自现的慈母，以及她的玄牝之门的深邃，这一意涵被扩展成两性交媾的隐喻，这一隐喻在解释阴阳模式时更有优势；生命开始于"勃起"和父亲的性活动，而母亲仅仅是以她的容受性、回应性和幽深之静来完成这种活动。这里注意，"可见性"（visibility）本身也是连贯成形的一个标志，它不仅是在可知性的意义上说的，而且主要是在"并连"（sticking together）的意义上说的。这是因为，在"可见性"最基本的含义里，所谓彰显或揭示，意味着两个昔日孤立的事物现在结合成一个更大的整体。在黑暗里，石头和我是没有明确的关系的，但是在亮光下，当我看到它时，我们统一在一个共同的世界里。主体和客体在知觉、呈现、亮光中结合在一起。因而，阳是并连，是可知性，是价值，即连贯成形。而整个的阴阳系统则是用来承认，此连贯成形也必须与其对立面——不可知而孤立的阴——连贯。作为不可知者，反讽的连贯成形就这样被驯服了。

《系辞》第一部分就展开了如下命题：

237

> 天尊地卑，乾坤定矣。
>
> ［万物从］卑［至］高（exalted）以陈（become manifest），［重卦之爻所示之］贵贱位矣。
>
> 动静有常，刚柔断矣。
>
> 方以类聚，物以群分，吉凶生矣……
>
> 日月运行，一寒一暑。乾道成男，坤道成女。
>
> 乾知（Qian's knowability）大始（the great beginning），坤作（Kun's action）成物。
>
> 乾以易知，坤以简能。易则易知，简则易从。易知则［知之者］有亲，易从则有功。有亲则可久（can endure），有功则可大（can be vast）。可久则贤人之德，可大则贤人之业。
>
> 易简，而天下之理（coherences）得矣；天下之理得，而成位

乎其中矣（one can find one's place among them）。

在这段文字中，我们首先看到的是对自然，以及天在其上、地在其下的"大理"的呼唤，首先看到的是从几个方面展开的，对反讽传统的怀疑主义的直接拒斥。这段文字被用来证明，乾（纯阳）具有更高的价值，并且在价值上居于优先地位。第二句话是对从卑至高的前进过程的说明，如果我的理解无误，这是将反讽传统所强调的"卑下者才是万物真正的开端"吸纳到从属者的行列后才会有的；卑与高在这里有着和反讽传统相反的秩序，并且被内置到重卦系统里去了。第三句话是对重卦的刚柔爻的描述，其中，"常"（constancy）的意涵被确定为"可持续性"，它否定任何可知的连贯成形，这参照的是通行本《老子》第一句话中"常"的用法；刚柔爻的动静是恒常的（即是可靠的、普遍可获得的）连贯成形，在重卦系统里，这些连贯成形是可以被察知的。第四句是对万物的连贯成形和它们的自发的组群活动的陈述，并将之与吉凶直接挂钩，这与《荀子》对"感应"的讨论是一样的，吉凶是由某个单一组群的活动造成的，而万物的连贯成形和自组织则是这个组群的一个构成部分，故而，这里的"感应"取决于相似性，而不是对立。

接下来一段话，对阴阳做了基础性规定，以便人们理解这个系统。我将之翻译为：昼与夜，男与女，开始于可知性，完成于活动性。下一句话对此有所解释。我们这里再次发现了《孟子》等文献所提出的连贯成形的社会模型：乾（阳）可以使自身为人所知（后文说"在天成象"），它极力重申连贯成形的"可知性"面向。阳是明朗的、高尚的、可见的，它们的可知性是平易近人的，它们靠这种平易之德来吸引人们亲近之。这里我们暗中再次指涉了人类欲望的赋予性：轻易就能知道的东西能够带来快乐，使人们受到它的吸引而聚集在它周围。这马上与持久性（维持它自身的存在的能力、可持续性）联系起来。阳即是连贯成形，作为可知性，阳也与欲望连贯而成形，并通过激励事物效法它、通向它，完成它所开启的事业，而将事物也连贯在内。至于事物对阳所开启事业的完成，则是坤或阴的功用了（正如后

238

文所说，坤"法象"于乾）。引文紧接着强调了创造出《周易》的圣人（贤人）所具有的地位和作用，从而在与传统的连贯成形中，建立起《周易》的终极的、决定性的权威地位。

为了达到我们的目的，最为简便的办法是，在这段引文的意义集群里找一个特定角度来考察（当然，这样做不可避免会导致过度简单化），并讨论阴阳的**成始成终**的根本性意涵，以及由此而来的所有的时间性的、价值论的意涵（也就是说，"终"已经意味着否定，使事物走向终点、休止、死亡）。不过，"始"的理解必须与这段引文相一致；"始"说的是通过造成一个理想的可见物，而让事物开始。我们可以根据连贯成形（阳）来重新表述"让事物开始"和"造成一个理想的可见物"：阳意味着通过展示可知的、可欲的事物来创造连贯成形，而在我们的理解中，"展示"和"可欲的"恰恰与人类的意识、欲望相连贯而成形。因此，阳具有可知性，并且与人类欲望并连在一起，在这个意义上，阳是连贯成形。《周易》对《老子》的反讽传统的冲击在于，《周易》坚持认为，真正具有终极价值的是阳的这种可知性和显明的"象"，这里，易知的"象"能吸引人，与人类欲望连贯，使人们聚集在它周围并且效法它，让万物之存在得以开启。《周易》的题中之义是，存在的就是连贯而成形的；这种基本的价值导向，能让诸条目连贯而成形，也即能让诸条目存在。也就是说，真正具有创生性的是阳，而不是《老子》式的阴。（实际上，《管子》四篇所体现的前反讽的道家思想也是重阳而不重阴的。）[1] 简言之，阴的作用是完成阳所开启的局面。按照本书一贯的说法，这表示阳是一个连贯而成形的事物，是一种有价值的事物，而阴则是自发性地聚集在阳周围的一个补充性的背景，是后于阳的。阳是有价值的连贯成形，它必须与阴这一不可知者相连贯。即是说，连贯成形必须与非连贯成形连贯。不过，阴 / 阳系统提供的是一种别开生面的方法，避免连贯成形的可知性因非连贯成形的渗透而被反讽地抹杀掉。因为这个系统所暗示的阳主阴从的这种价值性的基本结构，是一贯到底的，而不是复杂

239

---

[1] 见陈鼓应:《管子四篇诠释: 稷下道家代表作》, 台北: 三民书局, 2002, 第70页。

多变的。

在《周易》里，价值相当于阴和阳之间的一种特殊关系（阳／阴关系本身主要不是一种价值／反价值关系）。即是说，**当阳为君、为首、为主、为上，而阴顺从它、支持它、完成它、辅助它时，这种状态就是"善"**。阴阳之间的和谐就是这样被定义的，而这就是价值，而且正如前文所示，这是非反讽传统的连贯成形的典型面向之一。当阴阳的这种和谐被破坏时，第一序的反价值就产生了。不过，这种不平衡也可以成为一种价值，只要因时因地而妥善地将之背景化。这种回转似乎可以与重卦各爻的不可预测的断辞联系起来，因为有些阴爻出现在错误的时间或位置——即阴爻居于"宰制"或"起始"之位——却被判断为"吉"，这对注释者而言就构成了挑战，因为他们需要解释，这种特殊情况下的违规现象为何是正当、和谐、合法的。至于为何一开始就要以这种方式来解读重卦各爻，这里无从推测；但我们似乎可以说，《系辞》作者明显是熟悉《易经》爻位的层级的，而他对阴阳运转的理解也明显受此影响。阴阳结构所附带的价值，因这种无法预测的回转而变得复杂且不可捉摸，阴阳结构的产生也就不尽是纯粹理性主义的，也未必有一个先验的基础。因此，不可能存在一条总是在事先规定哪种阴阳状态等同于"善"的严格规则；这大概是用于解释阴阳爻的规则集合所共同具有的最显著特征。因而，《系辞下》说："不可为典要（essential rule），唯变所适。"

240　　这并不是说，《周易》没有它的解释规则；相反，这里的问题是**互相冲突的规则太多了**。例如，重卦的六个爻被说成是两卦相叠，下卦（"内卦"）代表私人领域，或者还未公开显现的领域，上卦（"外卦"）代表的是这种推动力在社会上的呈现。但六爻也被解释为三组，从下往上依次代表地、人、天。而且六爻从下往上，也用来表示事态发展中从初始到全盛的历时过程。它们也被用来表示官僚阶层的从卑至高的阶序，有时候还被看作四个连环叠加的卦（互体）。每一个重卦都是一个整体，都有自己的象征性意涵，这些意涵可能会进入卦爻中，成为每一爻的爻辞；但有时候爻辞又是独立于卦辞的，而无须与它所在的重卦相关。六爻的爻位也被认为是阴阳交互的，奇数位（1、3、5）

被看成是阳位，偶数位（2、4、6）被看成阴位。阳爻居阳位或阴爻居阴位的情况，被称为"正"（correct）——正中目标，取得平衡，正确扮演那个位置所要求的角色。第二和第五爻被称为"中"（central），因为它们分别居于内卦和外卦的中部，一般来说，这时候也是事物的可欲阶段。根据六爻之间的阴阳关系，第一和第四、第二和第五、第三和第六爻阴阳相对，就可以说它们分别"相应"（correspond），这是吉利的。与此同时，相邻两爻阴阳相对，则有阴"承"（support）阳的情况，它是积极价值的一个决定性因素。

　　我们对《易经》重卦卦爻的几种解释规则，以及附加在这部卜筮之书的意象上的精练陈述，做了相当简略的说明，现在可以很明显看到，在很多情况下，各种规则和模式是相互冲突的。某一爻可能"正"，其阴阳之性符合其所在的爻位，但与另一卦体的对应爻位不相应，或与邻位不相承等。那么在它们中，哪一个才是适合这个爻的决定性规则？可以说，这些相互冲突、互相替代的过量的规则，正相当于真实世界中过量的连贯成形，这些连贯成形被孟子、荀子和庄子用各种方式进行选取和连贯。显然这里并不是没有规则，恰恰是因为规则太多，所以无法形成唯一而一贯的规则集合。《周易》给出的解决方案是儒家式的，这一方案在孟子那里开始出现，而在荀子那里达到高峰：某一场合中的过量的连贯成形，在决定性的连贯成形——**传统**的权威性——的关涉下得到缩减。缩减后得到的，是与"过去"的连贯成形，尤其是与"圣人的权威性"的连贯成形，这里，圣人的权威性是决定哪些规则可以被运用的基础。圣人制作了《周易》，他们在所有可能的规则中，选择出能最有效地与特定场合连贯的那一条，而我们就要遵从这条规矩，因为我们自己与传统的连贯成形是以这些圣人为基础的。似乎可以说，这一论证从根本上说是实用主义的，而且潜在地具有达尔文主义倾向：既然这些解释能让传统持续到现在，延续到我们这里，那么就足以证明它们是有效的；这是一种权威保守主义式的理解。在任何情况下，我们都很清楚地知道有这样一种状况：具有权威的圣人能影响他周围的世界，构成一个最大的社会性的连贯成形，而我们本身也渴望与圣人相连贯，现实中存在大量互相抵牾的

241

连贯而成形的规则集合，在任何时候，圣人都可以从这些集合里选取出合适的一个。

不过，价值始终都被认为是阴与阳之间的连贯成形关系，它在每一个重卦的情境下都有很大不同，但都围绕着上述标准（即阳为主阴为从，阳始万物而阴终万物）而展开——导源于此，而又略微偏离。这种价值观建立在这样一个假设上：创生性，或者说生命的产生，本身就是终极的、非工具性的价值，同时包括在内的还有可持续性、连续性和延续——我们从《国语》那段引文就开始将这三点作为和谐的连贯成形的决定性标志。

这一终极价值被定义为："天地之大德（virtuosity）曰生"（《系辞下》）和"生生之谓易"（《系辞上》）。《系辞》中价值理论的关键点，在下面这段人所共知的文字中得到很好的说明，它将我们带到终极价值的层面："一阴一阳之谓道，继之者（its continuance）善也，成之者（its completion）性也。仁者见之谓之仁，知者见之谓之知，百姓日用而不知，故君子之道鲜矣。显诸仁，藏诸［百姓之日］用，鼓万物而不与圣人同忧，盛德大业至矣哉！"

这里对"善"（也即价值）作了严格的定义。孟子将"善"定义为"可欲"，即能够和既有的人类欲望相连贯的事物。《系辞》也将价值定义为一种连贯成形——在《周易》里这种连贯成形指的就是阴与阳，黑夜与白昼，雌性与雄性，可知的形象和构成它背景的（而且它必须连贯）不可知的脉络之间的关系。我们已经知道，在《周易》系统里，阴阳的等量齐观并不被认为是善的；善应该是创生性（即阴阳的对立统一体中更积极、肯定的那一半）少于从属性（即消极的、否定的那一半），这样一来，创生性就能居于宰制地位，利用并驾驭否定性的力量。因此，我们不要将"一阴一阳"僵化理解为数量上的平等。

据此，我可以将这段文字翻译如下：在可知的连贯成形和它必须连贯的必要的非连贯成形、主动性和建构性、开端和结束交替出现的过程中，一方总会导致另一方，暗示另一方，包含另一方，这种过程被称为"道"。当这种交替过程按一定比例发生，使这两方能不断存续下去，而不陷入永远以某一方统摄另一方的死胡同时，这种和谐就被称作"善"或价值。而完成这一和谐的是人性，人性既是此和谐的高峰，又是这个和谐在宇宙中得到完成的具体表现。这一价值原则在所谓的仁和智那里表现得最为明显，故而那些分别专注于这两方面性质的人，会各执一偏，将道称为仁或智；但道是宇宙间一切活动的源头和基础，存在于极不明显的形式中，甚至存在于普通民众的日常活动中。

那么，非反讽意义上的有价值的连贯成形在这里指的是什么呢？它与它必须无条件连贯的无价值的不可知性之间的关系是怎样的呢？有价值的连贯成形，指的是开端与终结之间、主动性力量与回应性的建构力量之间，或者说，**明显**具有积极价值者（阳，第一层的连贯成形，在最单纯的意义上，阳让事物成为事物）和**明显**具有否定价值者（阴，第一层的非连贯成形，在最单纯的意义上，阴让事物得以终结）之间的一定比例。这一比例能让二者以"能让二者存续"的一定的比例存续下去，这种无限存续的比例，通常涉及明显积极的力量对于明显消极的力量的（非量化的）宰制与优先性，同时，明显消极的力量可能在数量上占优势。但这一比例之所以有价值，无非是因为它能让**二者壮大**。开端与终结应当始终作为开端与终结，即是说，事物与其情境的产生，是不断发生着的，换言之，**没有终结才是最终的结果**。假如终结性力量（阴）居于主导地位，开端和终结就会结束，因为终结意味着将连贯成形带入非连贯成形。同样，假如开端性力量（阳）一味居于宰制地位而不退避，那么就不会有抉择，不会有结构，不会有完成，这同样会破坏事物的构造，妨害开端与终结之过程，让它们 243 无法连贯而成可知之形。这是因为，事物的终结也即意味着事物完全成形，也即意味着连贯成形的顺利完成。

我们由此可以清楚地知道，阴为何既是其自身意义上的否定性（结束、死亡，所有存在着的事物的终止），又是创生万物的必然过程的一部分（因为这里的"结束"既是"让事物终止"，又是"将事物带入它最终的形式"——完成或完善，让它妥当地结束）。我们可以将这理解为"互补性"的一种形式，这里所谓的互补性是与"斗争性"

相互补充的，而不是相互斗争的。阴与阳之间的互补性本就预设了二者的斗争。它们既是互相冲突的对立面，又是同一个过程必然具有的两个部分，这两个层面的意涵并不会互相冲突。阴作为"终结"，既具有否定性价值（与阳和整个过程相冲突），又具有肯定性价值（与阳和整个过程互相补充）。[1]

这意味着，阴居于统治地位会导致阴阳双双灭亡，而这才是阴的终极反价值性（disvalue）的唯一根源。阴与阳的存续，决定了哪一种阴阳关系才是可欲的。而人类的作用就在于确保阳占据优势，以免宇宙失衡而转以阴为主导，让阴阳交替之过程终止。这并不是要抹杀阴，更不是要在任何情况下对它进行镇压，事实上，这是道德践履的一个目的。更进一步，而且更关键的是，阳居于统治地位会形成垄断，危害到二者的持续壮大，抹消阴的同时也抹消它自身。在这种情况下，阴居于主导就被规定为价值了。故而，统摄所有价值的"一贯"之旨是：最好的关系是让这些关系存续下去的关系。[2]

对事物在世界中秩序的理解，以"十翼"中的《说卦》的描述最

---

[1] 值得注意的是，这一观念也可以被归结为一种**内在**价值论，即单凭现存事物就可以试着得出价值，而不必凭空地使用一种他律的评价标准。原则上说，后者不过是指定某部分存在物为善，而将另一部分指定为恶。当然，前者（即这种内在价值论）也同样是同义反复的，可以导致无穷倒退。它建基于这样一个基本假设：存在物（或者更妥当的说法是，存续不息的创生）本来的样子就是善的。不过，这与西方关于存在（being）和善（good）可以互相兑换的观念（比如新柏拉图主义和中世纪基督教哲学）大不相同。因为前者完全是以"过程"观念为基础的，各个不同的事物在上天不息的创生性里重复着开始和结束的进程，前者便通过这一进程而得到表述；至于"恶"的可能性，则是由于创生过程的"终结"的必然出现而出现的。

[2] 重卦系统有许多这样的案例。例如第二十四的《复》卦，是重卦系统中最为吉利的几卦之一，传统上认为这一卦是阳性力量的复苏。此卦一阳在下，五阴在上。重卦的"君位"在从下往上数的第五爻，理想状态是阳爻居于此位，而在这一卦里君位则被阴爻占据了，更有甚者，第二爻也并未与君位"相应"，因为第二爻也是阴爻。从结构上看，按照解释重卦的一般性规则，这一卦并不是那么吉利。然而，它却是相当吉利的一卦，甚至可以作为阳的状况的一种标志，因为阳爻出现在"初始之处"，完美地起到了始万物的作用，是一个转折点（联系到冬至日），这点小小的阳气足以确保现存的各种阴性要素陆续与之"相应"并"结束"（从结构上看，这点阳气尤其要与第四爻相应），因而可以助益存续过程。另一个例子是六十四卦中最后一卦，《未济》卦。它的每一爻都是"不正"（wrong）的。但这也是最吉利的重卦之一，因为这种不均衡意味着未完成状态，从整体上看，这种未完成状态所起到的作用就是为随后的完成做准备。因而，尽管从数量上看，此卦是阴阳均等的，而且从结构上看是完全错位的，阴爻又居于君位，但整个重卦却是阳性的。这里，我们看到非反讽传统对反讽意涵的连贯成形的吸收：反讽（接下页脚注）

为精彩。这篇文献似乎让最早接触到它的西方读者感到极为荒谬无趣，尤其是其中对八卦所做的阐释。[1] 然而，我们在这里就可以看到本书所讨论的连贯成形观念的价值所在了，因为《说卦》向我们展示了连贯成形观念是如何影响到人们对事物在世界上的组织方式的理解的，而为了让人们理解这些组织方式，相同性和相异性观念又是如何被构想成这个样子的。

《说卦》试着总结《周易》中的八卦和重卦系统的意涵。其中讲到了圣人是如何设计这一系统的：

> 观变于［天之］阴阳而立卦，发挥于［地之］刚柔而生 244
> 爻，和顺于［人之］道德而理于义（"理于义"英译 separated
> into coherent groups what was appropriate to each），穷理尽性以至
> 于命。昔者圣人之作易也，将以顺性命之理（coherences）。是
> 以立天之道，曰阴与阳；立地之道，曰柔与刚；立人之道，曰仁
> 与义。兼三才（three primal powers）而两之，故易（exchanges）
> 六画［穷尽所有可能性］而成卦。分阴分阳，迭用柔刚，故易
> （transformed）六位［以各种方式］而成章（visible figures）。

由一对术语构成的"摆幅"在天、地、人三个平行的领域中出现。每个领域都有其自身的道和其"进程"（course），并据此前进。在每种情况下，二分性的轮替都是可持续性所必需的。天在黑暗与光明、夜与昼、阴与阳之间交替。地形在柔和刚（如山和水、障碍物与通道）之间交替。人的行为在"仁"的包容性的爱和"义"的决断性的严苛间交替。这三个子系统的**重合部分**产生最终的系统：天上和地上自然的振动过程中的这些要素，人类的仁与义的进程（道）和它的修养（德，virtuosities），都可以因这个重卦系统而"和顺"

的连贯成形依然是一种价值，依然具有可知性，依然是不同要素结合成的一个整体，或不同要素的和谐状态。不过现在，这种价值和可知性，是存在于有价值的可知性和无价值的不可知性这两者的和谐之中的。

[1] 莱格就令人捧腹地怒斥道，这种"胡话"所体现出的"愚蠢"真是值得我们好好研究啊。

（harmonize and comply）。这似乎就是分别连贯而成为可以彼此适宜的组群（"理于义"）所要表达的意思。也就是说，"理"——即分组（grouping）——出现在**人类道德性需求** / 实用性需求的振动、天的光芒与黑暗的振动、地的障碍与通道的振动互相重叠而完全一致之处；我们可以把这设想为三种类型的波之间的干涉现象，这也需要用到证明光的波动性的"双缝干涉实验"。这样，在三种振动的"**同步**"之处，我们有了一个"理"，即一个有价值的连贯成形。[1]

随后，八卦被描述成四对相反的组合：天 / 地、山 / 泽、雷 / 风、水 / 火。这很类似于一维的往复运动，因为它能用一条线表示，线里有四种同步发生的振动。这样，八卦就是钱穆钟摆的三层式的版本，

245 在四个同步发生的维度上振动。每一种配置都具有一种独特的功用，这些功用来自卦爻结构所描述的八种力量结构。雷霆鼓舞，风发散。雨水（垂直下落的水）滋润，日光（火）保暖。山脉稳固，湖水欢悦。天主宰，地储藏。[2] 更抽象一点，八卦象天之精健（vigor），象地之顺服，象雷之鼓动，象风之渗透（"入"），象暴水之险，象火光之明或附丽，象山之可靠，象泽之欢悦。[3] 这种扩展渐渐超出诠释者的把握，会让人感到绝望。有人也许会徒劳地尝试着直接从爻的结构中推导出这些性质。但这是不可能的，比如在巽卦（一阴在两阳之下）的结构里就找不到内在固有的"发散"，也很难找到"渗透性"。但是这两者都属于风（它能吹散事物，也能轻柔地进入缝隙中）。同理，我们也不能在坎卦的卦爻结构里找到"危险"和"滋润"。但坎卦所象的垂直下落之水确实既危险又能灌溉。当然，每一卦的基本性质被定义成各种自然环境。这里假定了"自然的力量"的整个区域可以构成一个单一的、自我维持的、能赋予生命的整体，这个整体通过四种振动而取得平衡，由此成为一个连贯成形。在这个整体里，有八个方

---

[1] 我们可以在本书的续作中对"理"的这一重要用法有更多讨论。

[2]《说卦》曰："雷以动之，风以散之，雨以润之，日以烜之，艮以止之，兑以说之，乾以君之，坤以藏之。"——译者注

[3]《说卦》曰："乾，健也；坤，顺也；震，动也；巽，入也；坎，陷也；离，丽也；艮，止也；兑，说也。"——译者注

位被充实起来，称为"八极"。由自然事物连贯而成形的整体，是由雷、风、水、火、山、泽、天、地组成，这八者构成了四重振动的边界（circumference）。这些事物的自然活动的连贯的整体，是由鼓动（动）、发散（散）、滋润（润）、温暖（烜）、稳固（止）、取悦（说）、宰制（君）、储藏（藏）所构成。在更抽象的意义上也可以说，自然活动的连贯的整体，是由精健（健）、顺服（顺）、鼓动（动）、渗透（入）、危险（陷）、明丽（丽）、稳固（止）和欢悦（说）构成。

《说卦》并未就此打住。"动物王国"的连贯的整体是由马、牛、龙、鸡、豕、雉、狗、羊构成，而且是按照八卦的方位排列的。在"人体"的连贯的整体里，我们看到首、腹、足、股、耳、目、手、口。我们也许可以将这些整体一概描述为"平面性的"（horizontal）连贯成形，因为组成连贯成形的各要素之间是平行的。人类的身体存在于世界中，是一个连贯而可知的整体。作为一个连贯的整体，它必然是这八种边界性的力量的平衡，即八个极点在各自的振动系统中的平衡。"动物王国"也存在于世间，是一个连贯而可知的整体。作为一个连贯的整体，它必然也是这八种边界性力量的平衡，即能够让事物平衡、连贯而成可知之形、自我维持的四个振动系统内的八个极点之间的平衡。然而，人体和"动物王国"又是更大的整体内的条目。

从《说卦》的行文中可以很清楚地看到，我们是可以继续往下分 246 的。在动物中，马是乾，即天。而在马中，《说卦》又说良马、老马、瘠马、驳马（杂色马）是乾，即天；善鸣者、骈足者（一条后腿为白色的马）、作足者（欢腾的马）则是震，即雷；美脊者、亟心者（内心热切之马）、下首者（耷拉脑袋的马）、薄蹄者、曳者（蹒跚之马）是坎，即垂直下落之水之卦。马是"动物"这一连贯的整体中属乾的部分；而好马、老马、瘦马、杂色马又是"马"这一连贯的整体中属乾的部分。

然而，我们又该如何理解这种"垂直性的"（vertical）连贯成形——在同一卦下被组织起来的一切条目？是什么将这些条目确定为乾的组群呢？马跑得快：它们具有活力，在动物中像天一样。牛犁地，而且很容易驯服：它们具有服从性，在动物中像地一样。龙从底下（从水里）发出隆隆声，在动物中像雷一样。狗忠诚而可靠，陪伴它们的主人：像山一样，像手一样。人的头部像天（乾）一样发布命令并进行统治，居于上方。胃部像土地一样储藏、滋养、顺从（即依赖食物，并对食物进行回应），而且内藏在身体中。手稳定而握住事物。口带来愉悦。诸如此类。到目前为止，它们的**位置和功能是平行的**。垂直的各层功能里的每个条目，也分别处于平面化的范围里，并且是平行的，不过这并不能确保它们的内在结构相同，或共同拥有某种确定的本质。人的头部和天存在相似的功能：它们都在上方，它们都发起行动。它们还有进一步的同构关系：它们都是圆的。无论是这些联系中的哪一种，或者其他任何一种联系，都能足够充分地将一个条目归结到这一垂直层级里去。因而，我们至少可以在有限的程度上认为，垂直关系之下的不同的连贯成形，就像一个类中的不同成员，或一种形式或共相（例如八卦的"主、藏、止"等范式性功能）的不同实例。但这里必须注意到，将诸马嵌套在诸马中的行为影响了这一框架。一匹善鸣之马的"本质"**绝对**可以依据某种可实例化的模式让它成为善鸣之马，但它的本质中既不可能有乾，也不可能有震。它之所以"是"乾或震，是由它所处的情境决定的：同样一匹善鸣之马，与牛放在一起考量时就是乾，与杂色马放在一起考量时就是震。我们能说"乾性"和"震性"的结构**同时**构造了这匹马吗？我们能说两种性质都"内在"于它吗？这种将垂直性的连贯成形也结合进来的"类似性"（resemblance），本身就是平面性的连贯成形的一种功能，并未构造出一个唯一性的平等化系统。换句话说，说这匹善鸣之马"类似于"人头，说它和人头具有"相同的"乾性构造，是在特定语境下才能成立的；在其他语境下，它就会"类似于"足部（足是人体之震）。相同性确实是连贯成形的一种功能，但反过来说则是不能成立的。

结构上的相同性甚至不是判断某物是否包含在某一垂直的连贯成形之中的唯一标准。毋宁说，正如对重卦的解释那样，我们有太多可供使用的规则，其中一些运用于这些情况，另一些运用于其他情况。有时候判断的标准是结构上的相似性，有时候是功能上的相似性，有时候又不是相似性，与所有这些成员都具有的相同的东西毫无关系。

例如,《兑》这一重卦是自然事物中的"泽",力量中的"欢悦",动物中的"羊",人体各部位中的"口"。何以如此呢? 这些条目是如何组合在一起的? 显然,我们这里所讨论的这组条目,并不是对同一种结构、同一个共相、同一个形式的实例化。它根本就与此无关。更合理的说法似乎是,"口"和"羊"在一起是因为"羊羔"能让人的"口"感到"欢悦"。即是说,这里的连贯成形标准在于能否和谐,而不在于相似性。震,即雷和蓬勃的鼓动的卦象,也是"一条大道"(a large road)——某种静止的、能促成运动的事物。震卦和蓬勃的鼓动过程是和谐一致的,但二者不相似。坎是垂直下落之水的卦象,也是渠道和壕沟:它不是向下流淌的水,而是包含向下流淌之水,并与之和谐。这些并不是相似性所具有的关系,却是连贯成形所具有的。

除了位置、功能的平行性关系(这是最常见的关系),以及连贯成形的和谐化关系之外,还有更异想天开的联想,它是以卦图的视觉表象为基础的——这种联想技术也常见于重卦的解释中。这似乎就是巽(风、影响力的卦象)与眼白很多的眼睛和宽额头联系起来的理由。如果是以图像化的方式看事物的,那么这些卦象就可以被那样联想。这里还有一些更加抽象的联想,例如:坎(垂直之水的卦象)和月亮联系在一起,这也许只是因为一阳爻在两阴爻之中,象征夜空中一轮明月。

我们可以按照这一脉络继续推测,但若要将《说卦》中所有的垂直性的联想的基本原理都逐一解释,则是一种愚蠢的举动。我当然不认为我能理解《说卦》文脉的所有走向。但我们从上述分析中可以很清楚地看到,这些分类行为,并不是要确定出一个体现于各种各样的特殊事物中的自我同一的本质。这些分类行为是所谓的"关联性思维"的一个典型案例,由此我们或许可以获得进一步的见解。郝大维和安乐哲强调,这些分组活动是临时性的,常常富有诗意,这无疑是正确的。而我所要强调的则是,这种分组活动是如何对我们所谓的连贯成形造成影响的,对相同性和相异性观念又有怎样的冲击,更长远一点说,它是怎样影响此前的"秩序"观念(比如与"理"有关的观念)的后续发展的。这和《周易》对重卦每一爻进行解释时一样,我

248

们这里互不相容的规则是过量的，绝无法合成为一个总括性的观点。与八卦之中的某一卦相联系的某一垂直性的类别里的所有条目，彼此之间并不具有相同的关系，甚至连明显的联系都不具备，只靠这种联想间接联系在一起。这里，我们也许要再次提到维特根斯坦的家族相似性，A 也许与 B 相似，B 也许与 C 相似，但 A 和 C 不必相似。不过，我们这里用来构成一个组群的那种关系，不仅不能传递，而且组群内任何两个成员之间的联系都缺乏一种明确的形式。即是说，我们有的不是家族相似性，而是**家族式连贯成形**（参考第二章的《教父》隐喻）。条目 A 与条目 B 依据相似性、功能的平行性、视觉上的类似、相互和谐等关系中的一条或某几条而连贯，而条目 B 与条目 C 依据的则是这些标准中的另一条而连贯，那么，A 和 C 即便不相似，也依然是同一个类别中的成员。但与此同时，A 和 C 也不必互相连贯，这一点和家族相似性的推理一致。让这些条目得以连贯的，是它们与核心条目——本卦卦象——之间**各式各样**的连贯性的关系，**以及**圣人在所有可得到的条目中制作出来的一种特殊联系——它们与传统本身的第二序的连贯成形。

　　鉴于上述对"马"的多种分类法，我们注意到，每个条目的本质同一性是依赖于它所处的语境的，即以特定的卦为其特征。换句话说，某条目 I 之所以属于类别 C，不是因为条目 I 具有 C 性这一本质，而是因为与类别 C 的连贯可以让这个条目显现出 I 特征。马并不是因为像乾而被纳入乾的类别里去的。相反，由于它被安排与属乾的其他条目并列，并且被假定成在"动物王国"的连贯的整体里处在乾的位置，所以它才显现出乾性。结合我们对家族式连贯成形的讨论，我们现在可以得到一个适用范围更广的、有趣的结论：那些能够决定某一条目的本质同一性的连贯成形，只在相应的局部区域才适用；故而，这些本质同一性实际上也是局部适用的。马并不是在所有语境中都像乾；在包含了所有语境的总体中，马在其中某些语境下就变得像震。连贯而成形只能是区域性的，全体性的连贯成形**只在将总体视为总体**的视角内有效。这里，反讽的连贯成形观念具有了新的内容，有了一种将它与非反讽连贯成形观念结合起来的方式，这在后来的中国思想

中变成主流。当将整体视为整体时，事物的连贯性不发生变化，依然 249
是它们所是：在这一语境下，一匹马所具有的全部联系同时呈现，它
被理解为乾性在"动物王国"里的象征，但这并不意味着马的真实本
质已经被确定下来。在由连贯成形所构成的不同子集里，这匹马都会
以不同的连贯方式而成可知之形，因而显现出不同的特性。它的马性
取决于它和圣贤的行为这一传统之间的连贯成形。我们在后文更多谈
到的将是秦汉以后，中国思想中局部性的连贯成形和全体性的非连贯
成形的各式各样的结合，尤其是这些结合与"理"的各种观念的发展
之间的关系，不过这就是下本书的主题了。[1]

　　接下来，我们就可以考虑上述分类法所造成的阴阳之间有限的可

---

[1] 对于后世运用阴阳的对立统一体的思想家是如何将反讽的连贯成形纳入非反讽的，这一
思维习惯是如何展开的，这里不适合做详细考察。但作为阴阳在后世的主流传统中所表现
出来的知识论上的模糊性的进一步证据，我们可以看看朱熹在《周易本义》（此书代表了
宋代理学的高峰，并且是此后数个朝代的正统儒学的标准）中对阴阳关系的评论："夫阴
阳者，造化之本，不能相无。而消长有常，亦非人所能损益也。然阳主生，阴主杀，则其
类有淑（为阳）慝（为阴）之分焉。故圣人作《易》，于其（阴阳）不能相无者，既以健
（阳）顺（阴）、仁（阳）义（阴）之属明之，而无所偏主。至其消长之际，淑慝之分，则
未尝不致其扶阳抑阴之意焉。盖所以赞（万物之）化育而参天地者，其旨深矣！"（朱熹：
《周易本义》，台北：广学社印书馆，1975，第51—52页，此为《坤》卦初六爻注解。）这里，
朱熹对世界运行的两个基本成分在价值上的对立做了谨慎的分判。他似乎在说，在造化的
普遍过程中，阴和阳一样，都是必要的，缺一不可；然而圣人建议压制一个而提升另一个，
一个是好的而另一个是坏的。这里我们看到，对立面的统一体和它们永恒的对立性是共存
的，若要正确理解自然世界，并在其中形成正确的伦理态度，这两者都被看成是必要条件。
在某种目前还未明晰的意义上，价值和反价值之间正在形成一个既有恳切的道德价值和践
履，又有对立面的统一的空间。［然而，朱熹坚持认为，人性可以而且必须被称为善，以反
对胡宏性无善恶、性是善恶的来源的立场。这两种观点之间的微妙区别是相当错综复杂的，
而且这两者的区别可以很好地与天台宗的山家/山外之争相对照，天台宗的这场争论也是
要处理类似的问题。康拉德·梭柯（Conrad Schirokauer）对朱熹这次论战的介绍，见陈荣捷
的作品：W. T. Chan, *Chu Hsi and Neo-Confucianism*, University of Hawai'i, 1976.］正如我们从上述
讨论中看到的，朱熹承认这里有两种价值秩序。在最基本的层面上，阳是价值而阴是非价
值。在第二个层面上，价值和非价值之间平衡性的比例是价值，而"平衡性的比例"又是
依据这一比例关系的存续性而定义的。朱熹可能比较愿意让这两个层面保持同等的重要性，
并赞扬制作《周易》的圣人，因为他在调节自己对非价值（既必要又应该予以压制）的矛
盾态度时体现出高超的技巧，并始终将两者保持在视界之内。阴不但是某种否定性的东西，
而且是积极性的东西的一个必不可少的部分，是绝对不可以取消的。还应该注意到的是，
在《周易》原本的观念里，第一层面和第二层面是缠绕在一起的，以便让阳居于优势地位，
而且可以被定义成价值，至少理论上是这样，朱熹则区分出第一层面的阴阳的平衡，并以
第二层面的阴阳的对立（且阳应为主）为补充。从效果上看，在朱熹这里，由阴阳的互补
性和斗争性所创造出来的是平衡而又互补的连贯成形。

逆性，它与《庄子》的"彼是"之论正好形成对照。我也许可以通过一个平实的隐喻来阐明这一点。在美式橄榄球里，任何时候都有攻击的一方和防守阵地的一方。在这种对立的情境下，攻击方就是阳，而防守方就是阴，即是说，所有的活动都是由攻击方"发起"，而由防守方回应或"完成"。防守方必须与由攻击方发起的攻势相一致、相连贯。这里我们获得了一种斗争关系，可以将这一关系理解为发起和回应、连贯成形和背景化。但斗争关系里也嵌套了互补关系。在攻击方里，四分卫是阳，接球员是阴。就四分卫本人而言，他的神经系统是阳，骨骼与肌肉是阴。如果向外扩展，我们可以说赛场上的这两支球队都是阳，而周围的观众是阴。再进一步推扩，参赛队伍和观众所在的整个体育场是阳，而家庭电视前的观众是阴……这里的关键点是，一旦我们确定了背景，那么要区分出哪个条目为阳、哪个条目为阴，是不成问题的。虽然表面看来，攻击方的队伍里的接球员既是阳又是阴，会令人困惑；但这双重身份无非是指，接球员对于他的四分卫而言是阴，对于防守方而言是阳，其实分得很清楚。故而，我们或许可仿照庄子的立场说："物无非阴，物无非阳。"但我们又不能继续仿照庄子接下来的立场说：当四分卫是阳时，接球员是阴；而当接球员是阳时，四分卫是阴。在相当有限的意义上，我们是可以按照"接球员自身的主观经验"确定其所处情境的，但在任何一种情境下，只要我们所讨论的关系的范围是确定的，阴阳的角色在客观上就都是确定而可知的。因而，在重新宣布了阳对于阴的优越性之后，《庄子》
250 提出的多样的、背景化的反讽难题，就为阴/阳这一妥协性的学说吸纳并适应了；同时，这一学说又承认阴的存在的必要性，这又是对《老子》所带来的挑战的调和。

董仲舒的阴阳一神论：和谐与反讽的嬗变

我们已经看到，阴阳范式从几个方面将反讽的连贯成形观念吸收了进来，这会导致一些有趣的后果。而当被吸收进来的这些面向，看起来是在阻止非反讽的连贯成形以其最纯粹的形式重建自身时，其所导致的理论后果尤为有趣。我已经简要地讨论过墨子的人格一神论在确定其非反讽的相同性观念时所具有的影响。一般而言，我们可以说，一神论指涉某个单一、明确的，对价值与本质同一性作出最终审判的审判者，他是非反讽的相同性的终极保障。我们知道，共相（形式）学说会反复讨论真正的相同性，一神论是这种学说无法避免的伴生物。董仲舒的作品是汉代儒家的帝国意识形态的一个基础，其中的"天"的观念实际上指涉了一个单一的人格神，标志着一神论在汉代儒学中的重现。正如梅约翰（John Makeham）所指出的，董仲舒发展了一种或可称作"本质主义"的语言学说：世界中的事物都有唯一确定的本质，甚至还有一个在词源学上与这一本质相关的独一无二的合适的名称。这些本质和名称都是由天决定的，以天的意志为根据，在天的权威性的保障下，这一事物的不同实例其本质是相同的。梅约翰准确地指出，董仲舒的名号学说基于以下三个命题：

　　1. 天意是所有"正确的"名号的终极源头。

　　2. 名号是判断何者为是、何者为非的标准。

　　3. 只有圣人或圣王才有能力领悟到，哪个名号在本质上适合哪个既定现实。[1]

　　天创造了各种实体的实在性，这就有了某一确定的本质。圣人能够辨别这些本质，并为它们制作合适的名号，然而，圣人通常是用双关语来曲折地指向那些本质的。圣人依然是"助产士"，帮助合适的名号出现在世界上；而先秦文献是将人类的存在当成连贯成形的决定性因素的。这种理解在董仲舒这里依然有效。从根本上说，在圣人干预之前，任何一个实体的本质或任何人的本质，都已经固定而且成形了。一事物的各种表现，其本质完完全全是相同的。这是将天当作使 251

---

[1] John Makeham, *Name and Actuality in Early Chinese Thought*, Albany: State University of New York Press, 1994, p.350.

万物确定为万物的所以然者的学说，所必然会造成的理论后果。

这似乎在指向一种以非反讽的相同性理论为基础的羽翼丰满的一神论，它像是墨家学说的升级版本，只不过做了一些调整，变成以儒家而非墨家的伦理价值为先。但事实上，我们在董仲舒的著作中并未看到这一情况。毋宁说，阴阳范式中的那种将反讽的连贯成形观念吸收进非反讽的和谐的力量，在董仲舒那里已经足够强大了。我们可以考察一下，是什么原因让董仲舒的思想从一种目的性的、非反讽的（墨家式）相同性学说，勉强偏离成一个将反讽的和谐吸收进来的非反讽学说。阴与阳的对立在汉代正统儒学中成为前沿理论，而董仲舒本人则或许是这一潮流的主要典范。在他的思想构成中起决定作用的一神论，并不能轻易地与阴阳结构相契合。这就会导致一些非常有趣的结果。比如我们可以清楚地看到，董仲舒非常希望推进阴阳这一非反讽的理论，以作为这个世界的规律背后的解释性的连贯成形，对这个世界有律法一样的作用，从而让人能够对世界进行预测和掌控。从某方面来说，这强化了对阴阳所做的本质主义式的道德解读，让阴阳得以在价值上相互对立。正如王蓉蓉（Robin Wang）所指出的，这是阴阳的意涵发生转化的决定性时刻。阳是好的，而阴是坏的。[1] 按照董仲舒对本质的看法，阴阳会确定无疑地保持这种价值上的好坏，保持这种同一性，而圣人依此而命名阴阳，使人们可以从中领会到天意。他的《春秋繁露》第四十三篇以"阳尊阴卑"为标题，将这一价值对立直接表达出来。这个标题宣布了阴阳两极之间的差序原则，也是对上文所引《系辞上》第一句"天尊地卑，乾坤定矣"的阐释。董仲舒将阳等同于创造力，这与汉代历法中阳气与夏天的暖热、农产品和生命的丰饶的密切联系有关。他说："阳始出，物亦始出；阳方

---

[1] 参见: Robin Wang, "Dong Zhongshu's Transformation of Yin-Yang Theory and Contesting of Gender Identity," *Philosophy East and West* 55, no. 2 (April 2005), pp.209-231. 王蓉蓉做了很有意思的讨论，她认为董仲舒实际上将早先阴阳之间的"和"的关系转化为一种"合"（imposed unity），因而阴阳从一种更为灵活的"和"的范式转移到某种类似于我们今日所称的"相同性"的范式中来。阴阳统一体的形式所发生的这种转化，是董仲舒压制阴阳系统中的反讽性的面向的尝试的关键所在，这应当是确定无疑的；而董仲舒在对反讽进行压制时，也将天的意图和君权核心化，并且强化了角色和意涵所具有的"唯一性"的非反讽视角。

盛，物亦方盛；阳初衰，物亦初衰……以此见之，［吾人知］贵阳而贱阴也……据阳而不据阴，不得达（succeed）之义。"我们看到，董仲舒倾向于将所有的价值都安放在阳这里，而将反价值全部归于阴。他继续说："［阴阳之分］在上下，在大小，在强弱，在贤不肖，在善恶。恶之属尽为阴，善之属尽为阳。"这似乎是将阴阳当成完全的价值二元论，是一种善恶严格对立的二分法，阴、阳在这里是互相分离的、固定的，可以反复不断地重申的两个"相同"的本质。实际上，这里对阴阳所做的价值二元论式的运用，在中国传统中都是最为突出的。

但值得注意的是，即便在这里，阴阳之间微妙的互补性，也依然 252
是无法避免的。董仲舒继续说：

> 阳为德（kindness，"virtuosity"，此处指君王的仁慈宽厚），阴为刑。刑反德而顺（consistent with，"顺"是《周易》里用于描述"阴"的术语，意为"遵从并完成阳所开始的事业"）。于德，亦权（a temporary measure）之类也。虽曰权，皆在经（the normal standard）成。[1]是故阳行于顺，阴行于逆……顺行而逆者，阴也。是故天以阴为权，以阳为经……经用于盛，权用于末。以此见天之显经隐权，前德而后刑也。故曰：阳，天之德；阴，天之刑也。阳气暖而阴气寒，阳气予而阴气夺，阳气仁而阴气戾……阳气爱而阴气恶，阳气生而阴气杀……天之好仁而近，恶戾之变而远，大德而小刑之意也。［故吾人］先经而后权，贵阳而贱阴也。[2]

我们可以看到，尽管这里**试着**在阴阳之间创造出一种彼此全然分离的价值论的二分法，将所有的价值都归于阳，但阴阳之间固有的互补性最终还是在一定的关系里对阴阳做出了价值安排，而没有从根本

---

[1] "经"，原作"权"，据苏舆校改。参见赖炎元:《春秋繁露今注今译》，台北：台湾商务印书馆，1987，第292页。
[2] 同上书，第289—291页。

上取消阴的价值，这和以往并无不同。毋宁说，在这里，价值以阳为优先，要让阳最大化，但依然将阴作为整体里的一个要素。至于要让阴彻底消失掉，这种话董仲舒是绝口不提的，这可能是因为此命题被认为是不可能的，也可能是因为有一点阴比完全没有阴要更好些。但由于董仲舒假设天是价值和事实的源头，所以这两种可能性终归是同一件事。[1] 与其将这种关系称作互补性的或层级性的，从而得出一种斗争性的层级的存在，还不如直接认为这种层级本身就是互补的。这可能与冉芙丝对这些术语的用法有冲突，但也可能没有冲突，因为她谨慎地将互补、层级等概念定义为相互强调，而不是相互排斥，而且反复提示说，这几个术语"是有重叠的"。[2] 按照董仲舒这里的用法，很难说他对层级性的强调多于互补性，反之亦然。实际上我认为，他将互补性和层级性视为彼此的一个方面，它们**自相**互补，当他强调一方时，其实也在强调另一方。他所要贬低的是**斗争性**，进而贬低**反讽**，因为反讽是一个条目的**自我**冲突。但他终归不能将反讽排除出去，因为这是内置在阴阳范畴的源头处的，即使在他贬抑阴的尝试中，阴最终也常常比阳更可取——这已经够反讽了。

董仲舒以历法和地理模式来理解阴阳，这是汉代思想特有的。他在扬雄的系统里以另一种方式大彰其道（下文将讨论），导致了"中""和"观念的进一步发展，它们与"理"明确地关联起来，这在"理"这个术语的发展史上是常常发生的，我们在下本书中会看到很

---

[1] 在这里，就董仲舒思想中的转变而言，我的观点与王蓉蓉的解释略有不同。王蓉蓉将阴与刑的联系视为，一方面是对阴的价值的一种损害，另一方面是将刑的观念引入儒家正统的意识形态。我同意她前半部分的解释，但不同意后半部分，这两部分是无法并存的。王蓉蓉似乎倾向于将刑看成是对阴的重新塑造（因而，刑在一定意义上是"反阴"的），而非将刑本身视为阴的活动性的一种表征，但我认为，后者才是董仲舒的立场。众所周知，荀子已经将刑进行改造并强制它进入儒学系统里；而董仲舒实际上是将另一种建构性的**积极**价值赋予刑，以作为"善"所必不可少的"阴"。由于刑在当时是汉代现实政治中的实际手段，故而以刑为阴相当于对阴的本质性力量和重要性的极度肯定（尽管有些闪烁其词）。这是儒家成为一种坚不可摧的专制性力量的最后一步，正如王蓉蓉所指出的那样，这当然是无可否认的。

[2] 参见: Lisa Ann Raphals, *Sharing the Light: Representations of Women and Virtue in Early China*, Albany: State University of New York Press, 1998, p.151。"绝大多数关于阴阳的讨论都没有区分出阴阳两端互相重叠的这几个面向……我所谓两端之间的层次性，强调的是阴阳两端在主从关系上的层级差异。我所谓两端的互补性，强调的是阴阳的平衡。"

多这样的情况。这里，我们再次见识到将连贯成形的观念视为"和"的惯性力量。《春秋繁露》第七十七篇题为"循天之道"，董仲舒在此篇中写道：

> 循天之道，以养其身，谓之道也。天有两和，以成二中。岁立其中，用之无穷。是北方之中用合阴，而物始动于下；南方之中用合阳，而养始美于上。其动于下者，不得东方之和不能生，中春（即春分，春之中）是也。其养于上者，不得西方之和不能成，中秋（即秋分，秋之中）是也。然则天地之美恶在？两和之处，二中之所来归而遂其为也。是故东方生而西方成，东方和生。北方之所起，西方和成，南方之所养长。起之不至于和之所，不能生。养长之不至于和之所，不能成。成于和，生必和也。始于中，止必中也。中者，天地之所终始也。而和者，天地之所生成也。夫德莫大于和，而道莫正于中。中者，天地之美达理（the unobstructed Coherence of the beauties）也，圣人之所保守也。《诗》云："不刚不柔，布政优优。"此非中和之谓与？是故能以中和理（coherently order）天下者，其德大盛；能以中和养其身者，其寿极命。

254

董仲舒所引用的《诗经》中的这句话，对阴阳作了法典式的解释。这里是通过历法和地理上的联想，以及某些董仲舒式的典型的双关语来对阴阳进行解释的，表达了"理"与"中"的等同性，并且说明"中"是阴阳两端得以"和"的平衡点。在这个意义上，即便阳较之于阴有更崇高的地位，这个系统中真正的终极价值也不是阳，而是"中"。董仲舒明确地将"中"与"理"关联起来，而在他的叙事里，"理"是明显有价值者和明显无价值者（即阴、阳）的一种特殊的连贯成形。同以往的非反讽传统一样，这里判断某物称得上是"理"的标准是，它必须是一个连贯成形（在这里是阴阳之间的连贯成形，也包括它们的具体形式——如四季、四方等——之间的连贯成形），而且能让人类与之连贯（即人类可以知晓它，使用它理顺帝国和身体）以构成更进一步的连贯成形（可持续性、存续、长久性、繁盛）。

但我们也许要注意，"中"的反讽意涵在这里被完全取消掉了。"中"自身就完全是可甄定的、可知的、成形的；道家式的对立面的统一所造成的悖论，以及《中庸》对这种悖论所做的调适，无一能进入董仲舒的图景。相反，四季的过程和四方相应的陈列，则被视为天造化生命时所用的深谋远虑的方法。董仲舒将"中"构想为一种可甄定的、可表述的、用来平衡两端的中点，这样就把"中"同化到"和"里去了。"和"是"中"的一个充分表现。"中"所具有的"既非／又非"模式使它成为一种反讽的观念，而"和"则不然，它表现为"既是／又是"模式。我们会在宋代理学中看到它的回响，朱熹反对胡宏的性无善恶（neither Good nor Evil）之论，其立论依据或许与董子相似。在朱熹看来，比起"或是／或是"模式来，"既是／又是"模式是对"既非／又非"的**更加**充分的表述，故而应该以"既是／又是"模式来表述"性"（中）；而"既是／又是"模式（"和"、平衡、连
255　贯成形）无疑是"善"的，则不可知的"性"（中）也应当被描述为"善"。故而对朱熹而言，性无疑应该被描述为"善"。对董仲舒而言，中是节气中的至日（冬至、夏至），是生命之始，是为了与空间性的阴阳配置相应才被构想为居于中间。"中"所开启的，就是"和"所完成的，故而"中"与"和"是互相渗透的。"中"在这里成为初始之"和"的一个名号，而它的反讽性意涵就完全被剥除掉了。简而言之，"中"是"和"——四季变换中生命的造化与维持，这是天的深谋远虑的工作——的意义之下的连贯成形的源头。这样，此连贯成形与此"中"就具有了一个明确的、固定的、一味相同的、非反讽的本质同一性。

于是我们就可以说，阴阳在空间、时间上的相互关系，与一个终极的一神论背景相结合，产生了一种抹消了反讽意涵的"中"，而余下来的反讽的连贯成形观念，只在将阴阳观念运用于特定的伦理问题时才会继续起作用。不过，当汉代意识形态的这种一神论基底被挪开时，我们会看到另一种阴阳系统，它造成了最大的连贯成形的大量反讽，并产生一种非常特殊的阴阳宇宙论：扬雄的《太玄经》。

另一种阴阳占卜系统：扬雄的《太玄经》

我之前指出，《周易》体系中的连贯成形，其终极担保者、终极标准是传统，即圣王的判断，圣王可以决定，在这些过量的规则中有哪些可以被运用在哪种情况下，这种特点在荀子和孟子那里也是存在的。成书于西汉末年的扬雄《太玄经》，试图以草创之姿建立起一个全新的、系统性的、综合性的阴阳运用范式，而不必如《周易》那样取资于传统，以圣王作为连贯成形的终极裁决者。扬雄企图建立这个非传统的个人秀，设计出一套符号与注释，以创造一个更新而且更好的《周易》，就好像他在宣布自己是一个圣人似的，他的这种冒失举动遭到了很多反对。然而，他能够在不诉诸传统的情况下让自己的系统连贯而成形，将各式各样的规则集合并存的局面廓清，这种做法是很有启发性的。扬雄制定了他自己的规则，通过这些规则创造出了一种可以调伏《老子》中的反讽洞见的方式，他的这种方式采取的是非反讽性的立场，并且为现存于世的各种"类"提供了一个系统性的集合，不过和《周易》一样，他提供的不是万物的普遍性的模型，而是时空状态的普遍模型。这反过来可以进一步为我们揭示在这一传统中起作用的连贯成形观念的微妙之处，因为扬雄这里的连贯成形也和董仲舒等汉代思想家一样，是与历法观念和地理模型打交道的，并且也将"理"的观念扩展为"中"。在这一背景下，扬雄吸收了"中"的反讽 256 的（即不可知的）本性，对存在物在时空中的真正类别应该如何划分，以及应该从哪几个方面做一般性的归纳，都做了全新的非反讽式论述。

扬雄的体系就是在这个意义上炮制出来的；它始于《中》（与《中孚》相当，同时也代表了冬至），终于《养》（与《颐》相当），而且被设计为按照三的倍数系统来运作，[1]产生八十一"首"。"中"的观

---

[1] 扬雄在《太玄图》里说："夫玄也者，天道也，地道也，人道也，兼三道而天（即玄，Mystery，黑，与地之黄相反对）名之……玄有二（原作'一'）道：一以三起，一以三生。以三起者，方州部家也（三的空间嵌套）。以三生者，参分阳气以为三重（实线、二分线、三分线）。"（郑万耕：《太玄校释》，北京：北京师范大学出版社，1989，第358页）

念在这里得到了大大的提升，它已经成为"道"的同义词，这与我们在《中庸》里发现的非反讽对反讽思维的吸收是一致的。正如我们接下来会看到的一样，"中"在这里等同于"玄"（The Mystery），"玄"是整个系统的名称，其所指涉的实际上是整个宇宙，即最大的连贯成形。以"玄"这个反讽的名称命名这个系统，意味着它是无法认识的、幽暗的、不连贯的、不可知的、不成形的。八十一之数与《太初历》的一天（分作八十一分）相应，后者是从《四分历》以一日为八十分修改而来的，之所以做这种修改，是为了与黄钟之数相应——黄钟是基本的音律，通过"三分损益"的音律生成系统而得到，自一至九，以九九八十一之数而起黄钟之数，这是以三数之而极易分割的一个数。[1] 而且，这八十一"首"与三的倍数进一步互动，密切贴合《三统历》，这一点我们从下文可见。

在扬雄的系统里，每"首"都相当于历法中的四又二分之一天，与卦气系统中重卦的排列相应。每"首"的名称都对应着那一段时间的农业活动的特征，并用阳气和阴气的关系来加以描述。不过，要了解这一系统是如何工作的，首先要弄清楚的是"首"与《易经》重卦之间的不同，即是说，扬雄是用**数**来构造"首"的。[2] 正如戴梅可（Michael Nylan）和席文（Nathan Sivin）所指出的，我们可以将每"首"视为以"三"数为基础的四个位置，这样就得出完美而整齐

[1] 徐复观在《两汉思想史》中对《三统历》的数字"三"的重要性做了讨论（参见徐复观：《两汉思想史》，香港：香港中文大学出版社，1975，第347—348页），这体现在天地人三分上，也体现在"三分损益"的和声系统上。在这个系统里，基准音律宫的纯五度高音徵是由"损"宫管的三分之一的长度而生，徵的纯四度低音商是由"益"徵管的三分之一长度而生。其他的主要音律也是通过这种"以三数而损益"的办法生出来的（参考《后汉书·律历志》，vol. 11，第2999—3002页）。这些音律转而与官僚阶序的成员数目（如三公、九卿等）相应，对扬雄采用三数之系统有极大影响，这一点我们在下文可以看到。如果要对这个和声系统的数学意涵做更详细的了解，可参考王光祈：《中国音乐史》，香港：太平书局，1963，第1—65页。

[2] 戴梅可 (Michael Nylan) 和席文（Nathan Sivin）对《太玄》做了精彩的介绍（参见：Michael Nylan, *The Canon of Supreme Mystery By Yang Hsiung: A Translation with Commentary of the T'ai Hsüan Ching,* Albany: State University of New York Press, 1993, p.79），将《汉书》对扬雄的评论做了如下翻译："学《易》的人必须详细玩味卦象，以便辨别［要查阅哪个卦辞］，而学《玄》的人决定［文本］是通过数（counting）'首'画。原因在于，《玄》中与每一'首'（相当于《周易》的《象》辞）相应的'首'象是四重的，它不是一个图，而是一个数。"（《汉书》卷八十七下，原文曰："观易者见其卦而名之，观玄者数其画而定之。玄首四重者，非卦也，数也。"）

的八十一（一律以三为基数）个连续的数。因而，扬雄在他的注解中说，任何一个假想的"首"的序列里的方位，都可以被迅速地计算出来。[1] 这也许是对中国传统中的连贯成形观念所做的一次最为接近量化的尝试——正如我之前所说，在中国传统里，人们一般以模糊的量化（即涉及一个平衡，一个合适的范限）的眼光看待连贯成形，但不会有数字上的量化。这些"首"并不像《周易》那样，是对阴阳两种力量互动中的某个特定结构的图像化呈现，也不像《周易》所宣称的那样，可以通过分析卦象而将此一状态下阴阳互动的深层结构揭示出来。但扬雄的八十一"首"是用来描述一个总体性的序列里的八十一个方位的，它们的意义完全是由这个序列所具有的系统性的联系而来。这个257连续性的秩序极有规律，是可以通过计算得到的，八十一"首"的图像结构可以将这个秩序及各种联系完美地表达出来。

　　正因如此，这些"首"的每一画（对应《周易》里的爻）都没有被解释。每一个"首"都有九个"赞"来解释。它们是由以"三"为基础的八十一"首"之"数"扩展而来，一共七百二十九"赞"，等于一年的天数的两倍。[2] 两个赞相当于一天，故而它们在最基础的意义上，指的是一周年的某个特定位置。因此，如上所述，每一个"首"代表了一段时间：四又二分之一天。这种四又二分之一天的延展特性并不见得是从"首"的结构里直接得到的，更多是从扬雄附会给它的首名和赞辞中得到的，而首名和赞辞反过来又是从周年纪年里

---

[1]　参　见：Michael Nylan, *The Canon of Supreme Mystery By Yang Hsiung: A Translation with Commentary of the T'ai Hsüan Ching,* Albany: State University of New York Press, 1993, pp.79-81. 实线相当于 0，二分线（断一次）相当于 1，三分线（断开两次）相当于 2（换句话说，以每一画的断口计数）。任何一个"首"的数字都可以依据这个公式而得出：1 家 = 3 方 = 9 州 = 27 部 = 81 首。

[2]　81 首，每首四又二分之一天，合计三百六十四又二分之一天。一太阳年一共三百六十五又四分之一天，所以少了四分之三天。这一误差被扬雄额外增加的两个赞（踦、嬴）补齐。但这一系统是临时安排的，两个附加的赞加剧了这种临时性，因为它们并不附属于任何"首"，但为了整个系统完美运行又不得不加上。这遭到了后世注家的很多批评。明代注家叶子奇在《太玄本旨》卷首，从批评的角度列举了《太玄》的八个特点，指出它既没有弄懂《易》的结构，在周密性上也劣于《易》。其中，他历数了《太玄》方、州、部、家之位与各赞之间缺乏明确而详细的对应的案例，并点出强加两个独立的赞的牵强之处。不过，尽管如此，叶子奇还是给这个作品以较高的评价，并为它做了详细的注解。参见郑万耕：《太玄校释》，北京：北京师范大学出版社，1989，第 429—432 页。

推导出来的。生命在每个周年里的潜藏、萌生、发端、繁盛、衰弱的循环，被分成八十一个阶段，分别以每一"首"来解释，因而，如果将它们连在一起阅读的话，就会在一般的自然过程或特殊的农业年的循环这两个意义上，得到一首散文诗。这八十一个阶段的细微之处分别以九"赞"来表现，而每九"赞"同时结合了好几组变量，故而解读九"赞"必须同时对这些变量有所涉及。由于每两"赞"等于一天，故而可以将它们简单分为早晨和夜晚，前者是阳、吉，后者是阴、不吉。[1] 更有甚者，五行的序列也与九"赞"序列相关（水、火、木、金、土；由于"首"是由九"赞"组成的，因此，连续的"首"也一样完美地遵循五行序列；所有的"赞"和所有的"首"都能遵循五行的规则序列，每一个"首"都分享了其第一"赞"所具有的那一"行"）。五行中的每一行都转而与空间中的四方相应（土居中央）。[2]

所有这些三数嵌套的组群（赞、家、部、州、方）都意在描述一组嵌套回环的过程：发端—顶点—衰落。有理由认为，这是对老子的"无名"—"有名"—"无名"的回环式的刍狗过程的改造，扬雄将老子这里的钟形曲线吸纳进非反讽的"大理"（Great Coherence）系统里去了。每一个回环过程中的三个阶段，都同时系统性地对应于天、地、人。在这三个场所里，生长与衰退的三个阶段都有不同的表现形式：在天，这一回环代表了生长的时间维度，即始（Beginning）、中（Middle）、终（End）；在地，这一回环代表了空间维度（就一株生长过程中的植物而言），即下（Below）、中（Center）、上（Above）；在人，这一回环为思（Reflection）、福（Felicity）、祸（Calamity）。[3] 这三

---

[1] 占卜的时候，如果占得的"首"在历法上的相应月份是晚于占卜时的实际月份的，那么一般说来占卜结果就是吉利的；而如果占卜所显示的"首"的日期已经过去了就是不吉的。戴梅可、席文指出了一个基本原则（The Canon of Supreme Mystery By Yang Hsiung: A Translation With Commentary of T'ai Hsüan Ching, p.68.）：占卜可以预先对当前流行的趋势提出警告，使占卜者有时间适应即将发生的事，并为之做准备。当占卜所得的"首"已经画出来后，占卜者可以根据一系列的因素来决定九赞中的哪几个是与所占事件有关的。最先考虑而且最为重要的是占卜活动发生的时间：早晨（1、5、7赞），晚上（3、4、8赞）或"中值"（2、6、9赞）。这些赞中哪些是吉，取决于这个"首"里哪一赞为阴（夜晚），哪一赞为阳（早晨）——因为每一个"首"中，晨、夜的位置是交替变化的。

[2] 这里我们看到的是时空关系（以及天体运行的方位）的主要而具体的形式之一，实际上，在扬雄之前，它就已经存在很久了。

[3] 徐复观：《两汉思想史》，香港：香港中文大学出版社，1975，第 350 页。

个三合体（traids）被看成是互相平行或互相解释的。每一个三合体　258
的第一个条目［天之"始"，地之"下"（即地底、黄泉），人之"思"
（即先于行动发生的思想）］都与"玄"（Mystery）这一看不见的面向
相关，并且与每"首"的前三赞相应。其次的三赞指涉天之中、地
之中、人之福。最后三赞指涉天之终、地之上、人之祸。[1]正如扬雄
的《太玄告》所云："天三据而乃成，故谓之始、中、终。地三据而乃
形，故谓之下、中、上。人三据而乃著，故谓之思、福、祸。下欲上
欲，出入九虚［虚，位也。即九赞］……天以不见为玄，地以不形为
玄，人以心腹为玄。天奥（profundity）西北［阴位］，鬱化精（seed-
essence）也。地奥黄泉，隐魄（material soul）荣也。人奥思虑，含至
精（the perfected seminal-essence）也。"[2]藏在天、地、人三者里的第一
个阶段，是不可见的思想或初始的冲动。中间阶段则是平衡之处，是
福，是价值。最后阶段则偏离太远，通常是这个过程的终结。九赞合
在一起，就可以完整地描述这个"首"的名称所指明的循环过程或状
态：前三个赞属于它的发端，中间三个属于高峰，最后三个属于衰退。
不可见的起始、辉煌的顶峰、对过度的创造的自我克服，是每"首"
的九个赞的基本形式，这一点是相当清楚的；同样的一般性模式也体
现在三三嵌套的八十一个"首"中，只是更加松散，我们在下文可见。
这里，我们对于世界"变得显明"或"变得可知"（也即变得成形）的
过程做了简单的勾勒；这个过程以"玄""中"为基础，而"玄""中"
既先于此过程，又顺应这一过程，对于这一过程是如何根植于"玄"
或"中"的深奥性之中的，我们这里也做了概括性的了解。

　　在这整个的序列中，有两组重要的节点。冬至出现在第一"首"
（《中》，水，四条实线），[3]夏至出现在正中间，第41"首"（《应》，地，

---

[1] 参见：郑万耕：《太玄校释》，北京：北京师范大学出版社，1989，第 378 页，注释 4；徐复观：
　　《两汉思想史》，香港：香港中文大学出版社，1975，第 350 页。

[2] 郑万耕：《太玄校释》，北京：北京师范大学出版社，1989，第 376 页。九赞也被理解为代
　　表了官僚阶层，第五赞是君，居中位，从帝国之中而向远处辐射，渐渐远离君位的是臣僚、
　　小人。参见梅戴可、席文，第 60—62 页，此书对九赞的结构作了更充分的分析，并且对此
　　进行了有益而完整的讨论。

[3] 也要注意到，冬至在最后一卦《养》，它由四根断开两次的线组成，和夏至日之卦形成完
　　美的对照。

四条断开一次的线）。结构上的对称性，导致历法上的其他重要日期也被纳入进来，立春、立夏、立秋、立冬，以及春分、秋分，每隔十"首"依次出现（1、11、21、31、41、51、61、71、81）。每一个"首"被命名，并给出"首"辞以表现它在全年中的位置。[1]

我们会注意到，历法周期及其对应物（节气的变化、昼夜的循环等），以及用来规定每个"首象"中的四画（每个"数"的四个"位"）的地理 / 行政形式，形成了盘根错节的混合体，而整个的"首"系统都以这一混合体为基础。同时，对于数字、时间所做的方位上的、天文学上的联想，以及大地（它也充斥着行政式 / 阶层式的寓意）的"下、中、上"的方位，共同作用，使空间和时间的观念得到了进一步的整合。[2] 空间模式是与政权的控制力直接相关的（官僚阶层中的每一个上级都支配三个下级），空间模式叠加在时间性的历法循环

259

---

[1] 参见：Michael Nylan, *The Canon of Supreme Mystery By Yang Hsiung: A Translation with Commentary of the T'ai Hsüan Ching,* Albany: State University of New York Press, 1993, p.82. 但这些赞辞的内容从未如《周易》的爻辞那样，根据单个的"首"或卦象的结构性的象征而得到解释或辩护——既没有依据四个位置在行政 / 地理上的意义，也没有根据三画所代表的天、地、人这三个假定的象征。毋宁说，九赞以各种各样的方式所要描述的状态，也是以三为基数、以四个位为框架的"首"所要指示的，即在年际循环的整个的序列中方位所具有的特性。这是赞辞与"首"唯一的相应之处。

[2] 在《太玄图》中，扬雄说："一玄都覆三方，方同九州，枝载庶部，分正群家。事事其中。""首"的方、州、部、家这四个"位"，实际上将汉帝国的所有活动空间的位置都包括进来了。此外，扬雄又将五行（生长过程的五个阶段）与五种德性关联了起来［与《易》之四德相应，即元（Origination）、亨（Penetration）、利（Benefit）、贞（Perseverance）]，每一种德都有其特定的空间方位和季节："罔直蒙酋冥。罔（nothingness），北方也，冬也，未有形也。直（straight extension），东方也，春也，质（palpable substance）而未有文（visible pattern）也。蒙（bearing up），南方也，夏也，物之修长也，皆可得而载也。酋（maturity），西方也，秋也，物皆成象而就也。有形则复于无形，故曰冥。故万物罔乎北，直乎东，蒙乎南，酋乎西，冥平北。"（郑万耕：《太玄校释》，北京：北京师范大学出版社，1989，第330页）这里，生长和衰落过程被"首"的循环描述，而这一过程中的时间序列与特定的空间是一一对应的。这种对应在当时的作品中普遍存在，而且其天文上的意义也是非常明显的。正如扬雄在《太玄摘》中所说："日一南而万物死，日一北而万物生；斗一北而万物虚，斗一南而万物盈。"（郑万耕：《太玄校释》，北京：北京师范大学出版社，1989，第264页）太阳到达最南点，北斗指向北方，是冬至日；太阳到达最北点，北斗指向南方，是夏至日。季节上的时间转换，恰恰也就是天体的空间运行，而这转而又组成一年中的生长与衰落的各个阶段。这一过程的各个方面错综在一起，而八十一"首"与每"首"之九赞所构成的七百二十九种"格言式的意象"（ Michael Nylan, *The Canon of Supreme Mystery By Yang Hsiung: A Translation with Commentary of the T'ai Hsüan Ching,* Albany: State University of New York Press, 1993, p.83）就是用来对此进行描述的。因而可以说，这一系统为历法上的时间以及行政的 / 地理的 / 天文的空间，提供了某种特定的相互关系。

之上，八十一"首"的差别就在这种叠加中显现出来。

现在，若要了解这个系统的一般性意涵，以及时空性的连贯成形观念在这个系统中的运作，我们就必须注意这种时空模式的特点，及其采用的相关范畴的特点。我们注意到，这些"首"的结构是以地理／行政的模式为基础的。然而，扬雄似乎并未将这些"首"与汉帝国的特定地点联系起来；我们并没看到某一"首"中的某一"家"，真的与某个具体的城镇的名字相一致，尽管我们可以去做这种想象。八十一个"首"并不代表汉帝国的八十一处特定的地方（虽然它们与五行相关，而五行确实可以在地理上进行方位划分），但是我们也不能像徐复观说的那样，认为"首"的四重结构所具有的空间性名称"实际上没有任何作用"。[1] 相反，这些"首"象所呈现的空间模型，提供了一种特殊的结构范式，让我们可以理解各个"首"之间的关系——实际上也就是各个时间段之间的关系。在《太玄棿》中，扬雄说："秉圭戴璧，胪凑群辟。棿，拟之八十一首。"[2] 这里以庙堂礼器为喻，强调的是以神授的灵感来进行统治的观念，下文会讨论其中的一些细节。扬雄在《太玄莹》中说："方州部家，八十一所，画下中上，以表四海，玄术莹（illuminate）之。一辟（ruler，君王）、三公、九卿、二十七大夫、八十一元士，少则制众，无则治有，玄术莹之。"[3] 这里我们可以看到，这些在《太玄》的"首"系统里被当作组织原则的地理单元，是如何与行政管控中的地区紧密连接起来的，以及它们是怎样与一个相当独特而具体的行政等级相契合的。[4] 这说明，这些"首"所呈现的

---

[1] 徐复观:《两汉思想史》，香港: 香港中文大学出版社，1975，第349页。

[2] 郑万耕:《太玄校释》，北京: 北京师范大学出版社，1989，第346页。对政权的礼仪象征的这种修辞，强调的是统治结构的特殊面向: 君主的统治具有超然的道德影响力。我们在下文会有更多讨论。

[3] 郑万耕:《太玄校释》，北京: 北京师范大学出版社，1989，第281页。"辟"指的是君王，我们在下文对这个字会有更多讨论。司马光（1019—1086）将这整个的地理、行政的指示论述如下:"玄者，天子之象也；方者，方伯之象也；州者，州牧之象也；部者，一国之象也；家者，一家之象也。上以统下，寡以制众，而纲纪定矣。"（郑万耕:《太玄校释》，北京: 北京师范大学出版社，1989，第2页）

[4] 不过，需要注意的是，扬雄所引的与四个地理／行政单元对应的官员头衔（即公、卿、大夫、元士），是从理想化了的周王朝官阶系统（比如《礼记·王制》篇就提到）化出来的。公、卿这两个头衔是汉代行政系统的支柱: 当时确实是三公九卿，引入了三的倍数系统。我们将会看到，从某种意义上说，这是扬雄采用这一命名法的主要原因，但是（接下页脚注）

空间模型所具有的主要的、秩序性的功能，应当是行政模式的，而非
260 几何模式或地理模式的。空间性的分类被设计出来，是为了指明这些
"首"之间的关系，这种关系与统治机构的官僚之间的关系是类似的。
故而，一年的八十一个阶段彼此联系起来，就像八十一个地方性的封
建领主彼此联系一样，而它们又转而与部、州、方、玄所代表的"越
来越大的"地理单元相连，象征着这些地方行政长官不断与他们的上
级相连，最后关联于皇帝（由不可见的"玄"所代表）。

可见，在这里起作用的空间秩序观念，是**行政上的空间**。这种空
间下的范式与数学上的空间是极为不同的。在当前的讨论中，这一特
点需要引起格外的注意，因为《太玄》的这种复杂的数字命理学，以
及《周易》派生的其他类似的命理学，与毕达哥拉斯的数字神秘主义
是极其接近的，而我们一向认为，毕达哥拉斯的神秘主义是柏拉图的
"形式"学说——可知的形式与经验世界的双层形而上学——和自然法、
自然原则等观念的根基。正是在这里，我们可以最为清楚地看到东西
方这两种思维方式的界分。因为毕达哥拉斯的数学是**一个部分接一个
部分**地建立起可知世界的律法和原则的静态的绝对主义，任何一个原
则都毫无例外、一成不变地**宰制**它的各种范例，而扬雄赖以为所有的
存在物创造蓝图的数学系统，本身即内置有对这种静态的绝对主义的
消解性因素。这是因为，扬雄的数字系统是建立在行政性的空间和历
法性的时间之上的，而不是建立在几何学的空间和算数学的（即以完
全同一的单元，一个接一个、一秒接一秒地增加）时间之上。这里，
我们必须再次在和谐与相同性之间进行对比。因为行政和历法的时空

二十七大夫和八十一元士则不见于实际官阶中。故而，我们不能说《太玄》系统忠实地表
达了扬雄时代的行政系统，也不能像王夫之所宣称的那样，先入为主地认为，这一命名是
从王莽土地改革的制度中脱胎出来的（有关王夫之的指责，参见：郑万耕：《太玄校释》，北
京：北京师范大学出版社，1989，第 433 页）。实际上，《太玄》成书还在王莽篡位之前。
而且，根据沈展如对王莽改革的研究，这四个单元中，只有中间的"州"和"部"两个术
语与新朝的土地制度一致。而"州""部"之中，只有"部"是在汉代原有制度之外另加的
（沈展如：《新莽全史》，台北：正中书局，1977，第 179 页）。王夫之的指责带有一定的诋毁
和夸张成分，这应该是为了败坏扬雄的系统。这个系统的模型是一种理想的（即便人们说
它在以前存在过）地理/行政秩序，主要指的是周王朝的版图，但原则上也可以指做了些
微小改动的汉代的地理区划。

系统，是一个和谐组织起来的连贯成形系统，而几何与算数的时空系统，则是由具有绝对的相同性的抽象同一的各个单元所建构起来的。

　　这样，在时间方面，整体不只是由各部分**构成**的，而且是由它的各部分**完成**的，这类似于"生"和"成"，可分别与（我们上文讨论过的）《易大传》中的"阳"和"阴"联系起来。"玄"是这个整体的性质，它既可以用来命名这个整体，也可以命名"不可见的"（玄）发端，它促使这个整体前进，甚至促使它衰落。正是在这个意义上，扬雄说"无则治有"。"无"（the absent）即道家式的 non-being，在此处被理解为"尚未能理解的初始的冲动"，对应于天（循环的、历法中的时间）之"始"，地（行政空间）之"下"（不可见的，比如目前卑下但前途无量的官员，比如地里的种子），人之"思"（尚未以行动彰明出来）。对一个行动的不可见的沉思，可以"宰制"并"激发"这一行动，将那个会被整个行动充分实现的特征开启出来，并且将这一行动的完成与衰退，以及它朝向下一个阶段的过渡，也都一一开启。这里，我们可能会再次想到《中庸》里的"不可见的连贯成形"（诚）观念，以及它与"可见之物"之间的关系，这可以用"中心／边缘"模型来表述。扬雄将连贯成形的空间形式、时间形式的交融又推进了一步，对它进行了系统的阐释。他也用这个详尽而清晰的案例向我们表明，为什么连贯成形是根植于和谐之上，而不是以相同性为基础的。

261

　　在这个系统里，"连续"观念具有互相影响和互相包含的意味；这些不同的时间是挨个派生的，一个接着一个，构成这个总过程里的各个部分，进一步确保了它们的互相渗透与互相包含。但是比起线性的时间观来，扬雄的时间观里的"互相包含"要更为极端。在线性的时间观里，过去与未来是不对称的，过去被包含在未来里，而未来则不被包含在过去里。但我们现在处理的扬雄这种农业上的循环时间观，其中的每个时刻对其他时刻而言，都既属于其过去，又属于其未来，故而既有助于彼时的建构，又反过来为彼时所建构。在这里，我们甚至无法明确地说，时间的各个部分间具有一种因果关系；我们不能肯定地说，春天"引起"了那继它而来的夏天。真正说来，只有**完整的**

年份才能对夏天的存在做出解释——这个"完整的年份",在扬雄的话语里就是"玄",即八十一"首"的全体。"玄"的整个序列是以观念性的／时间性的**空间**来实现的,而这些空间又是由方、州、部、家四位之数所代表的,四位之数决定了这一序列中的任何一个数字的价值,及其相应空间所应具有的特征。由于循环本身是无限的,故而此序列之前与之后的时间也是无限的:它无始亦无终。后来发生的事情,之前也发生过,而通过前后的时间就可以确定某一特定时间应该是什么样子;全部的时间可以确定某一特定时间的特性。[1]

总之,时空性的连贯成形是这样一种观念:它几乎不可避免地会导致各个部分的"互为部分",互相影响。这取决于以下两个特性:(1)这种连贯成形里的空间是**行政性的空间**,这就已经暗示,在一定程度上,各部分之间互相包含,主动地互动,与地理上的空间是不一样的;(2)这种连贯成形里的时间是**循环的时间**,正如八十一"首"所例示的一样,比起线性的时间来,循环的时间所展示的是更大程度上的相互包容和相互影响,对立两"首"的性质又代表着对方的顶峰,故而,时间是一种互相包含的回环结构,它们彼此之间互为因果,却又通过否定自身、克服自身而不断地前进,并完全地实现它们自身。

扬雄对他的系统的意涵所做的最具概括性、最为有趣的论述,或许当属《太玄摛》中的这段文字:

262   玄者,幽摛(unfolds)万类而不见形者也。资(taking up)

        陶(molding, spatial)虚无而生乎规(compass,即天的循环运

---

[1] 八十一"首"之间的互相渗透是非常复杂的;它们的影响力无视了过渡性的空间,以好几个同时发生的模式起作用。这些"首"——它们不过是各种规模的消长循环之中,不同的位置的图象化的表现——的结构,点明了其中某些时间段之间的特殊联系:那些时间相距半年的"首"是完全矛盾的,它们的图象正好彼此颠倒,这种颠倒说明它们之间存在特定的共鸣和回应。扬雄的《太玄冲》对此做了描述。在《太玄错》里,扬雄概述了这类回应的另一种更加复杂的系统,将特定的各"首"按照彼此之间的对立和共鸣而一一配对。这种配对是根据年份循环中的特殊时段之间的特殊关系而展开的,例如冬至和夏至。时间里的不同片段(即"整体中的各部分")也通过占卜过程而相互关联起来:占卜活动是处于早晨或晚间的,这证明,占得的"首"象所代表的四又二分之一天的时段,与进行占卜的时间有着意想不到的特殊关系。

动），关神明而定摹，通同古今以开类，摛（unfolds）措（arrays）阴阳而发气（material force）。一判一合，天地备矣。天日回行，刚柔接矣。还复其所，终始定矣。一生一死，性（inborn nature）命（extrinsic givenness）[相互]莹（clear）矣。

仰以观乎象，俯以视乎情（the conditions of things）。察性知命，原始见终。三仪[天地人]同科，厚薄[阴阳]相剧。圆[天]则杌棿[动荡不定]，方[地]则啬吝[聚敛收藏]。噓（exhalation，即发散）则流体[天]，唅（inhalation，即收敛）则凝形[地]。

是故阖（close up）天谓之宇（spatial aspect），辟（open up）宇谓之宙（temporal aspect）。[1]

现在我们或许能辨清这种描述的意义所在了，尤其是最后那句含义模糊的话的意义。反讽传统中的不可知的连贯成形，被包装成"玄""幽"而为这一系统服务，将自己的名称冠给整个系统，既指几乎微不可见的开端，又指由各个具体的连贯成形所构成的总体性的循环系统所具有的全面性的连贯成形。每个具体的连贯成形都分享了这个尚未变得可知的开端所具有的循环结构，并且复归于它，如此一来，八十一"首"就都是从"中"（"中"也被用来命名第一"首"）这个连贯成形——"大理"，最大的连贯成形，也即是"玄"本身——的过程之中推阐而来的。照这种说法，单个具体的连贯成形，就分享了这个整体（或"道"）所具有的全部的非连贯成形（或反讽的连贯成形）。但即便如此，扬雄仍然是非反讽传统（或者说儒家）的信徒，故而，他所提出的系统将这种非连贯成形变得完全可知了：这种非连贯成形就是《太玄经》。《太玄经》的系统在形式上又是连贯的、系统的，故而是成形的、可知的，即是说，非连贯成形也是连贯而成可知之形的。《太玄经》这一连贯成形的确切性质，是由时间性的连贯成形、空间性的连贯成形的连贯所成之"形"来指谓的，扬雄的最后一 263

---

[1] 郑万耕：《太玄校释》，北京：北京师范大学出版社，1989，第260—261页。

句论述表明了这一点。

故而，"阖天谓之宇，辟宇谓之宙"。换句话说，空间性是时间的结构性的一面，而时间性则是空间的互相关联的（主动的、发展的、自我克服的）一面。它们共同产生一个系统性的图景，这是非反讽意义上的连贯成形的图景，但反讽意义上的连贯成形已经彻底内化于其中了——而这种反讽的连贯成形，又可以被称作"玄"，不可知者，"中"，整体性的、不可知的统一性，是连贯成形和非连贯成形之间（即阴阳之间、不可见的开端与显明的结果之间）的连贯成形结构。这种结构现在被采用，作为一切确定性的事物的连贯成形，被看成是这些事物各自的"原则"：所有这些原则都只是一个原则，即"玄"本身（即反讽的、不可知的连贯成形），但又将自身表达为特殊的、个别的诸原则，它们在非反讽意义上都是成可知之形的。这看起来似乎是将扬雄的系统归为第二章所说的"对非反讽所做的反讽性的吸收"的系统，因为扬雄这里的终极原则是不成形的，而更低层面的那些原则是成可知之形的，但这只是表面。事实上，通过将不可知者与可知者之间的关系系统化，将不可知的三分结构追溯到每一条可知的原则，以使得不可知者被完全表达为成形的、个别的诸原则，并作为这些原则而存在（例如《中庸》所做的），这一关系被反转了。那些更低层级的连贯成形，不单单是所谓实用的、近似的范式——比如《庄子》中"丘里之言"（Community Words，我们在下本书中会以很长的篇幅讨论）所展现的那样；毋宁说，它们现在分有了"玄"（即反讽的、不可知的连贯成形）的无可动摇的绝对性，而它们现在是无法被质疑的，因为它们现在已经无法被理解了。

结语　向"理"演进

　　我们已经对早期中国思想中浮出水面的连贯成形观念进行了论述，并试着指出，在解释事物的存在、价值、可持续性和可知性时，这一观念起到了关键性的作用。我们描述了这一观念的两个互相交织的变体：非反讽的连贯成形和反讽的连贯成形。我们将这两种连贯成形都确定为一种奠基性的、基础性的范畴，相同性和相异性是从连贯成形范畴里派生出来的，是可商量的、非终极性的观念。

　　事物为什么会是它们所是的那个样子，可以继续以它们所是的样子而存在，并拥有它们所拥有的价值？这都是由它们的连贯方式所致。如果它们以不同的方式连贯，它们就是不同的事物，具有不同的本质同一性。在非反讽观念中，当以某一方式将事物和谐化时，事物会以一种特殊的方式彰显出来，其价值也就因此建立起来。事物具有的某种本质同一性（也即可知的连贯成形）可以被看见、被知道、被展现，它是由事物与某个特定背景的关系而得到的，其中最核心的背景是人类欲望，以及（与传统中的其他圣人相连贯的）圣人的明辨的、可供效仿的洞察力。在反讽观念中，万物的本质同一性、价值和可持续性都是从作为万物之全体的那个连贯成形里得来的，而这一全体性的连贯成形，毁坏了各个部分以及这个整体本身的一切可见性、可甄定性、明确的同一性（即可知性、连贯成形）；任何一个事物 X 的真正的连贯成形，同时也是与整体的连贯成形，而整体不再以更大的、必然不连贯的背景为框架（因为可知的连贯成形需要在框架性的连贯成形之内，才能连贯而成可知形），同时，整体也总意味着与 X

323

的反面的连贯成形，它是 X 不是 X 时的先于 X 者和后于 X 者，是作为 X 的基础恒常地包围着 X 的"非 X 性"。故而可以说，真正的连贯成形会消解连贯成形，真正的连贯成形是不连贯成形。这些反思会让我们获得一个立场，以便我们审视："向心性"和"连贯成形"是如何汇聚成"理"的，而"理"的观念又是如何在儒家和道家思想的各种局部性的预兆中发展起来的。让我们简要回顾一下我们的结论：

266　　　在《论语》中，我们发现孔子无"常师"，但在任何地方都可以找到他的老师。他自己是"中心"，这意味着他是连贯成形的决定性因素，是"范式"，是"原则"，是价值。但他既不是从虚无中主观地创造出这一价值，也不只是将客观存在的真理被动地反映出来。他所创造的价值，是由他本人选择性过滤后的回应与评价所构成的、在任何地方都可获得的诸多方面之间的一种连贯成形，一种可解读的汇聚过程。他的洞察力就是一种选择性的框架，能够创造 / 发现连贯成形（也即创造 / 发现用来赋予价值的文化风格），这一连贯成形是普遍可获得的，存在于许多地方，它具有可持续性，而没有严格意义上的可重复性。这里，我们已经看到遍在观念的形式之一的雏形，它既不是唯名论的，也不是实在论的；既不是唯心主义的，也不是唯物主义的；体现在认知上，它既不是主观的，也不是客观的。

在《孟子》里，我们将人类与生俱来的才能中的某些部分选择出来，给它们合适的名称：性（Nature）。这种定义有一套更为明确的标准：只有能够造成连贯成形——能够吸引他人（有价值），对他人来说是可辨别的，能让人类凝聚起来——的那些自发性的人类倾向，才能被称为"性"。能够被称为"性"的是这样一些欲望：它们不依赖外在的物质条件就能得到满足；它们能让其他欲望（比如物质欲望）同等地获得培养和发展；当其被分享时，其所带来的愉悦不会减少，反会增加；等等。而物质欲望则被称为"命"（Decree），因为在下列意义上它们并不有助于连贯成形：它们是互相孤立的；它们制造冲突（因为它们所依赖的外在物质资源可能会短缺）；当被分享时，它们所带来的愉悦会减少而不是增加；等等。这里，作为类名（class name）的"人性"同样既不是客观的，也不是主观的；既不是唯名论的，也不是实在论的。我们在这里再次获得一个"中",它是由一个活生生的人类代言者——圣人——来体现的,圣人对这些美德的彰显,使他变成车毂,变成中心,而人类便是围绕着他而会聚起来的。"中"的在场,使得"和"这一连贯成形得以实现。

在荀子那里,我们似乎看到唯名论和实在论的命名理论之间的冲突,而这一冲突的解决,仍然仰赖于人类之"中",这里的"中"指的是通过强制性的"礼"而切实地理顺宇宙秩序的圣人和君子所形成的传统。但和孔、孟一样,这既不是从虚无中创造连贯成形,又不是消极被动地反映已有的连贯成形:这个世界上存在了太多真实的区别、组织、连贯成形,圣人就好比是过滤器,选取其中的一部分,将自己的标准化的命名推行下去,就如同重量和尺度在市场中被推行下去一样。这里,遍在即是"大理",即是存在于这个有组织的整体(这个整体是君子以选择性的礼仪规范,在各种真正发生着的、有可能组织成一个价值整体的,自然世界的分组活动中进行选取后产生的,即是说,这一整体可以最大限度地满足人类欲望)的全部部分中的价值。 267

在老子传统里,我们看到反讽的连贯成形:这是一种必然不可知的、不可理解的一体性。当万事万物皆统摄在一起时,任何事物都无法辨别,这就是终极的连贯,也即是终极的价值,次一级的价值/连贯成形是由此而产生的。一事物无论是以何种方式被视为有价值的,它都要以某个不那么有价值的事物为根基;一切可知性都要与其周围的背景连贯而成形,才具有可知性,而此背景如果没有与进一步的背景连贯就是不可知的,以此推知,整体不可能与更大的背景连贯而成可知之形,故而整体必然是不连贯的,既不可能有价值,也不可能是可知的。由于所有个别性的连贯成形都要依赖于它们在一个连贯的整体中的脉络化(背景化),才能成其为连贯成形,故而,在这个终极意义上不连贯、不成形的整体中,每一个连贯成形都是自我消解的,或者说都是临时性的、可商量的、反讽的。即是说,从无可逃避的统一性上说,一切事物都有连贯成形,但正因如此,它们在价值和可知性的意义上又是缺乏连贯成形的。更进一步说,正是这种"由非连贯成形所导致的连贯成形"以及"由连贯成形所导致的非连贯成形",

才在真正意义上提供了万物所本有的价值和可知性，故而万物所本有的是真正反讽的连贯成形。这里，"中"的主题就从儒家式的可仿效的"中"，转移到那不可见的"中"去了：前一种"中"能被周围的人看见并珍视，由此而刺激人们改造自身；后一种"中"则正因为无法被看见，不被珍视，所以才能创造出统一性和价值。被珍视就会刺激人们仿效，从而刺激竞争，从而引发冲突，从而毁坏终极的连贯成形。某物可被看见，意味着它是从不可被看见的背景中切割出来的，这同样意味着最大的连贯成形的失落。连贯成形是"反讽"的，因为根据定义，真正的连贯成形（即价值、统一性、产生有价值之物的朴或无价值者，它是不能与有价值者分离的，它造成了从价值到反价值的反转式循环，它遍在于有价值者和无价值者之中）是不成形的（不可辨别的、不可见的）。

在庄周的著作里，我们看到了过量的视角，每个视角都设定它自己的"是"（rightness）的标准，在任何一个既定场合下，这些标准都能进入实际应用，这并不是依靠传统或者睿识，而仅仅是凭借这样一个事实：每个视角事实上都是一个视角，一个"此"。由于它之作为"此"，是与彼相对的，是根据自身有限的视角、状态、需求而对事物做出界定的，是由自己任意规定的，故而这是一种自我限制。与此同时，每一个视角都将自己转向另一个视角：作为一个"此"，必然设定一个相对的"彼"，但"彼"之所以能被看成是一个对立者，也必须是某个事物才行，而某一事物也即是某一个"此"，故而是另一个视角。庄周的"万变牌"视角"应而不藏"：它反映并确证每种新状况所呈现出来的"是"，但是并不考虑它与对立视角——相反的是／非——之间的冲突。"是"即是"此"，"此"是连贯成形、价值、可知性；但"此"也设定了它的反面——"彼"，"彼"反过来否定了"此"，故而每个连贯成形同时也必然是一个非连贯成形，这再次确证了老子式的反讽的连贯成形：价值即是统一性，统一性即是不可知性——滑疑之耀。这里所谓"统一性"，并非在单一视野下万物所汇聚而成的凌驾一切的整体（就像荀子的"大理"），而是寓于"中"的主题的一个新用法之中，孟子"子莫执中"的讨论已经有所预示。庄周引入了道枢的观念，此道枢也是无数的道的枢纽：在这个枢纽上，相互对立的是／非就不是互相对立的，不是互相拒斥的，而正由于是／非的互相设定，它们自由地流向对方而不"藏"。"中"让一个人可以"同时行走在两条路上"（两行）：这种价值上的两在性，是庄周为中国思想中的连贯成形、普遍性、遍在问题所做的独特贡献。

在《礼记》的《乐记》《大学》《中庸》等篇中，以及《易传》、扬雄的《太玄经》所示的阴阳系统中，我们发现反讽传统的连贯成形和"中"的观念——不可见者、幽而不明者、不可知者——被驯服成一个可见的秩序和一致性的创造者。总体性的连贯成形之起作用，靠的是局部范围内的不可见性，或反讽的连贯成形，即尚未被看见的发端，不显明的、恒定不变的"不可见的连贯成形"（即"诚"，它在所有个别性的情感和活动中实现自身，但绝不会无限地展现自己），一个重卦所示的状况中最不明显的面向，阴阳对立统一体的阴的一面（虽然它致力于彰显阳并让阳的目的得以实现，并从属于阳）。在这里，不可知者、背景、价值所立足的不可解读的统一性，为最大的连贯成形（大理）系统所承认，并被整合进去。这是因为，"阴阳"代表了不可知的反讽的连贯成形、必然不明确的价值（阴），以及可知的非反讽的连贯成形、明确的价值（阳）之间的一种成形的、有价值的聚合。

我们对这些问题的讨论，为"理"这样一个基本的哲学观念的出现做了铺垫，在这一观念里，先前互相交织的两个传统紧紧拥抱在一起。"理"在宋明理学之前的发展，会在《一与异之外：前新儒学时期中国思想中的"理"与连贯成形》（奥尔巴尼：纽约州立大学出版社，2012）中得到探讨。

参考文献

外文文献

Allan, Sarah. *The Way of Water and Sprouts of Virtue.* Albany: State University of New York Press, 1997.

An Yanming. "The Concept of Cheng and Its Western Translations." *Dao: A Journal of Comparative Philosophy* IV, no. 1 (Winter 2004): 117-136.

Bahm, Archie J. *The World's Living Religions.* Carbondale: Southern Illinois University Press, 1964.

Bai Tongdong. "An Ontological Interpretation of You (Something) and Wu (Nothing) in the *Laozi.*" *Journal of Chinese Philosophy* 35, no. 2 (2008): 339-351.

Behuniak, James. *Mencius on Becoming Human.* Albany: State University of New York Press, 2005.

Bergson, Henri. *An Introduction to Metaphysics.* Trans. Mabelle L. Andison. Totowa: Helix, 1975.

Black, Allison Harley. *Man and Nature in the Philosophical Thought of Wang Fu-Chih.* Seattle: University of Washington Press, 1989.

Bol, Peter K. *Neo-Confucianism in History.* Cambridge: Harvard University Press, 2008.

Bo Mou. "A Double-Reference Account: Gongsun Long's 'White-Horse-Not-Horse' Thesis." *Journal of Chinese Philosophy* 34, no. 4 (2007): 493-513.

Chan, Alan Kam-leung, ed. *Mencius: Contexts and Interpretations.* Honolulu: University of Hawaii Press, 2002.

Chan, Wing. Tsit. *Chu Hsi and Neo-Confucianism.* Honolulu: University of Hawai'i

Press, 1986.

Cheng Chung-ying. "Reinterpreting Gongsun Longzi and Critical Comments on Other Interpretations." *Journal of Chinese Philosophy* 34, no. 4 (2007): 537-560.

Cook, Scott. *The Term "Li" in Chinese Treatises on Literature and the Arts*. MS. Unpublished.

———. "Yue Ji—Record of Music: Introduction, Translation, Notes, and Commentary." *Asian Music* XXVI, no. 2 (1995): 19-24.

Csikszentmihalyi, Mark. *Material Virtue: Ethics and the Body in Early China*. Leiden: Brill, 2004.

———, and P. J. Ivanhoe, eds. *Religious and Philosophical Aspects of the Laozi*. Albany: State University of New York Press, 1999.

Derong, Chen. "Di and Tian in Ancient Chinese Thought: A Critical Analysis of Hegel's Views." *Dao: A Journal of Comparative Philosophy* 8 (2009): 13-27.

DeWoskin, Kenneth J. *A Song for One or Two Music and the Concept of Art in Early China*. Ann Arbor: Center for Chinese Studies, University of Michigan, 1982.

Eno, Robert. *The Confucian Creation of Heaven: Philosophy and The Defense of Ritual Mastery*. Albany: State University of New York Press, 1990.

Fingarette, Herbert. *Confucius: the Secular as Sacred*. New York: Harper and Row, 1972.

Frege, Gottlob. "On Sense and Reference." In *Translations from the Philosophical Writings of Gottlob Frege*, trans. Max Black, ed. P. T. Geach and Max Black. Oxford: Oxford University Press, 1952.

Geaney, Jane. *On the Epistemology of the Senses in Early Chinese Thought*. Honolulu: University of Hawai'i Press, 2002.

Goldin, Paul. *Rituals of the Way: The Philosophy of Xunzi*. Chicago: Open Court, 1999.

———. "The Myth That China Has No Creation Myth." *Monumenta Serica* 56 (2008): 1-22.

Graham, A. C. *Chuang-Tzu: The Seven Inner Chapters and Other Writings from the Book Chuang-Tzu*. London: Allen and Unwin, 1981.

———. *Disputers of the Tao: Philosophical Argument in Ancient China*. La Salle, IL: Open Court, 1989.

———. "Kung-sun Lung's Discourse Re-read as Argument About Whole and

Part." *Studies in Chinese Philosophy and Philosophical Literature*: 193-215.

———. *Later Mohist Logic, Ethics, and Science*. Hong Kong: Chinese University Press, 2003.

———. *Studies in Chinese Philosophy and Philosophical Literature*. Albany: State University of New York Press, 1990.

———. *Two Chinese Philosophers: The Metaphysics of the Brothers Ch'eng*. La Salle, IL: Open Court, 1992.

Hagen, Kurtis. *The Philosophy of Xunzi: A Reconstruction*. Chicago: Open Court, 2007.

Hall, David L. *Eros and Irony: A Prelude to Philosophical Anarchism*. Albany: State University of New York Press, 1982.

———, and Roger T. Ames. *Focusing the Familiar: A Translation and Philosophical Interpretation of the Zhongyong*. Honolulu: University of Hawai'i Press, 2001.

———. *Thinking from the Han: Self, Truth, and Transcendence in Chinese and Western Culture*. Albany: State University of New York Press, 1998.

———. *Thinking Through Confucius*. Albany: State University of New York Press, 1987.

Han Xiaoqiang. "Maybe There Are No Subject-Predicate Sentences in Chinese." *Dao: A Journal of Comparative Philosophy* 8 (2009): 277-287.

Hansen, Chad. *A Daoist Theory of Chinese Thought: A Philosophical Interpretation*. New York: Oxford University Press, 1992.

———. *Language and Logic in Ancient China*. Ann Arbor: University of Michigan, 1983.

Hegel, Georg Wilhelm Friedrich. *Elements of the Philosophy of Right*. Ed. Allen W. Wood. Trans. Hugh Barr Nisbet. Cambridge: Cambridge University Press, 1991.

———. *Hegel's Science of Logic*. Trans. A. V. Miller. Atlantic Highlands, NJ: Humanities International, 1989.

———. *Lectures on the Philosophy of Religion*. Ed. J. Glenn Gray. Trans. J. Burdon. Sanderson, Ebenezer Brown Speirs, E. S. Haldane, and Bernard Bosanquet. New York: Humanities, 1974.

———. *The Phenomenology of Spirit*. Trans. Arnold V. Miller and J. N. Findlay. Oxford: Clarendon, 1977.

———. *Hegel's Logic: Being Part One of the Encyclopaedia of the Philosophical Sciences*. Trans. William Wallace. Oxford: Clarendon, 1975.

Henricks, Robert G. *Lao Tzu Te-Tao Ching*. New York: Ballantine, 1989.

Ivanhoe, P. J. "Heaven as a Source of Ethical Warrant in Early Confucianism." *Dao: A Journal of Comparative Philosophy* 6 (2007): 211-220.

———. "Review of *Neo-Confucianism in History* by Peter K. Bol." *Dao: A Journal of Comparative Philosophy* (2010): 471-477.

Kant, Immanuel. *Critique of Pure Reason*. Trans. J. M. D. Meiklejohn. London: Dent Library, 1969.

Kaufmann, Walter, ed. *Existentialism from Dostoevsky to Sartre*. New York: Meridian, 1963.

Kjellberg, Paul, and P. J. Ivanhoe, eds. *Essays on Skepticism, Relativism, and Ethics in the Zhuangzi*. Albany: State University of New York Press, 1996.

Kline, T. C., and P. J. Ivanhoe. *Virtue, Nature, and Moral Agency in the Xunzi*. Indianapolis: Hackett, 2000.

Knaul, Livia. "Kuo Hsiang and the Chuang Tzu." *Journal of Chinese Philosophy* 12, no. 4 (1985): 429-447.

Kohn, Livia, and Michael LaFargue. *Lao-Tzu and the Tao-Te-Ching*. Albany: State University of New York Press, 1998.

Kojeve, Alexandre. *Introduction to the Reading of Hegel*. Trans. Raymond Queneau. New York: Basic, 1969.

Korner, Stephan. *Metaphysics: Its Structure and Function*. Cambridge: Cambridge University Press, 1984.

Kripke, Saul A. *Naming and Necessity*. Cambridge: Harvard University Press, 1980.

Kwong-loi Shun. "Mencius and Human Nature." *Philosophy East and West* 47 (1997): 3.

Lakoff, George. *Women, Fire, and Dangerous Things: What Categories Reveal about the Mind*. Chicago: University of Chicago Press, 1987.

Lau, D. C. *Lao Tzu Tao Te Ching*. Middlesex: Penguin, 1963.

Legge, James, Trans. *The She King: The Book of Poetry*. Taipei: Southern Materials Center, 1985.

———, Trans. *The Shoo King*. Taipei: Southern Materials Center, 1985.

Leibniz, Gottfried. *Discourse on the Natural Theology of the Chinese (Monographs of the Society for Asian and Comparative Philosophy*, No. 4). Trans. Henry Rosemont and Daniel J. Cook. Honolulu: University of Hawaii Press, 1977.

Lévy-Bruhl, Lucien. *How Natives Think.* Trans. Lilian A. Clare. London: Allen and Unwin, 1926.

Li Chenyang. *The Tao Encounters the West: Explorations in Comparative Philosophy.* Albany: State University of New York Press, 1999.

——. "Li as Cultural Grammar: On the Relation Between Li and Ren in Confucius' Analects." *Philosophy East and West* 57, no. 3 (2007): 311-329.

Liu Xiaogan. *Classifying the Zhuangzi Chapters.* Trans. William Savage. Ann Arbor: Center for Chinese Studies, University of Michigan, 1994.

Lynn, Richard John. *The Classic of Changes: A New Translation of the I Ching as Interpreted by Wang Bi.* New York: Columbia University Press, 1994.

Mair, Victor H., ed. *Experimental Essays on Chuang-tzu.* Dunedin, FL: Three Pines, 2010.

Makeham, John. *Name and Actuality in Early Chinese Thought.* Albany: State University of New York Press, 1994.

——. "Names, Actualities, and The Emergence of Essentialist Theories of Naming in Classical Chinese Thought." *Philosophy East and West* 41, no. 3 (1991): 341-363.

Manyul, Im. "Horse-parts, White-Parts, and Naming: Semantics, Ontology, and Compound Terms in the White Horse Dialogue." *Dao: A Journal of Comparative Philosophy* 6 (2007): 167-185.

Munro, Donald J., ed. *Individualism and Holism: Studies in Confucian and Taoist Values.* Ann Arbor: Center for Chinese Studies, University of Michigan, 1985.

——. *Images of Human Nature: A Sung Portrait.* Princeton: Princeton University Press, 1988.

——. *The Concept of Man in Contemporary China.* Ann Arbor: University of Michigan Press, 1977.

——. *The Concept of Man in Early China.* Stanford: Stanford University Press, 1969.

——. "The Yang Hsien.Chen Affair." *The China Quarterly* (1965): 75-82.

Needham, Joseph, ed. *Science and Civilisation in China.* Comp. Ling Wang. Vol. 2. Cambridge: Cambridge University Press, 1954-2008.

Nietzsche, Friedrich. *Twilight of the Idols and The Anti-Christ*. Trans. R. J. Hollingdale. Middlesex: Penguin, 1983.

——. *Beyond Good and Evil: Prelude to a Philosophy of the Future Friedrich Nietzsche*. Trans. R. J. Hollingdale. Middlesex: Penguin, 1977.

——. *Daybreak: Thoughts on the Prejudices of Morality*. Trans. R. J. Hollingdale. Cambridge: Cambridge University Press, 1982.

——. *The Gay Science*. Trans. Walter Kaufmann. New York: Vintage, 1974.

——, and R. J. Hollingdale. *Thus Spoke Zarathustra*. Middlesex: Penguin, 1969.

Nivison, David S. *The Ways of Confucianism: Investigations in Chinese Philosophy*. Ed. Bryan W. Van Norden. Chicago: Open Court, 1996.

Nylan, Michael. *The Canon of Supreme Mystery By Yang Hsiung: A Translation with Commentary of the T'ai Hsüan Ching*. Albany: State University of New York Press, 1993.

Peirce, Charles S. *Reasoning and the Logic of Things: The Cambridge Conferences Lectures of 1898*. Ed. Kenneth Laine Ketner and Hillary Putnam. Cambridge: Harvard University Press, 1992.

Perkins, Franklin. "Reproaching Heaven: The Problem of Evil in Mengzi." *Dao: A Journal of Comparative Philosophy* 2 (2005): 293-312.

Peterson, Willard. "Another Look at Li." *Bulletin of Sung-Yüan Studies* 18 (1986):13-31.

——, Andrew H. Plaks, Yu Yingshi, Chen Ta-Tuan, and Frederick W. Mote, eds. *The Power of Culture: Studies in Chinese Cultural History*. Hong Kong: Chinese University Press, 1994.

Pfeiffer, Franz. *Meister Eckhart*. London: J. M. Watkins, 1924, 1947.

Puett, Michael J. *The Ambivalence of Creation Debates Concerning Innovation and Artifice in Early China*. Stanford: Stanford University Press, 2001.

——. *To Become a God: Cosmology, Sacrifice, and Self-Divinization in Early China*. Cambridge: Harvard University Press, 2004.

Raphals, Lisa Ann. *Sharing the Light: Representations of Women and Virtue in Early China*. Albany: State University of New York Press, 1998.

Rickett, W. Allyn. *Guanzi: Political, Economic, and Philosophical Essays from Early China-A Study and Translation*. Vol. 2. Boston: Cheng and Tsui, 2001.

Rosemont, Henry, ed. *Chinese Texts and Philosophical Contexts: Essays Dedicated to Angus*

C. Graham. La Salle, IL: Open Court, 1991.

Roth, Harold D. *Original Tao: Inward Training (Nei-Yeh) and the Foundations of Taoist Mysticism*. New York: Columbia University Press, 1999.

Russell, Bertrand. *Logic and Knowledge: Essays, 1901-1950*. London: Allen and Unwin, 1956.

Schopenhauer, Arthur. *The World as Will and Idea*. Trans. R. B. Haldane and John Kemp. London: Routledge and Kegan Paul, 1964.

——. *The World as Will and Representation*. Trans. E. F. J. Payne. 2 Vols. New York: Dover, 1969.

Schwartz, Benjamin I. *The World of Thought in Ancient China*. Cambridge: Belknap of Harvard University Press, 1985.

Shun Kwong-Loi. *Mencius and Early Chinese Thought*. Stanford: Stanford University Press, 1997.

Sivin, Nathan. "The First Neo-Confucianism: An Introduction to Yang Hsiung's 'Canon of Supreme Mystery' (T'ai Hsuan Ching, C. 4 B.C.)." *Chinese Ideas about Nature and Society: Studies in Honour of Derk Bodde*. By Michael Nylan. Ed. Charles Le Blanc and Susan Blader. Hong Kong: Hong Kong University Press, 1987.

Slingerland, Edward G. *Effortless Action: Wu-wei as Conceptual Metaphor and Spiritual Ideal in Early China*. Oxford: Oxford University Press, 2003.

Spinoza, Baruch. *The Essential Spinoza: Ethics and Related Writings*. Ed. Michael L. Morgan. Trans. Samuel Shirley. Indianapolis: Hackett, 2006.

Stalnaker, Aaron. "Aspects of Xunzi's Engagement with Early Daoism." *Philosophy East and West* 53, no. 1 (2003): 87-129.

Strawson, Peter Frederick. *Individuals: An Essay in Descriptive Metaphysics*. London: Routledge, 2006.

Tu Wei-Ming. *Confucian Thought: Selfhood as Creative Transformation*. Albany: State University of New York Press, 1985.

Van Norden, Bryan. "Review of Scott Cook, editor, Hiding the World in the World." *China Review International* (2005): 3.

——. *Virtue Ethics and Consequentialism in Early Chinese Philosophy*. New York: Cambridge University Press, 2007.

——, ed. *Confucius and the Analects: New Essays*. Oxford: Oxford University Press,

2002.

Waley, Arthur, trans. *The Analects of Confucius: Translated and Annotated by Arthur Waley.* New York: Vintage, 1938.

Wang, Robin. "Dong Zhongshu's Transformation of Yin-Yang Theory and Contesting of Gender Identity." *Philosophy East and West* 55, no. 2 (2005): 209-231.

Whitehead, Alfred North. *Adventures of Ideas.* New York: Free Press, 1967.

———. *Process and Reality: An Essay in Cosmology.* New York: Cambridge University Press, 1929.

———. *Science and the Modern World: Lowell Lectures.* New York: Macmillan, 1925.

Wittenborn, Allen. "Li Revisited and Other Explorations." *The Bulletin of Sung-Yüan Studies* 17 (1981): 32-48.

Wu Kuang-Ming. *Chuang Tzu: World Philosopher at Play.* New York: Crossroad, 1982.

———. *The Butterfly as Companion: Meditations on the First Three Chapters of the Chuang Tzu.* Albany: State University of New York Press, 1990.

Yiu-Ming Fung. "A Logical Perspective on 'Discourse on White-Horse,.'" *Journal of Chinese Philosophy* 34, no. 4 (2007): 515-536.

Zhang Chun, and Feng Yu. *The Four Political Treatises of the Yellow Emperor.* Honolulu: University of Hawaii Press, 1998.

Ziporyn, Brook. "Anti-Chan Polemics in Post-Tang Tiantai." *Journal of the International Association of Buddhist Studies* 17, no. 1 (1994): 26-65.

———. *Being and Ambiguity: Philosophical Experiments with Tiantai Buddhism.* Chicago: Open Court, 2004.

———. *The Penumbra Unbound: The Neo-Taoist Philosophy of Guo Xiang.* Albany: State University of New York Press, 2003.

———. "The Self-so and Its Traces in the Thought of Guo Xiang." *Philosophy East and West* 43, no. 3 (1993): 511-539.

中、日文文献

陈鼓应:《管子四篇诠释: 稷下道家代表作》, 台北: 三民书局, 2002 年。

——:《庄子今注今译》，台北：商务印书馆，1989 年。

丁原植:《郭店竹简老子释析与研究》，台北：万卷楼图书有限公司，1999 年。

冯友兰: *Selected Philosophical Writings of Funy Yu-lan*《冯友兰哲学文集》，北京：外文出版社，1998 年。

郭庆藩:《庄子集释》，台北：木铎出版社，1983 年。

洪业、聂崇岐、李书春、马锡用:《诸子集成》，上海：上海书店出版社，1996 年。

焦竑:《老子翼》，台北：广文书局，1962 年。

孔颖达:《周易正义》，台北：中华书局，1986 年。

赖炎元:《春秋繁露今注今译》，台北：台湾商务印书馆，1987 年。

《老子王弼注、帛书老子、伊尹·九主、黄帝四经》，台北：天士出版社，1982 年。

李涤生:《荀子集释》，台北：学生书局，1979 年。

梁启超:《墨经校释》，台北：新文丰出版社，1975 年。

洪业等:《礼记引得》，上海：上海古籍出版社，1983 年。

刘殿爵:《墨子逐字索引》，香港：商务印书馆（香港）有限公司，1994 年。

钱穆:《湖上闲思录》，台北：东大图书公司，1988 年。

——:《中国思想史》，台北：学生书局，1985 年。

——:《庄老通辨》，香港：新亚研究所，1957 年。

——:《庄子纂笺》，台北，东大图书公司，1986 年。

沈展如:《新莽全史》，台北：正中书局，1977 年。

石一参:《管子今诠》，长沙：商务印书馆，1938 年。

孙诒让:《墨子间诂》，台北：商务印书馆，1983 年。

唐君毅:《中国哲学原论：原道篇》卷三，台北：学生书局，1986 年。

——:《中国哲学原论：原性篇》台北：学生书局，1989 年。

——:《中西哲学思想之比较论文集》，台北：学生书局，1988 年。

王夫之:《读四书大全说》，北京：中华书局，1975 年。

——:《庄子通解》，台北：里仁书局，1984 年。

王光祈:《中国音乐史》，香港：太平书局，1963 年王叔岷:《庄子校诠》，台北：台湾"中央研究院"，1988 年。

魏启鹏:《楚简〈老子〉柬释》，台北：万卷楼图书有限公司，1999 年。

《文子》，台北：中华书局，1978 年。

徐复观:《两汉思想史》，香港：香港中文大学出版社，1975 年。

《荀子引得》，上海：上海古籍出版社，1986 年。

杨长镇:《荀子类的存有论研究》，台北：文津出版社，1996 年。

扬雄:《法言》，台北：中华书局，1983 年。

——:《太玄经》，台北：中华书局，1983 年。

《尹文子；关尹子》，台北：中华书局，1979 年。

张岱年等著，苑淑娅编:《中国观念史》，郑州：中州古籍出版社，2005 年。

张岱年:《中国哲学史史料学》，北京：生活·读书·新知三联书店，1982 年。

张扬明:《老子斠证译释》，台北：维新书局，1973 年。

张湛:《列子注释》，台北：华联出版社，1969 年。

郑万耕:《太玄校释》，北京：北京师范大学出版社，1989 年。

朱熹:《周易本义》，台北：广学社印书馆，1975 年。

《诸子引得：老子庄子》，台北：宗青图书出版公司，1986 年。

左丘明:《国语》，上海：上海古籍出版社，1978 年。

町田三郎:《管子四篇について》，载《秦汉思想史の研究》，东京：Sobunsha，1985 年。

索　引

（条目后面的数字为原书页码，即本书边码）

后 记

　　本书的写作目的，是希望对人类构想"一"与"异"观念的各种可能性进行详尽探索，由此而对中国历代思想家关于这一问题的各种解释方案作了详细考察。这样做的部分动机，是对西方哲学处理这对概念时所采取的几种主要方式提出质疑——依据这几种方式而发展出来的"相同性"与"相异性"观念，不仅成为后世西方哲学所默认的基础性假设，而且成为现代常识性思维的基本结构，同时，其所导致的思想包袱也被一并延续下来。在乍然看到似乎高度违反直觉的"一"与"异"观念所具有的内在的连贯成形时，我们或许就会意识到，我们假定为必然存在的"相同性"与"相异性"观念，只是偶然形成的，我们最好对其保持怀疑，并对新的可能性保持开放的心态。当我们学会在另一种思维模式的领域内栖息，对其内部情况和观念机制足够熟悉，我们在与世界交流时就多了一种思想资源。这样，我们就能扩展自身思维能力的范围，形成新思想，并获得从多个角度看待世界的能力——这就是我全部的学术工作和哲学工作的动机。因此，理解我们并不熟悉的思想传统，并不是为了立即筛除错误的观念以求达到真理，而是为了让我们的工具箱中拥有更多工具。这一工作是为了扩展，而不是收缩我们的思想。

　　我一向对动辄批评其他视角的做法保持谨慎，除非这些视角在宣布霸权，挤压其他视角的生存空间。在这本书里，这一关键性诉求显得至关紧要。这种拓展思维的工作所面临的另一个同样重要的关切在于，我们要与西方哲学提出假设的方式作斗争。在西方哲学的最终假设中，相同性和相异性的抽象性质必然是相互排斥的，而到了现代，这种假设甚至被应用于对中国哲学的诠释之中，不但西方这样做，中国自己也这样做。我仍然相信，这个看似高度抽象的问题，与我们所有人日用而不知的大量具体的问题有着直接联系，因为我们对某人是何人或某物是何物的直觉，都是由支撑我们的思维活动（甚至包括前反思的感觉活动）的相同性和相异性观念所赋予的。这一话题的意义，很大程度上来自它对我们日常事务的影响——每一件日常事务都在与某种假定的"他者性"相对抗，这种对抗在无意之间深受我们所设想的我们自己的"一"以及我们所面对的作为"他者"的人物、处所、事件的影响。

我们对于我们是谁，我们与"他者"之间的关系，往往是未加反思就已经有了观念，这在跨文化交流中表现得尤为明显。而现代中国与西方之间的历史性相遇，生动体现了潜藏于这一未经反思的观念中的危险与机遇，凸显了重新思考"一"与"异"这对范畴的重要性。

我个人的生活经历也印证了这一点。当我 22 岁第一次出国，并开始在中国文化的环境中生活时，我对自己，以及定义我迄今为止所生活的环境的无形的观念结构知之甚少；对于那些秘密支配着我习惯性地构思这两个未知事物之间的关系的更为抽象的结构，也是一无所知。当我试图用习以为常的假设处理我在新环境中变化无常的新生活时，我不得不与失调、意外作漫长的斗争，只有在这时候，我才意识到这些问题。而直到我长时间沉浸于前现代中国的知识传统，在其中感受到巨大的快乐，获得奇妙的发现时，我才得以找到一个阿基米德点，由此回顾深藏在文化语法之中的西方知识传统，它才是文化语法的实质。至于这种文化语法，则已经渗透到我的教育经历以及社会生活的方方面面，我在其中长大，并用它们构建自己的自我意识。尽管我是在西方哲学传统的影响下长大的，但直到我深入接触中国传统之后，我才能够理解或者说包容西方哲学。在那之前，西方主流教义——坚持真理与表象、善与恶、自我与他人、相同性与相异性的毫无余地的二元性，对我来说一直是无法理解的，我对其最基本的直觉和结论有一种隐隐约约、无法解释的排斥。

　　作为一名寻求客观上最强有力的解释工具，以便理解人类文化活动的复杂记录的学者，中国哲学一直是我非常感兴趣的学术课题。它同时也是一个思想宝库，促使我重新思考我自己的假设和我所继承的传统，发掘那些看不见的假设，正是这些看不见的假设，使我与世界的关系发生了根本性的变化，并形成了我自己深思熟虑的哲学立场的基石。更值得注意的是，在熟悉了中国哲学这一真正可行的、强调中道的方案后，我想我已经能够理解，为何欧洲文化的基础对我来说是格格不入的，从而也明白了它是如何走上这条路的，它一直试图解决什么问题，是什么让它走上了这样一条奇怪的道路。虽然它的主要观念承诺——在逻辑上排除了中间选项，要求将造物者／被造物、真／假、对／错、好／坏、我们／他们、秩序／混乱、相同／不同、一／多的二元论绝对化——在我看来依然是致命的错误，但我现在至少能理解它是如何变成这样的，人类曾经是如何觉得沿着这样一条道路走下去可能是个好主意。由此，我更好地了解了我自己——我的过去，我可能的未来，了解我对自身文化传统的"他者性"感受，以及我在"他者性"的文化传统中的归属感。因为"我自己的"文化和"他者的"文化之间的"相同性"和"相异性"，已经根据新范畴的可能途径而被重构了。

　　本书对这些可能的途径作了探索，试图得到一种新的协同形式，它既不等于达到同一，也不等于陷入对立。通过"连贯成形"概念，本书探讨了中国传统思想的观念框架。无论是在其反讽形式还是非反讽形式中，"连贯成形"都是一个主要范畴，它避开了我们熟悉的唯名论和实在论的二分法，因此也就避开了相同性和相异性的纷争。在本书的续集《一与异之外：前新儒学时期中国思想中的"理"与连贯成形》中，我进一步考察了前汉到玄学，最后到中国佛教的各种文本中"理"的概念和语义范围的发展，考察这些观念资源所结出的果实，并在结语部分指出了这些思考在宋代理学解释"理"这一棘手问题上的应用。在后续作品中，我将继续对这一问题进行分析，这当然还有很多工作要做。

　　我希望对这一脉络的考察，能够让现代中国读者从一个看起来与这个传统非常遥远的外国观察者的视角，重新回顾他们的传统，重新思考中国与世界相互交流的其他可能的方向。如果这本书的中文版能够惠及那些读者，这将是我对中国文化所欠之债的微薄回报。因此，我怀着深深的感激之情，写下本书中文版的后记。

译后记

　　2012年秋，王蓉蓉教授来北京大学访学，开设了"中西哲学比较"课程，令选修这门课的我大开眼界。她非常乐意充当中西方学术交流的桥梁，请了许多海外学者来课堂讲授，而任博克先生就是其中之一。学期结束后，王老师建议我翻译《一与异的反讽》，并说服任博克教授帮助我。自此我便利用课余时间阅读并翻译本书。任先生每年都到中国人民大学授课，我便趁这个机会与他见面，将译稿念给他听，并根据他的意见修改，有不懂的问题就向他请教，他则用流利的中文回答，两人常常为此消磨一个下午。本书超出原著的部分内容，也是在任先生的授意下补入的。2016年，浙江大学出版社启真馆将此书纳入出版计划，我也于此时毕业，离开北京。本书剩余部分的校对工作，是任先生与我在网络上完成的。时光飞逝，十年过去了，本书也终于要出版，回想起两位老师的嘱托与教诲，既感到惭愧，又有一丝欣慰。

　　任博克先生曾在中国台湾求学、工作长达十年，此后又在新加坡任教，后来回到美国工作。他师从孟旦，接受的是美国汉学家的学术训练，对中国传统哲学的理解则深受钱穆先生及其后学的影响，在天台宗、庄子研究等领域均有不俗的造诣。现代中国人深受西方文化的影响，思维方式中往往不自觉地带有西方的印记。作为一位曾长期生活于中国、从事中国哲学研究的西方学者，任博克对中西思维方式的差异的理解，比起现代的中国人可能要更加深刻一些。他的一些见解，对于我们理解中国文化相对于其他文化的特殊性，培养文化自信和文化自觉，无疑具有重要的参考价值。

《一与异的反讽》从中西比较的视角出发，重新梳理了汉代以前的中国思想，勾勒出反讽、非反讽两大传统，并以"连贯成形"作为贯穿全书的主线。任博克所述的这一思想脉络，有助于我们更好地理解中国传统思想与西方思维方式之间的差异，澄清中国哲学研究中的不少误解。本书的关键性术语是"coherence"，它包含两层意思：其一，事物关联、凝聚在一起；其二，事物因为彼此之间的联系而变得可知、可被认识。因此，在任博克这里，"coherence"指的是事物之间"连贯而成可知之形"，于是就有了"连贯成形"这一相当奇怪的中文术语。本书凡译为"连贯"的，都与 coherence/coherent/cohere 有关，都含有"连贯性""可知性"两层意涵。只是基于译文流畅性的需要，不得不将"可知性"意涵隐入"连贯性"之中。这一点，希望读者在阅读的过程中加以留意。

本书的编校工作离不开启真馆诸多编辑的支持，尤其是凌金良先生的大力帮助。凌先生仔细核对了译稿与原文，查漏补缺，指出许多错误，并对译稿中的冗余文字加以修订，大大提升了书稿质量。非常感谢凌先生的辛勤工作！由于译者水平有限，书中问题在所难免，请广大读者批评指正。

彭荣

2022 年 12 月

致　谢

　　这本书经过了长期的酝酿，过程极其拖沓，这意味着它耗费了与之相关的人员或机构的非同一般的时间！我这个坐享其成者借此机会，对各位襄助此书者致以诚挚的谢意。

　　首先要感谢我的"学生"们。因为我始终相信，这种学术脉络梳理工作的唯一价值，是为培养下一代的学者或思想家。至于我们的同事、朋友、同龄人，已经没有希望了！我们不再抱有希望，对此，我想我们只能顺其自然。我们的人生道路已经步入正轨，我们为自己的结局投入了全部心血与期待；等到某一个年龄段，我们的思维恐怕就会沿着旧有的轨辙缓缓轧过，不复新意。因此对我来说，本书的真正受众，只有未来的未知的读者：那群充满好奇心的、带有不确定性的年轻人。他们正在逐步成长；他们尚未信奉某种特定的价值立场；他们正在尝试了解他们的存身之所，了解何种事物可以被假设，了解每一种选择的可能性有多大、会付出何种代价，了解事物是怎样的、已经怎样了、将来会怎样。

　　我现实中的学生，尤其是 Michael Beraka 与 Alanna Krause，对书稿作了细致而专业的整理。我也欠这些年里我的所有学生一个致谢，他们参与讨论并提出问题，使我的讲稿逐步完善，此书才得以诞生。此外，正是因为这群学生的存在，我才有动力试着构造出这样一种完整的学说，并且费尽心思，尝试以一种连续的、易于理解的方式表述它。在这个意义上，我想尼采的这句话非常准确："谁从根本上是教师，谁就只在与他的学生的关系中严肃对待一切事物——甚至他本身。"没有他们，我想我不会有机会体验到这种陌生而不自然的意识形式：偶尔严肃地对待我本身。

正如阴亏欠阳而阳不亏欠阴，我也必须感谢多年前仔细而系统地传授我古典中国哲学的孟旦教授和辛意云教授，他们使我第一次真正意义上睁开双眼。两位老师教会了我如何将资料与观点、教条和创造力有机结合，按照他们的教导，我将自己认真研读经典文本时获悉的具体洞见和思想倾向统一起来，并形成了本书。这种研究方法至今仍是我的指南针，是这些年来我感到极为受用的源头活水。

我也很庆幸，有多位成熟而且卓越的专家在本书创作的各个阶段审读稿件，对于他们付出的大量时间，以及他们反馈给我的鼓励和宝贵意见，我深怀感激。在这些高明的见解中，我首先要提及的当然是与我形貌相似而观点又处处相左的寇爱伦，一直以来，他都是我音乐和学术上的知音。没有什么比我们的交流所造成的永恒的谜题更能令我的思维保持专注并为之兴奋的了：完全同意与完全不同意这两种截然相反的态度，是如何以一种欢快而又充满生机的方式同时发生的？其中必有缘由。但是，更多的感激还是要致予那些令我钦佩的朋友：Steven Angle、安乐哲、普鸣、方岚生、王蓉蓉、Alan Dagovitz、Michelle Molina、德安博。他们都凭借自身的博学多识、聪明颖悟而耐心审阅本书相关章节，并给出了中肯的意见，对完善本书起了重大作用。

同样要感谢的是纽约州立大学出版社的 Nancy Ellegate，她密切关注本书出版过程中的各种困难，并且让我按自己的意愿修改；从任何标准来看，这都是非同寻常的复杂过程，这就要求她具有相当大的魄力和视野，以及对作者的判断力的高度信任，而这种信任已经很难在编辑身上看到了，我衷心希望自己没有辜负这份信任。

在我写这本书的这些年里，我寄食于许多单位。美国西北大学宗教学系和哲学系在绝大多数时间里都是我的家，我在那里得到了极为妥当的照料。我也有幸成为新加坡国立大学哲学系的一员，本书的最后一部分就是在那里完成的。资金支持主要由富布莱特-海斯基金会提供，同时受到由美国学术协会、社会科学研究理事会、国家人文基金会共同设立的国际与地区研究基金的支持。官方的信任以及财政上的支持，也是完成本书的必不可少的条件。

当然，还有许多人，我个人都应该当面致谢，其中也包括我已经提到过的那些朋友。然而，我太过羞怯，在公开场合谈论情谊时总会感到瘫软无力，以至于本书常规性的"致谢"看上去不那么雅观。羞怯，或者说自我保护，亦或者保守、容易尴尬，或者干脆如童话故事中的侏儒怪那样，我不叫他们的名字，是为了不偷走他们身上的力量。他们知道我说的是谁，不是吗？正如维特根斯坦所说：对于不可说的东西，我们必须保持沉默。